JN415491

Main Idea로 푸는 욥기

HOLMAN Old Testament Commentary

Job

General Editor Max Anders | Author Steven J. Lawson

Copyright © 2003 TIMOTHY PUBLISHING HOUSE
A division of PAIDION MISSION
Translated and Published by Permission
Originally published in the U. S. A
HOLMAN Old Testament Commentary
Job
Copyright © 2004 by Broadman & Holman Publishers
Nashville, Tennessee
All rights reserved

Main Idea로 푸는

욥기

맥스 앤더스(Max Anders) 책임 편집 | 스티븐 로슨 (Steven J. Lawson) 지음 | 김진선 옮김

디모데

앨라배마의 모빌에 있는 크라이스트 펠로우십 침례교회에 이 책을 바칩니다.

"나의 가는 길을 오직 그가 아시나니
그가 나를 단련하신 후에는 내가 정금같이 나오리라"
-욥기 23장 10절

추천의 글

요즘, 여러 사람들에게 읽히며 회자되는 목사님들의 설교나 글을 읽어보며 많은 생각을 하게 됩니다. 그 글들의 대부분은 성경보다는 성경 이후의 얘기나 성경보다 더 멋지게 말하려는 흔적들로 가득 차 있습니다. 그러한 글들이 처음에 쓰여질 때는 물론 성경에 근거를 두었겠지만 그 글에 영향을 입은 사람들은 성경은 없고 텍스트가 된, 성경과는 전혀 다른 모습의 인간상들을 만들어낼 가능성이 높아집니다.

변하지 않는 것이 있습니다. 사람은 변하지 않습니다. 그리고 하나님은 변하지 않습니다. 그러나 주위를 보면 변화되는 것들을 센스 있게 기록해놓은 것들로만 가득해서 변하지 않는 인간의 영혼, 그 깊숙한 곳의 문제들이 전혀 해결되지 않은 채 남아 있습니다.

영혼을 찔러 쪼개는 유일한 도구는 하나님의 말씀입니다. 그러므로 교회가 다시 성경의 근거를 마련하고 그 토대 위에 말씀을 세우는 작업을 놓쳐서는 안 됩니다. 이것은 이미 했다고 해서 무관심할 것이 아닌, 중단없이 계속되어져야 하는 것입니다. 제 얘기를 얘기하자면, 제 속에 변하지 않는 모습을 봅니다. 하나님 말씀에 불순종하는데 익숙한 제 모습입니다. 신앙 생활을 시작할 때 말씀 공부를 충분히 하면 어느 날엔가는 하나님의 말씀으로 풍성한 삶을 살 것이라 기대하며 오늘까지 달려왔습니다. 그러나 요즘 하나님 말씀에 불순종하는 변하지 않는 제 모습을 보며 경악합니다. 이런 제게 오직 주의 말씀이 은혜로 임할 때, 제가 그 말씀 앞에 순종하는 모습을 봅니다.

우리는 다시 성경을 보아야 합니다. 그 말씀이 무엇을 말하고 있는지 깊이 추적해야 합니다. 이 책, 「Main Idea 시리즈」는 하나님의 말씀에 순종하고자 하는 사람들에게 바른 길잡이이자, 말씀을 깊이 사랑하는 사람들에게 좋은 영향을 줄 책이라고 생각합니다. 또한 성경을 자신의 생각과 형편에 맞추어 해석하려는 것이 아니라 성경이 말하는 진정한 뜻을 찾는 사람들에게 큰 도움이 될 것입니다.

***홍정길**(남서울은혜교회)*

우리 시대는 정보의 홍수 시대라고 할 만합니다.
문제는 이 홍수 속에서 우리가 향방 없이 떠밀려 내려가고 있다는 것입니다.
정보의 부재가 문제가 아니라 정보의 향방이 문제입니다.
우리 시대의 설교와 성경 공부가 동일한 위기에 직면해 있습니다.
이 책은 이런 위기를 돌파하는 예지를 제공합니다.
성경 텍스트의 메인 아이디어는 바로 메시지의 향방이어야 합니다.
저는 그래서 이 책이 모든 진지한 성경학도들과 설교자들을 위한
다윗의 물맷돌이기를 기도하며 추천하는 바입니다.

추천의 글

이 책은 명료한 요약, 명료한 주석, 명료한 적용, 명료한 결론이 명료하게 나타나 있습니다.
거기에 명료한 예문은 설교자의 구미를 돋구기에 가히 매력적입니다.
이 책의 매력에 중독되는 것이 오히려 한국교회 강단의 축복일 것을 예언하고 싶습니다.

이동원(지구촌교회)

이동원

Contents
차 례

Main Idea로 푸는 욥기

하나님의 말씀과 하나님의 백성들과의 관계는 물과 물고기의 관계만큼이나 절실하고 심각한 관계다. 하나님을 사랑하는 사람들은 성경을 통해 말씀하시는 하나님의 음성을 듣기를 갈망한다. 그 이름이 목사든, 전도사든, 선교사든, 교사든 하나님의 말씀을 가르치는 모든 일꾼들 또한 영적으로 굶주린 사람들에게 하나님의 말씀으로 풍성한 양식을 공급함으로 그들이 영적인 활력을 갖게 되기를 갈망한다. 그래서 하나님의 말씀을 보다 쉽게, 보다 재미있게, 보다 분명하게 가르칠 수 있도록 인도해줄 자료를 구하지만 쉽게 찾아볼 수 없는 것이 현실이다. 성경을 가르치는 사람에게는 책임이 있다. 누구를 가르치든, 어느 본문을 가르치든 성경

본문 구성

들어가는 글_ 대표적인 그리스도인 작가들이 쓴 주옥 같은 글을 인용함으로 각 개인과 그룹 모임을 하나님의 말씀으로 끌어들이는 토론으로 유도한다.

본문 이해_ 한 절 한 절을 쉽고 명쾌하게 해설한다.

Main Idea

메인 아이디어_ 각 장의 내용과 가르침을 요약하여 한눈에 파악하도록 돕는다.

결론_ 성경의 원리를 요약하고 그것이 삶과 연결되도록 다리를 놓는다.

에 대한 흥미를 자극하고, 성경에 대한 지식을 확대하며, 구체적으로 순종할 수 있는 성경의 원리를 발견하고, 발견한 진리를 삶에 적용함으로 그들의 삶에 변화가 일어나도록 해야 한다.

본서는 신약성경을 공부해가는 동안 이러한 역동적인 결과를 얻어낼 목적을 가지고 특별한 틀로 구성하였다.

이 작은 도구가 성경을 보다 더 쉽게, 더 분명하게, 더 정확하게 배우고 가르치기를 원하는 모든 하나님의 종들의 손에 들려짐으로 성경에서 막 튀어나온 듯한 건강한 하나님의 백성들을 세우는 성령의 도구로 쓰여지길 기도한다.

발행인 양승헌

삶의 적용_ 현재의 삶과 성경의 진리를 연결하도록 돕는다.

기도_ 각 장에서 발견한 원리와 적용의 실행을 위해 기도할 수 있도록 돕는다.

티칭 가이드

티칭 가이드_ 성경 교사들을 돕기 위한 성경 교수 계획을 제시한다.

심층 연구_ 더 깊은 지식을 원하는 사람들을 위해 낱말과 어구와 주제에 대한 보다 깊은 연구로 인도한다.

욥기 서문

욥기 서론

욥기는 성경 전체에서 가장 유명한 이야기 가운데 하나이지만, 이상하게도 사람들이 가장 어려워하는 이야기다. 성경에서 이 고대의 이야기만큼 신비에 싸여 있는 책은 없다. 윈스턴 처칠(Winston Churchill)이 한때 구소련 연방을 일컬어 표현했던 글처럼, 욥기는 '신비에 싸인 수수께끼' 와 같다. 복잡하게 엉켜 있고 우리를 당혹스럽게 하는 욥기는 심오하고 난해한 삶의 문제들로 가득하다. 인간 이성에 대해 도발적인 도전을 던지는 욥기는 하나님이 사용하시는 이해할 수 없는 방식들에 대한 탐험이다. 이 난해한 책에서 제시하는 문제들은 왜 의인이 고난을 당하는가, 비극이 찾아올 때 하나님은 어디에 계시는가, 하나님이 인간을 사랑하신다면 어떻게 고난을 허락하실 수 있는가, 하나님은 우리를 방치하시는 분은 아닌가, 고통을 당할 때도 하나님은 경배를 받으시기에 합당하신가, 하나님은 축복으로 자신을 숭배하는 자들을 매수하셔야 하는가, 등과 같은 매우 어려운 것들이다.

이러한 사항들은 어려운 문제들이다. 따라서 욥기는 이해하기 어려운 책이다. 실제로 대부분의 그리스도인들은 욥과 그의 시련에 대해 들었고, 또한 많은 이들이 그의 이야기를 읽었지만, 그 시련들이 도대체 어떤 성격의 것인지를 제대로 이해하는 이는 거의 없다. 그리고 이 남자의 시련을 통해 하나님이 무엇을 이루고자 하셨는지를 이해하는 이는 더더욱 없다. 그렇다면 이 수수께끼 같은 책은 무엇을 이야기하고 있는가?

욥기는 사람들에게 영향력을 미치는 유력 인사였지만 순식간에 자신의 모든 재물과 자식들과 건강을 잃어버린 경건한 한 남자의 실제 이야기다. 욥이 이러한 형편에 처하자 그의 아내는 하나님을 저주하고 죽으라고 그에게 말했다. 또한 친구들은 그의 시련을 보고 위로해주기는커녕 오히려 그를 정죄함으로써 고통을 가중시킨다. 설상가상으로 하나님은 마지막 순간까지 욥의 질문에 대답하지 않으신 채 이 악몽에 대해 시종 침묵으로 일관하신다.

영감에 의한 이 이야기의 매우 당혹스러운 점은, 욥이 지구상에서 가장 의로운 사람이었으므로 그런 비극적 시련을 당할 이유가 전혀 없었다는 것이다. 이것은 "착한 사람들에게 왜 불행이 닥치는가?"라는 문제를 제기한다. 욥의 이 모든 개인적인 악몽을 주도한 이는 바로 하나님이셨다. 이렇게 되면 "선하신 하나님이 자기 자녀들에게 왜 비극이 닥치도록 허용하시는가?"라는 또 다른 의문이 제기된다. 영혼을 황폐하게 만드는 파멸을 줄 수 있도록 사탄에게 욥의 생명에 대한 사실상의 무제한적 접근을 허용하시며 난공불락의 보호막을 그에게서 제거하신 이는 바로 하나님이셨다. 하나님이 욥의 영혼에 이 깜깜한 밤이 드리우도록 주도하신 이유는 무엇인가? 욥의 고난의 직접적인 원인은 사탄이었지만, 궁극적 원인은 하나님이셨다.

이 모든 시련 속에서 욥은 자신이 고난받고 있는 이유가 무엇인지 결코 이해하지 못했다. 하나님의 해명도 전혀 없었다. 그의 믿음을 강화시키기 위한 막후의 보고서가 전해지지도 않았다. 오히려 하늘은 무쇠처럼 전혀 무반응이었고, 고통을 당하는 이 족장은 아무런 대답도 듣지 못한 채 견뎌낼 수밖에 없었다. 하나님이 주시는 깨달음이 완전히 차단된 상태에서 욥의 믿음은 극한의 상태로 내몰렸다. 상상할 수 있는 온갖 종류의 고통에 시달리던 욥은 무작정 하나님을 신뢰하는 일밖에는 도리가 없었다. 믿음으로 나아가는 이 일이 처음에는 쉬웠지만, 시간이 흐를수록 점점 더 어려워졌다. 욥은 그러한 고난이 닥친 이유를 알지 못한 채 영혼의 황폐함과 공허함 속에서 하나님께 매달릴 수밖에 없는 지점까지 몰렸다. 욥은 시험을 통과했는가? 아니면 하나님에 대해 곧 비판적인 자세를 취하게 되었는가? 어떤 해명도 없고, 앞일을 가늠할 수 있는 위안도 전혀 없는 상태에서 욥은 하나님의 신비 속에 멈추어 있어야 하는 고통스러운 상태에 놓였다.

인간의 고난에 대한 하나님의 설명서

이것은 중요한 삶의 문제들을 다룬 매우 도전적인 책이다. 이것은 절망의 심연으로 굴러 떨어졌다가 하나님의 은혜로 정금처럼 나오게 된 한 남자에 대한 영감을 받은 기록이다. 이것은 극심한 어려움과 절망에 놓인 모든 성도들을 격려하는 책이다. 욥의 이야기는 폭풍처럼 흔들어 대는 영혼의 시련을 인내하며 견디기 위해 하나님을 신뢰하는 모든 이들에게 주는 소망의 메시지를 담고 있다.

욥의 시련을 공부할 때 우리는 인생의 가장 오래된 수수께끼, 즉 주권성과 사탄 그리고 고난과 관련된 문제들에 대해 새로운 통찰을 얻게 될 것이다. 매우 실제적인 이 책에는 가치 있는 인생의 교훈들이 숨겨져 있다. 과거에 당한 고난으로 깊은 상처를 지닌 채 살고 있든지, 혹은 현재 고통 가운데서 오늘 하루를 견디기 위해 하나님이 주시는 힘을 필요로 하고 있든지, 혹은 고통 가운데 있는 다른 사람을 돕기 위해 노력하고 있든지 간에, 그 모든 인간의 고통에 대한 하나님의 설명서가 여기 있다. 하나님이 작정하신 비극들에 대한 이 고대의 이야기 속에는, 하나님이 주시는 모든 시련들을 인내하며 견딜 수 있게 해줄 영원한 통찰이 기록되어 있다. 인생의 고난이라는 풀무 속에서도 하나님을 신뢰하는 사람은 반드시 정금같이 나올 것이다.

욥기의 이 여정을 시작하기에 앞서, 이 난해한 책에 대한 개요를 아는 것이 전략상 필수적이다.

이 책의 특징

욥기는 성경에서 실제로 한 분류를 차지하는 한 권의 책이며, 영감에 의한 독자적인 문학 작품이다. 욥기의 독특한 항목 중 일부는 다음과 같다.

- 욥기는 성경에서 하나님이 직접 말씀하시는 내용이 가장 길게 담긴 책이다(4개의 긴 장, 욥기 38-41장).
- 욥기는 성경에서 사탄의 말이 가장 많이 기록된 책이다(욥기 1-2장).
- 욥기는 하나님의 보좌를 둘러싼 천사들 앞에서 이루어진 하나님과 사탄의 대화를 보여주며, 보이지 않는 세계인 천국에 대한 진귀한 통찰을 제시한다.
- 욥기는 기록된 성경 가운데 영감에 의해 기록된 최초의 책일 수도 있다. 이 책을 저술한 이가 욥이나 다른 동시대 사람이라면 확실히 최초로 기록된 성경이다.
- 욥기는 성경의 다른 곳에서는 발견되지 않는 히브리어를 많이 사용하여 풍부한 언어의 다양성을 제공한다.
- 욥기는 산문과 시, 독백과 대화가 혼합된 독특한 문학적 구조를 지니고 있다. 그러므로 이 책은 어떤 단일한 문학 장르로 분류되지 않는다. 이것은 특별문학(sui generis), 즉 그 자체적으로 고유한 문학 양식이다.
- 욥기는 특히 "하나님이 사랑과 자비의 하나님이시라면 의인들이 고통당하는 이유는 무엇인가?" "인생의 시련 속에서 하나님은 어디 계시는가?" 와 같은 가슴을 에는 듯한 질문들과 씨름하고 있다.

욥은 실존 인물이었는가?

욥은 극작가의 상상이 빚어낸 허구나 가공 인물이 아니라 실존 인물이었다. 그는 결혼을 하여 열 명의 자녀를 두었던 유력한 사업가로서, 실제 역사적 인물이었고 실존했던 사람이다. 그는 인간이 직면하게 되는 가장 파괴적인 시련 가운데 하나를 경험하도록 부름받았다. 다음에서는 이 주장을 뒷받침하는 중요한 몇 가지 이유들을 소개하고 있다.

구약의 선지자 에스겔은 노아와 다니엘이 실존 인물이었던 것처럼 욥도 역사적인 인물이었다고 말했다(겔 14:14, 20).

신약의 저자들도 욥을 실존 인물이었다고 말하고 있다. 예수님의 형제인 야고보는 욥을 하나님께 심하게 시험을 받은, 문자 그대로 역사적 인물이라고 밝혔다(약 5:1). 사도 바울은 로마서 11장 35절(욥 41:11)과 고린도전서 3장 19절(욥 5:13)에서 욥기를 두 번 인용했다. 그러므로 그는 욥이라는 이 사내와 그가 등장하는 이야기의 진정성에 신뢰를 부여하였다. 초대 사도들과 제자들은 욥을 분명히 실존 인물로 인식했다.

이 책에 등장하는 많은 역사적인 세부 기록들은 모두 욥이 실존 인물이었음을 믿을 수 있는 이유를 확실하게 제시한다. 그는 실재하는 장소인 우스라는 땅에 살았고, 가족과 재물과 건강을 잃는 고통을 실제로 겪었다. 그의 손실은 실재하는 원수인 사탄이 스바 사람과 갈대아 사람이라는 실재하는 세력들을 이용함으로 이루어진 것이었다. 욥에게 재앙이 닥치자 곧 실재하는 지역의 확인 가능한 부족 출신의 세 실존 인물들이 위로차 찾아왔다. 확실히 욥은 가공 인물이 아니라 실존했던 인간이었다.

욥의 거주 지역

욥기의 특이한 사건들과 욥의 고난이 일어났던 장소는 어디인가? 욥은 현재의 아라비아 사막 지역에서 살았다고 한다.

욥기의 첫 절은 욥의 고향이 남쪽의 에돔(창 36:28)과 북쪽의 아람 사람들의 땅(창 10:23, 22:21)을 포함하는 요단강 동쪽의 넓은 영토인 우스 땅(1:1)이라고 밝힌다(욥 1:1). 이곳은 사해의 남동쪽에 위치한 지역이었다.

예레미야애가 4장 21절에서 우스는 에돔과 동일한 땅으로 언급되고 있다. 더 구체적으로 말하자면, 이 지역은 모세가 그의 생애 가운데 또 다른 40년을 보낸 미디안 근방의 북부 아라비아 지역이다. 이것은 우스 지역과 남쪽 지역에 걸쳐 살았던 유목민들인 스바인(1:15)과 주변 지역에 살았던 갈대아인들의 공격(욥 1:17)을 받았다는 내용과 일치하는 사실이다.

게다가 욥의 친구들은 근방 나라에서 왔다. 데만 사람인 엘리바스는 요단강 동쪽, 에돔의 성인 데만에서 왔음이 분명하다. 수아 사람 빌닷은 아브라함의 가장 어린 아들인 수아와의 관련성을 암시할 수도 있다. 나아마 사람 소발은 아마 아라비아의 에돔에 있는 한 지역 거주민이었을 것이다.

욥의 사망 시기

욥기에 기록된 세부적인 많은 내용들과 사건들은 욥이 족장 시대에 살았던 인물임을 암시한다. 이럴 경우 이 책의 사건들은 주전 2000년경의 어느 시기나, 아브라함, 이삭, 야곱이 살던 시기에 일어났을 것이다. 욥기 안에서의 여러 내적인 단서들은 이러한 초기설을 암시한다. 이러한 증거들 가운데 일부는 아래와 같다.

욥은 100세가 넘을 때까지 건강하게 살았다. 이러한 수명은 족장 시대와 부합한다. 재난을 당한 후 그는 또다시 140년을 더 살았으며(욥 42:16), 이것은 그의 자녀들이 장성한 이후의 일이었다(욥 1:4-5, 13-19). 이 기간을 합산하면 욥은 약 200세를 살았고, 이것은 205세까지 살았던 아브라함의 아버지 데라와 175세에 사망한 아브라함과 180세에 사망한 이삭과 147년을 살았던 야곱과 비교할 수 있는 기간이다. 분명히 그때 이후로 사람들의 수명은 훨씬 단축되었다.

욥의 재물은 가축의 수로 측정되었으며(욥 1:3, 42:12), 이것은 아브라함(창 12:16, 13:2)과 야곱의 시대(창 30:43, 32:5)와 부합하는 관습이다.

가정에서의 욥의 지도력은 그가 한 가정의 제사장 역할을 했음을 보여주고, 아론의 옛 언약이 아직 체결되지 않았음을 암시한다.

욥의 적들인 스바인들과 갈대아인들의 습격(욥 1:5, 17)은 그들이 유목 생활을 하던 시기에 일어난 일로, 이러한 유목 생활은 정착하면서 문명화되었던 후대의 사람들에게는 적용되지 않는 생활양식이다.

이 책에 언급된 악기들(즉, 북과 수금과 피리, 욥 21:12, 30:31)은 또한 족장 시대의 창세기 기사에도 언급되어 있다(창 4:21, 31:27).

화폐 단위에 대한 히브리어 단어(욥 42:11)는 성경의 다른 곳에서는 족장이었던 야곱과 관련된 기사에서만 사용되고 있다(창 33:19, 수 24:32).

욥의 재산 상속인들로는 그의 아들들뿐 아니라 딸들도 포함되었다(욥 42:15). 이것은 모세의 율법에서는 허용하지 않았던 관습이다(민 27:8). 그러므로 이것은 욥이 주전 1445년 시내산의 율법 수여가 있기 전에 살았음을 암시한다.

족장들에게 익숙한 전능하신 하나님, 혹은 샤다이(Shaddai)라는 신적 명칭(창 17:1, 출 6:3)은 욥기에 31회 사용되고 있다. 하지만 하나님의 이 고유명사는 욥기를 제외하면 구약 전체에서 17회만 사용되고 있다. 이것은 율법 이전 시대인 초기 족장 시대에 많이 사용된 이름으로서, 욥이 이 시기에 살았던 인물임을 암시한다.

욥기에 등장하는 사람들의 이름과 지명들 중 많은 이름들이 족장 시대에 사용되었다. 스바와 스바인들(욥 1:15, 6:19, 창 25:3), 데마(욥 5:19, 창 25:15), 엘리바스(욥 2:11, 창 36:4), 우스(욥 1:1,창 22:21) 등.

이 책은 모세 율법과 더불어 시행된 제도들(즉, 제사장 제도, 율법, 성막, 특별한 종교 절기들 등)에 대해 전혀 언급하지 않는다.

욥기의 저자

욥기는 이 책의 중심 인물의 이름을 본뜬 것이지만, 실제로 이 영감으로 쓰인 성경을 저술한 사람이 누구인지는 확정적으로 단언할 수 없다. 욥기의 저자는 알려져 있지 않으며, 단지 추론만 가능할 뿐이다. 이에는 몇 가지 가능성이 존재한다.

욥 자신이 저자였을 수 있다. 무엇보다도 이 책을 저술한 사람은 이 책에 기록된 수많은 세부 내용들과 밀접하게 관련된 사람으로 보인다. 성경에서는 한 개인의 이름을 본떠 책명이 정해지고, 그 동일인에 의해 저술된 경우가 흔했다(다니엘, 이사야, 에스겔 등). 욥기에 동일한 일이 적용되는 것이 불가능한 일은 아닌 것 같다. 또한 욥은 이 책에 기록된 실제 사건들이 일어난 후 140년을 더 살았다고 기록되어 있으며(욥 42:16), 그것은 이 책을 기록하기에 매우 충분한 시간이었다.

또한 32-37장에서 욥에게 말한 네 번째 친구인 엘리후가 저자였을 가능성이 있다. 이 책에 기록된 길고 상세한 대화들은 일어난 모든 사건들을 목격한 사람이 기록했을 것이다. 욥에게 지혜로운 조언을 했던 사람이 엘리후였으므로, 욥기가 그의 조언자 중 한 사람에 의해 저술되었다면 아마도 엘리후가 가장 적합한 인물이다.

이 책의 가능한 저자로 많은 이들이 제안한 이는 모세였다. 유대 전통이 이러한 입장을 취하고 있다. 우스 땅(욥 1:1)은 모세가 40년간 살았던 미디안과 인접한 곳이다. 그러므로 모세가 욥이나 엘리후가 남긴 대화 기록을 입수했으리라는 추측이 가능하다. 욥기에는 사막에 대해 친숙한 기록이 나오는데 모세도 사막에 대해 익숙했던 데서 볼 수 있듯이, 욥기와 창세기 사이에는 많은 유사성이 발견된다.

어떤 이들은 시 문학, 히브리 평행법, 지혜 문학과 관련해 욥기와 잠언, 전도서와 솔로몬의 노래(아가)의 유사성 때문에 솔로몬을 이 영감으로 쓰인 책의 저자라고 제안하였다.

어떤 이들은 에스라를 저자라고 제안했다. 이 책의 저술 시기가 바벨론 유수 이후라면 이것도 가능한 대안이 될 수 있다.

욥기의 저작 연대

이 책의 일반적인 저술 연대는 저자가 누구냐에 따라 달라진다. 이 영감에 의해 쓰인 책의 저술 연대에 대해서는 네 가지 주요 견해가 있고, 각 견해는 이 책의 저자와 관련이 있다.

많은 이들은 욥기가 기록된 사건들이 일어난 직후인 족장 시대에 저술되었다고 믿는다. 욥이나 엘리후가 저자일 경우 이 저작 연대가 맞을 것이다. 그럴 경우 욥기는 성경에서 가장 오래된 책으로 오경보다 먼저 저술되었을 것이다.

두 번째 견해는 욥기가 모세에 의해 기록되었을 경우 출애굽 이전인, 그가 미디안에서 고립된 생활을 하고 있을 시기(주전 1485-1445년)에 기록되었다는 것이다. 이 경우, 이 책이 기록된 시기는 모세가 사막에서 살았던 40년 동안이나 혹은 이스라엘 민족이 극심한 고통을 당하던 광야의 유랑 기간(주전 1445-1405년)이었을 것이다.

세 번째 견해는 이 책이 솔로몬에 의해 기록되었을 경우 대략 주전 950년경인 열왕 시대에 기록되었다는 것이다.

네 번째 견해는 에스라가 저자일 경우 욥기는 바벨론 유수 동안이나 그 후에 기록되었다는 것이다. 이 경우, 이 책의 저작 시기는 포로기(주전 538년, 458년, 445년) 동안이나 그 직후가 된다. 그러나 에스겔에 의한 욥의 언급(겔 14:14)은 그러한 포로기 이후의 시기를 배제시킨다.

욥기의 문학 양식

욥기는 다양한 문학 양식이 복합되어 있기 때문에 모든 성경과 차별되는 독특성을 지닌다. 전체 책의 내용을 처음부터 끝까지 전달한 단일 장르는 없다. 이 책의 문학적 독특성의 일부를 소개한다.

욥기는 문학적 구조와 관련해 프롤로그(산문), 본문(시), 에필로그(산문)로, 샌드위치 모양의 형식으로 기록되어 있다.

시 부분인 3-37장은 동일한 진리를 인상적이고 예증적인 심상과 함께 여러 방식으로 표현하는 능숙한 기법인 히브리 평행법의 비유적이고 풍성한 언어를 사용하고 있다.

강력한 많은 문학적 장치들이 사용되었다. 산문(1-2장, 38-42장), 시, 잠언(5:17), 아이러니(12:2), 직유(14:2), 은유(16:13), 환유(16:19), 찬송(28장), 독백(31장), 수수께끼(41:1-5) 등.

이 책의 많은 부분은 소송이나 법적 분쟁의 형식을 취하고 있다. 욥과 그의 친구들과 하나님은 여러 가지 법정 용어들을 사용한다. 그 가운데 몇 가지를 소개하면 다음과 같다. 소송에 들어가기 위한 변론(9:3, 14), 법정에서 증언하기 위한 답변(9:3, 15), 설득력 있게 자신의 결백을 옹호하기 위한 입증(9:14), 분쟁을 해결하는 심판자(9:15), 혐의에서 벗어나는 의로움(결백함, 9:15, 20, 28), 법정에 출두하도록 통보받는 소환(9:16, 19), 법정 절차인 증언 청취(9:16), 공명정대한 심문인 심판(9:19), 유죄 판결인 정죄(9:20), 재판을 받고 유죄임을 확정짓는 유죄 판결(9:20, 29), 석방되어야 한다고 판명된 무죄 판결(9:21-22), 분쟁을 해결하는 판결자(9:33).

욥기는 오직 이 책에서만 볼 수 있고 구약의 다른 책에서는 전혀 발견되지 않는 많은 히브리어 단어들로 된 풍부한 어휘를 담고 있다. 또한 욥기에는 생생하고 다채로운 동의어들이 풍부하다. 예를 들어, 사자에 대해서는 다섯 가지의 단어들(4:10-11)이 사용되고, 올무에 대해서는 여섯 가지 단어(18:8-10), 어둠에 대해서는 여섯 가지 단어(3:4-6, 10:21-22)가 사용되고 있다.

욥기는 천문학, 지리학, 동물학, 기상학, 해양학, 광업, 여행, 법학을 포함해 많은 주제들에 대한 광범위한 지식을 동원하고 있다.

욥기의 주제

이 신 중심적인 책(theocentric book)에는 강조되어야 할 몇 가지 주제들이 드러나고 있다.

주권성(Sovereignty). 이 책에서 가장 두드러진 주제는 하나님의 주권성에 대한 메시지다. 이 책은 사실상 욥에 대한 책이라기보다 하나님에 대한 책이다. 앞부분에서 독자들은 하늘과 땅에 영향을 미치는 신적 결정이 이루어지는 하늘의 보좌를 들여다볼 기회를 허락받는다. 하나님은 사탄의 권세와 인간의 환경을 통제하신다. 이 책은 하나님이 욥에게 자기 피조물을 통치할 수 있는 하나님 자신의 권리에 대한 성격을 질문하는 것으로 끝나고 있다. 이것은 이 책에서 욥이 배우고 있는 주된 교훈이다. 하나님은 하나님이시다. 그분은 피조물들에게 자문을 구하지 않고 자신이 원하는 사람에 대해 자신이 원하실 때 자기 뜻대로 하실 수 있는 분이며, 그분이 그렇게 하시는 것은 자기 자신의 영광과 자기 백성들의 궁극적 선을 위해서다.

사탄. 이 책의 앞부분에서 하나님과 그분의 백성들의 보이지 않는 원수인 사탄의 가면이 매우 적나라한 방식으로 벗겨지고 있다. 여기서 하나님의 대적의 진정한 실체가 드러나고 있다. 그는 욥의 인생에 닥친 가공할 비극의 배후에 있는 사악한 흉악자인 것이다. 이 책은 우리 성도들을 고발하는 자에 대한 적절한 위치, 즉 사탄이 우리의 강력한 원수라는 것을 보여주고 있지만, 그는 하나님의 주권적 통제 아래서 활동하며, 욥을 치기 위해서도 하나님의 허락을 구해야 한다. 엄청난 능력으로 무장한 실제적인 적수인 사탄이 하나님에 대해 깊은 증오심과 적의를 가지고 욥을 고소하며 욥의 삶에 파국적 재앙을 가하는 것으로 드러나고 있다.

고난. 욥이 겪는 고통과 시련은 "의인이 왜 고난을 당하는가?" "사랑의 하나님이 왜 악과 고통을 허락하시는가?"라는 수세기 동안 제기되어온 질문에 대답하는 데 도움이 된다. 의인들은 '왜'라고 질문할 수 있지만 하나님은 자신의 방식들을 피조물들에게 설명해줄 의무가 없다. 사실상 하나님의 길은 우리의 길을 넘어서는 것이다. 하지만 그분은 항상 모든 고난의 이면에 어떤 목적을 가지고 계시며, 때로 그것은 인간에게는 숨겨져 있다. 욥은 자신이 왜 고난을 당하는지 결코 알지 못했다. 욥의 질문에 대한 하나님의 대답은 인간 이해의 영역을 넘어서는 자신의 주권적이고 지혜로운 권고에 복종하라는 것이었다. 욥의 친구들의 지나치게 단순한 충고는 의인들에게 닥치는 비극에 대해 어떤 해답도 제공하지 못한다.

복종. 욥은 자신의 생애에 대한 하나님의 주권적 통치에 겸손하게 복종함으로써 모든 신자들에게 훌륭한 모범이 되고 있다. 자신에게 주신 모든 재물과 자식들에 대한 하나님의 신적 재량권을 인정함으로써 잇단 비극에 반응한 욥의 모습은 겸손한 복종의 모습이다. 이 복종은 "그가 나를 죽이시리니 내가 소망이 없노라(그가 나를 죽이실지라도 그를 신뢰할 것이다)" (욥 13:15)라는 욥의 고백에서 알 수 있듯이, 그 자신의 생명의 맥락에서 이해되고 있다.

핵심 인물들

욥기에는 극 전개의 주축이 되는 몇 명의 핵심 인물이 있다. 이 인물들에 대한 간략한 소개가 이 책의 개요를 이해하는 데 도움이 될 것이다.

욥. 이 신적인 드라마의 중요한 등장인물은 욥이며, 그의 이름을 본떠 책의 이름이 지어졌다. 그의 이름은 '박해'에 해당하는 히브리어에서 파생했을 수 있으며, '박해당하는 자'라는 의미를 가질 수 있다. 혹은 '회개하다'를 의미하는 아라비아어에서 파생했을 수 있으며, 그럴 경우 그의 이름은 '회개한 자'라는 의미를 가질 것이다. 어떤 경우든, 욥은 하나님에 대한 믿음 때문에 사탄의 박해를 받은 실존 인물이었고, 자기 의가 결국 마음속에 스며든 후 회개하게 되었다.

하나님. 욥기를 통해 독자들은 하늘과 땅 사이를 가르는 막을 걷고, 눈으로 볼 수 없는 천국의 세계를 들여다보며 하나님의 모습을 획기적으로 엿볼 수 있다. 욥기의 주인공은 욥이 아닌 하나님이라고 주장할 수 있다. 이 책에는 사탄과 환경에 대한 하나님의 주권성과, 인간의 고난에 대한 그분의 통치가 계시되어 있다. 마찬가지로, 욥의 인생을 통해 하나님의 완전한 지혜와 사랑과 은혜가 증명되고 있다. 헤아릴 수 없고 측량조차 할 수 없는 분이신 하나님이 영광스러운 방법으로 여기서 계시되고 있다. 욥기를 통해 우리는 우주의 모든 것이 하나님을 중심으로 움직인다는 사실을 배운다.

사탄. 사탄은 반역하고 타락한 천사지만 또한 욥기의 중요한 등장인물로서 이야기의 초반에 등장하고 있다. 그는 하나님이 욥과 싸우고 욥이 하나님과 겨루게 만들려고 시도함으로써 고발자로서의 자신의 본성을 드러내는 사악한 존재다. 독자는 사탄의 실제적인 작전 방식을 발견한다. 그는 인간의 재물과 건강, 가족을 빼앗아갈 뿐 아니라 자연의 재앙을 이용해 인간을 파멸시킬 수 있는 특별한 능력을 지닌 존재다.

엘리바스. 욥의 친구들 가운데 처음 말문을 연 사람이다. 엘리바스는 데만 사람으로, 에돔의 성이었던 데만의 시민이었을 가능성이 매우 높다. 욥에게 두 번째 끔찍한 재난이 닥친 후 다른 두 친구와 함께 등장한 이 사람은 욥이 고난을 당하는 것이 그의 죄 때문이라고 도전한다. 엘리바스는 관찰과 경험에 크게 의존하며, 신학자처럼 말하는 경향이 있다. 엘리바스는 세 명의 '친구들' 가운데 가장 사려 깊지만, 오직 악인들만이 고난을 당한다고 추론하며 신랄한 말로 욥에게 충고한다. 그는 욥이 고난을 당하고 있기 때문에 그가 죄를 지었음이 분명하다고 단정한다. 엘리바스는 세 개의 긴 담론을 통해 말하고 있다(4-5장, 15장, 22장). 그의 이름은 '하나님은 황금이시다' 혹은 '하나님은 심판을 내리신다' 는 의미를 가진다.

빌닷. 이 친구는 욥에게 두 번째로 말한 친구다. 빌닷은 수아 사람으로, 이것은 그가 아브라함의 첩인 그두라의 후손일 수 있음을 의미한다. 욥에 대한 그의 충고 역시 세 개의 긴 담론으로 이루어지며(8장, 18장, 25장), 그는 전통과 역사에 근거해 욥에게 충고한다. 그는 또한 엘리바스가 말한 것과 동일한 메시지를 욥에게 전달하지만 그보다 더 강한 어조를 사용한다. 그의 충고는 "너는 죄를 지었음이 틀림없다. 네가 회개한다면, 하나님이 너의 고통을 없애주실 것이다" 라는 내용으로 요약된다. '논쟁의 하나님' 을 의미하는 빌닷이라는 이름은 그에 걸맞은 적절한 이름이다.

소발. 욥에게 충고한 세 번째 친구는 나아마 사람인 소발로, 정확하게 알려지지 않은 주변 지역, 아마도 에돔이나 아라비아의 거주민임을 알 수 있다. 소발은 엘리바스나 빌닷보다 훨씬 더 강경한 어조로 이야기하며, 스스로 무뚝뚝한 도덕주의자나 교조주의자임을 보이고 있다. 오직 두 담론(11장, 20장)에서만 욥에게 이야기하는 소발은 추측에 크게 의존하며, 아마 계속 짜증스러움이 더해서인지 무례하고 퉁명스러운 모습을 보인다. 그는 타협을 모르는 날카로운 정통 신앙의 목소리를 대변하며, 욥에게 단호한 어조로 "너는 죄를 짓고 있다. 네가 회개하지 않는다면 지상에서의 네 생명이 단축될 것이다" 라고 선언한다. 소발은 하나님에 대해 매우 무자비한 분이라는 개념을 갖고 있으며, '거칠다' 는 의미를 가진 그의 이름에 걸맞게 살아간다.

엘리후. 앞의 세 친구들이 자신들의 생각을 말한 후, 네 번째 변론자가 등장한다. 그의 이름은 엘리후로, '그는 나의 하나님이시다' 라는 의미를 가졌다. 나머지 세 사람보다 연하이지만 엘리후는 분별력을 가지고 더 건전한 논리를 적용시키며, 세 친구들과 달리 문제를 정확하게 지적한다. 이 네 번째 친구는 자신의 말할 차례를 인내심을 갖고 기다리며, 하나님이 인간의 고난을 통해 정결하게 하시고 교훈을 주신다고 욥과 논쟁한다. 욥에 대한 그의 조언, 즉 하나님 앞에서 자신을 겸손하게 낮추어야 한다는 그의 조언은 가장 훌륭하다. 나머지 사람들보다 더 길게 논증하지만(32-37장), 엘리후는 욥에게 가장 지혜로운 통찰을 제공한다.

욥기의 구조

성경의 어떤 책이든 전체적인 구조를 살피는 것이 성경을 배우는 모든 사람들에게 항상 중요하다. 이 작업은, 음모와 손에 땀을 쥐게 하는 긴장감과 하나님과 사탄을 비롯한 많은 개인들의 배역을 포함하는 복합적이고 난해할 정도로 상세한 책인 욥기에 매우 중요한 것이다.

서문(욥 1-2장). 욥에 대한 간략한 소개에 이어 장면은 갑자기 하나님과 사탄의 대화가 이루어지는 천국으로 이동한다. 하나님의 주도로 사탄에 대한 하나님의 직접적인 도전 속에 욥의 이름이 등장하게 된다. 욥이 아무런 대가도 없이 하나님을 예배할 것인가? 하나님은 사탄에게 욥을 공격할 수 있도록 허락하시고, 사탄은 욥에 대한 위험한 공격을 가하여 결국 그의 재산과 가족의 대부분을 잃게 만든다. 그러나 욥은 하나님을 경배함으로써 올바른 반응을 보인다(1장). 하나님은 다시 사탄에게 도전하시고, 이것은 욥이 건강을 잃는 결과를 초래한다(2장). 욥은 또다시 하나님의 주권성에 대한 믿음을 보여주며 범죄하지 않는다. 그 직후 세 명의 친구들이 욥을 위로하기 위해 찾아온다.

대화(욥 3-26장). 자신의 비극에 망연자실한 욥은 절망과 낙심의 나락으로 굴러 떨어진다. 심히 우울한 상태에 빠진 욥은 자신이 태어난 날을 슬퍼하며 세상에 태어나지 않았으면 좋았겠다고 말한다. 또한 태어날 때 죽었으면 좋았으리라고 울부짖는다. 결국 그는 죽음으로 자신의 고통과 괴로움에서 벗어나기를 갈망하기에 이른다. 욥의 세 '친구들' 은 그를 위로하기 위해 왔지만, 그에게 부적절한 충고를 한다

(4-26장). 엘리바스와 빌닷은 욥에게 세 번 말하고 소발은 그에게 두 번 말하며 각기 욥의 죄를 지적한다. 그들은 욥에게 그가 삶의 죄 때문에 고통을 당하고 있다고 단정한다. 그때마다 욥은 자신을 변호하며, 반응을 할 때마다 그 감정의 강도가 강해진다. 그 모든 과정을 통해 욥의 마음속에 원망의 마음이 끓어오르기 시작하고, 결국 그는 천국의 하나님 앞에 나아가 자신의 사건을 제시하고 하나님이 자신을 부당하게 징계하고 계심을 증명하기를 원하게 된다.

독백(욥 27-37장). 친구들의 맹렬한 공격을 견딘 욥은 긴 독백으로 반응한다(27-31장). 그는 자신의 결백을 옹호하고 하나님의 지혜를 찬양하며, 과거의 행복을 반추하고 현재의 고통을 생각하면서 자기 개인의 순수함을 주장한다. 그는 자신이 성결하기 때문에 그런 끔찍한 하나님의 형벌을 받을 이유가 없다고 생각한다. 이때 네 번째 친구인 엘리후가 문제를 적절한 관점, 즉 하나님의 관점에서 조명하며 욥을 반박한다(32-37장). 가장 적절한 조언을 제시한 엘리후는 욥에게 하나님 앞에서 겸손해야 한다고 말한다. 자기 연민으로 가득한 욥은 회개할 필요가 있다.

후기(욥 38-42장). 갑자기 하나님이 폭풍 가운데서 직접 등장하셔서 욥에게 말씀하신다. 이 폭풍 속에서 하나님은 자신의 주권성과 자신을 완전히 신뢰해야 할 필요성에 대해 몇 가지 귀중한 교훈을 욥에게 가르치신다(38-41장). 그러나 먼저 욥은 회개하는 가운데 겸손해야 한다. 욥은 겸손하게 회개하고, 결국 하나님은 욥이 잃어버린 것들을 두 배로 회복해주신다. 하나님은 일곱 명의 아들과 세 명의 딸로 그를 축복하시고, 그에게 장수를 허락하신다(42장). 이 모든 것에도 불구하고 하나님은 욥에게 그의 고난에 대한 어떤 해명도 해주시지 않는다.

의인들이 고난을 당하는 이유

욥기에 대해 특별히 흥미로운 점은 신정론(theodicy) - 인간의 고난, 특별히 의인의 고난과 관련한 하나님의 정의에 대한 옹호-이라는 주제다. 하나님이 주신 고난을 당하는 의인들의 문제가 이 책에서 전면적으로 거론되고 있다. 하나님은 자신의 영광을 위해 인간의 고난을 결정하시며, 주권적으로 인간의 고난을 지배하시는 분으로 그려진다. 나아가 하나님은 의인들에게 고난을 주실 때 사탄을 이용하는 분으로 그려진다. 이 모든 것을 통해 욥기는 하나님의 무흠한 속성을 강조하며, 원하시는 대로 무엇이든 하실 수 있는 그의 주권적 권리를 확인하고 있다(욥 38-41장).

그러나 더 심층적이고 긴급한 문제는 다음과 같다. 의인들이 시련 가운데서도 하나님을 찬양할 것인가? 의인들은 곤경 가운데서도 하나님을 예배할 것인가? 영감에 의해 쓰인 이 고대의 책은 오늘날 많은 사람들이 주장하는 견해인 고난이 자신들의 죄로 인한 것이라는 거짓된 관점을 반박하고 있다. 이것은 예수님 시대뿐 아니라 욥의 시대에도 지배적인 시각이었다(요 9:2를 비교하라). 확실히 이것은 욥의 세 친구들의 신학 속에 지배적으로 드러난 사상이다.

그렇다면 "의인들은 왜 고난을 당하는가?" 이 질문에 대한 대답은 다음과 같다. 의인들이 고난을 당하는 것은 하나님이 무한한 자신의 지혜에 따라 의인들이 고난당하도록 작정하시기 때문이다. 처음에는 이것이 불공평하거나 불공정하게 보일 것이다. 하지만 욥기의 독자들은 이면에 있는 사실들을 들여다보고, 욥의 고난 이면에 있는 하나님의 고차원적인 목적들을 볼 수 있다. 욥은 영혼이 무너지는 경험을 통해 많은 것들을 잃었지만, 자신이 잃은 것과 비교할 수 없는 것을 얻었다(비교. 42:12-16). 이 무서운 시련 속에서 그는 굴하지 않았고, 훨씬 더 강하고 성숙한 신자가 되었다(비교. 42:5). 더 중요한 것은 그가 경험한 고통이 인간의 환경이라는 장막 이면에서 하나님의 주권적 역사가 이루어지는 과정을 보여주기 위해 하나님께 사용된다는 것이다.

더 큰 그림 속에서 볼 때, 고통스러운 고난을 당하고 있는 이들은 자신의 인생이 그가 상상할 수 있는 것보다 훨씬 더 원대한 계획의 일부라는 사실을 기억해야 한다. 의인은 빛의 왕국과 어둠의 왕국 사이에 벌어지는 쟁탈전의 대상이다. 그는 보이지 않는 두 세계 사이의 보이지 않는 전쟁이 벌어지는 전쟁터다. 사탄은 항상 인간, 특히 의인들을 공격함으로써 하나님의 계획을 무너뜨리고자 압박을 가하고 있다. 이 영적 전쟁에 하나님의 영광이 관련되어 있다. 의인들이 인내하며 고난을 견디면 하나님께 영광이 돌아간다. 그러므로 신자들은 자신들이 하나님의 영광과 자신들의 선을 위해 선택되었음을 알고 당당하게 시련과 고난을 대면할 수 있다.

욥기 1장

지옥 문이 모두 열릴 때

"하나님의 은혜가 있다고 해서 어려움에서 면제되는 사람은 없다."

- J. C. 라일(J. C. Ryle)

들어가는 글

숲에서 가장 큰 나무

1991년 미네소타 미네아폴리스의 바로 외곽에 자리 잡은 헤이즐틴 내셔널 골프장(Hazeltine National Golf Course)에서 열린 U. S. 오픈은 기억에 남는 경기였지만 단순히 골프 경기 때문에 그런 것은 아니다. 화창하고 평온한 날씨에 토너먼트 1라운드를 위한 경기가 시작되자 갑자기 머리 위로 회색의 구름층이 형성되었다. 사나운 하늘이 어두워지고 전기를 띄며 소용돌이치는 구름층이 형성되었다. 몇 마일 밖에서 번개가 쳤다. 4천 명의 관중들은 안전한 곳을 차지하느라 난리를 쳤다.

열한 번째 티 근처의 고개 숙인 버드나무 아래 몸을 피한 일단의 관중들은 몸이 젖지 않게 하려고 서로 꼭 붙어 있었다. 한 경기 임원이 그들에게 다른 곳으로 피하라고 요청했다. 몇 명의 사람들은 다른 곳으로 흩어지고 몇 명의 사람들은 그 자리에 남아 있었다. 바로 그때 번개가 열 번째 그린 뒤에 있는 나무를 때렸고 나무가 반으로 쪼개졌다. 이어서 일 분 후 벼락이 키가 큰 그 버드나무를 때렸다. 12명의 사람이 볼링 핀처럼 땅으로 꼬꾸라졌다. 6명은 자리에서 일어났지만 6명은 정신을 잃고 바닥에 그대로 누워 있었다. 한 사람은 손을 주머니에 넣은 채 죽어 있었다. 번개는 목표물, 그 지역에서 가장 키가 큰 나무를 명중시켰다.

그 당시에 가장 키가 큰 나무로서, 하나님을 섬기던 욥이 바로 이러한 경우에 해당한다. 높이 솟은 이 버드나무처럼, 욥은 하나님을 믿는 신앙에 깊이 뿌리 내리고 있었다. 그리고 강력한 전기를 내포한 고난의 폭풍우가 강타하자 욥은 벼락을 흡수하는 피뢰침이 되었다. 비극이 닥친 것은 그의 생활에 잘못이 있었기 때문이 아니라 오히려 반대로 너무 올바른 삶이었기 때문이다. 그는 세상에서 가장 의로운 사람이었고, 그래서 그가 고난의 번개를 맞는 표적이 되었다.

높이 솟아 있는 세쿼이어(sequoias, 미국 서부 산(產) 삼나무과(科)의 거목)든지, 연한 어린 나무든지, 하나님과 동행하는 모든 사람들에게 동일한 사실이 적용된다. 모든 그리스도인들은 하나님의 정하신 때에 고난을 경험할 것이다. 어떤 상처도 없이 이 세상을 피해 갈 사람은 아무도 없다. 그 사람의 생활에 문제가 있어서 그러한 고난이 일어나는 것은 아니다. 오히려 반대로, 한 개인의 생활에서 모든 것이 너무 완벽하기 때문에 종종 고난이 찾아온다. 고난의 표적이 되는 신자는 하나님이 보실 때 가장 키가 큰 나무일 것이다. 그리스도 안에 깊이 뿌리 내리고 신앙이 자리 잡은 사람은 그러한 고난이 닥치더라도 결코 놀라서는 안 된다. 욥처럼, 위대한 믿음의 사람은 의를 위해 하나님의 뜻에 의해 고난을 당하게 된다.

욥기 첫 장에서 우리는 주인공인 욥을 소개받는다. 우리는 그가 어떤 사람이며 그의 믿음이 어느 정도이고 얼마나 성공한 사람인지 알게 된다. 그러나 우리는 또한 그의 인생에 닥친 폭풍의 기원이 어디인지 알게 된다.

본문 이해

지옥 문이 모두 열릴 때

Main Idea	참으로 강한 믿음의 소유자인 욥의 인생에 난데없이 비극이 들이닥친다. 그것은 징계의 형식이 아니라 하나님의 진정한 하나님 되심을 찬양할 수 있는 기회로 주어진 것이었다.

A. 욥의 인격(1-5절)

Supporting Idea	하나님에 대한 욥의 강한 믿음은 진정으로 변화된 삶을 통해 입증된다.

1:1. 욥은 현재의 요르단 근방인 사해 남동쪽, 요단강 동쪽의 넓은 땅인 우스 땅에 살았다. 그가 순전하고 정직하여 하나님을 경외하며 악에서 떠났기 때문에 하나님에 대한 그의 믿음이 강해졌다. '순전하다(blameless)' 라는 단어는 죄가 없다(sinless)는 뜻이

아니라 그의 인격과 품성에 비난받을 것이 없었다는 의미다. 그 누구도 그에게 도덕적으로 문제가 있다고 비난할 수 없었다. 나아가 그는 하나님의 거룩한 기준에서 전혀 벗어나지 않고 정직하게, 문자적으로 표현하면 '똑바로' 행동하고 처신하였다. 욥은 또한 하나님을 두려워했다. 그는 하나님에 대해 거룩한 경이감과 존경심이 가득하였다. 그는 하나님을 진지하게 의식하고 하나님께 영광을 돌리며 살려고 세심하게 노력했다. 또한 욥은 악을 피하고 세속적인 유혹을 거부하였다.

1:2. 또한 욥에게 그 소생은 남자가 일곱이요 여자가 셋이었다. 7과 3은 이상적인 숫자로, 하나님의 풍성한 은혜의 증거와 완전함을 상징한다. 욥의 아들과 딸들은 서로를 사랑하였다. 그들은 정기적으로 만나 우애와 교제를 나누었다(욥 1:4, 13, 18-19). 욥은 매우 복된 아버지였다.

1:3. 나아가 욥은 매우 성공한 사업가로서 수많은 가축과 노예들을 소유했다. 그의 엄청난 가축과 수많은 종들은 재물에 대한 고대의 상징이었다. 그의 칠천 마리의 양은 그에게 화려한 의복과 풍부한 양식을 공급했고, 삼천 마리의 약대는 그에게 이동 수단을 제공했다. 오백 겨리의 소는 그의 종들이 땅을 갈아 더 많은 식량을 제공하도록 도왔고, 오백의 암나귀는 계속해 더 많은 새끼 나귀들을 얻을 수 있게 해주었다. 많은 종들은 그의 땅을 일구었다. 욥은 경건한 사람이었을 뿐 아니라 부자로서, 부와 경건이 조합된 매우 드문 경우였다. 욥은 재물로 아주 먼 곳까지 명성이 퍼졌다. 그는 동방 사람 중에 가장 큰 자였다.

1:5. 이 가족 모임이 끝나면 욥은 자식들의 명수대로 번제를 드렸다. 그는 자식들의 영적 신앙에 대해 깊은 관심을 가졌다. 그래서 그는 하나님께 번제를 드리며 그들의 생명에 대한 하나님의 소유권을 인정하며 자녀들을 하나님께 드렸다. 욥은 가족을 손에 쥐고 내놓지 않기보다는 열린 손으로 그들을 하나님께 드렸다.

B. 욥을 모략하는 자들(6-12절)

Supporting Idea	하나님의 주도하에, 사탄은 욥의 모든 소유를 빼앗음으로써 그의 믿음을 시험할 수 있게 해달라고 요청하고 그에 대한 허락을 받게 된다.

1:6. 장면이 갑자기 천상으로 바뀌고 하늘에 있는 보이지 않는 세계를 엿볼 수 있는

희귀한 기회를 제공한다. 하루는 하나님의 아들들이 와서 여호와 앞에 섰다. 이것은 이 날이 어느 날과 다를 바 없는 날이었음을 암시한다. 하나님의 아들들은 하나님의 보좌 앞에 나아와 주님께 상황을 보고하는 천사들(욥 38:7, 창 6:2)이었다. 이 수종드는 영들은 주님을 섬기기 위해 먼 곳으로 파견되었다가 다시 명령을 하달받기 위해 되돌아왔다. 이 모임이 진행되는 와중에 사탄도 그들 가운데 왔다. 한때 가장 높은 천사장이었던 사탄은 하나님께 반역한 죄로 하늘에서 추방되었다. 하지만 신비하게도 그는 천상의 하나님의 보좌에 여전히 나아갈 수 있었다. 그래서 사탄은 이 경우 다시 한 번 그들의 모임에 합류했다.

1:7. 여호와께서 사탄에게 "네가 어디서 왔느냐?" 고 물으셨다. 전지하신 하나님은 사탄이 어떤 일을 하고 있었는지뿐 아니라 그가 어디서 왔는지도 알고 계셨다. 이 질문은 타락한 그 천사에게서 고백을 이끌어 내기 위한 것이었다. 사탄이 여호와께 대답하여 가로되 땅에 두루 돌아 여기 저기 다녀왔나이다. 이것은 '우는 사자처럼 삼킬 자를 찾아 두루 다니는 자' (벧전 5:8)로서 세상에 혼란을 야기하는 사탄의 주된 활동이다. 전혀 게으름을 피울 줄 모르는 사탄은 '이 세상의 왕자' (요 12:31)로서 생각을 어둡게 만들고(고후 4:4), 하나님의 말씀을 훔치며(마 13:19), 하나님의 일에 대적하고(살전 2:18), 가라지를 심고(마 13:37-40), 하나님의 백성들을 유혹하며(고전 7:5), 하나님의 말씀을 공격하고(창 3:1), 거짓 진리를 퍼뜨리며(딤전 1:3), 하나님의 교회를 핍박하고(계 2:10), 열방을 속이면서(계 16:14) 호심탐탐 기회를 노리며 배회하고 있다.

1:8. 여호와께서 사탄에게 이르시되 네가 내 종 욥을 유의하여 보았느냐? 하나님은 사탄이 땅에서 악을 선동한다는 것을 아셨다. 그는 욥이 사탄의 공격을 받더라도 하나님에 대한 충성을 배신하지 않을 것을 아시고 자신이 참으로 신뢰하는 욥의 이름을 칭찬하셨다. 하나님이 "그와 같이 … 한 자가 세상에 없느니라" 고 덧붙이셨기 때문에 욥이 이 내기에 연루된 것은 확실히 어떤 개인적인 죄 때문은 아니었다. 욥에 대해 하나님은 '순전하고 정직하여 하나님을 경외하며 악에서 떠난 자' (욥 1:1과 비교하라)라고 평가하셨다.

1:9. '고소하는 자' 는 간교한 계략을 마음에 품은 채 "욥이 어찌 까닭 없이 하나님을 경외하리이까?" 라고 대답한다. 이러한 간교한 대답을 통해 사탄은 하나님이 대가를 치르고 욥의 경배를 매수하셨다고 비난한다. 사탄은 욥이 하나님 자신 때문이 아니라 하

나님께로부터 형통함을 얻을 수 있기 때문에 하나님을 경배했다고 주장한다.

1:10. 사탄은 계속해서 "주께서 그와 그 집과 그 모든 소유물을 산울로 두르심이 아니니이까?" 라고 말한다. 사탄은 이미 욥을 공격하고자 시도했지만 그를 건드릴 수 없었다. 이러한 시도가 불발된 까닭은 그의 주위에 하나님의 돌보심이라는 보호용 울타리가 둘러쳐져 있어서 사탄이 그를 해치지 못하도록 막았기 때문이다.

1:11. "이제 주의 손을 펴서 그의 모든 소유물을 치소서 그리하시면 정녕 대면하여 주를 욕하리이다" 라고 사탄은 하나님께 도전한다. 사탄은 하나님이 자신에게 욥의 풍부한 물질적 축복을 빼앗도록 허락하시면 소위 이 하나님을 경배하는 자가 더 이상 하나님을 찬양하지 않고 주님을 저주할 것이라고 주장하고 있다.

1:12. 하나님은 자신의 신적 주권의 범위 내에서 사탄이 욥을 공격하도록 허용하셨다. 그러나 사탄의 공격은 어느 정도까지만 허용되었다. 하나님은 오직 그의 몸에는 네 손을 대지 말지니라라는 조건을 밝히셨다. 사탄은 욥의 재물과 그의 사랑하는 자들을 빼앗기 위해 얼마든지 접근이 허용되었지만, 그의 건강을 빼앗기 위해 그의 몸을 건드릴 수는 없었다. 그의 생명을 빼앗아서도 안 되었다. 그래서 사탄은 곧 여호와 앞에서 물러갔고 욥에게 이 공격을 가하기 위해 땅으로 내려갔다. 모든 지옥 문이 그의 인생 위로 덮칠 준비가 된 것이다.

C. 욥이 당한 재난(13-19절)

Supporting Idea	사탄의 공격으로 욥은 모든 재물과 종과 자식들을 잃는 고난을 당한다.

1:13-14. 하루 아침에 갑자기 욥은 모든 가축과 종들, 심지어 아들과 딸들까지 순식간에 연달아 잃고 한 푼도 없는 가난한 신세로 전락한다. 욥의 자녀들이 그 맏형의 집에서 식물을 먹으며 포도주를 마신 날이 바로 이날이었다. 사자가 와서 소는 밭을 갈고 나귀는 그 곁에서 풀을 뜯었다는 말과 함께 소식을 전했을 때 욥은 갑작스러운 첫 번째 비극을 전달받았다. 그날은 욥의 인생에서 평상시의 여느 때와 다름없는 날이었다.

1:15. 그러나 스바 사람이 갑자기 이르러 그것들을 빼앗았다는 혼란스러운 보고가 전해진 것이다. 스바인들은 아마 아라비아 남부 지역의 스바 출신 유목민들일 것이며, 아

브라함과 그두라의 자손들이었다(창 25:1-3). 욥기 뒷부분에서 스바인들은 '스바의 행인들' (traveling merchants, 행상들, 욥 6:19)로 불리고 있다. 스바와 스바인들에 대한 언급은 구약 전반에서 발견된다(시 72:10, 15, 렘 6:20, 욜 3:8). 약탈을 하던 이 행상들은 욥의 가축을 빼앗고 그의 종들을 칼로 죽이고 살육하였다. 한 종만이 부상을 입었지만 이 참변을 피해 욥에게 비극적인 소식을 전할 수 있었다.

1:16. 유일한 생존자인 종이 아직 말하고 있을 때에 또 한 사람이 더 충격적인 소식을 가지고 급하게 집으로 들어왔다. 그의 양과 또 다른 종들이 불의의 죽음을 당했다는 것이었다. 이들은 아마 번개로 보이는 하나님의 불이 하늘에서 내려왔다고 묘사된 이 비극적 사건으로 불살라버려졌다.

1:17. 이보다 더 최악의 비극이 일어날 수 없으리라고 생각될 때 다른 재난이 들이닥쳤다. 갈대아 사람이 세 떼를 지어 욥의 삼천 마리 약대들을 빼앗아간 것이다. 갈대아인들은 사납고 준 유목 생활을 하는 집단으로, 결국 남부 메소포타미아로 이주해 바벨론 제국 형성에 일조하였다. 이 살인적 약탈로, 그것을 피해 욥에게 그 처참한 소식을 전해준 한 종을 제외하고는 한 사람도 남지 않고 그들의 칼에 목숨을 잃었다.

1:18-19. 비극에 비극이 닥치는 와중에 또 다른 칼날이 욥의 심장을 찔렀다. 가장 비극적인 소식을 가지고 또 한 사람이 달려왔다. 욥의 일곱 아들들과 세 딸들은 맏형의 집에서 식물을 먹으며 포도주를 마셨다. 그들은 즐거운 가족 모임을 위해 한자리에 모였고, 그때 거친 들에서 대풍이 와서 그들이 식사하고 있는 집을 강타했다. 이 강력한 바람은 집 네 모퉁이를 쳐서 무너뜨리고 욥의 자식들 열 명을 모두 죽일 정도로 강력한 파괴력을 발휘했던 것으로 보아 토네이도일 가능성이 있다(사 21:1, 호 13:15를 비교하라).

D. 욥의 확신(20-22절)

Supporting Idea	이러한 엄청난 비극 앞에서 욥은 자신의 생애와 소유에 대한 하나님의 주권적 통치를 찬양한다.

1:20. 자신의 모든 재산과 자녀들을 잃었다는 소식을 듣자마자 욥이 일어나 겉옷을 찢고(창 44:13, 삿 11:35) 머리털을 밀었다(사 15:2, 겔 7:18). 이러한 행동은 그의 깊은 내

적인 슬픔과 비통함 그리고 혼란의 외적인 표현이었다. 그러고 나서 욥은 겸손한 복종과 찬양의 행위로서 하나님 앞에 자신을 꿇어 엎드리며 땅에 엎드려 경배했다. 아내와 달리(욥 2:9를 비교하라) 욥이 여호와를 경배함으로써 예배가 지속되었다.

1:21. 욥은 "내가 모태에서 적신이 나왔사온즉 또한 적신이 그리로 돌아갈지라" 고 선언했다. 그는 세상에 왔던 것과 동일한 방식으로, 즉 적신으로 세상을 떠날 것을 깨달았다. 모든 재물과 자녀들을 잃는 경험을 통해 그는 이 세상을 떠날 시간이 올 때 자신이 결국 그 모든 것과 이별할 것을 알았다. 욥은 "주신 자도 여호와시요 취하신 자도 여호와시오니" 라고 고백함으로써 모든 것에 대한 하나님의 무제한적 주권을 인정한다. 그는 자신의 모든 재물과 종들, 아들들, 딸들이 하나님의 선물임을 알았다(약 1:17). 그분만이 재량대로 그들을 취하실 권리를 가지신 분이다. 그러므로 그것들이 자신의 것인 양 집착할 권리가 그에게는 전혀 없다. 하나님의 주권에 대한 이 고귀한 깨달음 때문에 욥은 "여호와의 이름이 찬양을 받으실지니이다" 라고 선언하였다.

1:22. 이 모든 일에 욥이 범죄하지 아니하고 하나님을 향하여 어리석게 원망하지 아니하니라. 그는 하나님이 자신의 완전한 뜻에 따라 모든 만물을 다스리신다는 것을 믿고 하나님에 대한 참된 신앙으로 반응했다. 욥은 하나님에 대한 불손한 비난과 적의에 찬 원망을 조금도 하지 않았다. 하나님의 주권에 대한 고차원적인 이해가 있었기 때문에 그는 인생의 가장 비극적 순간에 찬양을 드릴 수 있었다.

Main Idea 복습	참으로 강한 믿음의 소유자인 욥의 인생에 난데없이 비극이 들이닥친다. 그것은 징계의 형식이 아니라 하나님의 진정한 하나님 되심을 찬양할 수 있는 기회로 주어진 것이었다.

결론

하나님의 신비한 방식

교회 역사상 가장 위대한 찬송가 작사가들 중 한 명인 윌리엄 쿠퍼(William Cowper)는 엄청난 고통을 경험한 사람이었다. 그가 지은 마지막 찬송가는 1774년에 작곡된 것으로, 우리의 고난 이면에 있는 하나님의 계획의 신비에 대해서 이야기한다. 쿠퍼는 고난을 당한 사람이 하나님의 뜻을 알 수 없을 때라 하더라도 하나님 앞에 겸손히 엎드려 그의 선하심을 기뻐하는 궁극적 경배를 드려야 한다고 주장했다. 그의 길이 우리의 이해의 범위를 벗어날 때라도 하나님은 찬양을 받으셔야 한다. 그는 다음과 같은 시를 지었다.

> 하나님은 신비한 방식으로 역사하사
> 기사를 이루시도다.
> 그는 바다 속에 발자국을 내시며 폭풍우를 타시도다.
>
> 헤아릴 수 없는 깊은 탄광 속에
> 결코 실패가 없으신 기술로
> 지혜로운 계획을 보관하시고
> 주권적 뜻을 이루시도다.
>
> 맹목적 불신은 반드시 오류를 범하게 마련이며
> 그분의 역사를 꼼꼼히 조사하나 헛된 수고에 지나지 않도다.
> 하나님은 그 스스로의 해석자시며
> 그분 자신의 역사를 쉽게 드러내실 것이로다.

삶의 적용

고난을 다루는 방법

인생의 시련에 직면할 때 우리는 욥의 반응을 통해 무엇을 배울 수 있는가? 욥은 역경에 대처하는 방법과 관련해 놀라운 사례 연구를 제공한다. 다음 진리들에 대해 생각해 보라.

1. 하나님을 아는 지식의 단순성을 이해하라. 특별한 비극이 몰아치는 이유를 알 수 없을 때 신자는 모든 것을 주관하시는 분, 즉 비극을 통제하시는 분이 바로 하나님이시라는 단순한 지식을 가질 필요가 있다. 하나님의 생각은 우리의 생각보다 높고, 그분의 길은 우리의 길보다 훨씬 더 크다. 절대적으로 주권적이시며 무한히 지혜로운 하나님의 길은 완벽하다. 그러므로 우리는 그분을 신뢰할 수 있다. 비극이 닥칠 때, 그러한 시련이 우리의 삶에 들이닥치는 이유가 무엇인지 이해할 수 있도록 하나님은 전혀 설명해 주지 않으신다. 인생의 비극 속에서 우리가 그에 대한 대답들을 간절히 원할 때, 그 어떤 대답도 얻을 수 없는 때가 너무나 많다. 이러한 고난의 시간에도 우리는 단순히 하나님을 신뢰해야 한다.

2. 하나님을 아는 지식의 신실성을 이해하라. 욥의 인생은 참되고 역동적인 신앙의 증거들을 보여주었다. 그러한 진정한 신뢰의 핵심에는 하나님에 대한 신실한 두려움이 자리하고 있다. 여기서 강조되는 것은 욥이 '하나님을 경외하였다' 는 사실(욥 1:1, 8, 9, 2:3)로, 그것은 여호와를 아는 지식에 뿌리를 둔 것이었다(욥 28:28). 이것은 그리스도인의 삶이 시작되는 지점이다. 그러한 경외감은 하나님에 대한 모든 개인적인 지식의 토대다. 하나님을 경외한다는 것은 간단히 말해서 우리의 생활 속에서 그분을 진지하게 받아들이고, 오직 그분께만 속한 유일무이한 영광의 자리를 내어드리는 것이다. 이러한 경외감은 욥의 인생의 특징이었고, 하나님은 그를 지상의 어떤 사람보다도 하나님을 경외하는 마음이 강한 사람이라고 인정해주셨다(욥 1:8). 오늘날 신자들에게도 그것은 마찬가지일 것이다. 건강하고 생명력 있는 하나님과의 관계의 핵심에는 그분의 위엄에

대한 경외함으로 떨리는 마음이 자리하고 있다.

3. 하나님을 아는 지식의 충분성을 이해하라. 대답이 주어지지 않고 시련이 우리를 짓누를 때, 바로 이러한 고난의 때에 우리는 하나님께 가장 놀라운 경배를 돌려드릴 수 있다. 신자들은 이 캄캄한 시간에 하나님을 경배한 욥처럼 반응해야 한다. 종종 환경이 더욱 악화일로로 치닫는다 하더라도 하나님은 한결같으시며, 영원히 불변하시고, 언제나 우리의 찬양을 받기에 합당하시다. 욥이 하나님 안에서 영혼의 닻을 발견한 것처럼 우리의 신뢰를 그분께 두기를 바란다.

기도

하나님, 위대하신 우리의 아버지, 모든 만물에 대한 당신의 주권을 인해 찬양드립니다. 겸손히 꿇어 엎드려 당신께 복종하며 우리의 인생 길에 주시는 거센 시련에 올바르게 반응할 수 있는 능력을 허락하시기를 비옵니다. 당신의 종, 욥처럼 재물을 주시고 거두어가실 수도 있는 당신의 거룩한 재량권을 찬양 가운데 인정하게 하옵소서. 당신의 아들이시며 우리의 구세주이신 주 예수 그리스도의 이름으로 구합니다. 아멘.

티칭 가이드

심층 연구

A. 우스(1절)

우스(Uz)는 사해 남동쪽의 북부 아라비아 지역에 자리 잡고 있는 넓은 지역이었다. 그 지역은 모세가 애굽으로 돌아가기 전 40년을 살았던 미디안과 인접하였다. 예레미야 애가 4장 21절에서 우스는 에돔 영토와 동일한 곳으로 기록되고 있다. 욥이 살았던 성이 위치한 곳이 바로 여기였다. 후에 욥기 29장 7-8절에서 저자는 이 성에 우물과 성문이 있었다고 지적한다. 그러므로 이곳은 조직적인 방어 체계를 갖춘 상당한 규모의 성이었다.

B. 순전하다(1절)

'순전하다' (blameless)로 번역된 히브리어 형용사 탐(tam)은 완전하고 온전하며 혹은 올바르다는 뜻이며 항상 한 인간의 고결성에 대한 도덕적 의미로 사용된다. 그것은 완전하고 흠이 없음을 의미하는 히브리어 동사 타만(taman)에서 파생한 것이다. 이것은 욥이 죄가 없다는 것이 아니라(비교. 욥 6:24, 9:20) 도덕적으로 올바르다는 뜻이다(욥 1:8, 시 37:37).

C. 정직하다(1절)

'정직하다' (히. 야사르, yashar)로 번역된 단어는 문자적으로 곧다라는 의미가 있다. 위대한 어원학자인 바인(W. E. Vine)은 이 단어에 대해 이렇게 말했다. "기본적인 의미는 평평하다는 의미 가운데 있는 곧다라는 원어적 뜻이다. 이스라엘 백성들은 여행하기 편한 길을 평평한 길이라고 말했다. 야사르가 사람에게 사용될 경우, 공정하거나 정직하다로 번역하는 것이 가장 좋다."

D. 성결케 하다(5절)

욥은 봉헌 형식이었던 것으로 보이는 의식을 통해 자녀들을 하나님께 정결하게 해주시도록 바쳤다. 이 의식을 통해 욥은 자기 자녀들을 대신해 하나님 앞에서 중재자 역할을 감당했다. 그가 족장 시대와 유사한 시기를 살았던 것으로 추측되기 때문에 그들에 대한 봉헌 의식은 아론 제사장 시대와 구약의 희생 제사 제도 이전에 이루어졌다. 욥이 봉헌 의식에 대한 지침을 언제, 어떤 자료를 통해 얻었는지에 대해서는 알려져 있지 않다. 자녀들에 대한 욥의 봉헌 의식은 하나님을 경외하는 욥의 모습을 보여주기 위해 소개된 것이다.

E. 사탄(6절)

사탄이라는 단어는 '고발하다' 혹은 '공격하다'를 의미하는 히브리어 동사에서 파생한 것이다. 남성 명사형은 적을 가리킬 때 사용되었다(삼상 29:4, 왕상 5:4). 정관사가 부착되면 사탄은 사탄이라는 초자연적 존재를 가리키는 고유명사로 사용된다. 성경은 사탄이 본래 천사의 신분이었으며(삿 9장), 하나님께 반역한 자임을 입증한다(딤전 3:16). 하나님께 반역함으로써 그는 우월한 천사로서의 지위를 상실하게 되었다(겔 28:12-16). 사탄의 이 반역과 함께 천군 천사 가운데 3분의 1이 하나님에 대한 반역에 가담했다(계 12:4). 하나님에 대한 사탄의 적대감과 증오심은 인간 타락에 대한 그의 역할(창 3:15, 롬 16:20)과, 천상의 일과 인간사에 끊임없이 개입하는 것에서 확실하게 드러났다. 하나님의 백성들에게 그는 고소자다(계 12:10). 사탄의 최후의 파멸은 영원한 고통 속에서 확정될 것이다(계 20:10).

F. 경배(20절)

경배에 해당하는 히브리어 단어(샤하, shaha)는 특별히 윗사람 앞에서 꿇어 엎드린다는 의미가 있다(창 18:2, 삼상 24:8). 동등한 신분 앞에서는 이러한 행위가 거의 이루어지지 않는다(왕상 2:19). 이 단어는 히브리어 성경에서 170회 이상 등장하며, 기도와 관련해 가장 자주 사용되고 있다(창 22:5). 이 단어는 마음의 태도와 특별히 더 관련 있기 때문에 반드시 꿇어 엎드린 자세에 대해서만 사용되지 않는다(창 47:31). 이것은 하나님을 경배하는 것과 관련해 가장 많이 사용되고 있지만(삼상 15:30, 사 27:13), 때로 비극적이기는 하지만 우상 숭배 행위와 관련해서 사용될 경우도 있다(신 8:19, 삿 2:19). 이 단어는 하나님에 대한 전적인 자기 겸손, 복종, 찬양을 강조한다.

교안

A. 욥의 인격(1-5절)

1. 강한 성도(1절)
2. 만족한 아버지(2절)
3. 성공적 사업가(3절)
4. 영적 지도자(4-5절)

B. 욥을 모략하는 자들(6-12절)

1. 천상의 모임(6절)
2. 먼저 시작된 하나님의 질문(7-8절)
3. 사탄의 대답(9-11절)
4. 하나님의 허락(12절a)

C. 욥이 당한 재난(13-19절)

1. 스바인들을 이용해 욥을 공격하는 사탄(13-15절)
2. 무서운 불로 공격하는 사탄(16절)
3. 갈대아 사람들을 이용해 공격하는 사탄(17절)
4. 광풍으로 공격하는 사탄(18-19절)

D. 욥의 확신(20-22절)

1. 겸손한 욥(20절a, b, c)

2. 하나님을 경배하는 욥(20절d-21절)

3. 자제력을 발휘하는 욥(22절)

토의 질문

1. 행동이나 말에서 나는 순전한가?

2. 내 인생에 대한 하나님의 주권적 통치를 인식하고 그에 복종하는가?

3. 내가 내 재물을 소유하고 있는가? 아니면 재물이 나를 소유하고 있는가?

4. 비극이 닥칠 때 나는 하나님을 즉각적으로 의지하는가?

5. 무서운 인생의 시련 앞에서도 하나님을 찬양하는가?

욥기 2장

보이지 않는 전쟁

"나는 두 가지 이유로 사탄이 존재하는 것을 믿는다.
첫째, 성경이 그렇게 말하기 때문이고,
둘째, 내가 그와 거래를 해왔기 때문이다."

- D. L. 무디(D. L. Moody)

들어가는 글

누군가가 나를 때리고 있다!

힘에 버거운 상대와 맞붙은 권투 선수가 기술이 뛰어난 상대 선수에게 심하게 맞고 있었다. 얻어터지고 상처를 입은 그는 로프에 기댄 채 트레이너에게 "기권을 신청해주세요. 이 사람이 저를 죽이려고 해요"라고 말했다.

트레이너는 "아니, 그럴 수 없어. 그는 널 죽이려고 하지 않아. 저 사람은 너를 치지도 않고 있다고. 시합이 본격적으로 벌어지지 않았어"라고 대답했다.

그 순간 난타를 당한 선수는 터진 입에서 피를 쏟으며 "심판을 잘 지켜보세요. 누군가가 분명히 나를 때리고 있다고요!"

이 이야기의 피투성이가 된 선수처럼 모든 신자들은 조만간 인생의 주먹에 강타를 당할 것이다. 우리는 인생의 녹아웃 펀치 이면에 있는 가공스러운 원수, 사탄으로 알려진 실재하는 인격적 존재인 적, 우리를 공포에 떨도록 만들 수 있는 자가 있음을 이해해야 한다. 그러나 성경이 그토록 분명히 가르치고 있음에도 불구하고 어떤 사람들은 사탄이 전혀 존재하지 않는 것처럼 산다. 사람들이 어떤 생각을 하든, 성경은 사탄이 실재하며 지구라는 행성을 활보하고 있음을 가르치고 있다. 이 원수는 인간들의 영혼을 향해 맹렬한 공격을 가하고 있다.

불행하게도, 많은 선량한 그리스도인들이 평화로운 시절인 것처럼 살고 있다. 하지만 사실은 유혈전이 그들 주위의 사방에서 진행되고 있다. 영혼들이 패배를 당하고, 생명들이 공격을 받고 있다. 우리 가운데, 눈에 보이지 않는 이 전쟁에 대해 아무런 정보도 없이 살아도 되는 사람은 아무도 없다. 악의 황제인 사탄은 막후에서 움직이며 분노와 증오심으로 극악무도한 권세를 휘두르고 있다. 이 사악한 원수는 모든 사람의 인생을 공격하며 그들의 믿음에 무차별적인 공세를 퍼붓고 그들의 영혼을 정복하고자 혈안이 되어 있다.

당신은 실제적이며 영적인 적인 사탄과 직면하고 있음을 인정하는가? 그의 접근에 대해 늘 깨어 있는가? 그의 파괴적인 힘을 인정하는가? 아니면 그의 계략에 대해 무지한 상태인가? 믿음을 계속 강하게 유지하고자 한다면 영적인 생활 중에 늘 깨어 있어야 하고 하나님께 굳게 닻을 내려야 한다.

욥기 2장이 시작되면 욥에 대한 드라마는 하나님이 하늘과 땅의 일을 주관하시며 천사들이 또 다른 명령을 하달받기 위해 모여 있는 천상의 보좌가 있는 방을 다시 들여다보게 해준다. 여기서 사탄은 기고만장한 채 하나님 앞에 서서 신자들을 고발하고 공격하려고 한다. 그러나 여기서는 또한 하나님이 자신의 뜻을 이루시기 위해서 주권적으로 사탄에게 명령을 내리시고 그를 제한하시며 심지어 이용하기까지 하시는 모습이 계시되어 있다.

본문 이해

보이지 않는 전쟁

Main Idea	하나님은 욥이 사탄에게 시험받는 것을 허용하시고, 사탄은 그의 육체적 건강과 힘을 빼앗는다. 하지만 욥은 하나님을 향한 신실함을 유지한다.

A. 사탄의 집요함(1-3절)

Supporting Idea	사탄은 신적인 주권의 한계 내에서 욥의 믿음의 신실성을 시험하도록 하나님의 허락을 받는다.

2:1. 욥에게는 보이지 않고 알지도 못하는 두 번째 천상의 장면이 전개된다. 그것은 하나님의 아들들이 와서 여호와 앞에 섰던 또 하루와 관련이 있다. 이전과 같이 반복되는 이 장면은 하나님 앞에서 보고하는 날로, 천사들의 또 다른 보고 시간이었다. 이 보고 시간이 다가왔을 때 사탄도 그들 가운데 와서 여호와 앞에 섰다. 이 천상의 장면에서 사

탄의 등장은 그가 여호와의 존전에 나아갈 수 있음을 암시하며, 그 앞에서 그는 끊임없이 의로운 자들을 고발한다(계 12:10).

2:2. 하나님은 먼저 악한 자에게 "네가 어디서 왔느냐?" 고 물으셨다. 이 질문은 하나님이 실제로 모르시기 때문에 물으신 것이 아니었다. 하나님은 모든 것을 알고 계신다. 다만 이 질문은 이 타락한 천사에게서 고백을 이끌어내기 위한 것이었다. 사탄은 여호와께 "땅에 두루 돌아 여기저기 다녀왔나이다" 라고 대답했다.

이 세상은 사탄이 혼란을 조성하고 파멸을 시도하는 곳이다. 천군 천사의 3분의 1과 함께 세상으로 내쫓긴 사탄(계 12:10)은 먹이감을 노리거나, 숨어서 희생자를 기다리며, 정죄받은 죄수처럼 두리번거리면서 세상을 돌아다닌다(창 3:14). 그는 지옥이라고 불리는 실재하는 장소인 영원한 파멸의, 바닥도 없는 구덩이 속에 마침내 던져질 때까지 이 일을 멈추지 않는다(계 20:10). 그러나 사탄은 아직 지옥에 있지 않다. 오히려 그는 생명들을 파멸시키고자 혈안이 되어 쉬지 않고 열심히 세상을 돌아다니고 있다.

2:3. 사탄이 세상을 파멸시켜온 것을 아시는 주님은 그에게 네가 내 종 욥을 유의하여 보았느냐고 물으셨다. 욥에 대한 사탄의 일차 공격에도 욥의 믿음이 흔들리지 않았음을 아시는 하나님은 빈정거리는 투로 욥이 순전하고 정직하여 하나님을 경외하며 악에서 떠난 자라는 사실을 사탄에게 일깨워주신다. 하나님은 욥이 그의 인생에 대한 사탄의 일차 공격에도 불구하고 오히려 자기의 순전을 굳게 지켰다고 말씀하신다. 욥은 믿음을 지켰고 하나님을 향한 헌신이 흔들리지 않았다. 사탄이 욥에 대해 하나님을 격동하여 그를 치게 했지만 욥의 고난이 까닭이 없는 것이라고 하나님은 주장하셨다. 욥의 고난의 책임은 욥의 죄가 아니라 사탄에게 있었다. 욥은 심각한 시련과 고통을 당했지만 그것은 그가 범한 어떤 죄 때문이 아니었다.

B. 사탄의 설득(4-5절)

Supporting Idea	간교하게도 사탄은 이기적인 욥이 자기 자신의 생명을 보호하기 위해서 자녀들과 종들과 가축들의 생명을 희생한 것이라고 하나님과 논쟁을 벌인다.

2:4. 사탄은 뻔뻔스럽고 단호하게 '가죽으로 가죽을 바꾸오니' 라고 말함으로써 하나

님을 비난한다. 이것은 짐승 가죽 같은 가죽을 다른 가죽과 맞바꾼다는 의미의 물물교환과 관련된 용어였다. '고발자' 라는 의미의 이름을 가진 사탄은 욥이 자기 자신의 몸을 보호하기 위해서 자녀들과 가축들과 종들의 가죽을 희생시켰다고 비난하고 있다. 사탄은 욥이 자기의 생명을 위해 자신이 가진 모든 것을 내놓을 것이라고 확신했다. 사랑하는 이와 그 자신의 개인적인 건강 가운데 하나를 선택해야 할 기회가 주어진다면 욥은 자기 자신의 몸을 보호하고 미래에 다시 재산을 모으는 편을 택할 것이라고 사탄은 비난했다.

2:5. 사탄은 하나님께 주의 손을 펴서 욥의 뼈와 살을 치라고 요청한다. 그는 이렇게 하면 욥이 대면하여 하나님을 저주할 것이라고 믿었다. 이것은 그가 원래 가졌던 확신이었다(욥 1:11). 마음에 가득한 것을 입으로 말하기 때문에(마 12:34), 사탄은 욥이 하나님을 저주한다면 그것은 하나님의 주권적 통치를 그가 거부하는 것을 의미한다고 이해했다.

C. 사탄에 대한 허락(6절)

Supporting Idea	사탄은 욥의 생명을 제외하고 그의 몸에 큰 해를 가해도 된다는 하나님의 허락을 받는다.

2:6. 하나님은 사탄에게 욥을 공격해도 좋다고 허락하신다. "내가 그를 네 손에 붙이노라." 하나님은 욥의 주위로 둘러쳐놓은 보호의 울타리를 제거하시고(1:10), 그의 생명을 공격할 수 있는 접근을 사탄에게 허용하셨다. 하나님의 이 허락은 실제로 욥의 몸을 해할 수 있는 무제한적 힘을 사탄에게 주었다. 하나님의 유일한 제한 조항은 "오직 그의 생명은 해하지 말지니라" 였다.

D. 사탄의 박해(7-13절)

Supporting Idea	사탄의 공격을 받아 욥은 몸의 건강을 잃어버리고 아내로부터 어리석은 조롱을 듣게 되고, 그를 위로하고자 세 명의 친구가 찾아온다.

2:7. 즉시 사탄은 여호와 앞에서 물러가서 욥의 생명에 대한 자신의 권세를 맹렬한 분

노로 쏟아 붓기 위해 땅으로 내려간다. 한순간도 지체하지 않고 그는 욥을 쳐서 악창이 나게 했다. 이 악창들은 여호와께서 애굽 사람들에게 보내신 것과 유사했다(출 9:8-11). 욥의 건강이 회복될 때까지 이 몸의 악창은 욥을 괴롭혔고 심한 고통을 주었다. 사탄은 이 악창으로 **그 발바닥에서 정수리까지 욥을 쳤다.**

2:8. 아마 종기의 감염을 막거나 가려움을 해결하기 위해, **욥이 기와 조각을 가져다가 몸을 긁었다.** 나아가 욥은 그 성의 쓰레기를 버린 곳으로 가서 쓰레기를 태운 **재 가운데 앉았다.** 이것은 그 성의 지도자와 장로 가운데 한 사람인 그에게는 치욕적인 경험이었다(욥 29:7).

2:9. 욥의 믿음에 대해 훨씬 더 맹렬한 공격이 가해졌다. 그 아내가 "**당신이 그래도 자기의 순전을 굳게 지키느뇨?**"라고 그를 조롱했다. 부정적인 대답이 기대되었다. 갑작스럽고 가혹한 이 재앙을 감당할 수 없었기 때문에 그녀의 믿음은 이 충격 앞에서 무너졌다. 그녀는 원한에 사무쳐 욥에게 **하나님을 욕하고 죽으라고** 말한다. 그가 하나님을 저주한다면 확실히 그의 죽음으로 이어질 것이다. 그녀는 욥이 하나님을 저주함으로써 그의 영적 순전성을 버리고, 그렇게 함으로써 하나님의 징계를 자초해야 한다고 말하고 있었다. 죽음으로 이어지는 이 죄(요일 5:16-17)는 욥의 현재 고통과 고난을 끝낼 수 있게 해줄 것이다. 실제로 그녀는 하나님에 대한 사탄의 도전을 앵무새처럼 그대로 반복하면서 사탄의 대변자가 되었던 것이다(욥 1:11).

2:10. 아내의 악한 조롱은 욥의 강력한 책망을 받는다. "**그대의 말이 어리석은 여자 중 하나의 말 같도다.**" 그녀가 불신앙으로 반응했기 때문에 이 갑작스러운 책망은 매우 정당하다(비교. 시 53:1). 아내의 불신앙에 대한 욥의 반응은 하나님과 고난과 관련해 가장 강한 믿음을 보여준 말 가운데 하나다. 욥의 이 말은 참된 믿음의 확실한 증거로서, 하나님의 주권에 대한 욥의 절대적인 복종을 증명한다. "**우리가 하나님께 복을 받았은즉 재앙도 받지 아니하겠느뇨?**" 하나님에 대한 욥의 확신은 흔들림이 없었고 하나님께 복을 받든 재앙을 받든, 그가 자신의 순전함을 잃지 않았음을 증명해주었다(비교. 욥 2:3, 9). 그래서 **이 모든 일에 욥이 입술로 범죄치 아니하였다.** 신자의 인생 가운데 일어나는 좋은 일과 재앙은 모두 하나님이 주신 것이며, 단순한 믿음으로 받아들여야 함을 욥은 인정했다.

2:11. 그러나 이제 사탄이 욥에게 가할 가장 무서운 공격이 시작되었다. 그것은 그의

친구들의 충고였다. 사탄은 욥의 아내를 통해 말한 내용을 그의 세 친구들을 통해 훨씬 더 단호하게 말하게 될 것이다. 사탄의 거짓말은 다른 사람을 통해, 심지어 다른 신자의 입술을 빌려 전달될 수 있다(마 16:22-23). 그래서 욥에게 이 모든 재앙이 임하였다 함을 듣고 그의 친구 세 사람이 고통 중에 있는 욥을 위로하기 위해 우스 주위의 여러 지역에 있는 각자의 고향에서 출발하였다. 그의 세 친구는 모두 욥을 위로할 목적을 가지고 조문하고 위로하려 하여 상약하고 왔다.

이 친구들은 북부 에돔에 위치한 데만 성 출신인 데만 사람 엘리바스, 그두라에 의한 아브라함의 후손(창 25:2)인 수아 사람 빌닷, 아마 북서 아라비아나 에돔으로 추정되는, 정확히 알려지지 않은 지역 사람인 나아마 사람 소발이었다. 아마 욥의 고난에 대한 소식이 이 세 친구의 귀에 들리기까지는 상당한 시간이 흘렀을 것이다. 그러고 나서 그들이 우스로 올 수 있기까지 또다시 얼마간의 시간이 흘렀을 것이다.

2:12. 우스에 다다르자 욥의 친구들은 그를 눈을 들어 멀리 보았지만 그 욥인 줄 알기 어렵게 되어 있었다. 그 상한 모습은 욥의 육체적이고 정신적인 고난 때문이었다. 그들이 깊은 상처와 고통 가운데 있는 욥과 마음을 같이했기 때문에 욥의 고난에 대한 그들의 반응은 감동적이었다. 그들이 일제히 소리 질러 울며 각각 자기의 겉옷을 찢고 하늘을 향하여 티끌을 날려 자기 머리에 뿌렸다(큰 고통의 표현, 삼하 1:2, 미 1:10). 욥이나 그의 친구들이 보기에 그가 죽음의 언저리에서 비틀거리며 걸어가고 있는 것 같았기 때문에 임종이 가까운 것처럼 보였다.

2:13. 그러고 나서 그들은 칠 일 칠 야를 그와 함께 땅에 앉아 있었다. 이것은 애곡과 굴욕의 상징이었다(애 2:10). 칠일 낮과 밤은 깊은 슬픔의 기간과 관련된 다른 구절들과 유사하다(창 50:10, 겔 3:15). 욥의 고난이 너무 극심했기 때문에 그에게 한 말도 하는 자가 없었다. 그 침묵은 귀를 막게 만들었다. 그에게 말을 건넨다는 것은 그의 고통 때문에 무감각하고 잔인하고 쓸데없는 짓이었을 것이다. 이 책의 다음 장들에서 보여주듯이 그들의 침묵은 그들이 한 행동 가운데 가장 현명한 행동이었다.

Main Idea 복습	하나님은 욥이 사탄에게 시험받는 것을 허용하시고, 사탄은 그의 육체적 건강과 힘을 빼앗는다. 하지만 욥은 하나님을 향한 신실함을 유지한다.

결론

결코 무너지지 않는 성

욥과 같이 큰 고난 가운데 하나님을 경배하는 일은 큰 도전이다. 그것은 분명히 독일의 위대한 개혁가 마틴 루터(Martin Luther)의 영혼이 강해지는 것과 같은 경험이었다. 이 하나님의 사람은 평생 동안 수많은 어려움과 역경을 만났지만, 1527년 당했던 것보다 더 고통스러운 경험은 없었다. 그 끔찍한 해에는 페스트 혹은 흑사병이라는 질병이 독일을 휩쓸었고, 수없이 많은 생명들을 빼앗아갔다. 수많은 학생들과 시민들이 비텐베르크(Wittenberg)를 포기하고 떠났지만, 루터는 그곳에 머물러야 할 의무감을 느꼈다. 더욱이 그의 집은 병원으로 사용되고 있었고, 그의 아내는 임신한 채 병들었으며, 그의 자녀들은 거의 다 사망한 상황이었다. 그에게 맡겨진 종교개혁의 책임에 대한 부담은 더욱 무거워졌다.

이 무시무시한 시련 속에서 육체적 피곤과 병이 그의 육신을 뒤흔들었다. 자신의 인생에 있어 극도로 고통스러워했던 이 시기에 루터는, '내 주는 강한 성이요' 라는 유명한 찬송가를 지음으로써 하나님을 경배하였다. 이 찬송의 가사는 엄청난 고난 중에서도 진정한 예배자로 살았던 한 남자의 마음을 보여주고 있다.

> 내 주는 강한 성이요 방패와 병기되시니
> 큰 환난에서 우리를 구하여 내시리로다
> 옛 원수 마귀는 이 때도 힘을 써 모략과 권세로
> 무기를 삼으니 천하에 누가 당하랴
>
> 내 힘만 의지할 때는 패할 수밖에 없도다
> 힘 있는 장수 나와서 날 대신하여 싸우네
> 이 장수 누군가 주 예수 그리스도 만군의 주로다
> 당할 자 누구랴 반드시 이기리로다

이 땅에 마귀 들끓어 우리를 삼키려 하나
겁내지 말고 섰거라 진리로 이기리로다
친척과 재물과 명예와 생명을 다 빼앗긴대도
진리는 살아서 그 나라 영원하리라

삶의 적용

유혹에 대처하는 법

사탄과 싸울 때, 우리는 그가 우리를 공격할 때 가장 많이 사용하는 수단이 유혹이나 악에 대한 꾐이라는 것을 알아야 한다. 하나님은 자신에 대한 우리의 충성심을 시험해 보기 위해 그러한 시험이나 유혹을 허용하시기로 작정하셨다(약 1:2, 12). 모든 유혹은 하나님에 대한 우리의 믿음을 증명할 수 있는 기회다. 우리는 유혹에 어떻게 반응해야 하는가?

1. 그것을 예상하라. 그리스도인은 사탄이 우리에 대한 공격을 시도할 것을 예상해야 한다. 이러한 지옥의 공격에서 예외가 되는 신자는 한 사람도 없다. 하나님의 백성들은 욥과 같이 그렇게 철저히 무장한 적의 총공격을 받지 않을 수도 있다. 하지만 신자들은 자신을 단련하여 사탄의 불 같은 공격을 받을 준비를 해야 한다. 하나님에 대한 믿음을 가진 그리스도인들은 사탄의 공언된 적이다. 그러므로 신자들은 방심하지 말고 늘 깨어 있어야 하며, 하나님과 사탄 간의 전쟁이 선포된 상황에서 살아가고 있음을 깨달아야 한다.

2. 그것을 감지하라. 모든 신자들은 영적인 전쟁에 대한 분별력을 키워야 한다. 각 그리스도인들은 적의 동태와 움직임을 감지해야 한다. 사탄은 우리의 생각에 영향을 미치기를 원한다. 그러므로 하나님의 백성들은 하나님의 말씀이라는 불변하는 진리의 기준으로 모든 것을 판단해야 한다. 신자들은 오직 성령의 도우심을 받아 성경의 교훈을

깨달음으로써 사탄의 거짓을 간파하고 그 거짓의 정체를 드러낼 수 있다. 우리는 거짓을 퍼뜨리기 위한 사탄의 술수를 정확히 간파해야 한다. 그것은 하나님의 말씀을 공격하기 위한 것이다(마 16:23).

3. 그것을 거부하라. 사탄의 접근이 일단 감지되면 그것을 단호히 거부해야 한다. '악한 자의 불화살'(엡 6:16)이 그리스도인을 향해 날아오면 믿음의 방패로 그것을 막아야 한다. 이것은 하나님과 그의 말씀에 대한 확고한 믿음을 요구한다. 사탄이 우리를 적극적으로 공격하듯이, 우리도 이 공격에 저항해야 한다. 사탄의 공격이 거센 이 악한 시대에 어떤 사람도, 수동적인 위치는 말할 것도 없고 중립적인 위치에도 있을 수 없다. 하지만 신자들은 성령의 능력의 도움을 받아 분명하고 단호하게 사탄의 악한 공격에 저항해야 한다.

기도

하나님, 우리의 아버지, 당신이 우리의 고난에 대한 절대적 주권을 지니고 계심을 알고 있습니다. 당신은 당신의 영원한 뜻을 이루기 위해 사탄을 이용하십니다. 우리는 만물에 대한 당신의 지배하심 안에서 쉼을 누립니다. 우리가 우리의 삶에 닥치는 모든 것을 받아들일 수 있도록 가르치소서. 좋은 일이든 불행한 일이든, 모두 받아들이도록 가르쳐주소서. 자신에게 일어난 일을 이해할 수 없었지만 하나님을 신뢰했던 당신의 종 욥과 같이 되게 하소서. 예수님의 이름으로 기도합니다. 아멘.

심층 연구

A. 하나님(3, 9-10절)

엘로힘(elohiym)이라는 히브리어는 성경 전반에서 참되신 하나님을 가리키는 일반 명칭으로 사용되고 있다. 이 단어가 때로 이방신들(출 12:12, 삿 17:5, 왕상 11:2, 시 86:8), 천사들(시 8:5), 사람들(시 82:6), 재판장들(출 21:6)을 가리켜 사용되기도 하지만, 주로 무에서 만물을 창조하신 유일하신 참되신 하나님을 가리켜 사용된다. 사실상 엘로힘은 종종 창세기 앞부분에서 하나님을 가리켜 사용되었다. 엘로힘의 뜻에 대해서는 의견이 분분하지만 하나님의 초월성을 가리키는 것 같다. 이 단어의 복수 형태는 능력과 위엄의 충만함을 암시하며 또한 한 하나님 안에 있는 위격의 복수성을 고려한다. 이것은 확실히 구약 후반과 특히 신약에서 더 분명하게 발전된 하나님의 삼위일체를 인정한다.

B. 순전함(3, 9절)

'순전함' (히. 툼마, tumma)이라는 단어는 구약의 지혜 문학에서 여러 번 나타난다(욥 27:5, 잠 11:3). 툼마는 토브(tob)의 여성형으로, 성경 전반에서 온전함, 완전함, 건실함의 의미로 사용되고 있다. '순전함(integrity)' 이라는 영어 단어는 한 개인의 인생의 다양한 면들이 나머지와 통합되고 일치하는 것을 가리켜 사용되고 있다.

C. 악창(7절)

악창(히. 라흐, rah)은 가려움(2:8) 얼굴 피부의 변질(2:7, 12), 식욕 감퇴(3:24), 곪은 곳의 구더기(7:5), 딱딱하게 굳은 피부와 흘러내리는 종기(7:5), 호흡 곤란(9:18), 어두운 눈꺼풀(16:16), 악취가 심한 입 냄새(19:17), 체중 감소(19:20), 계속되는 통증(30:17), 불안

(30:27), 까맣게 된 피부(30:30), 열(30:30)과 같은 증상이 나타나는 화농성 괴사(inflamed ulcerous sore, 욥 2:7)였다.

D. 죄(10절)

하타(hatta)라는 히브리어는 죄에 대해 특이한 뉘앙스를 전달하는 단어로, 과녁을 빗나가거나, 길을 놓치거나 어긋난 길로 간다는 의미가 있다. 이 단어는 양궁과 관련된 단어였다. 이것은 활과 화살을 든 사냥꾼이 목표물이나 사냥감에 활을 겨눈 모습을 묘사하는 단어다. 그는 화살을 쏘지만 과녁이 빗나가서 목표물에 이르지 못한다(롬 3:23). 이것이 죄가 가진 의미다. 즉 죄는 하나님의 말씀의 과녁에서 빗나간다는 것이다. 그것은 기대에 미치지 못함으로써 기준에 미치지 못하는 사람의 인생이다. 여기서 기준이란 하나님의 말씀이며, 그분의 모든 신적 완전성의 총체, 특히 구체적으로 그분의 거룩을 가리킨다.

교안

A. 사탄의 집요함(1-3절)

1. 다시 하나님 앞에 나타난 사탄(1절)
2. 하나님께 다시 대답하는 사탄(2-3절)

B. 사탄의 설득(4-5절)

1. 욥의 동기를 비난하다(4절).
2. 하나님의 위엄을 비난하다(5절).

C. 사탄에 대한 허락(6절)

1. 사탄에게 욥을 내주시는 하나님(6절a)

2. 욥의 생명을 건드리지 못하도록 하시는 하나님(6절b)

D. 사탄의 박해(7-13절)

1. 육체의 고통으로 고난당하는 욥(7-8절)
2. 아내의 저주를 듣는 욥(9-10절)
3. 친구들의 방문을 받는 욥(11-13절)

토의 질문

1. 시련과 고통 중에도 끝까지 순전함을 지키는가?

2. 어떤 일이 왜 일어나고 있는지 이해가 되지 않더라도 하나님을 온전히 신뢰하는가?

3. 내 주변에는 건전한 조언을 제공할 수 있는 경건한 사람들이 있는가?

욥기 3장

죽고 싶은 마음뿐이다

*"나는 너무나 두려운 우울증의 표적이기 때문에,
여러분 가운데 내가 겪는 극한 비참함을 경험하는 이들이
한 사람도 없기를 바란다."*

- 찰스 스펄전(Charles Haddon Spurgeon)

들어가는 글

지옥이 휴가를 가질 때

마틴 루터(Martin Luther)가 사탄이 부하들로부터 인간의 영혼을 파괴하는 일에 대한 진척 상황의 보고를 받고 있다는 내용의 비유를 이야기한 적이 있다. 한 악한 영은 "사막을 건너는 일단의 그리스도인들이 있었습니다. 저는 사자들을 풀어 그들을 덮치도록 했죠. 사막의 모래 위는 곧 난도질당한 그들의 시체들로 뒤덮였습니다"라고 보고했다.

"그런데 그게 무슨 효과가 있다는 건가?"라고 사탄은 크게 야단을 쳤다. "사자들이 그들의 몸은 파괴했겠지만, 그들의 영혼은 구원을 받았어. 내가 원하는 건 그들의 영혼이야."

그러고 나서 또 다른 더러운 영이 자신의 악행에 대해 보고했다. "배를 타고 바다를 항해하는 그리스도인 무리들이 있었습니다. 나는 강풍을 일으켜 배가 바위에 부딪히게 해서 배 위에 탄 모든 그리스도인들을 익사시켰습니다."

그러나 사탄은 "그게 무슨 소용이냐? 그들의 몸은 바다에서 익사했지만 그들의 영혼은 구원을 받았어. 내가 원하는 건 그들의 영혼이란 말이다"라고 응수했다.

그러자 세 번째 타락한 천사가 앞으로 나서서 대단한 내용의 보고를 했다. "저는 10년 동안 한 그리스도인을 깊은 절망과 우울증 속에 빠뜨리려고 시도했습니다. 그리고 드디어 성공했습니다." 그 보고를 듣자 지옥의 복도에는 승리의 함성이 울렸다. 그 사악한 임무는 성공을 거두었다. 신자의 영혼이 패배했던 것이다.

이것은 가상의 이야기에 불과하지만, 인간의 영혼을 말살하려고 하는 사탄의 악한 의도에 대한 진실을 전하고 있다. 이것이 바로 욥이 직면한 현실이었다. 사탄의 악한 공격으로 고통당하던 그 족장은 깊은 절망에 빠졌다. 처음에는 전혀 흔들림 없는 믿음으로 반응했지만, 포기할 줄 모르는 사탄의 공격으로 그는 약해지기 시작했다. 초토화시키는 한 번의 기습으로 욥의 가족들이 죽음을 당하고 그의 재산은 잿더미가 되었고 그의 부는 거의 사라졌다. 하지만 욥은 주권자 되신 하나님에 대한 굽히지 않는 믿음으로 반응했다(욥 1:20-21).

그러자 사탄은 무기를 재장전하여 다시 공격을 개시하며 욥의 피부를 머리 정수리부터 발꿈치까지 유린했다. 이 공격에 흔들리게 된 욥은 육체적으로, 정서적으로 파괴되었다. 그러나 그는 다시 큰 믿음으로 반응했다(욥 2:10). 이후 7일 동안 욥은 궤멸적인 이 현실에 영혼이 잠식당한 상태로 성의 쓰레기 더미에 앉아 한 마디의 말도 하지 않았다. 낙심의 무거운 구름이 그를 덮었다. 흔들림 없는 믿음이라는 초기의 반응에도 불구하고(욥 2:10), 그는 이 시련으로 약해지기 시작했다. 그는 곧 이 고통스런 경험 대신 차라리 죽음을 원하게 되었다. 이것이 3장에서 볼 수 있는, 절망의 무게에 눌려 무너져 내린 욥의 모습이다.

모든 인간은 누구나 한계점이 있다. 순수한 믿음의 소유자라 하더라도 심하게 낙심하고 심지어 우울증에 빠질 수 있다. 그러한 절망은 우리로 생명을 포기하고 싶은 마음을 갖게 할 수도 있다. 아마 당신도 이와 무관하지 않을 것이다. 당신은 계속된 고통과 고난으로 지쳐 있을지도 모른다. 천국에 가기를 소망할 정도로 심한 상처와 고통을 당했는가? 아니면 그리스도의 재림을 소원할 정도로 절망한 적이 있는가? 바로 욥이 이러한 심정이었다. 그는 그 고통에서 벗어나기를 원했고, 심지어 하나님의 존전 안에서 완벽한 지복의 상태로 인도해줄 죽음으로 구원받기를 원했다. 욥은 스스로 자신의 생명을 버리기를 원하지 않고, 하나님이 그 일을 해주시기를 원했다. 그는 살고자 하는 욕구를 상실해버렸다.

본문 이해

죽고 싶은 마음뿐이다

Main Idea	욥은 차라리 태어나지 않았기를 바라며 죽기를 원한다.

A. 욥의 통곡(1-10절)

Supporting Idea	욥은 자신의 태어난 날을 저주하며 그 날이 달력에서 지워졌기를 바란다.

3:1. 그 후에, 다시 말해서 가족과 종들과 재물, 심지어 자신의 건강마저 잃어버린 후에 욥이 입을 열어 자기의 생일을 저주했다. 슬픔과 혼란이 너무나 극심해서 욥은 자신이 결코 태어나지 않았더라면 하고 바란다. 저주한다는 것은 누군가나 무엇인가를 거부하고 배척하거나 경멸한다는 뜻이다. 욥은 하나님을 저주하지는 않았지만, 자신이 이 세상에 태어난 것을 후회했다. 인생의 모든 기쁨과 승리로도 그가 당하고 있는 시련과 재난을 능가하지 못할 것이다.

3:2-3. 욥이 말을 내어 가로되, 보다 더 문자적으로 말해서 '욥이 그의 짓눌린 마음을 열고 대답하여 말하되' 라는 뜻이다. 나의 난 날이라는 것은 그가 이 세상에 나오도록 그의 모친이 그를 출산한 날을 가리킨다. 그는 그날이 멸망하였더라면 혹은 하나님의 달력에서 그날이 영구적으로 지워져서 그가 존재하지 않게 되었더라면 하고 바란다. 또한 남아를 배었다 하던 그 밤도 없었기를 바란다. 이것은 욥이 잉태되어 태아로 있던 출생 이전의 시기를 가리킬 수도 있다. 이 해석이 맞는다면 그는 그의 모친의 자궁에 잉태되는 일이 없었기를 바라고 있는 것이다(욥 10:10-11, 렘 1:5).

3:4. 절망적인 감정의 소용돌이 속으로 점점 빨려들어간 욥은 비탄에 잠겨 그날이 캄캄하였더라면 하고 탄식한다. 또한 그날에 대한 모든 관심을 버리고 하나님이 위에서 돌아보지 마셨기를 바란다. 그는 낮의 빛을 아예 보지 않았기를 소원했다. 그날이 누구에게도, 특별히 하나님께 보이거나 눈에 띄지 않았으면 좋았을 것이라고 생각했다. 그는 빛도 그날을 비취지 말아 그날이 잊혀졌기를 원했다.

3:5-6. 욥은 그날이 깊은 그림자를 드리운 어둠이나 검은 구름으로 뒤덮였으면 좋았을 것이라고 탄식한다. 짙은 어둠이 그가 태어난 밤을 에워쌀 때 그날이 해의 날 수 가운데 기쁨이 되지 말았었더라면, 달의 수에 들지 말았었더라면 좋았을 것이라고 말한다. 욥은 자신이 태어난 날이 인간 역사에서 지워지고 달력에서 사라져서 더 이상 달의 수에 포함되지 않기를 바란다. 그의 태어난 날이 과거의 연보에서 지워지기를 원했다.

3:7-8. 그가 태어난 것에 대해 즐거운 소리 대신 그 밤이 적막하고 공허하며, 결코 그

가 잉태된 적이 없었던 것처럼 비었으면 하고 바란다. 날을 저주하는 자가 그 밤을 저주하였었더라면이라는 표현은 아마 발람처럼(민 22-24장) 보상을 받고 고객의 적을 저주한 직업적인 예언자들을 가리킬 것이다. 욥은 큰 물체를 삼킬 수 있는 신화적인 바다 괴물인 리워야단(큰 악어)을 격동시킬 수 있을 정도로 그 저주가 강력하기를 원했다.

3:9. 욥이 그 밤에 새벽별들이 어두웠었더라면 그 밤이 광명을 바랄지라도 얻지 못하며라고 한탄하며 자신의 난 날을 저주하는 것으로, 생생하고 시적인 이 언어는 계속된다. '새벽별' 이라는 표현은 태양이 떠오르기 전에 대기를 수놓는 행성과 별들을 가리킨다. 동틈, 문자적으로 '아침의 눈꺼풀' 은 아침에 태양이 천천히 떠오르는 모습을 가리키는 표현이다.

3:10. 욥이 그날을 저주한 이유는 내 모태의 문을 닫지 아니하였기 때문이다. 사실상 그가 태어난 날은 허락되었고, 그가 모친의 자궁에서 나오는 것도 중단되지 않았다. 그 날 그가 태어나지 않았더라면 그의 눈으로 환난을 보지 않았을 것이다.

B. 욥의 울부짖음(11-19절)

Supporting Idea	자신의 태어난 날이 허용되었다면, 욥은 자신이 사산아로 태어나지 않은 이유가 무엇인지 탄식한다.

3:11. 욥은 아무런 답도 듣지 못하는 수사학적 질문을 제기함으로써 그 다음 단락을 시작한다. 어찌하여 내가 태에서 죽어 나오지 아니하였던가 어찌하여 내 어미가 낳을 때에 내가 숨지지 아니하였던가. 그의 출생일이 결국 다가온 것에 대해 욥은 자신이 사산아로 세상에 태어났더라면 좋았을 것이라고 탄식한다.

3:12-14. 나아가 그는 "어찌하여 무릎이 나를 받았던가 어찌하여 유방이 나로 빨게 하였던가?" 라고 탄식한다. 욥은 이 비극이 그의 운명이었다면, 그의 모친이 어찌해서 출산 때 그의 생명을 유지하게 하고 그가 죽도록 포기하지 않았는지 의문스럽다. 그녀가 출산 때 그를 포기했더라면 그는 평안히 누워 있을 것이다. 그는 자신이 죽었다면 자고 쉬었을 것이라고 생각한다. 그것이 고통스럽고 처참하도록 비참한 현재의 삶보다 훨씬 더 나았을 것이다. 그러고 나서 욥은 자신이 죽었다면 세상 임금들과 의사(議士)들과 밀접한 관계를 맺고 있을 것이라고 생각한다. 죽음은 권세자와 평범한 자들을 모두 평등

하게 하는 놀라운 힘을 가지고 있다. 그는 자기를 위하여 거친 터를 수축했지만 지금 무덤에 누워 있는 왕들과 함께 있을 것이다.

3:15. 욥은 금을 가지며 은으로 집에 채운 목백(牧伯)들의 화려한 무덤 속에 자신의 시신이 놓여 있다고 상상한다. 그리하여 죽음 속에서 그는 부자들이나 권력자들과 교제를 누릴 것이며, 이것은 그가 현재 당하고 있는 것보다 훨씬 더 나은 경험이 될 것이다.

3:16. 욥의 생각은 다시 사산아에 대한 생각으로 향한다. 그는 왜 자신이 "부지중에 낙태한 아이 같아서 세상에 있지 아니하지 못한 이유가 무엇인가?"라고 반문한다. 욥은 그가 빛을 보지 못한 아이들처럼 태어나지 않았기를 간절히 원한다. 다시 말해서, 그가 태어나야 했다면 차라리 죽은 채로 태어나는 편이 나았을 것이라고 생각하는 것이다.

3:17-18. 욥은 악한 자조차 소요를 그치게 되는 죽음의 상태를 원한다. 죽음의 상태에서는 경건치 않은 자라 하더라도 곤비한 자가 평강을 얻는 장소에 들어간다. 욥은 시련 때문에 현재의 고통스러운 생활에서 벗어나 안식하기를 갈망한다. 무덤 저편에서는 포로들도 평안히 있다고 욥은 생각한다. 그들은 죽음을 통해 갇힌 상태에서 해방을 얻는다. 일단 무덤에 있게 되면 그들은 더 이상 감독자의 소리를 듣지 않는다. 노예 감독자가 압제하는 간역자로 묘사되고 있다(출 3:7). 오직 죽음으로만 고통에 대한 예속에서 구원을 얻게 된다.

3:19. 안식의 장소인 죽음은 작은 자나 큰 자를 차별하지 않고 받아들인다. 욥은 그러한 비극을 당하기 전에는 큰 권세를 가졌지만, 이제 역경으로 인해 작은 자가 되었다고 생각한다. 이 최후의 안식의 장소에서 그는 그의 상전에게서 놓이게 될 것이다.

C. 욥의 고통(20-26절)

Supporting Idea	욥은 자신이 사산아로 태어나는 행운을 누리지 못했지만 지금이라도 죽기를 원한다.

3:20. "어찌하여 곤고한 자에게 빛을 주셨으며 마음이 번뇌한 자에게 생명을 주셨는고?"라고 반문함으로써 욥의 감정은 더욱 고조되고 있다. 빛은 인간의 생명에서 흘러나오는 광채와 온기와 에너지를 묘사해주는, 생명에 대한 시적 동의어다. 욥은 이토록 영혼이 원통하고 쓰라린 현재의 비참한 상황 속에서 하나님이 그의 생명을 계속 유지시

켜주시는 이유가 무엇인지 궁금하다.

3:21-22. 숨긴 보배를 뒤쫓는 사람처럼 욥은 자신이 일단 그것을 찾으면 도무지 값으로 따질 수 없을 정도로 소중한 것을 발견하게 될 것을 알고 그것을 찾아 헤맨다. 하지만 그가 찾는다 하더라도 죽음은 오지 않을 것이다. 죽음은 그를 기쁨으로 충만하게 할 것이며, 그가 무덤에 도달하면 기뻐하도록 할 것이다. 죽음은 욥이 간절히 구하는 것이 되었고, 축하의 이유가 되었다.

3:23. 길이 아득한 사람에게 어찌하여 빛을 주셨는고? 이것은 이 장에서 욥의 마음의 분노를 표현한 네 번째 '어찌하여' 구문이다(비교. 욥 3:11, 16, 20). 평화와 성공이 그를 피해 숨어서 보이지 않고 경험할 수 없게 된 상황에서 그가 계속 살아야 하는 이유는 무엇인가? 그리고 하나님이 왜 그를 둘러싸고 계시는가? 이것은 욥에 대한 하나님의 보호와 축복의 울타리를 묘사할 때 사탄이 사용한 것(욥 1:10)과 동일한 표현이다. 사탄은 들어갈 수가 없었고, 욥은 나갈 수가 없었다.

3:24. 이 고통스러운 시련으로 인해 욥은 식욕을 상실했다. 음식에 입을 대지 않은 욥은 "나는 먹기 전에 탄식이 나며 나의 앓는 소리는 물이 쏟아지는 것 같구나"라고 탄식한다. 우울증이 원인이 된 신체적 부작용은 그가 회복될 때까지 계속해서 그를 괴롭힐 것이다(비교. 욥 6:7, 33:20).

3:25-26. 나아가 욥은 '나의 두려워하는 그것이 내게 임하고'라고 말한다. 이것은 특정한 어떤 것을 가리키는 것이 아니라 전체적인 고통에 대한 표현이다. 욥은 또한 "나의 무서워하는 그것에 내 몸에 미쳤구나"라고 소리친다. 이것은 사랑하는 자녀들과 종, 재물 그리고 자신의 건강을 잃음으로 인해 그에게 닥친 근심과 불안을 가리키는 표현이다. 계속 심화된 공황이 그를 덮쳐 그가 한때 경험하던 평강을 빼앗아가버렸다. 욥은 자신이 평강, 안온, 안식을 잃어버렸다고 말하는 것으로 이 비통한 애도를 마무리한다.

Main Idea 복습	욥은 차라리 태어나지 않았기를 바라며 죽기를 원한다.

결론

그를 위한 모든 것들

존 헨리 뉴먼(John Henry Newman)은 비망록에 1877년 암으로 사망한 한 젊은이의 부친을 위해 다음과 같은 내용의 글을 썼다. "하나님은 그분을 위해 무언가 특별한 봉사를 하도록 나를 창조하셨다. 그는 다른 사람에게 맡기지 않은 일을 내게 맡기셨다. 내게는 사명이 있다. 그것이 무엇인지 이생에서는 전혀 모를 수 있지만, 내세에서는 반드시 그것에 대해 듣게 될 것이다. 그러므로 나는 그분을 신뢰할 것이다. 내가 어떤 존재이든 간에 나는 결코 버림을 당하지 않을 것이다. 내가 병중에 있다면 내 병을 통해 그분을 섬길 수 있다. 내가 슬픔 가운데 있다면 내 슬픔이 그분을 섬기게 할 수도 있다. 그분은 어떤 일도 헛되이 하지 않으신다. 그분은 자신이 무엇을 하고 있는지 알고 계신다. 그가 내 친구들을 데려가실 수도 있다. 이방인들 가운데 나를 내던지실 수도 있다. 내가 버림받았다는 느낌이 들게 하실 수도 있고, 내 영혼이 낙심하게 할 수도 있고, 미래가 도무지 보이지 않게 하실 수도 있지만 그는 자신이 무엇을 하고 있는지 분명히 알고 계신다."

이것은 모든 신자들이 고난의 시간에 지녀야 할 영원한 믿음의 시각이다. 이와 같이 하나님을 신뢰하는 것은 우리의 감정에 지배되는 문제가 아니라 의지의 문제다. 어떤 사람이 진정으로 하나님을 신뢰하기로 선택한다면, 그의 감정은 결과적으로 따라올 것이다. 그러나 신자들은 믿음보다는 감정으로 살 때가 너무나 많다. 신자들은 하나님을 의지하고자 결심해야 한다. 그렇지 않으면 절망감에 압도당하고 말 것이다. 믿음이 우리의 감정을 지배하도록 하고, 감정에 끌려다니도록 해서는 안 된다.

하나님을 신뢰한다는 것은 하나님의 백성들이 고통을 당하지 않는다는 의미는 아니다. 그러나 그것은 고난 중에도 그들의 궁극적 선을 위해 하나님이 일하고 계심을 믿어야 한다는 것을 의미한다. 그러므로 재앙이 우리에게 닥친 이유를 도무지 알 수 없는 상태에서도 하나님 안에 안식하는 심령은 주님의 평강을 누린다. 주권자 되시고 사랑이시며 지혜로우신 하나님 안에서 안식하면 인간의 영혼이 알 수 있는 유일한 안식과 위로를 얻게 된다. 시련이 아무리 크고 고통이 아무리 심하다 하더라도 하나님의 평강은 그보다 훨씬 더 광대하다.

삶의 적용

낙심을 다루는 법

욥의 인생에 대한 이 이야기에서 우리는 무엇을 배우는가? 낙담이란 아무리 강한 신자라 하더라도 경험할 수밖에 없는 현실이다. 하나님과 아무리 친밀하게 교제하고 동행한다 하더라도 깊은 절망의 험한 골짜기에서 면제될 사람은 아무도 없다. 우리는 이 낙담을 어떻게 다루고 있는가?

1. 아무리 믿음이 강한 신자라 하더라도 낙심할 수 있음을 기억하라. 지상에서 가장 의로운 사람이었지만, 욥은 낙심한 자의 모든 증상을 다 보여주었다. 영적으로 성숙한 이 사람은 침울함, 분노, 근심, 원한, 혼란, 피곤함, 냉소, 두려움, 무기력, 불면증, 실의, 슬픔, 비관주의로 가득 차 있었다. 의심할 여지 없이 진정한 신자라도 깊은 절망과 상심의 지경에 이를 정도로 낙심할 수 있다.

사도 바울이 다음의 글을 썼을 당시, 그는 바로 이러한 상태를 겪고 있었다. "힘에 지나도록 심한 고생을 받아 살 소망까지 끊어지고 우리 마음에 사형 선고를 받은 줄 알았으니"(고후 1:8-9). 시편 기자는 예배의 가장 높은 경지를 누렸지만, 그 역시 절망의 골짜기를 알았다(시 63:1-3). 위대한 종교개혁가인 마틴 루터(Martin Luther)도 그러한 깊은 우울증을 경험하였다. 루터는 자신의 비통한 심정에 대해 쓰면서 다음과 같이 표현하였다. "나는 일주일 이상 죽음과 지옥의 문턱 가까이 가 있었다. 나의 모든 사지가 떨렸다. 나는 그리스도를 완전히 잃어버렸다. 나는 절망적인 심정과 하나님에 대한 불경스러운 마음에 휘말렸다."

2. 신자가 한 번에 여러 가지 차원의 깊은 고통을 당할 수 있다는 것을 기억하라. 욥은

네 가지 차원의 고통을 동시에 겪었다. 그는 육체적으로 고통을 당했고, 그 고통이 너무나 극심해서 먹을 수도 없었고 잠을 잘 수도 없었다. 그는 이성적으로도 고난을 당했다. 그의 생각은 스스로 해답을 구할 수 없는 문제들로 넘쳐났다. 그는 혼란스럽고 황망했다. 그는 정서적으로도 고통을 당해, 마음이 쉬지도 못하고 안식하지도 못했다. 욥은 또한 하나님이 자신을 가두셨다는 생각 때문에 영적으로 고통을 당했다. 이로 인해 그는 하나님이 자신을 태어나지 않게 해주셨더라면 좋았겠다고 바라게 되었다. 마찬가지로, 신자의 삶에도 고난의 어두운 밤을 통과하고 그로 인해 욥처럼 신체적으로, 이성적으로, 정서적으로, 영적으로, 동시에 고난을 당하게 되는 때가 있을 수 있다.

3. 낙심으로 인해 하나님의 백성들이 갈 바를 잃어버릴 수도 있음을 기억하라. 욥은 하나님에 대한 올바른 전망을 잃어버리고 과도한 반응과 과장된 표현을 사용하게 되었다. 그래서 그는 건전한 판단력을 상실하고 잘못된 결론에 성급하게 도달했다. 낙심은 한 개인의 인생관에 영향을 미쳐 현실을 왜곡하여 인식하게 한다. 하나님에 대한 왜곡된 시각은 건강하지 못하고 부정적인 자아상으로 이끈다. 신자들이 낙심하게 될 때, 특별히 장기간 그것이 지속될 때, 그들은 인생에 대한 올바른 시각을 잃고 잘못된 결론을 도출할 수 있으며, 그로 인해 과장된 표현을 사용할 수 있다. 그러한 영혼의 어두운 밤은 인생을 진실과는 다른 방향으로 바라보게 할 수 있다.

그러한 낙심의 해독제는 하나님에 대한 깊은 신뢰와 변치 않는 소망이다.

기도

아버지, 우리의 삶에서 일어나는 고난과 고통에 대한 당신의 주권을 인정합니다. 당신만이 우리가 당하는 수많은 시련과 고통을 온전히 다스리시고 통제하십니다. 우리가 계속 아버지께 우리의 모든 관심을 집중하도록 도와주시기를 기도합니다. 당신은 우리의 바위가 되시기 때문입니다. 우리가 낙심하고 짓밟힐 때, 오직 당신에 대한 소망과 확신을 주시기를 기도합니다. 예수님의 이름으로 기도합니다. 아멘.

심층 연구

A. 멸망하다(3절)

'멸망하다' (히. 아바드, abad)는 죽거나 파멸을 당한다는 의미다. 파멸을 표현하는 여러 가지 단어 가운데서 아바드는 가장 중요한 단어다. 이 단어는 기력과 지식의 상실이나 국가의 쇠락을 표현할 때 사용되고 있으며(민 21:28-30), 이방의 우상과 신상들과 신전의 파멸에 대해 사용되기도 한다(신 12:2-3). 사람들에 대해 이 단어가 사용되면 그것은 대부분 죽음과 생명의 끊어짐을 가리켜 사용된다(민 16:33, 수 23:16). 그러나 아바드는 또한 육체적 죽음 외에 악인의 영원한 파멸을 가리켜 사용되기도 했다(시 83:17, 잠 10:28). 분명히 욥은 후자가 아니라 전자를 염두에 두고 이 단어를 사용했다.

B. 죽다(11절)

'죽다' 에 해당하는 이 단어(히. 마웨트, mawet)는 죽다, 숨을 거두다, 죽이다, 혹은 죽음에 이르게 하다라는 의미가 있다. 마웨트는 보통 임종시의 육신의 사망을 가리킨다. 죽음과 그 증상, 고통과 고난은 모두 타락에서 기인한 것이며(창 3:3, 롬 6:23), 예수 그리스도께서 부활하실 때까지 모든 인류를 고통스럽게 할 것이다(히 9:27).

C. 얻지 못하며(9절)

'얻지 못하며' (히. 리그, rig)는 공허함, 무의미함, 혹은 헛됨을 의미한다. 이 경우 이 단어는 하나님을 대적하고 하나님의 주권적 통치를 거부하는 인간의 철저히 어리석은 계획을 가리키고 있다. 하나님을 대적하는 그러한 무질서함은 어리석은 것이다.

D. 소요(17, 26절)

'소요' (로게즈, rogez)는 흔들다, 전율하다를 의미하는 동사에서 파생한 히브리어 명사다. 여기서 이 단어는 불안과 동요를 표현하기 위해 사용되고 있다. 그것은 또한 감정적으로 큰 혼란을 겪고 있는 사람에 대해 사용되기도 했다(비교. 욥 14:1).

고안

A. 욥의 통곡(1-10절)

1. 내 태어난 날이 없어지기를(1-3절)
2. 내 태어난 날이 어두워지기를(4-6절)
3. 내 태어난 날이 황무하기를(7절)
4. 내 태어난 날이 저주가 있기를(8절)
5. 내 태어난 날이 없어지기를(9-10절)

B. 욥의 울부짖음(11-19절)

1. 내가 유산되었더면 좋았을 것을(11-15절)
2. 사산아로 태어났으면 좋았을 것을(16-19절)

C. 욥의 고통(20-26절)

1. 비참한 자에게 왜 삶이 주어졌는가?(20-22절)
2. 삶이 왜 하나님의 지배를 받는가?(23-26절)

토의 질문

1. 깊은 낙심을 경험한 적이 있는가?

2. 고통 중에서 하나님을 시야에서 놓친 적이 있는가?

3. 시련이 내 삶에 닥칠 때 나는 오직 하나님만을 온전히 의뢰하는가?

욥기 4장

이러한 친구들과 함께

"사탄은 매우 영리하다. 그는 자신이 낚시를 하는 모든 장소에서 어떤 미끼를 이용해야 하는지 정확히 알고 있다."

- A. W. 핑크(A. W. Pink)

들어가는 글

나쁜 친구들!

한 떼의 까마귀들이 어느 농부의 옥수수밭으로 날아들었다. 사교성이 매우 좋은 농부의 앵무새가 그쪽으로 날아가서 그들 무리에 합류했다. 농부는 자신의 총을 장전해 조심스럽게 겨냥하고 불청객들인 그 새들을 향해 발사했다. 그가 땅에 떨어진 까마귀들을 집기 위해 울타리 아래로 기어갔을 때, 그의 앵무새가 거의 숨이 넘어가기 직전의 모습으로 있었다. 그의 아이들은 그가 앵무새를 집으로 들고 오는 모습을 보고 눈물을 흘리며 물었다. "아빠, 무슨 일이 있었던 거예요?" 농부가 미처 대답하기 전에 앵무새가 정색을 하고 말했다. "나쁜 친구들 때문이야."

욥이 절망의 나락으로 떨어진 것이 바로 이것 때문이었다. 그는 하나님에 대한 그의 신앙에 부정적인 영향을 미치게 될 세 명의 친구들과의 나쁜 만남으로 인해 고통을 겪게 될 것이다. 사탄이 욥의 재물을 빼앗고 그의 가족들을 빼앗아가며 그의 건강을 해쳐도 해낼 수 없었던 것을 소위 이 '조언자들' 을 통해 이루게 될 것이다. 욥은 사업이 망하고 자녀들이 죽음을 당하고 질병의 공격을 받았음에도 불구하고 무너지지 않았다. 하지만 그를 망가뜨리는 데 가장 효과적인 것은 그의 친구들의 잘못된 영향이었다. 이 세 명의 친구들-엘리바스, 빌닷, 소발-은 사탄의 치명적인 도구였다. 그들은 욥을 쳐서 넘어뜨렸고 그를 지치게 했다. 나쁜 친구들의 영향력은 결코 과소평가할 수 없다.

욥과 그의 세 친구들 간의 연속적인 긴 대화는 다음 23장(4-26장)에 걸쳐 기록되어 있다. 각 친구들은 세 번의 연속된 주기로 변론하고 있으며, 유일한 예외는 세 번째 친구인 소발로, 그는 세 번째 라운드에서는 침묵을 지킨다. 각 변론에 대해 욥은 다시 자신을 변호한다. 그들의 변론 전체에서 이 세 조언자들은 동일한 내용, 즉 모든 고난은 죄에 대한 형벌이라는 주장을 강조한다. 그들은 죄와 고난 간에 직접적인 인과관계가 있다고 본다. 각 주기는 점점 더 어조가 강렬해진다. 첫 번째 라운드에서 엘리바스와 빌닷, 소발은 욥의 죄를 암시하듯이 지적한다. 두 번째 라운드에서는 욥의 죄를 빗대어 지적한다. 그러나 세 번째 라운드에서 그들은 욥의 죄를 직접적으로 지적한다.

그 모든 과정에서 욥은 자신의 무죄를 주장하고, 하나님과 자신의 관계에 대해 점점 강압적으로 요구하는 태도를 갖게 된다. 그 과정에서 욥의 믿음은 약해지고 그의 태도는 곧바로 변질된다. 이제 욥기 4장에서 이어질 내용은 그의 첫 번째 친구인 엘리바스의 첫 변론이다.

본문 이해

이러한 친구들과 함께

Main Idea	엘리바스는 욥의 환난이 숨겨진 죄 때문이라고 말하고, 그 근거를 자신이 살아오면서 듣고 본 것에서 찾는다.

A. 엘리바스의 인정(1-6절)

Supporting Idea	엘리바스는 욥과의 연결점을 찾기 위해서 긍정적이고 지지하는 발언으로 욥과의 변론을 시작한다.

4:1-2. 그러고 나서 데만 사람 엘리바스 - 아마 이 세 사람 가운데서 가장 연장자이며 확실히 욥에 대해 가장 동정적인 사람 - 가 대답하였다. 그는 욥에게 말을 걸어 일주일간이나 지속된 침묵을 깬 첫 친구였다. 욥의 비참한 상태에 대해 위로하기 위해 그는 욥에게 그가 염증이 나지 않는지 묻는 것으로 시작한다. 그는 자신이 충고의 말을 하더라도 화를 내지 말라고 욥에게 요청한다. 날지라도 누가 참고 말하지 아니하겠느냐? 그는 상처입은 친구인 욥에게 도움을 주고 싶은 마음을 억제할 수 없었다.

4:3. 엘리바스는 전에 네가 여러 사람을 교훈하였고라는 긍정적인 칭찬으로 시작하지만 미묘한 이유가 개입되어 있다. 이제 역할이 전도되어 욥이 엘리바스의 조언으로 교훈을 받을 필요가 있다는 것이다. 손이 늘어진 자면 강하게 하였고. 욥은 지금까지 살아

오면서 지혜로운 말로 많은 사람들을 도왔다. 하지만 이제 상황이 달라졌다. 그는 엘리바스의 충고를 받을 필요가 있다.

4:4. 넘어져가는 자를 말로 붙들어주었고. 엘리바스는 여기서 그를 크게 격려하는 말을 하고 있는 것 같지만, 그것은 욥을 깎아내리기 위해 치켜세우는 것에 지나지 않았다. 무릎이 약한 자를 강하게 하였거늘. 욥은 많은 사람들을 격려하고 세운 놀라운 격려자였다. 인생의 무거운 타격으로 비틀거린 자들을 욥은 말로 세우고 강하게 하였다.

4:5. 그러나 이제 욥이 교훈을 받을 처지에 있다. 그는 이제 그들의 조언을 받아들여야 한다. 엘리바스는 욥이 그 자신이 남에게 베풀던 약의 처방을 필요로 한다고 주장하고 있다. 욥에 대한 그의 진단은, 네가 답답하여 한다는 것이었다. 그의 얼굴 표정은 낙심한 모습이고, 그의 마음은 침울하였다. 엘리바스는 어려움이 욥의 삶을 황폐하게 만들고 있다고 지적한다. 여기에 욥의 인생을 건드리시도록 하나님께 미끼를 던질 때 사탄이 사용했던 것(욥 1:11, 2:5)과 동일한 표현이 사용되고 있다. 엘리바스는 "네가 놀라는구나"라고 말하며 그가 절망에 휩싸여 있음을 지적한다. 이 모든 것은 갑작스럽고 전혀 예기치 못했던 참변과 이 비극에 대한 해결되지 않는 의문들로 인한 당혹스러움에서 나온 것이다.

4:6. 네 의뢰가 경외함에 있지 아니하냐? 엘리바스는 욥 자신의 영성이 하나님께 중요하다고 주장하고 있는 것이다. 욥이 인격적인 순전함 가운데 살고 있다면 성공적인 미래가 그를 기다리고 있음을 확신할 수 있을 것이다. 나아가 자신의 행위를 완전케 함이 그의 소망이 될 것이다. 다시 말해서 욥은 하나님과 진정으로 올바른 관계에 있다면 걱정할 필요가 전혀 없는 것이다.

B. 엘리바스의 공식(7-11절)

Supporting Idea	엘리바스는 욥이 하나님께 죄를 지었으므로, 그가 회복되고자 한다면 죄를 자백해야 한다고 믿는다.

4:7. 생각하여 보라 죄 없이 망한 자가 누구인가? 이 질문에 기대되는 대답은 아무도 없다는 것이다. 이 포괄적이고 전면적인 진술로 엘리바스는 한 치의 의심도 없이 욥의 유죄를 지적한다. 그의 진술의 함의는 욥이 멸망해가고 있다면 분명히 그가 무죄하지

않다는 것이다. 엘리바스의 이론은 욥이 하나님께 범죄했기 때문에 고난을 당하고 있음이 분명하다는 것이다. 정직한 자의 끊어짐이 어디 있는가? 욥이 진정으로 결백하다면 이와 같은 비참한 고통을 당하고 있지 않을 것이다.

4:8. 엘리바스의 생활 철학은 내가 보건대라는 표현 속에 드러나 있다. 그는 악을 밭갈고 독을 뿌리는 자는 그대로 거둔다는 것을 보았다. 그는 직접적인 인과응보라는 삶의 이론을 갖고 있었다. 즉 성실하면 항상 번영을 얻게 되고, 죄를 지으면 반드시 어려움을 겪게 된다고 믿었다. 그는 욥이 파멸을 경험하고 있기 때문에 독을 뿌리고 그대로 거두는 사람들 가운데 한 사람임이 확실하다고 추론한다. 엘리바스는 욥이 방탕한 생활을 하다가 쓴 열매를 거두고 있다고 믿었다(비교. 잠 22:8).

4:9. 엘리바스는 반역의 죄악 속에 사는 자들이 하나님의 입 기운에 멸망하고 그 콧김에 사라질 것이라고 선언한다. 그는 여기서 회개하기를 거부하는 자들에 대한 하나님의 징계의 심판과 진노를 묘사하기 위해서 강렬한 심상을 동원하고 있다. 엘리바스는 욥이 그러한 사람 가운데 하나라고 암시한다.

4:10. 엘리바스는 욥이 무책임하고 그의 자녀들을 보호하지 않았다고 믿는다. 사자의 우는 소리와 사나운 사자의 목소리라는 구절은 욥의 크게 부르짖는 소리에 대한 암시다. 젊은 사자의 이가 부러진다. 엘리바스에 따르면 욥이 그의 가족을 돌보는 데 실패했기 때문에 이러한 파멸을 당한 것이다.

4:11. 아무리 강하다 하더라도 사자는 움킨 것이 없어 죽고 결국 종말에 이르게 된다. 이렇게 쇠약해진 상태에서 암사자의 새끼가 흩어진다. 이것은 이러한 비극을 통해 죽임을 당한 자녀들을 욥이 지키지 못한 데 대한 분명한 암시다(욥 1:18-19). 욥의 무책임으로 그의 가족은 그의 죄에 대한 하나님의 심판을 받아 멸망을 당했다는 것이다.

C. 엘리바스의 권위(12-21절)

Supporting Idea	엘리바스는 한밤중에 한 영으로부터 지식을 받았다고 주장한다. 그 영은 인간들이 죄 때문에 신뢰를 받을 수 없다고 강조하였다고 한다.

4:12. 엘리바스는 한밤중에 무슨 말씀이 내게 가만히 임했다고 주장한다. 이것은 특별한 계시를 받았다는 분명한 주장이다. 그의 귀에 아무도 들을 수 없는 말씀의 그 가는 소

리가 들렸다. 다시 말해서 엘리바스는 그에게만 전해진 메시지를 들었다.

4:13-14. 엘리바스는 그 밤의 이상으로 하여 생각이 번거로운 중에 곧 사람이 깊이 잠들 때쯤(즉, 밤중에) 신의 신탁 혹은 신비한 환상을 받았다고 주장한다. 이것은 엘리바스에게 매우 혼란스러운 사건이었다. 이 이상한 꿈을 보자 두려움과 떨림이 엘리바스를 붙잡았고, 그의 모든 골절이 두려움 때문에 흔들렸다. 이 이상한 경험은 두려운 것이었다. 그것은 일반적인 꿈이나 심지어 악몽이 아니라 정체를 알 수 없는 영에 의한 초자연적 방문이었다.

4:15-16. 형체를 식별할 수 없는 영이 오싹함을 풍기며 그의 얼굴을 미끄러지듯이 지나갔다. 그의 몸의 털이 주뼛하며 섰다. 털이 곤두서는 이 경험은 신비하고 초자연적인 것이었다. 미지의 신비한 사자가 중재했기 때문이다. 그는 그 영이 서는데 그 형상을 분변치는 못하였다고 말한다. 이 한밤중의 사자는 엘리바스 앞에 바로 나타나 공중에 섰고, 엘리바스는 그를 분별하지 못했다. 엘리바스의 눈앞에 한 형상이 있었지만 그것은 사람의 형상과 달랐다. 그 형상은 종용한 목소리로 말했다.

4:17. 엘리바스가 들은 말은 "인생이 어찌 하나님보다 의롭겠느냐? 사람이 어찌 그 창조하신 이보다 성결하겠느냐?"라는 내용이었다. 이 질문의 예상되는 대답은 '아니오'다. 어떤 인간도 하나님의 인정하심으로 그분 앞에 설 수 있을 정도로 도덕적으로 선한 자는 없다(롬 3:23). 이 신비한 사자의 메시지는 인간이 자연 상태에서는 하나님을 기쁘시게 해드릴 수 없다는 내용이었다.

4:18-19. 하나님은 그 종(즉, 그의 천군들, 혹은 천사들)이라도 오히려 믿지 아니하신다면, 어떻게 죄인 된 인간을 믿으실 수 있겠는가? 그리고 그가 그 사자도 미련하다 하신다면 하물며 타락한 인간에 대해 얼마나 더 미련하다고 하시겠는가? 하물며 흙집에 사는 자들(다시 말해서 흙으로 된 죄인)을 얼마나 더 책망하시겠는가? 인간은 티끌로 터를 삼는 존재다. 인간은 흙에서 와서 흙으로 돌아갈 것이다. 인간은 너무나 연약해서 하루살이에게라도 눌려 죽을 존재다(비교. 욥 27:18). 그렇다면 타락한 인간이 어떻게 심판 중에 하나님 앞에 설 수 있겠는가?

4:20. 조석 사이에(즉, 하루 종일) 인간은 죄악 때문에 멸한 바 된다. 영원히 망하되 생각하는 자가 없다. 완곡한 어조로 엘리바스는 계속 하나님을 냉담하고 초월자적인 하나님으로 묘사하고 있다.

4:21. 장막 줄을 그들에게서 뽑지 아니하겠느냐? 그들의 육신은 이동할 시간이 되면 구부려 접는 그들의 거처인 장막처럼 일시적인 것으로 묘사되고 있다. 죽음을 맞는 죄악된 인간도 그러하다(고후 5:1, 4). 자기중심적인 생존 방식 때문에 그들은 하나님을 거부한 채 지혜가 없는 상태로 죽는다. 평생을 살아도 하나님의 지혜를 이해하기에 부족한 것이다.

Main Idea 복습	엘리바스는 욥의 환난이 숨겨진 죄 때문이라고 말하고, 그 근거를 자신이 살아오면서 듣고 본 것에서 찾는다.

결론

좋든 나쁘든

우리의 친구들은 좋은 면에서든 나쁜 면에서든, 우리의 삶에 거대한 영향을 미친다. 우리의 친구들은 우리를 세우는 데 하나님께 사용될 수도 있고, 우리를 파괴하는 데 사탄에게 이용될 수도 있다. 욥의 경우처럼, 우리의 친구들은 독창적인 기술로 우리의 마음이 절망과 낙심에 빠지도록 사탄에게 정밀한 도구로 사용될 수도 있다. 이 진리는 성경 전반에서 가르치고 있는 것이다. 솔로몬은 이렇게 썼다. "많은 친구를 얻는 자는 해를 당하게 되거니와 어떤 친구는 형제보다 친밀하니라"(잠 18:24). 인간은 친구를 지혜롭게 선택해야 한다. 어려운 때에 친구들은 당신을 세워줄 수도 있고 끌어내릴 수도 있기 때문이다. 진정한 친구는 어려울 때에 우리와 함께하여 우리의 선을 이루도록 주님께 사용될 것이다.

성경은 "친구는 사랑이 끊이지 아니하고 형제는 위급한 때를 위하여 났느니라"(잠 17:17)라고 말한다. 시련의 도가니 속에 있을 때 진정한 친구는 많은 위로와 힘을 공급해줄 것이다. 동시에 "악한 동무들은 선한 행실을 더럽힌다"(고전 15:33). 나쁜 친구는 하나의 행위로 끝나지 않고 끊임없이 나쁜 행실을 한다. 우리가 역경에 처할 때 엘리바스와 달리, 순수하게 우리를 사랑하고 도와줄 진정한 친구들을 하나님이 우리 주변에 허락해주시기를 바란다.

삶의 적용

친구가 되는 법

상처를 입은 사람에게 어떻게 좋은 친구가 될 수 있는가? 욥기 4장은 진정한 친구의 모습에 대한 정반대의 예를 보여주고 있다. 다시 말해서, 엘리바스는 부정적인 모범을 통해 친구란 그렇게 해서는 안 된다는 것을 우리에게 보여준다. 그의 모습을 봄으로써 우리는 다른 사람들에게 우리가 어떤 태도를 지녀야 하는지에 대한 정반대의 예를 볼 수 있다. 고난당하고 있는 사람에게 친구가 될 때 신자들이 보여주어야 할 특징들의 일부를 다음에서 소개한다.

1. 민감하라. 엘리바스는 몸으로는 욥의 곁에 있었지만 심정적으로는 그렇지 않았다. 그의 마음과 동정심은 완전히 다른 곳에 있었다. 그는 욥을 위로하기 위해서라기보다는 신학적인 주장을 하기 위해서 그곳에 있었다. 상처를 받은 사람의 친구가 되기 위해서는 그 사람을 훈계하고 꾸짖는 것이 아니라 위로하며 그 사람 곁에 있어야 한다. 우리는 어려움 가운데 있는 사람을 돕고 격려하며 위로하기 위해 그 곁에 함께 있어야 한다. 우리는 그의 면전에서 비난의 손가락을 흔들기보다는 따스한 팔로 안아줄 친구가 되어주어야 한다.

2. 동정적이 되라. 우리는 고통당하는 사람의 고통을 가중시키지 말고 함께 그 고통을 느껴야 한다. 엘리바스는 결코 욥의 고통을 함께 느끼지 못했다. 그는 그의 고통 속으로 들어가지 못했다. 그의 접근은 이성적이고 신학적이고 분석적이고 실리적이었다. 우리는 서로의 짐을 져야 마땅하지 않은가?(갈 6:2) 이것은 단순히 방에 앉아 잘못된 점을 설명하는 것이 아니라, 형제의 짐을 함께 지고 그의 아픈 상처의 짐을 지는 데 도움

을 주는 것을 의미한다.

3. 지지하라. 엘리바스는 적대자의 역할을 하였다. 그는 욥을 위로한다는 원래의 목표를 망각하였다. 그는 욥을 일으켜 세우기보다는 더 주저앉아 일어날 수 없게 하는 데 시간을 소비했다. 그는 욥을 비난하고 정죄하며 욥이 죄악 가운데 있음을 증명하고자 애를 썼다. 엘리바스는 욥을 위로하기는 커녕 오직 괴로움만 더해주었을 뿐이다.

기도

하나님, 우리의 아버지, 우리를 성결하게 하시고 당신의 존전에 흠이 없는 자로 서게 하시며, 깨끗이 단련하는 환난의 불길 속을 통과하도록 하시는 당신의 끝없는 사랑을 인해 감사드립니다. 당신의 백성들의 삶 속에서 모든 것을 이용해 선을 이루어가시는 당신 앞에 고요히 경외하는 마음으로 복종하도록 우리를 가르쳐주소서. 당신 앞에 흠이 없는 자로 설 수 있도록 우리를 지켜주소서. 예수님의 이름으로 기도합니다. 아멘.

심층 연구

영(15절)

'영' (히. 루아흐, ruwach)은 움직이는 공기나 숨, 혹은 바람을 의미한다. 욥기의 예에서 이 단어는 형체나 육체를 지니지 않은 영적 존재를 가리킨다. 그러므로 이 영적 존재는 바람과 같고 실재하며 강력하지만 물리적 형체가 없다. 이 '영' 은 형체가 없는 초자연적 존재였다. 어떤 문맥에서 이 단어는 호흡에 필요한 공기(삿 15:19), 호흡(욥 7:7), 혹은 움직이는 공기(욥 41:16)를 의미한다. 때로 이 단어는 인간의 생명의 요소들(창 7:22), 인간의 영혼(잠 16:2), 하나님이 인간 손에 불어넣으신 인간의 영(욥 27:3)을 가리킬 때도 있다. 또한 이 단어는 무의미함과 공허함(욥 15:2), 심지어 헛된 말들(욥 16:3) 그리고 헛된 지식(욥 15:2)을 가리키기도 한다. 또한 콧김(욥 27:3)을 의미할 때도 있다. 어떤 사람이 아프면 그의 영이 쇠한 것이다(욥 17:1). 모든 인간의 루아흐는 하나님의 손에 있다(욥 12:10). 루아흐는 하나님이 보내신 초자연적인 천사를 가리킬 수도 있다(삼상 16:23). 사탄도 정죄하는 영이다(왕상 22:22). 이 본문에서 이 단어는 사탄의 영을 가리킨다.

고안

A. 엘리바스의 인정(1-6절)

1. 내 말을 들으라(1-2절).
2. 내게 배우라(3-6절).

B. 엘리바스의 공식(7-11절)

1. 무죄한 자는 고난을 당하지 않는다(7절).
2. 교만한 자가 고난을 당한다(8-11절).

C. 엘리바스의 권위(12-21절)

1. 한 영이 내게 찾아오다(12-16절).
2. 한 영이 내게 메시지를 전하다(17-21절).

토의 질문

1. 내 생활 속에서 하나님의 징계를 받을 수밖에 없는 죄는 없는가?

2. 고난을 당할 때 경건한 충고를 구하는가?

3. 내가 고난을 당할 때 하나님이 내게 가르치시는 것은 무엇인가?

4. 다른 사람에게 조언을 할 때, 성경과 일치하는 조언을 하고 있는가?

욥기 5장

하나님이 너를 징계하신다!

"우정을 위조하는 것은 돈을 위조하는 것보다 더 나쁘다."

- 토마스 왓슨(Thomas Watson)

들어가는 글

친구의 정의

영국의 한 출판사가 친구에 대해 가장 설득력 있는 정의를 내린 글에 대해 상금을 내건 적이 있다. 수천 가지의 문장 가운데는 '기쁨을 배가시키고 슬픔을 나누는 사람' 이라는 내용도 있었고, '우리의 침묵을 이해하는 사람' 이라는 글도 있었다. '보자기에 싸인 한 권의 공감(a volume of sympathy bound in cloth)' 이라는 글도 있었고, '친구는 정확하게 시간을 알리고 절대 멈추지 않는 시계와 같다' 라는 또 다른 응시자의 글도 있었다. 이러한 글들은 모두 훌륭했지만 상을 받은 글은, '친구는 온 세상이 나가버릴 때 안으로 들어오는 사람이다(A friend is one who comes in when the whole world has gone out)' 라고 정의한 것이었다.

욥은 확실히 세 명의 매우 좋은 친구를 두었다. 그의 세 친구들은 전 세상이 등을 돌리고 나가버릴 때 들어와준 친구였다. 하지만 그것은 결국 그에게 골칫거리였다는 것이 증명되었다. 그의 인생에 들어와서 그를 끌어내린 것은 바로 욥의 세 친구, 엘리바스와 빌닷과 소발이었다. 그들이 오기 전까지 욥의 믿음은 훌륭하였다. 이 '끔찍한 트리오' 는 욥에게 오면서 잘못된 조언과 충고를 함께 가져왔다. 그들이 오지 않았더라면 욥은 믿음으로 훌륭하게 고난을 감당할 수 있었을 것이다. 욥에게 가장 먼저 입을 연 사람은 엘리바스였고(욥 4-5장), 그는 나중에 욥에게 두 번 더 변론을 하게 될 것이다.

엘리바스가 욥에게 한 조언은 옳은 내용이었다. 심리적으로 무너져 있던 욥에게(욥 3장) 친구들의 도전이 필요했다. 하지만 엘리바스의 도전은 욥에게 잘못 적용된 것이었고, 그것은 그의 영적인 건강에 위험하기까지 했다. 엘리바스는 진실의 일부분만 말했기 때문에 위험한 인물이었다. 그는 진실을 모두 다 말하지는 않았다. 진실의 부분만을 아는 것은 위험한 일이다. 더구나 그가 말한 진실은 잘못된 태도로, 잘못된 시기에 말해진 것이었다. 욥기 5장에서 우리는 엘리바스가 상처입은 친구에게 전달하는 충고의 나머지 내용을 듣는다. 이것은 다른 사람들에게 충고를 할 때 우리가 얼마나 신중해야 하는지를 보여준다.

본문 이해

하나님이 너를 징계하신다!

Main Idea	엘리바스는 하나님이 욥의 죄 때문에 그를 징계하시고 있다고 주장하고, 하나님이 그를 벌하신 후 회복시켜주실 것을 믿고 그분 앞에 그의 문제를 아뢰라고 재촉한다.

A. 엘리바스의 간청(1-16절)

Supporting Idea	엘리바스는 욥이 죄 때문에 고통을 당하고 있으므로 하나님께 구해야 한다고 말한다.

5:1. 엘리바스의 말은 점점 더 직설적이고 즉각적이 되어간다. 이 조언자는 "부르짖어 보아라 네게 응답할 자가 있겠느냐?"라고 반문함으로써 욥의 곤경에 대한 중재 가능성을 모두 부정해버린다. 엘리바스는 이 질문에 대해 아무도 이 모든 것에서 욥을 구원할 수 없다는 대답을 기대하고 있다. 거룩한 자 중에 네가 누구에게로 향하겠느냐? 엘리바스에 의하면 천사라 하더라도 욥을 구원할 수 없다.

5:2. 분노가 미련한 자를 죽이고. 이것은 앞에서 비이성적으로 표현된 욥의 애통함(욥 3장)을 엘리바스가 어떻게 해석했는지를 보여준다. 그의 원통한 마음이 그의 생명을 파멸시킬 것이다. 미련한 자는 하나님께 아무런 관심을 두지 않는다. 욥이 바로 하나님이 없는 사람처럼 이렇게 행동했다. 시기가 어리석은 자를 멸하느니라. 여기서 지적하는 대상이 욥이라는 것은 명확하다. 욥은 그의 모든 감정적인 울부짖음 때문에 파멸을 당할 것이다.

5:3-4. 내가 미련한 자의 뿌리 박는 것을 보고. 욥은 훌륭한 토양에 심겨 자라기 시작했던 이 어리석은 사람이었다. 그 집을 당장에 저주하였노라. 엘리바스에 의하면 이제 욥은 모든 것을 잃어버리고 스스로 자신이 미련한 자임을 증명하였다. 엘리바스는 욥의 고백하지 않은 죄 때문에 그의 열 자식들이 성문에서 눌리나 구하는 자가 없었다고 믿

는다. 이것은 욥에 대한 잔인한 비난이다. 자식들의 죽음에 대한 책임이 욥에게 있다는 비난을 하고 있는 것이다.

5:5-6. 엘리바스는 '그 추수한 것은 주린 자가 먹되' 라고 말한다. 이것은 욥의 재물을 강탈해간 약탈자들에 대한 언급이다. 야만인들의 유린은 한때 하나님이 보호해주시던 그의 곡식들(하나님의 축복인 곡식들)의 탈취로 일어난다. 욥이 당한 이 엄청난 개인적 상실이 그의 삶 속에 있는 고백되지 않은 죄 때문이라고 해석하고 있다. 엘리바스는 "재앙은 티끌에서 일어나는 것이 아니요 고난은 흙에서 나는 것이 아니라" 고 지적한다. 모든 것이 이유가 있어서 일어난다고 믿는 엘리바스는 이 고난들이 난데없이 갑자기 나타난 것이 아니라고 주장한다. 그것들은 욥이 씨를 뿌리고 가꾸었기 때문이라는 것이다. 그는 자신이 뿌린 대로 거두고 있는 것이다.

5:7. 불 속에서 불티가 위로 날음같이 인생은 고난을 위하여 났나니. 인간은 자신의 죄로 고통을 자초한다. 그러므로 욥이 고난을 당하는 것은 필연적이다. 고통에는 예외가 없기 때문이다.

5:8. 그러고 나서 갑자기 엘리바스는 하나님께 호소하라고 욥에게 충고한다. 나 같으면 하나님께 구하고. 여기서 자신의 일을 하나님께 호소해야 한다는 생각의 씨앗이 욥의 마음에 처음으로 심긴다. 엘리바스는 하나님이 법정에서 호소하고자 하는 욥의 소원을 허락해주실 것을 믿고 내 일을 하나님께 의탁하리라고 말한다.

5:9-10. 하나님이 측량할 수 없는 너무나 기이한 일을 행하신다는 것을 욥은 이해해야 한다. 그의 행사는 너무나 경이롭기 때문에 인간의 이성으로는 이해할 수 없다. 하나님이 행하시는 이러한 기적들은 너무나 많아서 셀 수 없을 정도다. 엘리바스는 하나님의 이러한 행사 가운데 일부를 강조하면서, 그가 비를 땅에 내리시고 그 물은 다시 밭으로 보내진다고 지적한다. 비를 내리고 모든 사람에게 골고루 좋은 일들을 주시는(마 5:45) 이 모든 것이 하나님의 은혜로운 행사다.

5:11-12. 하나님은 이 주권적 역사를 통해 낮은 자를 높이 드신다. 하나님은 교만한 자들을 대적하시지만, 겸손한 자들에게는 은혜를 베푸신다(벧전 5:5). 또한 슬퍼하는 자를 흥기(興起)시켜 안전한 곳에 있게 하신다. 비의 내림과 마찬가지로 이것도 하나님의 은혜의 역사다. 하나님은 자신들을 옹호할 수 없는 무기력한 자들의 권리를 옹호하신다. 나아가 궤휼한 자, 즉 악한 계획을 도모하는 자들의 계교를 파하시고 그들을 파멸에

이르게 하신다. 하나님은 스스로를 높이는 자들을 겸손하게 하신다(눅 18:14). 이 하나님은, 적어도 궁극적인 의미에서는 아니라 하더라도, 그들이 그 손으로 하는 일을 이루지 못하게 하신다.

5:13-14. 나아가 하나님은 간교한 자들이 의인들에 대해 음모를 꾸밀 때 자기 꾀에 빠지게 하신다. 그들은 자신들의 죄에 대한 형벌을 반드시 받을 것이다. 사특한 자의 악한 계교는 다른 사람들을 해치기 위해 계획된다. 그러나 그들은 하나님의 손에 직접 패하게 된다. 그들의 악한 계획은 성공하지 못할 것이다. 그들은 반드시 실패하게 되어 있다. 그들은 낮에도 캄캄함(하나님의 심판)을 만나 그들의 음모가 좌절될 것이다. 악인들은 대낮에도 더듬기를 밤과 같이 할 것이다. 이러한 신적인 개입은 갑자기 이루어져 그들이 백주 대낮에 눈이 어두워 삶을 감당할 수 없게 만들 것이다.

5:15. 반면에 하나님은 곤비한 자를 악한 입의 칼에서 면하게 해주신다. 하나님이 강한 자의 손에서 면하게 하시기 때문에 악인들이 빈틈없이 무장한다 하더라도 의인들에 대한 음모를 성공시킬 수 없다. 경건한 자들의 구원은 여호와께로부터 온다.

5:16. 그러므로 하나님을 의뢰하는 가난한 자가 소망이 있다. 그들은 불의가 스스로 입을 막는 것을 알고 미래에 대한 확신을 갖는다. 하나님은 스스로를 구원할 수 없는 겸손한 자들을 구원하실 것이다. 하나님은 강한 자들을 심판하시고, 가난하고 궁핍한 자들에게 정의를 베푸신다. 엘리바스는 욥이 범죄하여 하나님에 의해 파멸하게 된 권세자들 가운데 한 사람이라고 생각한다. 만사가 형통하게 하기 위해서 그는 회개해야 한다.

B. 엘리바스의 확신(17-27절)

Supporting Idea	엘리바스는 욥에게 하나님이 그를 벌하신 후 그를 치유하시고 변호하실 것을 믿으라고 도전한다.

5:17. 이어지는 긴 변론은 하나님께 징계받는 자에게 복이 있음을 욥에게 상기시키기 위한 엘리바스의 말이다. 하나님의 징계는 결국 하나님과 올바른 관계를 회복하도록 해주기 때문에 하나님의 징계로 경책함을 받을 때 죄인은 기뻐해야 한다. 그러므로 욥은 이 참혹한 고난 중에서 기뻐해야 한다. 하나님이 깨어진 관계를 회복시키시기 위해 그것을 사용하실 것이기 때문이다. 전능자의 경책을 업신여기지 말라. 욥은 전능자

의 경책에 저항하지 말고, 하나님께 돌아가게 해줄 징계로 알고 수용해야 한다(히 12:5-10).

5:18. 욥의 행복은, 하나님은 아프게 하시다가 싸매시며 상하게 하시다가 그 손으로 고치신다는 이 중요한 원리 위에 이루어질 것이다. 엘리바스는 하나님이 결국 그의 고통과 고난을 거두어가실 것이기 때문에 욥이 힘을 내야 한다고 말한다. 이 충고의 문제는 욥의 고난이 하나님의 징계에서 나온 것이라는 전제에 근거한다는 점이다. 그러고 나서 엘리바스는 욥이 자신의 죄를 고백하면 받게 될 축복의 목록을 나열한다.

5:19. 여섯 가지 환난에서 너를 구원하시며. '많은' 환난에 대해서는 문자적이 아니라 시적으로 해석되어야 한다. 일곱(완전을 상징하는 수) 가지 환난이라도 그 재앙이 네게 미치지 않게 하시며. 이 회복은 욥의 회개에 달려 있다. 엘리바스는 욥이 큰 죄악 가운데 있다고 생각했다.

5:20-21. 기근 때에 하나님이 죽음에서 너를 구속하실 것이다. 욥이 은밀한 죄악의 생활에서 돌이킨다면 하나님이 그를 구원해주실 것이다. 전쟁 때에 칼 권세에서 하나님은 그를 구원해주실 것이다. 욥이 회개하기만 하면 이 모든 하나님의 축복이 임할 것이다. 네가 혀의 채찍을 피하여 숨을 수가 있고. 다시 말해서 욥이 회개하기만 하면 사람들의 엄한 경고뿐 아니라 책망도 받지 않을 것이다. 하나님이 욥을 모든 해악에서 보호하실 것이기 때문에 멸망이 올 때에도 두려워할 필요가 없다. 욥이 자신의 죄를 회개하기만 한다면 이러한 하나님의 구원이 이루어질 것이다.

5:22. 욥이 하나님과 올바른 관계를 맺게 된다면 멸망과 기근이 오더라도 그에게 해를 끼치지 못할 것이므로 그것을 비웃게 될 것이다. 오직 그가 회개만 한다면 하나님이 초자연적으로 보호하실 것이기 때문에 그는 들짐승을 두려워할 필요가 없을 것이다.

5:23. 밭에 돌이 너와 언약을 맺겠고. 이것은 돌들이 욥과 평화로운 관계를 맺고 그의 농작물을 해치지 않을 것이라는 내용을 비유적으로 표현한 것이다(비교. 왕하 3:19, 마 13:5). 더욱이, 들짐승조차 욥과 화친을 맺고 그에게 어떤 해도 끼치지 않을 것이다. 욥이 회개하기만 한다면 이 모든 좋은 일들이 일어날 것이다.

5:24. 네가 네 장막의 평안함을 알고, 다시 말해서 욥은 평강과 안전에 대한 큰 확신을 갖게 될 것이다. 네 우리를 살펴도 잃은 것이 없을 것이다. 앞에서 언급된 이 모든 잠재적 위협에도 불구하고 욥이 하나님 앞에서 올바른 삶을 산다면 이 가운데 어떤 것도 욥을

대적하지 않을 것이라고 엘리바스는 주장한다.

5:25. 엘리바스는 분명 욥이 듣기에 가장 고통스러워했을 법한 말을 내뱉는다. "네 자손이 많아지며 … 알 것이라." 이것은 욥이 자식들을 잃은 것을 가리킨다. 엘리바스는 그가 하나님께 순종하는 생활을 했다면 자식들을 잃는 그러한 아픔은 없었을 것이라고 주장한다. 욥이 하나님과 올바른 관계를 유지했다면 그의 자손들이 땅에 풀 같았을 것이다. 욥이 그의 죄에서 돌이키기만 한다면 그의 자녀들은 많은 자손들을 낳을 것이며, 미래의 세대까지 계속 자식들이 번성할 것이다.

5:26. 엘리바스는 욥이 인생의 말년에 죽을 때가 되면 장수하여 모든 수명을 다 마치고 건강하고 강한 상태에서 무덤에 이르게 될 것이라고 말한다. 그는 곡식 단이 그 기한에 운반되어 올리움같이 풍성하게 결실을 맺은 인생으로 마무리되는 풍성한 삶을 살게 될 것이다. 욥이 하나님과 올바른 관계를 유지하기만 한다면 그러한 번영이 욥에게 이루어질 것이다.

5:27. 엘리바스는 우리의 연구한 바가 이 같으니(그것이 옳도다)라는 말로 자신의 주장의 타당성과 진실성을 주장함으로써 이 긴 담화를 마무리한다. 그는 빌닷과 소발과 상의하여, 욥의 고난과 곤경에 대해 그들 사이에 만장일치로 합의된 의견을 도출했다. 엘리바스는 욥에게 순종으로 반응하라고 호소한다. 너는 듣고 네게 유익된 줄 알지니라. 이 변론이 마무리되자(욥 4-5장) 그는 욥에게 하나님에 대한 죄에서 돌이킬 것을 촉구한다. 그렇게 해야 그가 회복된다는 것이다.

Main Idea 복습	엘리바스는 하나님이 욥의 죄 때문에 그를 징계하시고 있다고 주장하고, 하나님이 그를 벌하신 후 회복시켜주실 것을 믿고 그분 앞에 그의 문제를 아뢰라고 재촉한다.

결론

사탄의 도구

세상에는 방 안으로 들어서면 방이 환해지는 사람과 방을 나가면 방이 환해지는 사람, 두 종류의 사람이 있다고들 한다. 반대의 경우도 마찬가지다. 방 안으로 들어오면 방이 어두워지는 사람이 있다. 엘리바스가 바로 이러한 종류의 사람이었다. 그는 욥의 공간 속으로 들어옴으로써 욥이 서 있는 방을 어둡게 만들었다. 엘리바스의 의도가 선했음에도 불구하고, 그의 말의 내용은 위험했다. 실제로 그는 하나님에 대한 욥의 믿음을 약하게 하고 무너뜨리기 위해 보냄을 받은 사탄의 도구였다. 그의 논증은 잘 짜여진 내용이었지만, 욥의 문제의 핵심을 제대로 이해하지 못했다. 엘리바스가 기껏 생각할 수 있었던 것이라곤 "욥이 어떤 잘못을 저질러 그러한 비극을 자초하였는가?"라는 것이었다.

그러나 사실상, 엘리바스는 서두에서 기록된 하나님과 사탄의 전투에 대해서는 아무것도 몰랐다. 엘리바스는 친구로서 욥의 세계를 환하게 밝혀주기보다 그것을 어둡게 했다. 그가 천상에서 일어나는 우주적 싸움에 대해 알 수 없었다 하더라도, 그는 욥의 상한 마음에 대해 낙담의 대리인이 아니라 격려의 원천이 되어주어야 했다. 우리는 슬픔 가운데 있는 사람들에게 슬픔으로 다시 고통에 빠지게 하는 사람이 아니라 '희망을 파는' 친구가 되도록 하자.

삶의 적용

상처입은 친구를 돕는 법

1. 경청하여주라. 상처입은 사람에게 친구가 되어주려면 말하기보다 듣는 자가 되어야 한다. 하나님은 우리에게 두 개의 귀와 한 개의 입을 주셨다. 그러므로 우리는 그에 맞게 그것들을 사용해야 한다. 듣는 데는 빠르고 말하는 데는 느리게 하라. 고통 중에 있는 사람들은 강의를 필요로 하는 것이 아니다. 그들은 설교를 필요로 하지 않는다. 그들은 함께 고통을 느껴줄 사람을 필요로 한다.

2. 겸손하라. 모든 것을 설명해주려고 하지 말라. 엘리바스는 자신이 무슨 말을 하고 있는지 몰랐다. 그는 모든 신적인 신비들이 다 이해될 수 있다고 믿었다. 그는 욥의 삶에서 모든 것이 잘못된 이유를 아는 것처럼 행동했다. 그러나 실제로 그는 그것을 이해할 수 있는 단서조차 갖고 있지 않았다. 모든 것을 다 알고 다 설명할 수 있는 것처럼 행동해서는 안 된다.

3. 긍정적인 태도를 지니라. 욥의 가슴속에서 소망의 불꽃이 완전히 꺼져버렸다. 그는 그 불을 되살릴 필요가 있었다. 그에게 필요한 말은 "욥, 저 너머에는 밝은 내일이 있다. 하나님이 이것을 이루어주실 것이다. 우리도 함께 이 어려움을 이겨나가게 될 것이다. 하나님은 선한 방향으로 이것을 극복하도록 해주실 것이다"라는 내용이다. 그러나 엘리바스는 오직 부정적인 면만 집중적으로 부각시켜서 긍정적으로 말할 내용이 아무것도 없었다. 욥이 아무런 소망도 얻을 수 없었다는 것이 전혀 놀랍지 않다. 엘리바스는 자신의 생각에 욥의 잘못으로 보이는 것만 볼 수 있었을 뿐이다. 그는 욥의 단점을 공격했지만, 그의 장점을 전혀 보지 못했다. 상처입은 사람의 친구가 되기 위해서 우리는 그 사람의 단점이 아닌 그의 필요들을 바라보아야 한다.

4. 균형 잡힌 태도를 지니라. 엘리바스가 간과한 것은 하나님의 사랑이었다. 그는 오로지 엄중한 공의와 엄중한 심판과 신속한 징계와 가혹한 정죄의 하나님만 보았다. 그는 하나님이 어떤 자비도, 은혜도 허용하지 않는 엄격한 분이라는 신관을 갖고 있었다. 그러한 함정에 결코 빠지지 않도록 하자. 우리가 상처받고 고통 중에 있는 사람들을 돕

고자 한다면, 하나님의 사랑과 자비와 온유하심을 강조할 필요가 있다. 하나님은 심판의 하나님인 동시에 사랑의 하나님이시다. 그 가운데 어느 것이라도 결핍되어 있다면 그것은 참된 하나님의 모습이 아니다. 반쪽 진리는 온전한 진리가 드러날 때 전혀 진리와 상관없어진다. 우리 주변에는 어려운 시간을 지나는 사람들이 있다. 그들은 자신들이 이러한 시기를 지나가도록 도와줄 바로 당신과 같은 친구가 필요하다.

기도

아버지, 매일 우리가 듣는 많은 조언자들의 말에서 진리를 분별할 수 있도록 도와주소서. 우리는 선의를 가진 친구들의 말이라 하더라도, 우리에게 주어지는 충고를 분별할 수 있는 능력이 필요합니다. 무엇보다도 형제보다 더 친밀한 친구인 그리스도를 주신 것에 감사를 드립니다. 우리가 가장 일차적으로 인도하심을 들을 수 있게 해주소서. 예수님의 이름으로 기도합니다. 아멘.

심층 연구

A. 구원(4, 11절)

'구원'(히. 예샤, yesha)은 구출, 구조, 승리, 도움 혹은 자유를 가리킨다. 이 단어의 첫 용례에서 예샤는 한 개인의 적들에게서 물리적으로 구출되는 것을 가리키지만(출 14:30, 시 18:3, 렘 1:8, 19) 후에 이것은 구속적인 의미를 지니게 되었다(시 51:14, 사 49:6, 겔 37:23). 여기서는 전자의 의미를 가리킨다. 욥기에서 이 단어가 사용된 경우는 이 2회밖에 없다.

B. 복이 있나니(17절)

'복이 있다'(히. 에셰르, esher)는 흘러넘치는 기쁨과 하나님 안에서 누리는 온전한 만족, 주님에 대한 행복과 충족됨을 의미한다. 이 명사는 구약에서 44회 사용되고 있으며, 시편에서 25회, 잠언에서 8회, 전도서에서 1회 사용되고 있다. 이 단어가 안정된 평화와 만족감의 의미 이상의 것을 전달하기는 하지만, 이 단어의 적절한 동의어는 '행복하다(happy)' 라는 단어다. 이것은 욥기에서 이 단어가 사용된 유일한 경우다.

C. 두려워함(21-22절)

'두려워함'(히. 야레 yare)은 구약 전반에서 약 330회 사용되고 있으며, 하나님 앞에서 갖는 경외감을 가리켜 가장 자주 사용되고 있다(출 1:17, 삼하 6:9, 시 102:15, 욘 1:16). 이 단어는 또한 하나님을 공경하고 그분을 진지하게 받아들이는 사람들이나(시 128:1, 느 7:2) 그렇게 하지 못한 사람들(전 8:13)에 대해 사용되고 있다. 시편 23편 4절의 문맥에서처럼 다른 용례에서 야레(yare)는 악에 대한 예상 때문에 생기는 두려움과 관련해 사용되고 있다(신 20:1, 3, 8, 삿 7:3, 느 4:14, 겔 2:6).

교안

A. 엘리바스의 간청(1-16절)

1. 도움의 필요성을 호소하라(1절).
2. 어리석은 자가 당하는 재앙을 보라(2-7절).
3. 하나님께 너의 사정을 호소하라(8-16절).

B. 엘리바스의 확신(17-27절)

1. 죄인을 징계하시는 하나님(17절)
2. 죄인을 구원하시는 하나님(18-27절)

토의 질문

1. 하나님에 대한 당신의 이해가 고통스러운 역경의 시간을 지날 때 당신의 믿음에 어떻게 영향을 미치는가?

2. 당신의 삶에서 당신에게 하나님을 잘못 대변해주는 엘리바스는 누구인가?

3. 하나님의 뜻 안에서 살아가고자 할 때 현재의 상황 속에서 믿음을 강하게 할 수 있는 방법은 무엇인가?

욥기 6장

사탄의 벼룩시장

"절망은 사탄의 최고의 작품이다."

-존 트랩(John Trapp)

들어가는 글

가장 오래된 도구

하루는 사탄이 벼룩시장을 열기로 결정했다. 그는 자신이 아끼는 가장 훌륭한 파멸의 도구들, 증오, 시기, 질투, 기만, 욕망, 거짓말, 교만을 꺼내와서 가치에 따라 각 항목에 가격을 매기고 그것을 길에 진열하였다. 하지만 가장 많이 사용해 닳은 도구 하나는 다른 물건들과 따로 분리해 내놓았다. 호기심이 생긴 한 고객이 이 낡은 물건을 집어 들고 그것을 살펴보더니 그것의 가격이 가장 높게 책정되어 있음을 알아차렸다. 그는 "이 물건이 다른 물건들보다 더 비싼 이유가 무엇입니까?"라고 물었다.

사탄은 웃으며 "그것은 '낙심' 이라고 하는 도구인데요. 내가 가진 도구들 중 가장 강력하고 효과가 있는 것입니다. 인간의 마음에 이 물건을 사용하면 나는 그 마음을 비틀어 열고 나머지 다른 모든 도구들도 사용할 수 있게 됩니다. 그것은 나의 가장 전략적인 도구이고, 따라서 더 비싼 값으로 내놓은 겁니다"라고 말했다.

이것이 가상의 이야기에 불과한 것이라 하더라도 이 비유에는 많은 진리가 함축되어 있다. 사탄이 낙심의 씨를 뿌리기 위해 인간의 마음을 비틀어 열면, 그 인간은 사탄의 다른 도구들의 손쉬운 먹이감이 된다. 낙심이란 정확히 무엇인가? 그것은 희망을 박탈당한 정서 상태다. 그것은 그 사람이 생을 포기하기를 원할 정도로 기가 꺾이고 용기를 잃고 위축되는 것이다. 그것은 너무나 낙심하고 절망하고 낙담하여서 합리적인 시각에 대한 모든 감각을 상실하고 감정의 블랙홀로 빠져 들어가는 것이다. 이것이 바로 욥이 나아가고 있던 방향이었다.

욥은 처음에 자신의 시련에 대해 훌륭하게 반응했지만(욥 1:20-22, 2:8-10), 그의 친구들은 욥의 마음을 강제로 여는 사탄의 낙심의 도구로 사용되었다. 그는 사탄의 다른 도구들의 손쉬운 먹이가 될 것이다. 사탄의 가장 간교한 점은 적이 아니라 친구들로 인해 이 낙심이 생기기 때문에 욥의 영적 레이더망에 걸리지 않는다는 것이다.

본문 이해

사탄의 벼룩시장

Main Idea	욥은 자신이 부당하게 고난을 당한다고 느끼기 때문에 낙담을 허용하게 된다.

A. 욥의 변호(1-7절)

Supporting Idea	욥은 자신의 고통에 대한 탄식이 정당한 반응이라고 주장하며, 범죄했다는 엘리바스의 비판 내용을 부인한다.

6:1. 그러고 나서 엘리바스가 자신에게 한 무정한 비난의 말(욥 4-5장)에 대해 욥이 대답하였다. 말을 꺼낸 첫 친구가 엘리바스지만, 욥은 사실상 세 명의 친구 모두에게 말하고 있다. 이 표준적인 서설은 이 책 전반에서 계속 반복될 것이다(9:1, 12:1, 19:1, 21:1, 23:1, 26:1).

6:2. 낙심과 절망 속에서 욥은 나의 분한을 달아보며 나의 모든 재앙을 저울에 둘 수 있으면이라고 탄식한다. 그의 극심한 고통은 셀 수도 없고 측량할 수도 없다. 그는 자신이 얼마나 심하게 상처입고 있는지 세 친구들이 알아주기를 원했다. 욥은 그의 슬픔의 깊이를 이해해주기를 바라며 이 친구들에게 마음을 나누는 공감어린 경청을 해달라고 호소한다.

6:3-4. 욥에게 그의 비참함은 바다 모래보다도 무거울 것이다. 그의 슬픔과 비애는 어떤 말로도 표현할 수 없을 정도로 큰 것이다. 그것은 그의 계산 능력을 벗어날 정도다. 그는 그럼으로 하여 나의 말이 경솔하였다고 말한다. 다시 말해서 그러한 극한의 고통에서는 그가 앞에서 표현했던 그러한 감정이 북받치는 말을 할 수 있다는 것이다(비교. 욥 3장). 욥은 자신 역시 독이 묻은 살로 그를 쏘고 그에게 두려움이 엄습하도록 한 이가 바로 전능자였음을 믿었다는 점에서 엘리바스의 주장에 동의한다. 여호와의 화살은 그의

심판(신 32:23, 42)이나 진노(시 38:1-2)에 대한 상징이다. 욥은 이 모든 것이 하나님께로부터 직접 온 것이라고 믿었다.

6:5. 들나귀가 풀이 있으면 어찌 울겠느냐? 이 수사학적 질문의 대답은 '아니오' 다. 이 짐승에게 먹을 것이 풍부하다면 울지 않는다. 하나님이 자신의 필요를 충족시켜주신다면 욥 역시 울지 않을 것이다. 소가 꼴이 있으면 어찌 울겠느냐? 이 질문의 대답 역시 '아니오' 다. 하나님이 주신 그러한 고통을 당하지 않았다면 욥 역시 울지 않을 것이다. 이렇게 해서 그는 울고 분노할 수 있는 권리를 주장하고 있는 것이다.

6:6-7. 싱거운 것이 소금 없이 먹히겠느냐? 여기서도 질문의 대답은 '아니오' 다. 닭의 알 흰자위가 맛이 있겠느냐? 이 수사학적 질문은 아니라는 대답을 기대한다. 욥은 자신이 하나님께 상처를 입었고(4절), 그로 인해 받아들이기 어려운 부적절한 친구들의 비난을 받게 되었다고 믿는다. 욥의 조언자들의 말은 소금으로 맛을 내야만 했다. 욥에게 맛없는 음식은 그를 아프게 했다. 그는 또한 친구들의 말에 상처를 받았다. 그는 이런 것을 만지기도 내 마음이 싫어한다고 말한다.

B. 욥의 절망(8-13절)

Supporting Idea	욥은 자신이 하나님의 말씀을 부정하지 않았다고 믿는다.

6:8-9. 하나님이 나의 구하는 것을 얻게 하시며 나의 사모하는 것 주시기를 내가 원하나니. 이 구하고 바라는 것의 내용이 무엇인가? 그는 고난에서 벗어나기 위해 죽기를 원했다(욥 3:20-21). 죽음으로써 그는 이 시련에서 해방될 것이다. 욥은 하나님이 나를 멸하시기를 기뻐하사 자신이 이 고통을 면할 수 있기를 소원한다. 그는 오직 죽음만이 구원으로 이끌 것이라고 믿는다. 그는 하나님이 그 손을 들어 그의 생명을 끊어주시기를 원한다.

6:10-11. 욥의 한 가지 위안은 자신이 거룩하신 이의 말씀을 거역지 아니하였다는 것이다. 그는 아내와 달리 자신이 하나님께 진실했음을 알았다. 욥은 하나님을 저주하거나 그의 말씀을 거절하지 않았다. 그가 실제로 그렇게 했더라면 그것은 근본적으로 여호와를 부정하는 것이었다. 그래서 그는 자신이 믿음을 지켰음을 알고, 지금 죽기를 원

하는 것이다. 욥은 자신이 기력이 없다고 주장함으로써 자신의 감정적인 반응을 변호한다. 인간적인 모든 자원이 고갈된 상태에서 그는 아무런 희망도 없고, 이 고통스럽고 짓눌리는 시련 속에서 참고 인내할 수 있는 모든 가능성을 상실해버렸다.

6:12-13. 나의 기력이 어찌 돌의 기력이겠느냐라고 욥은 반문한다. 기대되는 대답은 '아니오' 다. 그는 이 시련으로 인해 매우 연약해져 있다. 그러한 고통스러운 상태에서 어떻게 그가 계속 견딜 수 있겠는가? 나의 살이 어찌 놋쇠겠느냐? 역시 대답은 '아니오' 다. 그의 기력은 돌이나 놋쇠 같지 않다. 욥은 지금 연약한 상태에 있다. 절망과 비참함 속에서 그는 스스로를 도울 힘이 전혀 없고, 그의 지혜가 그에게서 쫓겨났다고 단언한다. 그는 자신이 이 고통을 견딜 수 없는 무기력한 상태라고 본다. 이것은 욥에게 행한 엘리바스의 모든 발언(욥 4:2-6)에 대한 반응으로 보인다.

C. 욥의 낙심(14-23절)

Supporting Idea	욥은 그의 친구가 의지할 수도 없고 도움이 되지 않고 무분별하며 사려 깊지 않다고 비난한다.

6:14. 욥은 친구들에 대한 자신의 실망을 피곤한 자를 그 벗이 불쌍히 여길 것이어늘이라는 말로 표현한다. 욥의 친구들은 그를 격려하기는커녕 그의 고통에 무감각했다. 전능자 경외하는 일을 폐한 자라 하더라도 그들의 지원과 격려가 있어야 했다. 욥이 설령 하나님을 버렸다 하더라도 그들은 그를 사랑으로 대해야 했다.

6:15. 욥의 형제들(그의 세 친구, 그들의 이전의 친밀한 관계를 묘사하는 표현)은 내게 성실치 아니함이 시냇물의 마름 같다는 말을 달리하면, 이 조언자들은 물이 필요하지 않은 겨울에는 흘러넘치고 물이 필요한 때는 말라버리는 강과 같다(예 15:18, 암 5:24). 어찌 도움이 되겠는가!

6:16-17. 초봄에 강은 얼음이 녹으면 물이 검어지며 녹아내리는 눈으로 불어나서 강둑을 흘러넘치게 된다. 이와 같이 욥의 친구들의 말은 홍수 수위에 도달해 있다. 그는 그들의 말의 홍수 속에 익사하고 있다. 하지만 물이 가장 필요한 건기에는 그 물이 마른다. 여름밤의 더위 속에서 이 시냇물은 완전히 말라 아주 없어져버린다. 이처럼 소위 친구들이라는 그들도 마찬가지다. 그들은 침묵이 필요할 때 말하고, 말해야 할 때 침묵한다.

6:18-19. 건기가 되면 물을 찾아 떼를 지은 객들이 시냇가로 다닌다. 하지만 그들은 전혀 물을 찾지 못한다. 그들은 물을 찾기 위해서 광야로 가지만 물이 없어서 죽는다. 마찬가지로 욥도 그들의 공허한 말 속에서 위로를 얻을 수 없다. 아라비아 사막의 데마의 떼들(사막의 대상)이 물을 찾아보지만 물은 없고, 스바의 행인들도 남쪽에서 물을 찾아 다니지만 어디서도 물은 발견되지 않는다. 그들이 희망 속에 물을 구하러 다니지만 강둑에 도달하면 '낙심할' 뿐이다(욥 6:20). 마찬가지로, 이 조언자들의 말은 욥에게 전혀 도움이 되지 않는다.

6:20. 이동중인 대상들은 황무한 사막에서 한 방울의 물도 발견할 수 없을 때 낙심하게 된다. 그들은 물을 발견할 것이라고 바랐지만 희망을 잃고 낙심하게 될 뿐이기 때문에 이러한 낙담은 더욱 심화된다. 마찬가지로, 욥은 그의 친구들의 부적절한 조언에 낙심한다. 그들은 메마른 구멍에 지나지 않았던 것이다!

6:21. 말라버린 강처럼 그의 친구들은 아무 도움이 되지 않는 허망한 자임이 증명되었다. 욥은 그들로부터 도움을 받고 싶었지만, 그들은 실제적인 어떤 것도 제공하지 않는다. 너희가 두려운 일을 본즉 겁내는구나. 이것은 욥의 쇠약하고 메마른 체격과 관련된 말이다. 아마 동일한 징계가 그들에게 내리도록 하나님을 자극할까 두려워해서겠지만, 고난 가운데 있는 욥에 대해 공감하고 마음을 나누지 못하는 모습에서 그들의 비겁함이 드러나고 있다.

6:22-23. 그러고 나서 욥은 자신이 그들의 재물로 예물을 달라고 요구한 적이 있는지 묻는다. 그 대답은 '아니오' 다. 그는 그들에게 돈 한 푼 들지 않고 쉽게 줄 수 있는 것, 즉 사랑과 격려를 요구했을 뿐이었다. 그가 그들에게 대적의 손에서 구원하라거나 포악한 자의 손에서 그를 구속해달라고 부탁했던 적이 있는가? 전혀 그런 적이 없다. 그가 그들에게 원한 것은 단순히 지지와 격려의 우정이었을 뿐이다.

D. 욥의 요구(24-30절)

Supporting Idea	욥은 그의 친구들에게 자신의 잘못된 점이 무엇인지 구체적으로 지적하라고 요구한다.

6:24. 그러고 나서 욥은 자신을 가르쳐서 그의 허물된 것이 무엇인지 깨닫게 하라고

도전한다. 그러면 그는 잠잠하고 그들의 지적을 받아들일 것이다. 그들은 그의 잘못을 정죄했지만 구체적이지 않았다.

6:25. 이어서 욥은 옳은 말은 어찌 그리 유력한지라고 응수한다. 그들의 말이 듣기에 어렵다 하더라도 그 말이 옳은 것이라면 그는 듣기를 원했다. 하지만 그들의 말은 정확한 내용이 아니었다. 그렇지만 너희의 책망은 무엇을 책망함이뇨. 다시 말해서 욥은 너희의 말 가운데 어떤 내용이 실제로 나에 대한 책망이냐고 묻고 있다. 친구들이 한 책망은 전혀 욥과 무관한 책망이었음이 증명된 것이다.

6:26-27. 너희가 말을 책망하려느냐. 그들의 말은 욥의 잘못을 고치고자 한 것이었지만 그들의 시도는 성공하지 못했다. 그들은 욥의 말을 바람처럼 혹은 공허한 빈말처럼 대했다. 그들이 욥의 말을 제대로 이해하지 못한 상태에서 그가 한 말의 내용에 대해 어떻게 도전할 수 있다는 것인가? 욥은 그들이 잔인하다고 비난하고 있는 것이다. 그들은 고아를 제비뽑으며 그들의 벗을 매매할 자들이다. 그들이 그를 그렇게 잔인하게 다루는 것이 전혀 이상스럽지 않다. 그들은 그의 고난에 대해 무정하고 무감각했다.

6:28. 이어서 욥은 어조를 바꾸어 친구들에게 그에 대해 다시 생각해보라고 호소한다. 이제 너희가 나를 향하여 보기를 원하노라. 욥은 가장 힘든 시기를 지나고 있는 자신에게 더 이상의 채찍이 아니라 마음을 함께해달라고 호소하고 있는 것이다. 내가 너희를 대면하여 결코 거짓말하지 아니하리라. 그렇다. 욥은 그들에게 진실을 왜곡하거나 잘못 전달하지 않을 것이다. 그는 더 이상 강의가 아니라 그들의 지지를 간절히 원했다. 그는 절망스러운 때에 그들의 도움을 호소하고 있는 것이다.

6:29-30. 돌이켜는 나에 대한 너희들의 말을 바꾸라는 의미다. 욥은 사실이 아님에도 불구하고 그가 죄를 지었다고 정죄하여 부당하게 자신을 대하는 그들에게 불의한 것이 없게 하기를 원하노라고 말한다. 욥의 신실성이 매도당하는 상황이었다. 욥은 자신이 악인이 아니라는 사실을 알고 있음에도 그들은 그를 악인으로 매도했다. 내 혀에 어찌 불의한 것이 있으랴? 욥은 자신을 변호한 내용 속에서 어떤 잘못된 점도 발견하지 못했다. 내 미각이 어찌 궤휼을 분변치 못하랴. 그는 그들의 비난과 달리, 자신이 하나님의 심판과 그들의 정죄를 받을 짓을 하지 않은 무고한 자라고 주장하고 있다.

Main Idea 복습	욥은 자신이 부당하게 고난을 당한다고 느끼기 때문에 낙담을 허용하게 된다.

결론

불길한 씨앗

사탄이 인간의 마음속에 뿌릴 채비를 다 갖춘 씨앗을 보관하고 있는 헛간을 발견한 어떤 사람에 관한 전설이 있다. 그곳에서 그는 '낙심' 이라고 표시된 씨앗들이 다른 나머지 씨앗들보다 더 많다는 것을 발견했다. 그는 사탄에게 그 이유를 물어보고 그 씨들이 거의 어디서든 자랄 수 있음을 알았다. 하지만 씨들이 아무리 충분해도 그 씨들이 도무지 자랄 수 없는 장소가 한 곳 있음을 사탄은 인정했다. 그곳은 바로 감사하는 사람의 마음속이었다.

감사하는 영혼은 결코 절망에 굴복하지 않는다. 하지만 욥은 감사라는 덕을 잃어버렸다. 그래서 그는 적어도 싸움의 이 시점에서는 사탄과의 이 전쟁에서 지고 있었다. 낙심이 그의 마음속에 기어들어오기 시작한 것이다.

C. S. 루이스(C. S. Lewis)는 "사탄의 병기고가 단 하나로 한정된다면 그것은 낙심이 될 것이다"라고 빈정거렸다. 욥에게 사용된 무기는 확실히 바로 이 불길한 무기였고, 그것은 파괴적인 효과를 거두었다. 그는 낙심의 세력 아래서 약해지기 시작했다. 그는 하나님의 은혜를 누리던 이전의 상태로 회복될 것이라는 희망을 포기하기 시작했다. 낙심한 사람은 최선보다는 최악을 믿는 편을 선택하고 모든 원근감을 상실한다. 낙심한 영혼의 중심에는 항상 감사하지 않는 영-하나님의 축복에 대한 시각을 상실하고 자신에게 지워진 부담과 짐에만 초점을 두는 영-이 자리하고 있다. 욥도 마찬가지였다. 그리고 그것은 종종 우리도 마찬가지다. 어려움을 당할 때라도 우리의 마음이 감사함으로 넘쳐흐르도록 하는 법을 배우기를 원한다.

삶의 적용

거절을 다루는 법

거절을 당했을 때 우리는 그것을 어떻게 극복할 수 있는가? 누구나 낙심과 낙담에 빠질 수 있다. 그러한 낙심한 상태에서 벗어날 수 있는 법은 무엇인가?

1. 하나님의 광대하심 속에서 안식하라. 우리의 시련이나 고난이 아무리 크다 하더라도 하나님은 여전히 그보다 더 크시다. 물 위로 걸어 제자들에게 다가오신 예수님은 우리가 만나는 폭풍우를 다스리시는 주권자로서 우리에게 다가오신다. 인생의 가장 무서운 싸움의 와중에서도 하나님은 여전히 모든 만물의 주님으로서 한없이 크시고 광대하신 분이다. 그분의 통치에서 벗어나 있는 것은 아무것도 없다.

2. 하나님의 선하심 안에서 안식하라. 믿음은 언제나 자기 백성들의 선을 위해 일하시는 하나님에 대한 확신을 잃지 않는 것이다. 하나님은 자신의 영원한 뜻에서 결코 이탈하지 않으실 것이다. 어려움이 닥치고 수많은 고난이 생긴다 하더라도 우리는 하나님이 자신의 뜻을 좇아 모든 일을 이루어가고 계신다는 확신을 흔들림 없이 가져야 한다(엡 1:11). 환경이 아무리 위협적이고 우리의 손실이 아무리 고통스럽다 하더라도, 하나님은 여전히 보좌에 앉아 계시고 우리의 시련을 사용해 긍정적인 목적을 이루는 일에 전념하신다.

3. 하나님의 은혜 안에 안식하라. 인생의 무서운 폭풍 속에서 하나님이 더 큰 은혜를 주신다는 것을 알고 믿으라. 우리의 약함 속에서 그의 능력이 완전하게 드러난다. 낙심이 우리를 압도하며 위협할 때 바로 하나님의 은혜가 하나님께 순복한 자들의 삶에서 넘치게 된다. 우리의 낙심이 아무리 크다 하더라도 하나님의 은혜는 여전히 더 크다.

기도

하나님, 우리의 아버지, 우리의 모든 삶의 부분을 다스리시는 당신의 주권적이고 섭리적이며 돌보시는 은혜를 찬양드립니다. 우리를 정결케 하는 시련의 불 속을 통과하여 당신의 존전에 흠 없는 자로 세워주시는 당신의 무한한 사랑으로 인해 감사를 드립니다. 예수님의 이름으로 기도합니다. 아멘.

심층 연구

A. 거룩(10절)

'거룩' (히. 코데쉬, qodesh)의 일차적인 의미는 거룩하고 신성하며 구별되고 봉헌된 것을 뜻한다. 레위기 10장 10절과 에스겔 22장 26절에서 코데쉬는 '속된' 것(chol)과 구별되는 개념으로 사용되고 있다. 지성소(대하 3:8, 10), 성전(시 20:2), 거룩한 성막(출 35:19)처럼, 거룩한 산은 하나님의 내재적 거룩하심 때문에 거룩하다(사 6:3). 하나님의 임재 때문에 그분 가까이 있는 대상들도 거룩하게 되었다(출 3:5). 하나님은 거룩하시기 때문에 그의 백성들은 거룩해야 한다(레 19:2, 벧전 1:16). 이차적인 의미의 거룩은 도덕적으로 순결하고 무죄하며 도덕적이거나 윤리적인 흠이 없는 것을 뜻한다.

B. 바라보고(19절)

'바라보고' (히. 크아와, qawa)는 기다린다는 의미다. 이것은 어떤 일이 일어날지 혹은 일어나지 않을지를 보기 위해 기다린다는 것이 아니라, 어떤 일이 일어날 것이라는 확신 속에 주님을 신뢰하는 가운데 기대감을 가지고 기다린다는 의미다(비교. 창 49:18, 시 130:5).

고안

A. 욥의 변호(1-7절)

1. 내 말은 무분별하다(1-3절).
2. 내 상처가 깊다(4절).
3. 내 말은 정당하다(5절).
4. 내 괴로움이 심하다(6-7절).

B. 욥의 절망(8-13절)

1. 나는 죽음을 바란다(8-10절).
2. 나는 쇠약해져 있다(11-13절).

C. 욥의 낙심(14-23절)

1. 내 친구들이 무정하다(14-17절).
2. 내 친구들이 도움이 되지 않는다(18-21절).
3. 내 친구들에게 아무것도 요구하지 않았다(22-23절).

D. 욥의 요구(24-30절)

1. 내가 어떤 부분에서 잘못이 있는지 구체적으로 지적해보라(24-27절).
2. 나의 얼굴을 정식으로 보라(28-30절).

토의 질문

1. 내 삶에 하나님의 징계를 받을 만한 죄가 있는가?

2. 고난을 당할 때 경건한 사람의 조언을 구하는가?

3. 고난을 당할 때 하나님은 내게 무엇을 가르치시는가?

욥기 7장

정서적 붕괴

"절망과 생의 무력증은 친구다."

- 윌리엄 거널(William Gurnall)

들어가는 글

가장 비참한 사람

중서부 지방의 한 젊은 변호사가 극심한 우울증에 시달렸는데, 그의 친구들은 실제로 그의 곁에서 모든 칼과 면도칼을 치워놓는 것이 최선이라고 생각할 정도였다. 22살의 나이에 그는 사업에 실패하고, 주의원 선거에서 패배했고, 또다시 사업에서 실패했다. 26살에는 사랑하는 사람이 죽어 마음이 무너지는 고통을 경험했다. 27살에 그는 앞에서 언급한 온갖 스트레스로 인해 신경쇠약에 걸렸다. 29살의 나이에 그는 주의회 대변인 선거에 낙선했다. 31살에는 정부통령 선거에서 패배했다. 34살에는 하원의원 선거에 처음으로 도전해 패배했다. 39살에 또다시 하원의원 선거에서 낙선했다. 46살에 그는 상원의원 선거에서 낙선했다. 47살에 부통령 선거에서 낙선했다. 49살에 그는 상원의원 선거에서 또다시 비참한 실패를 맛보았다. 그 남자는 실패에 실패만을 거듭 경험했다. 그러는 동안 그는 좌절했고, "나는 살아 있는 사람들 가운데 가장 비참한 인간이다. 앞으로 나아질 수 있을지 알 수 없다"라고 썼다.

하지만 그의 예상은 틀렸다. 그는 우울증과의 싸움에서 회복되었고, 이어서 미국에서 가장 사랑받는 대통령 중의 한 사람이 되었다. 그의 이름은 에이브러햄 링컨(Abraham Lincoln)이다. 수많은 좌절 속에서 링컨은 절망과 패배감의 심각한 증상으로 고통을 겪었다. 하지만 링컨이 위대한 미국의 지도자로 올라선 것은 바로 이 끔찍한 구렁텅이 속에서다.

욥은 위대한 사람이었지만 인생의 강력한 일격이나 슬픔이 가득한 마음의 쓰라린 고통에서 면제되지 않았다. 행복한 가족과의 순조로운 인생 항로라는 고지대에서 그는 낙심의 절벽 아래로 무너져 내렸다. 욥이 산산조각난 인생의 조각들을 집어 올리기 시작할 즈음, 그는 가장 어두운 암흑 속에 남겨져 있었다. 그는 정서적 붕괴를 경험했다.

욥기 7장에서 우리는 하나님께 영혼이 뒤틀릴 정도로 투명하게 자신의 영혼을 완전히 드러낸 그의 탄식에 대해 계속 살펴볼 것이다.

본문 이해

정서적 붕괴

Main Idea	욥은 고통과 슬픔의 와중에서 인생의 허망함과 비참함 그리고 공허함에 대해 탄식한다.

A. 욥의 허망함(1-5절)

Supporting Idea	욥은 인생의 허망함에 대해 하나님께 이야기한다.

7:1. 엘리바스의 말에 답변한(욥 6장) 욥은 이어서 하나님을 향한 자신의 불편한 심정을 털어놓는다(7장). 세상에 있는 인생에게 전쟁(문자적으로 말해서 군대 복무, 욥 14:14)이 있지 아니하냐? 이 질문에 대해 기대되는 대답은 '그렇다'이다. 욥은 이 고통스러운 세상에서 인간의 나날은 강제 노역으로 일관된다고 탄식한다. 이와 같이 그가 엄한 감독 밑에서 지친 노예가 된 것처럼 그날(그의 나날)이 품꾼의 날과 같다.

7:2-3. 인간은 저물기를 심히 기다리는 노예처럼 인생의 고통에서 벗어나 쉬기를 소원한다. 긴 하루가 지나면 쉼과 안식이 필요하다. 마찬가지로 인간, 특별히 욥은 인생의 쉼을 필요로 한다. 그는 고된 수고의 대가를 기대하면서 그 삯을 기다리는 품꾼과 같다. 내가 여러 달째 곤고(공허함과 무가치함)를 받으니 수고로운 밤(근심과 고됨)이 내게 작정되었구나라고 욥은 탄식한다. 이 모든 것이 주님에 의해 욥에게 작정된 것이다.

7:4-5. 욥은 밤에 "내가 누울 때면 말하기를 언제나 일어날꼬?"라고 말한다. 욥은 침상에서 이리저리 뒤척이며 잠들지 못하고 불안한 마음으로 언제까지나 계속될 것만 같은 밤을 견딘다. 고된 노역을 한 일꾼들이라도 잠의 휴식을 누리지만 욥은 그렇지 못하다. 그는 자신의 혐오스러운 육신의 상태를 묘사하면서 "내 살에는 구더기와 흙 조각이 의복처럼 입혔다"고 탄식한다. 이것은 그의 피부 질환과 관련된 표현이다. 그의 피부는 합창되었다가 터진다(다시 말해서, 그의 전신이 곪고 문드러지고 고통스러운 상처로 뒤덮여

있다, 욥 2:7).

B. 욥의 인생의 덧없음(6-10절)

Supporting Idea	욥은 자신의 인생이 쉬이 지나가는 것을 본다.

7:6-7. 욥은 세상에서 그의 인생이 잠시 동안 있다가 영원히 가버린다고 본다. 나의 날은 앞뒤로 왔다 갔다 하는 베틀의 북보다 빠르니 너무 빨라 준비한 실이 다 떨어져버린다고 말한다. 그러고 나서 그의 인생은 허비되고 무용지물이 되어 소망 없이 가버리게 될 것이다. 그는 하나님께 소리쳐 부르며 전능자께서 빨리 왔다가 가버리는 한 호흡에 불과한 내 생명을 생각하여 달라고 호소한다. 그는 자신이 다시 복된 것을 보지 못할 것이라고 확신하고 있다. 인생의 기쁨, 특별히 하나님의 임재로 인해 누리는 기쁨을 박탈당했기 때문에 계속 살아야 할 하등의 이유가 없다.

7:8-9. 욥은 '나를 본 자의 눈이 다시는 나를 보지 못할 것이고' 라고 소리친다. 그는 그의 죽음이 임박했다고 믿었고, 심지어 그것을 간절히 바랐다. 하나님도 더 이상 그를 보지 않으실 것이다. 그의 인생은 곧 더 이상 없게 될 것이다. 지구상에서 욥의 나날들은 바람에 밀려 쉽게 사라져버려 다시 보이지 않는 구름과 같다. 그는 곧 망자의 장소인 음부로 내려가서 결코 다시 올라오지 못할 것이다. 그의 존재의 모든 흔적이 다 사라져버릴 것이다.

7:10. 죽음은 그가 다시 자기 집으로 돌아가지 못할 것을 의미한다. 인생의 관계들과 일상생활들이 끝날 것이다. 그가 영원히 가버릴 것이기 때문에 그가 살던 처소가 다시 그를 알지 못할 것이다. 그는 인생에 대한 목적의식이 전혀 없다.

C. 욥의 비참함(11-16절)

Supporting Idea	욥은 그를 홀로 버려두지 아니하실 하나님께 부르짖는다.

7:11. 욥은 하나님에 대한 자신의 원망을 마음에 담고 있을 수가 없었다. '그런즉 내

가 내 입을 금하지 아니하고' 라고 말한다. 그는 자신이 당하고 있는 부당함으로 인한 낙심을 숨기지 않고, 하나님께 그의 영의 아픔을 인하여 말할 것이다. 그는 하나님을 원망할 것이다.

7:12-14. 욥은 하나님이 자신을 위험한 바다 생물인 바다의 용처럼 취급하신다고 생각한다. 그는 하나님이 그를 지키고 감시하고 계신다는 강한 느낌을 받는다. 그는 한시도 쉬지 않고 감시를 받아야 할 괴물이다. 욥은 그의 자리가 밤에 그를 위로해주기를 간절히 원한다. 또한 그의 침상이 그의 수심을 풀어주기를 바란다. 그러나 그러한 안식은 하나님으로부터 직접 오지 않을 것이라고 믿는다. 밤중에도 하나님은 꿈(악몽)으로 그를 놀라게 하신다. 또한 하나님은 이상으로 그를 두렵게 하실 것이다. 밤이나 낮이나 그의 피곤한 영혼은 안식이 전혀 없다.

7:15-16. 그렇게 무기력하고 절망적인 상태에서 욥은 끊임없는 고통으로 고문을 당하는 인생보다는 숨이 막혀 죽는 것이 더 낫다는 결론을 내린다. 그는 신음하며 이러한 자신의 몸으로 살기보다 차라리 무덤이 더 나을 것이라고 탄식한다. 이러한 침체 속에서 계속해 낙심한 욥은 내가 생명을 싫어한다고 원망한다. 그는 삶 그 자체에 대해 절망하고 있는 것이다. 오직 죽음만이 그의 고통을 덜어줄 것이다. 그래서 일찍, 그것도 바로 죽음이 찾아왔으면 좋겠다고 말하는 것이다. 그는 하나님께 "나를 놓으소서" 라고 절규한다. "내 날은 헛것이니이다" (다시 말해서, 목적도, 의미도 성취도 없는), 즉 공허할 뿐이라고 절규한다.

D. 욥의 혼란(17-21절)

Supporting Idea	욥은 하나님께 아무런 뚜렷한 이유도 없이 자신을 위협하시는 이유가 무엇이냐고 묻는다.

7:17. 욥은 하나님께 기본적인 철학적 질문을 제기한다. "사람이 무엇이관대 주께서 크게 여기십니까?" 하나님이 인간에게 그토록 심한 고통을 주시려고 애쓰시는 이유가 무엇인가? 인간이 하나님의 노력의 대상이 될 만큼 그렇게 가치 있는 존재인가? 인간에게 아무런 뚜렷한 이유도 없이 마음을 두시는 이유는 무엇인가?

7:18-19. 하나님이 아침마다 인간을 권징하시는 이유는 무엇인가? 왜 분초마다 시험

하시는가? 이러한 고통스러운 시험은 아무런 목적도 없어 보이고 오직 무의미한 고통으로만 보일 뿐이다. 욥은 하나님께 "주께서 내게서 눈을 돌이키지 아니하시겠나이까?"라고 호소한다. 나를 버려두시지 않겠습니까? 혹은 나의 침 삼킬 동안도 나를 놓지 아니하시기를 어느 때까지 하시나이까? 욥은 하나님과 자신의 고통에서 한순간만이라도 쉬기를 간절히 원한다.

7:20. 내가 범죄하였은들 주께 무슨 해가 되오리이까? 이러한 고난을 당해야 할 만큼 욥이 어떤 혐오스러운 죄를 저질렀는가? 어찌하여 나로 과녁을 삼으셨나이까? 욥은 하나님이 심판의 화살을 자기에게 겨누고 계신다고 믿는다(비교. 욥 6:4). 스스로 무거운 짐이 되게 하셨나이까? 하나님이 그를 제거하려고 하시는가?

7:21. 하나님에 대해 여전히 혼란스러운 욥은 "주께서 어찌하여 내 허물을 사하여 주지 아니하시며 내 죄악을 제하여 버리지 아니하시나이까?"라고 부르짖는다. 하나님이 그를 용서해주시기만 한다면 이 시련은 끝날 것이다. 그러나 용서받지도 못하고 고통에서 벗어나지도 못한 채 내가 이제 흙에 누울 것이기 때문에 그는 그렇게 하시지 않을 것이다. 욥은 주께서 나를 부지런히 찾으실지라도 산 자 중에 내가 있지 아니할 것이라고 말한다.

Main Idea 복습	욥은 고통과 슬픔의 와중에서 인생의 허망함과 비참함 그리고 공허함에 대해 탄식한다.

결론

공허인가, 영화인가?

오늘날의 세상은 칼 융(Carl G. Jung) 박사가 말한 '공허감의 신경증'으로 고통당하고 있다. 그는 "목표가 사라지면 의미가 사라진다. 의미가 사라지면 목적이 사라지며, 목적이 사라지면 삶이 우리의 손에서 죽어버린다"라고 말한다. 물론 우리에게는 이것을 말해줄 정신과 의사가 필요하지 않다. 성경 자체가 동일한 내용을 말하고 있다. 이것이 바로 무너진 욥의 인생 상태였다. 그는 삶에 대한 진정한 목적, 즉 모든 말과 행동을 통해 하나님을 영화롭게 한다는 삶의 목적에 대한 시각을 상실해버렸다. 고난을 당할 때 우리는 가장 지고한 삶의 목표에 지속적으로 초점을 맞추어야 한다. 우리는 하나님의 영광을 위해 살고 있고 하나님의 영광을 위해 고난을 당하며, 하나님의 영광을 위해 그것을 견딘다. 우리가 신자로서 하나님께 영광을 돌리는 한 가지 방법은 우리의 시련을 견디는 것이다. 이것을 성공적으로 감당하기 위해서 우리는 가장 중요한 목적을 늘 놓치지 말아야 한다. 인간의 가장 중요한 목적은 무엇인가? 하나님을 영화롭게 하고, 영원토록 그분을 즐거워하는 것이다.

삶의 적용

하나님의 영광에 초점을 맞추는 법

하나님의 영광이라는 '큰 그림' 에 대한 초점을 잃지 않고 고통스러운 경험을 감당할 수 있는 방법은 무엇인가? 우리가 이러한 고정적인 준거점을 시야에서 놓쳐버린다면 우리는 반드시 곁길로 나가 절망 속에 빠져들고 말 것이다. 몇 가지 실제적인 제안을 하고자 한다.

1. 성경을 읽으라. 성경은 영혼의 닻이며, 폭풍우로 흔들리는 인생의 항구며, 피난처다. 하나님의 말씀을 통해 하나님께 마음을 고정시켜놓은 사람처럼 평안을 누리는 이는 없다. 영혼이 하나님의 진리 속에 안식할 때 그 영혼은 강해진다. 마음이 고통스럽고 혼란스러울 때 시편을 읽으라. 영혼의 힘이 필요할 때 복음서를 읽으라. 믿음을 튼튼하게 할 지지대가 필요할 때 요한계시록을 읽으라. 하나님에 대한 고귀한 관점을 견지하라.

2. 기독교 위인전을 읽으라. 하나님을 위해 자신들의 모든 것을 희생한 위대한 그리

스도인들의 전기를 읽으라. 선교사들의 위인전을 읽으라. 그리스도인 순교자들에 대한 글을 읽으라. 그리스도에 대한 믿음을 지키기 위해 엄청난 대가를 지불한 사람들에 대해 배우라. 그것들은 당신의 인생을 올바른 시각으로 바라보도록 도와줄 것이고, 인내로 현재의 고통을 견디도록 도와줄 것이다.

3. 청교도들에 대한 글을 읽으라. 16세기와 17세기의 영국 청교도들은 강한 믿음을 지녔고, 시간을 초월하여 본질적인 영적 진리들을 우리에게 전달하는 방법을 소유하였다. 그들은 그리스도에 대한 우리의 온전한 헌신을 요구한다. 그들의 메시지는 영혼을 감동시키고 마음을 강하게 해준다. 그들의 인생의 주된 목적은 하나님을 영화롭게 하고 영원토록 그분을 즐거워한다는 것으로, 이는 그들의 저작들을 통해 크고 명확하게 전달되고 있다.

기도

아버지, 우리에게 인생에 대한 진정한 목적을 주셔서 감사합니다. 우리가 당신의 영광을 위해서 살게 하시고 그렇게 함으로써 당신을 영원토록 즐거워하게 해주셔서 감사합니다. 당신을 영화롭게 함으로써 참되고 영원한 행복을 얻을 수 있게 하셔서 감사합니다. 인생의 많은 시련 속에서 당신의 영광을 위한 열정으로 우리의 마음이 계속 불타오를 수 있도록 해주시기를 기도합니다. 예수님의 이름으로 기도합니다. 아멘.

심층 연구

A. 생각하다(7절)

'생각하다'(히. 자칼, zakar)라는 단어는 과거의 사건들에 대해서 사용될 때, 응시하다, 회상하다, 혹은 기억하다라는 의미를 갖는 동사다. 하지만 이 단어는 하나님이 실제로 뭔가를 잊으셨지만 이제 그것을 떠올릴 수 있다는 의미로 사용되지 않는다. 오히려 하나님이 자신의 과거의 약속들에 근거해 움직이신다는 개념을 전달하는 데 사용된다. 이 단어는 하나님이 자기 백성들에게 그의 언약들을 기억하시거나 행하신다는 것을 말하기 위해 구약 전반에서 사용되고 있다(출 2:24, 시 98:3, 렘 31:34).

B. 허물(21절)

'허물'(히. 페샤, pesha)은 문자적으로 떠남, 반역 혹은 반항을 의미한다. 범죄는 하나님의 주권적 권위에 대한 고의적인 반역 행위이고, 자기 백성들의 삶을 통치하시는 그분의 권리를 인정하기를 거부하는 것이다. 범죄는 단순히 한 개인이 죄로 타인들에게 상처를 입히는 것이 아니라, 항상 궁극적으로 하나님에 대해 반역하는 행위를 일컫는다.

C. 죄악(21절)

'죄악'이라는 단어는 히브리어 단어 '아원(awon)'을 번역한 것으로 부패하고 왜곡되고 뒤틀어지거나 굽어졌다는 의미가 있다. 이 단어는 종종 '불법(iniquity)'으로 번역되기도 하며, 종종 한 개인의 자기 자신에 대한 관계에 초점을 맞춘다. 모든 죄는 자기 부정(self-defilement), 자기 부패(self-corrupting), 혹은 자신의 인격의 뒤틀림이며, 자신의 고결성에 대한 왜곡이다. 범죄로 나타날 정도로 그 자신의 영혼이 왜곡된 존재가 되는 것이다.

고안

A. 욥의 허망함(1-5절)

1. 내 고난이 나를 삼킨다(1-4절).
2. 피부병으로 인한 딱지가 나를 덮고 있다(5절).

B. 욥의 인생의 덧없음(6-10절)

1. 내 날이 빠르게 끝나고 있다(6-7절).
2. 아무도 나를 보지 못할 것이다(8-10절).

C. 욥의 비참함(11-16절)

1. 하나님, 저의 말을 듣게 될 것입니다(11절).
2. 하나님, 당신이 나를 감시하고 지키시나이다(12절).
3. 하나님, 당신이 나를 밤에 놀라게 하시나이다(13-15절).
4. 하나님, 나를 홀로 버려두시기 바랍니다(16절).

D. 욥의 혼란(17-21절)

1. 하나님, 인간이 무엇입니까?(17-18절)
2. 하나님, 제가 무슨 짓을 했습니까?(19-21절)

토의 질문

1. 당신의 인생의 주된 목적은 무엇인가?

2. 이 주된 목적을 우선순위로 삼을 수 있는 방법은 무엇인가?

3. 어떻게 하면 사람들에게 이렇게 살아갈 수 있도록 격려할 수 있겠는가?

욥기 8장

사탄의 걸작품

"나는 사탄이 세 가지 요소,
즉 소음, 서두름, 번잡함을 독점 판매하는 일을
자신의 주업으로 삼았다고 생각한다.
사탄은 침묵의 힘에 대해 너무나 잘 알고 있다."

- 짐 엘리엇(Jim Elliot)

들어가는 글

한 마디도 하지 않다

미국 서부 개척 시절에 한 신임 사령관이 변방의 육군 주둔지로 파견되었다. 그곳에서 그는 곧 유력한 인디언 추장과 협상을 해야 하는 일을 맡게 되었다. 그 장군은 통역관을 통해 협상을 진행하면서 추장에게 수많은 질문을 하였다. 하지만 그는 아무런 대답도 듣지 못했다. 만남이 끝난 후 그는 통역관에게 자신의 질문에 대해 아무런 대답도 듣지 못한 이유가 무엇이냐고 물었다. 통역관은 "그것은 소위 인디언 타임이라 부르는 것 때문입니다. 그는 대답을 하기에 앞서 집으로 가서 그 질문들에 대해 생각해볼 시간을 가질 정도로 당신을 존중하는 것입니다"라고 대답했다.

욥의 세 친구들에게 필요한 것이 바로 이러한 것이었지만 그들은 그렇게 하지 않았다. 욥은 그의 말에 귀 기울이고 그가 말한 내용을 조심스럽게 처리해줄 친구가 필요했다. 그러나 그러한 배려나 사려 깊음은 그에게 베풀어지지 않았다. 욥은 오히려 잇단 설전을 주고받는 데 말려든 자신을 보게 되었다. 그의 세 친구들은 그가 하는 말을 듣기는 했지만 그가 하고 있는 말을 주의 깊게 경청하지는 않았다. 욥이 말하는 동안 내내 그들은 그가 한 말을 마음으로 새기기보다는 무슨 말로 반응할 것인지에 대해 생각했다.

욥에 대한 드라마가 전개되는 가운데, 이제 욥의 세 친구 중 두 번째 친구인 빌닷이 이 장에서 변론하고 있다. 엘리바스의 지적(욥 4-5장)과 욥의 반응(욥 6-7장)에 대해 듣고 있던 빌닷은 잠시 대화가 주춤한 틈을 이용해 참고 있던 말을 터뜨린다. 그는 입을 열자 쟁점이 된 주제들을 검토해보지도 않고 하고 싶은 말을 쏟아낸다. 빌닷은 하나님이 섭리 가운데 이 세상에서 자기 백성들을 돌보시는 방법에 대해 잘못된 내용을 전달하고 있다. 빌닷은 본질적으로 엘리바스와 같은 주장을 한다. 하지만 엘리바스와는 다소 다른 각도에서 이야기한다. 엘리바스가 자신의 권위의 근거로 영과 관련된 한밤중의 꿈이라는 신비한 경험을 언급한 반면, 빌닷은 권위의 근거로서 과거 세대들의 집단적 지혜에 호소한다. 그의 통찰력은 역사와 전통에 의지한 것이었다.

본문 이해

사탄의 걸작품

Main Idea	빌닷은 욥이 하나님께 범죄하여 반역 죄에 대한 정당한 심판을 받고 있는 것이라는 엘리바스의 주장에 동의한다.

A. 빌닷의 선언(1-7절)

Supporting Idea	빌닷은 하나님의 징계를 거부한다고 욥을 꾸짖지만, 그가 죄를 고백하면 회복될 수 있을 것이라는 희망을 전달한다.

8:1-2. 빌닷은 욥에게 정식으로 도전하는 것으로 자신의 변론을 시작하고 있다. "네가 어느 때까지 이런 말을 하겠으며 어느 때까지 네 입의 말이 광풍과 같겠는가?" 욥의 말을 뜨거운 공기를 동반한 강하고 끊임없이 휘몰아치는 폭풍과 같다고 말한다. 확실히 빌닷은 욥이 엘리바스의 충고를 받아들이기를 거부한 데 대해 분한 마음을 품었던 것 같다. 빌닷의 말은 파괴적이고 통제되지 않는 바람과 같다(비교. 욥 6:26).

8:3. 신랄한 질문을 시작한 빌닷은 "하나님이 어찌 심판을 굽게 하시겠으며 전능하신 이가 어찌 공의를 굽게 하시겠는가?" 라고 묻는다. 빌닷은 욥이 고난을 당하고 있는 것으로 보아 하나님이 욥에게 심판을 행사하신 것이므로 그가 범죄했음이 분명하다고 생각한다. 하나님은 공의로우신 분이기 때문에 욥이 마땅히 받을 벌을 받고 있다고 짐작한다.

8:4. 빌닷은 욥이 자녀들을 잃은 것에 대해 전혀 조심성 없이 노골적으로 "네 자녀들이 주께 득죄하였으므로 주께서 그들을 그 죄에 붙이셨나니" 라고 주장한다. 그는 욥의 아들과 딸들이 그들의 죄 때문에 죽었다고 결론지었다. 그의 자녀들이 분명히 하나님을 자극하여 심판을 행하시도록 했다는 것이다. 하나님은 분명히 아무런 이유도 없이 그들을 심판하시지는 않았을 것이다.

8:5. 네가 만일 하나님을 부지런히 구한다면이라는 표현은 욥에게 진정으로 회개하며

겸손하게 자신을 낮추라는 암시다. 이렇게 한다면 욥의 인생은 달라질 것이다. 빌닷은 강력한 어조로 전능하신 이에게 빌라고 주장한다. 이것은 욥의 마음의 진정한 변화를 가리키는 것이다. 하나님께 부르짖기를 거부한다면 그것은 정반대의 경우를 의미할 것이다.

8:6. 하지만 빌닷은 청결하고 정직하면 변화 - 욥의 회개로 생길 변화 - 가 있을 것이라고 주장한다. 빌닷은 지금이라도 하나님이 너를 돌아보시고 네 의로운 집으로 형통하게 하실 것이라고 단정한다. 그는 욥에게 그가 마음을 바꾸면 하나님이 그의 환경을 변화시켜주실 것이라고 말한다. 엘리바스처럼(비교. 욥 5:8, 17-26) 빌닷은 욥이 범죄하였고, 회개함으로 하나님께 간구할 필요가 있다고 믿는다. 그가 자기 죄를 고백하면 하나님이 의로운 집으로 형통하게 하실 것이다.

8:7. 그가 회개한 이후 맞게 될 그의 상태와 비교한다면 그의 시작은 미약한 것처럼 보일 것이다. 빌닷의 예언적 주장은 그가 상상할 수 있었던 것보다 더 완벽하게 실현될 것이다(욥 42:10-17). 욥이 스스로를 겸손히 한다면 나중은 심히 창대할 것이다.

B. 빌닷의 호소(8-10절)

Supporting Idea	빌닷은 자신의 발언을 확인해줄 이전 세대의 지혜를 배우라고 욥에게 말한다.

8:8-9. 빌닷은 욥에게 옛 시대 사람에게 물으며 열조의 터득한 일을 배우라고 격려한다. 이 경건한 조상들은 고난이 죄의 결과라는 이 원리를 가르쳤다. 그러한 교훈이 인간들의 전통이었고, 그것이 빌닷의 조언 내용이었다. 그와 욥이 아무것도 모르고 있음을 빌닷이 인정한 것은 옳은 것이었다. 그 이유는 그들이 태어난 것이 불과 어제인 까닭에 어제까지 선조들이 습득했던 지혜를 갖지 못했기 때문이다. 세상에 있는 날이 그림자와 같다. 다시 말해서 짧고 화살처럼 빠르다(시 144:4, 전 6:12).

8:10. 과거 세대로부터 가장 많은 지식을 전달받을 수 있다고 확신하는 빌닷은, "그들이 네게 가르쳐 이르지 아니하겠느냐?" 라고 묻는다. 확실히 이전 세대의 선인들이 욥에게 많은 교훈을 가르칠 수 있다고 빌닷은 논증한다. 그 마음에서 나는 말을 발하지 아니하겠느냐? 빌닷은 욥이 현재의 시련을 피하고자 한다면 과거의 축적된 지혜를 듣고

주의해야 한다고 믿는다.

C. 빌닷의 주장(11-19절)

Supporting Idea	빌닷은 하나님 없이 죽는 사람들은 물 없이 죽는 식물과 같다고 욥에게 훈계한다.

8:11-12. 왕골이 진펄이 아니고 나겠으며 갈대가 물 없이 자라겠느냐? 그럴 수 없다. 그리고 욥 역시 과거의 지혜가 없다면 자랄 수 없다. 갈대가 물 없이 자라겠느냐? 자랄 수 없다. 그리고 과거 세대의 지혜를 구하지 않는다면 욥도 자랄 수 없다. 빌닷은 과거 세대에 의해 축적된 지혜와 명철을 거부하는 사람들은 그들의 미래의 운명을 파괴하게 될 것이라고 주장한다. 이런 것은 푸르러도 아직 벨 때 되기 전에 다른 풀보다 일찍이 마르느니라. 인간의 지혜가 없다면 욥은 가뭄 때의 풀처럼 시들어버릴 것이다. 과거 권위자들의 통찰과 경건한 조상들의 통찰이 없이는 그의 삶이 멸망할 것이다.

8:13. 하나님을 잊어버리는 자의 길은 다 이와 같다. 이것은 빌닷의 관점에서 욥을 묘사한 것이다. 그는 사곡한 자이고, 하나님을 망각하고 버렸기 때문에 그의 소망은 사라지게 될 것이다. 그러나 욥은 빌닷과 다른 사람들이 주장하듯이 하나님을 망각하지도 않았고 경건하지 않은 사람도 아니었다.

8:14-15. 그 믿는 것이 끊어지고. 이것은 인간의 기력과 이해력과 관련된 표현이다. 그러나 그것은 그를 지탱해주지 않을 것이다. 그 의지하는 것이 거미줄 같은즉 곧 망하게 될 것이다. 빌닷은 지금 욥이 거미줄과 같은 것을 믿고 의지하고 있다는 잘못된 주장을 하고 있다. 그 집을 의지할지라도 집이 서지 못한다. 이것은 욥의 가족과 종과 재물에 관련된 표현이다. 그의 모든 부양 체계가 사라져버렸다. 그러나 욥은 사람들이나 재물을 의지하지 않았다. 오히려 그가 의지하는 이는 하나님이었다(욥 1:21, 2:10).

8:16-17. 이어서 빌닷은 욥을 일광을 받고 푸르러서 겉으로 보기에는 건강한 식물에 비유한다. 그리고 그것은 일광 아래서 자라 그 가지가 동산에 벋어간다. 하지만 그것은 그 뿌리를 흙의 표면 위로 뻗어서 비, 바람과 햇볕에 그대로 노출된다. 사나운 자연에서 보호받을 수 있고 자양분을 얻을 수 있는 땅 속 깊은 곳으로 뿌리 내리기를 거부한 식물은 그 뿌리가 돌무더기에 얽히는 편을 선택한다. 좋은 토양을 버린 채 절망적이 된 식물

은 돌 가운데서 뿌리 내릴 곳을 찾느라 필사적이 된다. 욥의 인생도 마찬가지다. 그는 버림을 받아 죽어가고 있는 것이다.

8:18-19. 그러고 나서 예기치 않은 상태에서 식물은 그곳에서 뽑히고, 뿌리를 깊이 내리게 하던 장소는 이제 그 식물을 버리게 된다. 이 뿌리 뽑힘이 너무나 완벽해서 사람들은 내가 너를 보지 못하였다고 말한다. 욥은 중동에서 가장 유력하고 부유한 인사 가운데 한 사람이었지만, 이제 부요한 그의 자리에서 뽑혀져버렸다. 빌닷은 이것이 욥의 죄 때문이라고 생각한다. 식물을 지탱하기 위해 필요한 물이 부족해서 그 식물은 완전히 시들어버린다. 욥의 인생은 그의 죄로 인해 시들어가고 있다. 다른 것이 흙에서 나리라. 다른 사람들은 번영을 누리지만 욥은 그렇지 않다.

D. 빌닷의 단언(20-22절)

Supporting Idea	빌닷은 욥에게 회복될 수 있도록 그의 죄를 회개하라고 요청한다.

8:20. 빌닷은 욥에게 "하나님은 순전한 사람을 버리지 아니하신다"는 점을 상기시키는 것으로 그의 첫 변론을 마무리한다. 욥이 실제로 순전한 사람이라면 하나님이 그를 버리지 아니하실 것이다. 이 주장은 욥의 실제 인격에 대한 빌닷의 무지를 증명한다. 하나님이 직접 욥을 순전한 사람으로 평가하신 적이 있다(비교. 욥 1:1, 8, 2:3). 또한 하나님은 악한 자를 붙들어주지 아니하실 것이다. 빌닷은 이 말을 통해 욥의 연약함이 하나님의 심판의 결과라고 암시하고 있다.

8:21-22. 욥이 자신의 조언(비교. 욥 8:5-6)을 받아들이면 하나님이 그에게 웃음과 즐거운 소리로 회복시키실 것이라고 빌닷은 주장한다. 욥이 하나님께 돌아가면 그가 한때 누렸던 행복을 회복하게 될 것이다. 나아가 욥이 회개하면 그의 적들이 부끄러움을 입을 것이다. 빌닷은 "악인의 장막이 없어지리라"고 단언한다. 욥이 하나님께 자신의 죄를 고백하고 경건한 슬픔 가운데 죄에서 돌이키면 그는 회복을 경험할 것이다.

Main Idea 복습	빌닷은 욥이 하나님께 범죄하여 그의 반역의 죄로 정당한 심판을 받고 있는 것이라는 엘리바스의 주장에 동의한다.

결론

스피커 속의 풀린 나사

목소리를 증폭시키는 음향 시스템에 문제가 생긴 연사에 대한 이야기가 있다. 그가 아무리 훌륭하게 이야기를 해도 마이크에서는 계속해서 잡음이 생겼다. 그 잡음은 사람을 짜증스럽게 했다. 많은 실패 끝에 오디오 수리공이 연단으로 걸어와서 그 연사에게 "문제를 발견했습니다. 스피커 속에 나사가 풀려 있었습니다"라고 적힌 쪽지를 건넸다.

이것이 빌닷의 문제였다. 그는 많은 말을 했지만, 그 모든 것이 욥의 귀에는 잡음에 불과했다. 문제는 스피커 속에 풀린 나사에 있었다. 빌닷의 말은 진리를 왜곡시키고 있었다. 그의 말 속에는 약간의 진리가 포함되어 있었지만, 그가 말한 내용과 논리의 주장과 적용의 요지는 문맥 속에서 조심스럽게 해석되어야 했다. 세밀하게 검토해보면 그의 주장은 진실이 아닌 것으로 드러난다. 절반의 진리는 전혀 진리가 아니며, 진리가 아닌 것은 거짓이다. 그러므로 욥은 빌닷의 목소리를 빌린 사탄의 음성을 들었던 것이다. 그것은 하나님과 자기 자신에 대한 욥의 시각에 해악을 미쳤을 것이다.

이것은 우리 모두에게 주는 지혜로운 교훈이다. 우리는 우리의 친구가 누구인지, 그리고 그들이 우리에게 하는 말의 내용이 무엇인지 살펴야 할 필요가 있다. 인생의 시련 속에서 우리는 종종 연약하고 취약하며 다른 사람들의 영향에 쉽게 휩쓸린다. 우리는 주변에 우리의 마음에 지혜를 이야기하는 친구들을 두어야 할 것이다.

삶의 적용

다른 이들의 말을 경청하는 방법

다른 사람들의 말에 귀를 기울이는 것은 단순히 수동적으로 듣는 것이 아니라 상대방의 슬픔 속으로 들어가는 적극적인 경험이어야 한다. 빌닷은 상처입은 사람의 말에 경청하지 않는 사람의 모습이 어떤 것인지 우리에게 보여준다. 그는 상처받은 사람의 친구가 되지 못하는 부정적인 사례를 우리에게 보여준다. 사려 깊은 경청은 예민한 사유와 절제된 입술이 동반되어야 한다. 경청할 때 우리가 지켜야 할 몇 가지 원리가 있다.

1. 대화를 지배하지 말라. 말하기보다 들으라. 상대방의 말뿐 아니라 그들의 마음까지 귀 기울여 듣는 훌륭한 경청자가 되는 법을 배우라. 상대방이 말하고 있을 동안 자신이 다음에 할 말을 생각하지 말라. 오히려, 그가 현재 말하고 있는 내용에 충실히 귀 기울이라. 당신이 말하기보다 그로 말하게 하라.

2. 상대방의 감정을 인정해주라. 그의 상처에 공감하라. 주님 안에서 언어적으로 그를 인정해주라. 그에 대한 감사를 표현하라. 이것은 욥의 '위로자들' 이 전혀 하지 않았던 것이다. "그래, 네가 하는 말이 무슨 뜻인지 알아" 와 같은 말을 하라. 혹은 "이런 말을 듣게 되니 마음이 아파" 라고 말하라. 아니면 "이것이 고통스러운 일이라는 것을 알고 있어" 와 같은 말을 하라.

3. 상대방의 말에 끼어들지 말라. 그가 중간에 방해받지 않고 생각의 흐름을 모두 이야기할 수 있도록 하라. 그가 자신이 강조하고자 하는 바를 전달할 수 있도록 이야기를 끝마치게 하라. 당신의 생각을 주장하기 위해 그의 말을 중단시키는 것은 그에게 더 큰 좌절감을 줄 것이다.

4. 상대방의 말을 즉각적으로 수정하지 않도록 하라. 기본적인 사실들을 다 파악할 수 있을 때까지 상대방의 말을 수정하려고 시도해서는 안 된다. 양측으로부터 전체적인 내막을 다 알기 전에 말하는 것은 부정확하게 말하는 것이며, 문제를 복잡하게 만들 뿐이다.

5. 통찰을 얻을 수 있는 질문을 하라. 항상 선언적인 말을 하기보다는 탐색하고 진실

을 드러낼 수 있는 질문들을 하라. 가령, "그러고 나서 어떻게 되었습니까?" 혹은 "그것 때문에 어떤 기분이 들었나요?" 와 같은 질문을 하라. 이러한 질문은 논의되고 있는 문제를 더 깊이 있게 탐색하게 해줄 것이고, 문제의 본질에 도달하도록 도와줄 것이다.

기도

아버지, 상처입은 우리 주변의 사람들에게 유익한 친구가 되도록 우리를 가르쳐주소서. 듣는 데는 빠르고 말하는 데는 느린 자가 되게 하셔서 당신의 가장 효과적인 도구로 사용되게 하소서. 인생의 폭풍 속으로 빠져드는 사람들에게 사랑으로 양념이 된 건전한 성경적 진리를 전달하게 하소서. 예수님의 이름으로 기도합니다. 아멘.

심층 연구

A. 굽게 하다(3절)

'굽게 하다' (히. 아와타, awwata)라는 단어는 구부리다, 왜곡하다, 전복시키다, 혹은 구부리게 하다라는 의미가 있다. 빌닷(욥 8:3)과 엘리후(욥 34:12) 두 사람 모두 욥이 악한 행위를 했으므로 유죄이며, 하나님의 심판을 받고 있다고 믿었다. 그러므로 욥이 자신의 무죄를 주장한다면 그는 하나님과 논쟁함으로써 정의를 왜곡시키는 것이었다. 욥은 하나님이 그에게 '부당한 취급을 하심으로(히. awwata)' 정당하게 대하지 않으신 것이라고 믿었다.

B. 청결하다(6절)

'청결한' (히. 자크, zak)은 깨끗하고 투명한 것을 가리키는 형용사다. 자크(zak)는 올리브 기름과 유향(출 30:34)에 사용되는 단어다. 출애굽기와 레위기를 제외하면 자크는 오직 욥기(욥 8:6, 11:4, 16:17, 33:9)와 잠언(잠 16:2, 20:11, 21:8)에서만 발견된다.

C. 세상(9절)

'세상' (히. 에레스, eres)은 구약에서 네 번째로 가장 자주 사용되는 히브리어 명사로 2,504회 사용되고 있다. 에레스는 전체 지구(창 18:18), 땅(민 13:20), 땅의 거민들(왕상 2:2), 토양(레 25:19), 혹은 지명된 땅(신 34:2)을 가리킨다. 여기서 이 단어는 지구를 가리킨다.

교안

A. 빌닷의 선언(1-7절)

1. 욥의 말은 잘못된 것이다(1-3절).
2. 욥의 아들들은 정당한 심판을 받았다(4절).
3. 욥의 인생은 올바로 회복될 것이다(5-7절).

B. 빌닷의 호소(8-10절)

1. 과거 세대들에게 물어보라(8절).
2. 현재 세대를 무시하라(9절).
3. 과거의 세대들에 대해 연구해보라(10절).

C. 빌닷의 주장(11-19절)

1. 갈대는 물이 없이는 시든다(11-12절).
2. 하나님 없는 사람은 시든다(13-19절).

D. 빌닷의 단언(20-22절)

1. 하나님이 너를 구원하실 것이다(20절).
2. 하나님이 너를 기쁘게 하실 것이다(21절).
3. 하나님이 너를 지켜주실 것이다(22절).

토의 질문

1. 나는 고백되지 않은 죄에서 참으로 결백한가?

2. 내 삶에서 숨기거나 변명하고 있는 죄들이 있다면 무엇인가?

3. 하나님이 보시는 것처럼 보며 내 죄를 올바로 고백하는가?

4. 고난을 당할 때 나는 하나님을 향해 아무런 원망하는 마음도 품지 않고 겸손한 마음을 지니는가?

욥기 9장

법정에서 하나님을 뵙고 싶다

"인간의 분노로 하나님의 영광을 드러낸 적은 결코 없었다."

- A. W. 토저(A. W. Tozer)

들어가는 글

신을 고소하고 싶다!

캘리포니아 오클랜드의 한 비서가 최근에 하나님을 법정에 세웠다. 벼락이 그녀의 집 근처를 때려서 불이 나고 그녀의 집 네 채를 태웠다. 하나님에 대해 '부주의하고 태만한' 우주 운영으로 10만 달러의 손해 배상 소송이 제기되었다. 이 통렬한 기소 내용에는 날씨에 대한 잘못된 운영도 포함되었다. 그녀의 변호사는 기독교 단체의 것으로 인식되어 온 재산에 대해 소유권을 주장함으로써 그 돈을 회수할 시도를 할 것이라고 밝혔다. 그녀는 하나님이 법정에 출석하지 않으신다면 그 돈을 받겠다고 주장했다.

하나님을 법정에 세우기를 원했던 욥 역시 유사한 의도를 마음에 가졌다. 그는 자신의 무죄를 입증하고 자신에 대한 하나님의 기소를 되돌릴 수 있을 것이라고 믿었다. 욥은 하나님을 우주에 대한 경영 미숙, 특별히 자신의 인생을 잘못 운영했다고 기소했다. 그는 법정에서 하나님 앞에 자신을 변론하며 자신의 정당성을 입증하기를 원했다. 욥은 사실에 관련된 증거들을 제출하면 하나님이 그의 인생에서 행해진 부당함을 보시고 그에 대한 혐의를 취소하실 것이라고 생각했다.

고통은 가장 훌륭한 사고의 소유자도 왜곡시켜 사실과는 전혀 관계없는 과장된 결론들을 이끌어내도록 할 수 있다. 욥의 경우가 바로 그랬다. 고통 중에서 그는 하나님과 법정에서 만날 날을 요구했다. 그는 자기 자신의 순전함을 입증할 기회를 가질 수 있기를 간절히 원했다. 아마 하나님은 그를 다른 사람으로 오인하셨을 것이다. 혹은 그에게 잘못된 선고가 내려졌을 것이다. 어떤 경우이든 간에, 욥은 법정의 하나님 앞에 서서 전능자에게 자신을 변론하겠다는 요구를 표현하기 시작했다.

이 장에서 욥이 사용한 언어는 법정의 심리에서 사용되는 용어다. 그의 말 가운데 몇 가지만 대충 살펴보아도 이것을 알 수 있다. 소송에 들어가기 위한 변론(욥 9:3, 14), 법정에서 증언하기 위한 답변(9:3, 15), 설득력 있게 자신의 결백을 옹호하기 위한 입증(9:14), 분쟁을 해결하는 심판자(9:15), 혐의에서 벗어나는 의로움(결백함, 9:15, 20, 28), 법정에 출두하도록 통보받는 소환(9:16, 19), 법정 절차인 증언 청취(9:16), 공명정대한 심문인 심판(9:19), 유죄 판결(9:20), 유죄 판결의 확정(9:20, 29), 재판과 무죄 평결(9:21-22), 판결자의 무죄 판결(9:33) 등등.

욥은 자신의 무죄를 증명하기 위해 법정에 출두하여 하나님 앞에서 변론하기를 원했다. 그러나 내면적으로 욥은 천상의 재판관 앞에서 설득력 있게 자신을 변론할 수 있을 것인지 의심했다. 그는 자신이 스스로를 정죄하게 될 뿐이라고 생각했고, 그래서 하나님 앞에서 자신을 대변할 중재자를 원했다.

본문 이해

법정에서 하나님을 뵙고 싶다

Main Idea	욥은 하나님 앞에서 자신의 결백을 증명함으로써 빌닷의 비난에 대해 자신을 변호하고자 한다.

A. 욥의 딜레마(1-24절)

Supporting Idea	욥은 무한하시고 전능하신 하나님 앞에서 자신의 무죄를 증명할 수 없다고 느낀다.

9:1-2. 그러고 나서 욥은 빌닷의 비난에 대답하며, 앞의 대답(욥 8장)에서 그가 말한 내용에 반응한다. 이것은 빌닷에 대한 욥의 첫 변론으로 두 장(욥 9-10장)으로 구성되는 연설이다. 욥은 빌닷이 지적한 내용의 일부가 진실임을 인정하는 것으로 시작한다. 그는 '내가 진실로 그 일이 그런 줄을 알거니와' 라고 빌닷의 지적에 동의한다. 그는 빌닷이 말한 대로 악인들은 망한다는 것(욥 8:13)을 알고 있다. 그러나 문제는 그가 왜 고통을 당하고 있냐는 것이다. 그는 악인이 아니었다. 인생이 어찌 하나님 앞에서 의로우랴? 이 질문은 구원의 문제와 관련된 것이 아니라 결백의 입증 문제와 관련 있다. 다시 말해서

인간으로서 하나님이 그에게 제시한 혐의를 어떻게 씻을 수 있느냐는 것이다.

9:3. 사람이 하나님과 쟁변하여 하나님께 자신의 무죄를 입증하려 할지라도 법정에서 천 마디에 한 마디도 하나님께 대답하지 못할 것이다. 욥은 하나님과의 그러한 논쟁이 무용지물이라는 것을 알고 있다.

9:4. 유한한 인간으로서 욥은 무한자이신 하나님 앞에서 자신을 변호할 능력이 없다. 하나님은 마음이 지혜로우셔서 인간이 이해할 수 있는 능력을 넘어서며, 그의 힘은 강하셔서 원하시는 것은 무엇이든지 하실 수 있다. 욥은 "스스로 강퍅히 하여 그를 거역하고 형통한 자가 누구이랴" 라고 반문한다. 그 누구도 하나님의 주권적 뜻을 거스릴 수 있는 자는 없다.

9:5. 하나님이 산을 무너뜨리시며 옮기실지라도 산이 깨닫지 못하기 때문에 하나님께 저항하는 것은 영적으로 미친 짓이다. 진노하심으로 산을 무너뜨리시는 그러한 하나님께 누가 감히 저항할 수 있는가? 하나님은 전능하시기 때문에 거의 아무런 노력을 하지 않고서도 상상할 수조차 없는 기적을 행하실 수 있다.

9:6-8. 두려우신 하나님은 땅을 움직여 그 자리에서 미신다. 욥이 법정에서 감히 어떻게 하나님께 저항할 수 있겠는가? 그는 땅의 기둥이 흔들리게 하신다. 그러므로 인간이 하나님 앞에 섰을 때 자신의 주장을 강요할 수 있겠는가? 하나님의 주권은 그가 해를 명하여 뜨지 못하게 하시는 것에서 드러난다. 욥이 하나님 앞에서 어떻게 항변하기를 바랄 수 있겠는가? 하나님이 한 마디만 하셔도 욥을 영원히 침묵하게 만들 것이다. 그는 별들을 봉하신다. 그러므로 어떻게 욥이 하나님을 교훈할 수 있겠는가? 그가 홀로 하늘을 펴시며 무에서 그것들을 창조하시고(사 44:24) 허공에 그것들을 매달아놓으신다. 하나님은 바다 물결을 밟으시며 그들에 대한 우월한 지위를 가지시고, 자기 자신의 주권적 뜻을 이루기 위해 그것들을 다스리신다.

9:9. 그는 북두성과 삼성과 묘성과 남방의 밀실을 만드셨다. 삼성은 일곱 개의 별들로 이루어졌으며, 황소자리의 일부로 항상 오리온과 연관해서 언급된다. 북두성은 북두칠성으로도 불린다. 하나님은 창조 능력으로 이 모든 별들을 만드시고 그것들을 하늘에 놓아두셨다.

9:10-11. 그러므로 하나님은 측량할 수 없는 분이시다. 그는 측량할 수 없는 큰 일을 행하신다. 하나님은 인간의 이해 능력이나 인식 능력을 초월하시는 분이다. 게다가 하

나님의 기적은 셀 수도 없는 것이다. 헤아릴 수 없이 많기 때문이다. 나아가 하나님은 눈에 보이지 않는 분이시며 육신을 갖지 않은 영이시다. 욥은 '그가 내 앞으로 지나시나 내가 보지 못한다' 는 사실을 묵상한다. 욥이 하나님을 볼 수 없다면 어떻게 그가 하나님을 이해할 수 있겠는가? 그가 내 앞에서 나아가시나 내가 깨닫지 못하느니라. 하나님은 인간에게는 보이지 않는 분이시다. 그래서 욥은 하나님이 자신을 피해 다니신다고 느낀다.

9:12. 하나님의 능력은 아무도 거스릴 자가 없다. 그의 뜻을 좌절시킬 자도 없다. 하나님이 빼앗으시면 누가 막을 수 있겠는가? 아무도 할 수 없다. 하나님은 인간이 만든 선과 악의 체계에 구속받지 않으신다. 그분은 인간의 표준들을 따르지 않으신다. 그분 자신이 표준이시다. 무엇을 하시나이까 누가 물을 수 있으랴. 그 누구도 하나님께 이의를 제기할 수 없다. 하나님께 이의를 제기하고자 하는 시도는 가소로운 것이다. 그분 자체가 법이기 때문에 그 법의 구속을 받지 않으신다. 따라서 자신의 주권적 뜻을 이행하시는 데 그 누구의 방해나 제지도 받지 않으신다.

9:13. 하나님이 진노를 돌이키지 아니하시나니. 그렇다면 비천한 인간이 어떻게 하나님을 제지할 수 있다는 것인가? 그럴 수 없다. 신화적인 바다 괴물인 라합을 돕는 자들이 그 아래 굴복한다. 하물며 인간에 불과한 자들이 하나님 앞에서 얼마나 두려워 떨어야 하겠는가? 하나님은 자신이 원하는 대로 행하시며, 아무도 그분을 저지할 수 없다. 욥이 어떻게 그와 변론하기를 바랄 수 있겠는가?

9:14-15. 자신이 법정에서 하나님을 만날 수 있다 하더라도 자신이 무엇이라고 말할지 욥은 의문스럽다. 하물며 내가 감히 대답하겠으며 무슨 말을 택하여 더불어 변론하랴. 욥은 자신이 하나님의 반대 심문에 대답할 수 없을 것임을 알고 있다. 더욱이, 그는 하나님의 결정을 번복시킬 수 없음도 깨닫고 있다. 욥이 무죄하다 하더라도 그는 하나님께 대답할 수 없을 것이다. 나를 심판하실 그에게 간구하였을 뿐이며. 하나님의 완전한 공의와 공평하심은 그에 대한 더 무서운 심판을 초래할 뿐이다. 그러므로 그는 자신의 고발자에게 자비를 구해야만 할 것이다.

9:16-17. 욥은 가령 내가 하나님을 법정에 출두하시도록 부르고 그가 대답하셔서 나와 함께 출두하신다 하더라도 내 음성을 들으셨다고는 내가 믿지 아니하리라고 생각한다. 욥은 하나님이 그의 말에 귀도 기울이지 않으실 것이라고 결론짓는다. 분명히 그는

자신을 변론하여 이길 수 있으리라는 기대를 할 수 없다. 그가 하나님과 법정에서 맞선다 하더라도 그가 폭풍으로 나를 꺾으시고 까닭 없이 내 상처를 많게 하실 것이라고 생각한다. 물론, 욥은 하나님이 그에게 계시되지 않은 더 고차원적인 목적 때문에 사탄에게 그를 파멸시키도록 허락하셨음을 모르고 있다. 하나님은 폭풍우를 통해 욥에게 응답하시지만(비교. 욥 38:1, 40:6) 그를 파멸시키기 위해서가 아니라 그에게 교훈을 주시기 위해서다.

9:18-19. 욥은 하나님이 자신을 곤비하게 하시고 기진하도록 하신다고 믿는다. 나로 숨을 쉬지 못하게 하시며. 욥은 하나님이 괴로움으로 자신을 무너뜨리실까 두려워한다. 그는 하나님과의 법정 논쟁에서 파괴적인 타격을 입을 것이라는 데 추호의 의심도 없다. 하나님과 정면으로 대결할 경우, 그가 이길 승산이 전혀 없다는 것을 욥은 알고 있다. 힘으로 말하면 그가 강하신 것이다! 누가 하나님께 대적할 수 있겠는가? 아무도 없다. 심판으로 말하면 누가 그를 호출하겠느냐? 누가 하나님을 법정으로 소환할 수 있겠는가? 하나님이 누구에게 해명할 책임이 있겠는가?

9:20. 욥은 자신에게 유리한 온갖 증거가 있고 가령 내가 의로울지라도 내 입이 나를 정죄하리라고 선언한다. 결백하다 하더라도 욥은 하나님 앞에서 그것을 결코 입증할 수 없음을 알고 있다. 그는 법정에서 완전히 방향을 잃고 혼란에 빠져 실제로 자신에게 불리한 증언을 하게 될 것이라고 믿는다. 욥은 너무나 두려워서 천상의 심판자께 분명하게 자신의 입장을 진술할 수 없을 것이다.

9:21. 이 심판을 야기한 것이 무엇이든 간에 나는 순전하다마는 내가 나를 돌아보지 아니한다고 욥은 말한다. 이것은 앞에서 순전하다고 선언된 욥에 대한 하나님의 평가와 같다(욥 1:1, 8, 2:3). 내가 내 생명을 천히 여기는구나. 욥은 계속해서 자신이 결백함을 믿고 있었지만, 그의 감정적인 상태는 살고자 하는 의지를 상실할 정도로 괴로운 상태였다.

9:22. 일이 다 일반이라. 다시 말해서 욥은 자신이 옳고 그른지의 여부는 중요하지 않다고 생각한다. 어느 경우이든, 하나님은 그를 심판하실 것이다. 하나님이 순전한 자나 악한 자나 멸망시키시는 것이다. 물론 욥의 이러한 생각은 잘못된 것이다. 의로운 자나 악인이나 모두 하나님의 주권적 판결로 죽게 되지만, 그들의 운명은 다르다. 마지막에 하나님은 의인들에게는 상급을 주시고 악인들은 심판하실 것이다.

9:23-24. 욥은 홀연히 재앙이 내려 도륙될 때에 하나님이 무죄한 자의 고난을 비웃으신다고 주장한다. 이것은 사실이 아니지만, 욥의 고통은 그의 판단력과 명확하게 사고할 수 있는 능력을 왜곡시키고 있다. 이 글에서 욥이 말하는 무죄한 자는 자신이다. 욥은 왜 하나님이 한때 무죄한 자에게 속한 땅(세상)을 악인의 손에 붙이셨는지 궁금하다. 그렇게 하심으로써 하나님은 재판관의 얼굴을 가리우게 하셔서 선과 악을 구별하지 못하도록 하신다. 욥은 자기 확신을 가지고 이 세상의 불의와 불평등에 대한 죄로 하나님을 기소한다. 확실히 이러한 불의들 때문에 욥이 고통당하는 것이다.

B. 욥의 절망(25-31절)

Supporting Idea	욥은 자신이 결백함에도, 하나님이 이유 없이 그를 공격하셨다고 믿는다.

9:25-26. 욥의 인생의 허무한 나날들이 결승선으로 돌진하는 체부(遞夫)보다 빠르게 사라져가고 있다. 그 날들이 너무나 빨리 날아가버려서 복(기쁨)을 볼 수 없으므로 그로 하여금 궤멸된 채 미래에 대해 아무런 좋은 것도 생각할 수 없게 만들고 있다. 그의 날은 빠른 배처럼 지나가서 하류로 쏜살같이 내려가며, 움킬 것에 날아내리는 독수리같이 빠르게 하강한다. 그의 결백을 입증하기 위해 필요한 시간이 쏜살같이 사라져가고 있는 것이다.

9:27-28. 욥의 곤경은 시시각각으로 더 절망적인 상태가 되고 있다. 가령 내가 말하기를 내 원통함을 잊고 얼굴빛을 고쳐 즐거운 모양을 하자고 말한다 하더라도 그것은 중요하지 않을 것이다. 그가 즐겁고 긍정적인 태도를 가지려고 노력한다 하더라도 그것 때문에 그의 고통이 달라지지는 않을 것이다. 욥은 자신의 고통은 결심한다고 달라지는 문제가 아니라고 생각한다. 그는 오히려(그럼에도 여전히) 내 모든 고통을 두려워한다고 말한다. 그는 그 고통들이 사라지지 않을 것이며, 오히려 계속되고 더 악화될 수도 있다고 믿는다. 증거가 아무리 그의 무죄를 보여준다 하더라도 주께서 나를 무죄히 여기지 않으실 줄을 아나이다라고 말한다.

9:29-31. 내가 정죄하심을 입을진대 어찌 헛되이 수고하리이까? 욥은 이미 유죄로 선언되었기 때문에 그것이 소용없다고 생각한다. 그는 기록이 보여주는 증거에 상관없이

정죄하심을 입었다. 그의 곤궁에 대해 의문을 가지려고 애를 쓸 이유가 어디 있는가? 욥은 내가 눈 녹은 물로 몸을 씻고 잿물로 손을 깨끗이 할지라도 하나님이 나로 다시 개천에 빠지게 하실 것이라고 탄식한다. 욥이 그의 생활을 청산하고 자신의 죄를 회개한다 하더라도 하나님은 여전히 그를 정죄하실 것이다. 욥은 하나님이 자신을 대적하신다고 확신하기 때문에 그가 어떤 노력을 하더라도 소용이 없다고 생각한다.

C. 욥의 변호(32-35절)

Supporting Idea	욥은 하나님께 나아가서 이기는 것은 불가능하다는 것을 깨닫는다. 그래서 그에게는 중재자가 필요하다.

9:32-33. 하나님은 나처럼 사람이 아니신즉 내가 그에게 대답함도 불가하고 대질하여 재판할 수도 없다고 욥은 말한다. 욥이 법정에서 하나님 앞에 출두한다 하더라도 전능하신 자가 한 가지 질문만 하시면 그는 말문이 막혀 대답할 수도 없을 것이다. 욥의 모든 큰소리는 다 흩어져버릴 것이다. 그러므로 그는 자신의 사정을 호소하기 위해 하나님께 다가갈 수도 없을 것이다. 우리 사이를 중재해줄 사람만 있다면, 그들을 화해시켜 이 문제를 해결해줄 수 있는 법정 관리가 있다면. 욥은 양척 사이에 손을 얹을 판결자, 결정을 내려줄 대변자, 그들 사이의 심판이 필요했다. 여기서 욥이 그리스도를 염두에 두고 있다고 가정하는 것은 잘못된 것이다. 그는 그를 용서해줄 누군가를 구하고 있었던 것이 아니라 자신의 결백에 대해 말해줄 사람이 필요했다.

9:34. 그러한 중재자는 분명히 그에게서 하나님의 징계의 막대기를 제거해줄 것이고, 욥을 대신해 심리를 이기게 될 것이다. 막대기는 하나님의 심판의 상징이다(삼하 7:14, 사 10:5). 그러면 하나님의 위엄(terror)으로 인해 더 이상 그가 두렵지 않게 될 것이다.

9:35. 그리하실 때에야 욥은 하나님의 영향에 대한 두려움 없이 하나님께 떳떳이 말할 수 있을 것이다. 하나님이 사람이시라면 욥은 그분께 나아가 자신을 변호할 것이다. 그러나 하나님은 사람이 아니시다. 그래서 자신을 중재해줄 중재자가 없이는 자신을 변론하여 이 문제를 해결하고자 전능자에게 나아갈 수 없을 것이다.

Main Idea 복습	욥은 하나님 앞에서 자신의 결백을 증명함으로써 빌닷의 비난에 대해 자신을 변호하고자 한다.

결론

악한 수렁에 빠져들다

이 장에서 나타나듯이 욥은 무서운 수렁에 빠져 있다. 그의 인생은 점점 더 깊은 절망 속으로 내던져졌다. 그가 자신의 처참한 상황을 생각하면 할수록 그의 사고는 더욱 왜곡되어갔다. 설상가상으로 욥은 하나님의 명성과 영광에 해가 되는 전제를 설정하고 잘못된 결론으로 비약한다. 욥이 그렇게 큰소리로 단언했던 것과 달리 하나님은 욥을 대적하고 계신 것이 아니었다. 욥도 이러한 고난을 자초할 정도의 죄를 범하지 않았다. 그러나 욥은 두 가지가 모두 사실이라고 결론짓는다.

고난이 장기화되면 잘못된 생각을 하게 되어 우리에게 불행한 영향을 미칠 수 있다. 장기적으로 지속되는 상처는 우리 안에 하나님과 우리 자신에 대한 부정적인 생각을 만들어낼 수 있다. 하나님에 대한 우리의 이해가 왜곡될 때 우리 자신의 자아에 대한 인식 역시 달라진다. 하나님에 대한 왜곡된 생각은 필연적으로 우리 자신에 대한 잘못된 생각을 낳는다. 욥에게 필요한 것은 하나님에 대한 올바른 시각을 회복하는 것이었다. 거룩하고 공정하시며 선하신 분이라는 하나님에 대한 시각을 회복하는 것이었다. 그럴 때에만 욥은 올바른 시각으로 자신의 인생을 볼 수 있다. 여호와께서 우리가 하나님에 대한 올바른 이해를 견지할 수 있도록 도와주시기를 바란다. 그럴 때 우리는 우리의 삶을 올바로 이해할 수 있다.

삶의 적용

위로를 얻는 법

깊은 상처를 받았을 때 신자들이 그들의 쓰라린 마음의 위로를 얻기 위해 취할 수 있는 실제적인 조치들은 무엇인가?

1. 성경을 암송하고 묵상하라. 하나님의 말씀은 항상 슬픔으로 가득한 마음을 진정시켜주는 약효가 있다. 마음속에 보관된 성경 말씀은 고통스러운 인생의 가장 위대한 치유제다.

2. 그리스도인과의 교제를 유지하라. 신자들은 다른 그리스도인들로부터 힘을 제공받을 필요가 있다. 인생의 폭풍우를 견디고자 할 때 고립은 결코 해결책이 될 수 없다. 하나님의 백성들은 주 안에서 다른 그리스도인들의 격려를 받아들일 필요가 있다. 모든 그리스도인들과 함께 삶을 나누며 웃고 인생을 향유해야 한다. 그러한 종류의 전염성이 있는 교제를 추구해야 한다.

3. 기도짝을 두라. 당신의 마음을 그대로 드러낼 수 있고 당신의 상처와 낙담을 나눌 수 있는 영혼의 친구를 찾아보라. 당신을 위해 기도하고 당신과 함께 기도할 사람, 참으로 신뢰할 수 있는 사람을 찾으라. 연약할 때 당신을 위해 기도해주고 당신을 위해 간구해주는 사람의 음성을 듣는 것은 큰 힘을 발휘한다.

4. 다른 사람을 섬기라. 당신 자신에게서 관심을 거두어 다른 사람들에게 초점을 맞추라. 어려운 중에 있는 이들을 섬기라. 그러면 그것이 당신의 상처입은 마음을 치유해 줄 것이다.

5. 좋은 기독교 음악을 들으라. 시편 기자는 하나님이 자기 백성들의 찬양 속에 거하신다고 말한다. 찬양은 우리의 마음을 들어 하나님께로 향하게 하고 그분의 임재를 느낄 수 있도록 하는 힘이 있다. 영혼에게 큰 힘을 주는 운동 중 인간이 할 수 있는 한 가지는 하나님을 찬양하는 기독교 음악을 듣는 것이다. 다윗은 사울을 위해 수금을 연주했다. 비록 잠시였지만 그것은 사울의 고통스러운 영혼을 진정시켜주었다. 다윗 역시 자신의 마음을 진정시키는 위로를 얻기 위해 수금을 연주했다.

6. 지속적으로 운동을 하라. 걷고 조깅하고 자전거를 타며 정원을 가꾸거나 새로운 취미를 가지라. 육체적 운동은 영혼의 안식에 중요하다.

기도

하나님, 우리 아버지, 참으로 당신의 길은 우리의 길과 다르고, 당신의 생각은 우리의 생각과 다릅니다. 하늘이 땅보다 높음같이 당신의 길은 우리의 길보다 높고, 당신의 생각은 우리의 생각보다 높습니다. 오 주님, 당신이 토기장이시고 우리는 진흙이라는 것을 깨닫게 해주소서. 당신이 우리의 길에 주신 모든 것을 인내로 받아들이고 당신만을 의지할 수 있도록 우리를 가르치소서. 예수님의 이름으로 기도합니다. 아멘.

심층 연구

A. 하늘(8절)

'하늘' (히. 샤마임, shamayim)은 문자적으로 높은 곳들, 혹은 높이 있거나 솟아 있는 것을 의미하는 복수 명사형이다. 그것은 별과 달과 행성들이 존재하는 우주의 영역을 가리킨다(창 1:14-17).

B. 중재해줄 사람(33절)

'중재해줄 사람' (양척 사이에 손을 얹을 판결자, 히. 야카, yakach)이란 구절은 중재인, 법정 관리, 심판, 중보자, 재판관, 혹은 양측의 분쟁을 해결해줄 사람을 가리킨다. 소송이라는 문맥에서 사용되면, 중재자는 분쟁중인 양측이 분쟁을 해결하기 위해 함께 만날 날을 결정할 권한을 가진 사람을 가리켰다. 동양에서 중재자는 자신이 문제를 해결할 권한을 가진 자임을 상기시키기 위해 양측의 머리에 손을 얹었다. 욥은 자신을 위해 하나님께 이 일을 해줄 수 있는 사람을 간절히 원했다. 신약이 하나님과 인간의 틈 사이에 서서 용서와 구원을 가져다주시는 중재자에 대해 이야기하고 있기는 하지만(딤전 2:5-6), 욥이 여기서 그리스도의 중재권을 직접적으로 예언하고 있는 것은 아니다.

고안

A. 욥의 딜레마(1-24절)

1. 인간이 어떻게 하나님께 대답할 수 있겠는가?(1-13절)
2. 인간이 어떻게 하나님과 변론할 수 있겠는가?(14-20절)
3. 인간이 어떻게 하나님을 피할 수 있겠는가?(21-24절)

B. 욥의 절망(25-31절)

1. 내 날이 날아간다(25-26절).
2. 내 두려움이 크다(27-31절).

C. 욥의 변호(32-35절)

1. 나는 하나님과 함께 법정에 나갈 수 없다(32절).
2. 나는 법정에서 하나님에 대해 중재자가 필요하다(33-35절a).
3. 나는 법정에서 하나님께 변론하기가 두렵다(35절b).

토의 질문

1. 나는 하나님을 부당하다고 정죄하지 않는가?

2. 시련이 닥칠 때, 내가 죄를 은폐하고 있는지 살펴보기 위해서 내 인생을 점검하고 있는가?

3. 고백하지 않은 죄 때문에 하나님의 징계를 초래하고 있지는 않은가?

욥기 10장

왜 사는 것인가?

"인생은 살아 있는 죽음의 상태인가? 아니면 죽어가는 삶의 상태인가?"

- 어거스틴(Augustine)

들어가는 글

죽기를 기다림

유명한 심리학자인 윌리엄 몰턴 마스톤(William Moulton Marston)은 3천 명의 사람들을 대상으로 "당신은 왜 살고 있습니까?"라는 질문을 하였다. 조사에 응한 사람들의 95퍼센트가 미래를 기다리면서 단순히 현재를 견디고 있다고 대답했다. 그들은 단순히 '뭔가' 일어나기를 기다리고 있었다. 어떤 이들은 자녀들이 자라서 집을 떠나 독립하기를 기다리고 있었다. 어떤 이들은 다음 해를 기다리고 있었다. 또 어떤 이들은 바라던 긴 여행을 또다시 기다리고 있었다. 많은 이들은 죽기를 기다리고 있었다. 이 모든 사람들은 그들에게 있는 것이 오직 오늘뿐이라는 것을 깨닫지 못하고 내일을 기다리고 있었다. 어제는 가버렸고, 많은 사람들에게 내일은 결코 오지 않는다.

마스톤의 조사 결과는 욥이 그의 생애에서 도달한 고통스러운 지점에 대해 이야기하고 있다. 현재의 회복에 대한 희망을 완전히 포기한 그는 미래에 올 죽음을 기다리고 있었다. 그는 오늘의 고통에서 구해줄 내일이 오기를 고대하고 있었다. 통증에 시달리는 육신과 고통스러운 영혼으로 인해 이 세상을 떠나 죽음을 통한 쉼을 갈망하게 되었다. 욥은 고통에 시달리는 인생의 쓰라린 속박 속에서 하나님께 왜 자신을 창조하셨냐고 질문한다. 오직 파멸을 겪게 하기 위해서였을 뿐인가?

아마 당신도 욥과 같은 생각을 할 수 있다. 마음속 깊은 곳에서부터 절규하고 있을 수도 있다. 인생은 오직 하나님의 영광을 위해 살 때만 의미가 있다. 오직 그러한 초월적 삶을 추구할 때만 인생의 쓰라린 낙심을 넘어서게 하는 거룩한 목적을 발견할 수 있다. 인간은 이러한 신적인 목적을 시야에서 놓칠 때마다 인생에 대해 포기할 준비가 된다. 우리가 현재의 낙심들을 극복하고 나아갈 때 하나님이 고난을 이용하셔서 우리 각자의 마음속에 인내를 북돋워주시기를 바란다.

본문 이해

왜 사는 것인가?

Main Idea	욥은 나날이 고통과 괴로움만 가득한 상태에서 하나님이 그에게 삶을 허락하시는 이유가 무엇인지 궁금하다.

A. 욥의 혼란(1-7절)

Supporting Idea	욥은 너무나 비통한 나머지 하나님이 자신을 고통스럽게 하는 연고가 무엇인지 밝히지 않으실 것이라고 생각한다.

10:1-2. 자신에 대한 중재자가 아무도 없자(욥 9:32-35), 욥은 더 깊은 절망 속으로 무너져 내리며 자신의 영혼의 원통함을 하나님께 이야기한다. 그는 자신이 살아 있는 것을 혐오하고, 자신이 태어난 날을 증오한다. 그는 하나님께 내 마음의 괴로운 대로 말하리라고 부르짖는다. 욥은 그에 대해 제기된 혐의가 무엇인지 하나님이 말씀해주시도록 호소한다. 하나님이 그에게 혐의 사실을 읽어주지 않으려 하시면서 어떻게 그를 유죄로 간주하실 수 있다는 말인가?

10:3. 법정의 변호사처럼 욥은 날카로운 질문을 연속적으로 던지며 하나님을 심문한다. 나를 압제하시는 것이 즐겁습니까? 하나님이 그를 학대하고 압제하는 것으로 어떤 즐거움을 얻으실 수 있다는 것인가? 욥이 볼 때, 자신이 의로움에도 불구하고 하나님이 악인의 꾀에 대해서는 미소로 반응하시면서 주의 손으로 지으신 자신은 박대하시는 것으로 보였다.

10:4-5. 주의 눈이 육신의 눈이니이까? 욥은 하나님이 외모에 치우치지 않고 내면을 보셔서 욥의 참된 내적 상태를 봐주시기를 바란다. 주께서 사람의 보는 것처럼 보시리이까? 욥은 하나님이 그의 친구들처럼 인식 능력이 제한적인 존재가 아닌지 반문하고 있다. '주의 날이 어찌 인생의 날과 같으며 주의 해가 어찌 인생의 날과 같습니까?' 자신의 참된 영적 상태를 보지 못하는 친구들처럼 하나님이 제한적인 존재이신지 반문하면서

그는 빈정거리듯이 묻고 있다. 그가 말하고자 하는 의미는 하나님이 시간적으로 제약을 받는 유한한 인간처럼 행동하고 계시다는 것이다.

10:6-7. 확실히 하나님은 욥의 허물을 샅샅이 찾아보셨고, 그의 죄를 엄밀히 조사하셨다. 하나님은 욥을 취조하셨고, 그의 삶의 모든 영역까지 뒤지고 엄밀하게 조사하셨다. 욥은 하나님이 그가 삶에서 현재 당하는 고통을 받아 마땅한 어떤 잘못도 찾아내지 못했음을 확신하고 있다. 욥은 "주께서는 내가 악하지 않은 줄을 아시나이다. 그럼에도 불구하고 아직도 왜 나를 벌하시나이까?"라고 묻는다. 분명히 하나님은 이 형벌에 대한 타당한 이유를 전혀 갖지 못하셨다고 욥은 결론을 내린다. 하지만 그에게는 자신의 억울함을 항소하여 결과를 되돌릴 수 있는 고등 항소 기관이 전혀 없었다. 그래서 아무도 하나님의 손에서 그를 구원해줄 수 없다.

B. 욥의 어려움(8-17절)

Supporting Idea	욥은 하나님이 그를 파멸시키기 위해서 자신을 창조하셨느냐고 반문한다.

10:8-9. 욥은 법정에서 하나님이 법적인 적수인 것처럼 그분을 반대 심문하는 일을 계속하고 있다. 욥은 '주의 손으로 나를 만드사 백체를 이루셨음'을 인정한다. 하지만 좌절감 속에서 그는 "이제 나를 멸하시나이다"라고 하나님을 원망한다. 그를 그렇게 정교하게 창조하셨던 하나님이, 또한 거의 멸망 직전에 이를 정도로 그를 응징하신다는 것이 어떻게 가능하다는 말인가? 하나님이 그를 창조하신 이유는 오로지 그를 파멸시키기 위해서란 말인가? 기억하옵소서 주께서 내 몸 지으시기를 흙을 뭉치듯 하셨거늘. 욥은 극히 정교하고 놀랍도록 훌륭하게 만들어진 존재다. 욥은 "다시 나를 티끌로 돌려보내려 하시나이까?"라고 묻는다. 단지 다시 흙으로 돌아가게 하실 계획이었다면, 도대체 나를 만드신 이유가 무엇입니까?(비교. 창 3:19)

10:10. 자신의 출생이라는 주제(8-9절)를 소개한 욥은, 계속해서 하나님이 자궁 속에 아기를 만드시는 것을 시적으로 묘사하고 있다(비교. 시 139:13-16). 욥은 생명이 임신과 더불어 시작하고 있다고 보고 있음이 분명하다. 주께서 나를 젖과 같이 쏟으셨으며 엉긴 젖처럼 엉기게 하지 아니하셨나이까? 여기서 욥은 자신의 배아 발달을 액체에서 고

체로 만들어지는 과정으로, 우유가 엉겨서 치즈로 만들어지는 것처럼 묘사되고 있다.

10:11-12. 욥은 이 신비한 형성 과정에서 하나님이 가죽과 살로 내게 입히시며 뼈와 힘줄로 나를 뭉치셨다고 말한다. 욥은 사람이 뜨개질로 옷을 짜듯이 그의 핏줄과 근육을 적절한 자리에 배치하였다고 묘사한다. 욥은 이 창조 과정에서 하나님이 "생명과 은혜를 내게 주셨다" 고 지적한다. 하나님은 욥에게 언약적 사랑을 쏟아부어주시기로 작정하셨다. 그런데 갑자기 그 하나님의 태도가 돌변한 이유가 무엇인가? 욥은 하나님이 권고하심으로 내 영을 지키셨나이다라고 지적한다. 욥은 공들여서 만드신 것을 파괴하시는 것은 하나님께 모순 되는 것이라고 생각한다.

10:13. 그러한데 주께서 이것들을 마음에 품으셨나이다. 하나님이 그를 파멸시키고자 하시는 계획을 숨기신 이유가 무엇인가? 이 뜻이 주께 있은 줄을 내가 아나이다. 하나님은 자신의 목적이 이것임을 내내 알고 계셨다. 하나님이 그를 파멸시키고자 하는 계획을 계속 은폐하시면서 그에게 그토록 오랫동안 은혜를 베푸셨다는 것이 어떻게 가능했다는 것인가?

10:14-15. 욥은 그가 범죄하면 하나님이 그를 죄인으로 인정하시고 그의 죄악을 사유치 아니하실 것이라고 단정한다. 욥은 이것에 대해 아무런 이의가 없었다. 그가 범죄했다면 벌을 받아 마땅할 것이다. 내가 악하면 화가 있을 것이오며. 혐의 내용이 사실이라면 벌을 받는 것이 당연하다고 그는 생각한다. 하지만 여기에 문제가 있다. 내가 의로울지라도 머리를 들지 못하올 것은 내 속에 부끄러움이 가득하고 내 환난을 목도함이니이다. 욥은 결백하다 하더라도 자신의 상태 때문에 머리를 들 수 없을 정도로 수치심으로 가득하고 그 자신의 환난에 압도당해 있다.

10:16. 내가 머리를 높이 들면(이 내면적 확신에도 불구하고 하나님 앞에서 자신의 무죄에 대한 확신 속에 살고 있음을 가리키는 표현) 주께서 사자처럼 나를 사냥하시며. 머리를 높이 든다는 것은 교만한 자만심의 표현이다(창 40:20, 시 27:6). 욥을 창조하시는 능력을 보여주신 하나님은 그를 해치는 데 자신의 기이한 능력을 보여주고 계시는 것 같다.

10:17. 욥은 하나님이 그가 저지르지 않은 죄에 대해 고발하기 위해 그의 친구들을 그에게로 데려오셨다고 주장한다. 주께서 자주자주 증거하는 자(이른바 그의 조언자들)를 갈마들이시나이다. 그들은 그의 잘못에 대해 증거하였다.

C. 욥의 소원(18-22절)

Supporting Idea	욥은 오직 파멸을 당하기 위해서 창조되었다고 말한다. 그러므로 그가 태어날 때 죽었으면 더 좋았을 것이다.

10:18-19. 욥은 원래의 자신을 분석하는 질문을 다시 제기하고 있다. 주께서 나를 태에서 나오게 하셨음은 어찌함이니이까. 무슨 목적으로 하나님은 그를 창조하셨는가? 그를 파멸시키기 위해서? 그렇다면 내가 기운이 끊어져 아무 눈에도 보이지 아니하여 그러한 고통과 참혹함을 겪지 않았더라면 좋았을 것이라고 욥은 지적한다. 있어도 없던 것같이 되었더라면 욥은 이 모든 고통을 피할 수 있었을 것이다. 그는 자신이 사산하였더라면 더 좋았을 것이라고 생각한다. 그는 태에서 바로 무덤으로 옮겨져서, 살아서 그러한 상처받는 일을 절대 겪지 않았다면 좋았을 것이다.

10:20-21. 욥은 얼마 남지 않은 여생을 하나님의 존전에서 벗어나 살기를 바란다. 내 날은 적지 아니하니이까? 만약 그러하다면 하나님이 자기를 버려두시기를 요청한다. 그는 잠시라도 숨을 돌릴 수 있는 공간을 주셔서 저으기 평안하게 해달라고 말한다. 하나님이 욥을 혼자 내버려두시기만 한다면 그는 죽기 전에 잠시라도 평안을 누릴 수 있을 것이다. 그는 돌아오지 못할 땅으로 가기 전에, 즉 죽기 전에 쉼을 누리기를 간절히 바란다. 욥은 무덤 속 최후의 궁극적 목적지를 어둡고 죽음의 그늘진 땅이라고 묘사한다. 욥은 죽음을 비참하고 참혹한 삶보다 더 나은 것으로 그리고 있다.

10:22. 욥은 죽음에 대한 추가적인 묘사로 이 장을 끝맺는다. 그는 사는 것보다 죽는 것을 더 선호한다. 죽음은 어두워서 흑암 같고 죽음의 그늘이 져서 아무 구별이 없는 땅으로의 여행으로 묘사되어 있다. 그는 죽음을 광명도 흑암 같은 극한의 어둠이 지배하는 장소로 예견한다. 다시 한 번 욥의 연설은 죽음에 대한 언급으로 끝난다(욥 3:20-22, 7:21). 현재의 이러한 비참한 삶이라면 사는 것보다 차라리 죽는 것이 더 나은 것이다.

Main Idea 복습	욥은 나날이 고통과 괴로움만 가득한 상태에서 하나님이 그에게 삶을 허락하시는 이유가 무엇인지 궁금하다.

결론

슬픔과 탄식

19세기의 영국 목사인 조셉 파커(Joseph Parker, 1830-1902)는 이사야 35장 10절의 마무리 구절인 "슬픔과 탄식이 달아나리로다"를 설명한 적이 있다. 그는 "사전을 살펴보면 때로 '폐어'(obsolete)라고 표시된 단어를 접하게 된다. 슬픔과 탄식이라는 이 두 단어가 폐어가 될 날이 오고 있다. 그러한 때가 오면 지금 여기의 삶을 훼손하는 것들은 과거의 것이 될 것이다"라고 말한다. 정도는 다르지만 모든 인간의 삶은 슬픔과 탄식으로 특징지을 수 있다. 그러나 모든 시련과 눈물이 사라질 때가 오리라는 것을 안다면 신자들에게 얼마나 위로가 되겠는가. 그날이 오면 하나님은 우리의 눈에서 모든 눈물을 씻어주실 것이다. 그러나 그때까지 하나님의 백성들은 삶의 고통과 더불어 사는 법을 배워야 할 것이다.

욥이 처한 상황이 바로 이러했다. 그는 더 깊은 절망과 낙심의 나락으로 빠졌다. 그는 그러한 신음보다는 무덤을 더 원했고, 언제라도 삶을 포기할 수 있었다. 그러한 절망적인 기분을 경험하고 있는가? 그렇다면 당신은 혼자가 아니다. 이러한 절망의 시기를 극복하는 열쇠는, 시각을 주님께 고정시키고 그의 사랑과 자비를 지속적으로 신뢰하는 것이다.

삶의 적용

절망을 다루는 법

절망을 다루는 법에 대한 몇 가지 중요한 인생의 교훈을 이 장에서 도출해낼 수 있다.

1. 극심한 고통을 자신만 품고 있지 말라. 강건한 욥의 영혼이 고갈된 원인 중 하나는

그와 그의 친구들이 쓰레기 더미에 앉아 있었을 때 그가 고수하던 침묵이었다. 극도로 고통스러웠던 이 시간에 욥은 친구들과 짐을 나눌 수도 있었을 것이다. 하지만 욥은 그의 고통을 내면화하고 마음속으로만 품고 있었다. 그러다가 그의 내면에서 압력이 가중되었고, 그것이 마침내 밖으로 표출되자 폭발하듯이 분출되었다. 친구들과 함께 그의 마음의 짐을 내려놓았다면 이러한 감정적 폭발이 다른 식으로 전환될 수 있었을 것이다. 우리가 무거운 짐을 지고 갈 때 우리의 친구들이 큰 도움이 될 수 있다. 갈라디아서는 "너희가 짐을 서로 지라"(갈 6:22)고 말한다. 로마서는 "우는 자들과 함께 울라"(롬 12:15)고 권면한다. 욥은 그가 겪고 있는 것들을 자유롭게 나누었어야 했다. 그리고 우리도 그렇게 해야 한다.

2. 고난에는 항상 하나님의 뜻이 있다는 것을 기억하라. 우리가 살아 있는 한, 여기 이 땅에서 우리가 존재하는 데 대한 하나님의 뜻이 있다. 그리고 죽는 그 순간까지 우리는 여전히 그 목적을 이루어가는 과정 속에 있다. 그러므로 우리는 하나님이 우리의 시간이 끝났다고 하실 때까지 여기에 초점을 두어야 한다. 우리가 우리의 목적을 성취할 때까지 하나님은 우리를 본향으로 데려가시지 않는다. 예수님은 "때가 아직 낮이매 나를 보내신 이의 일을 우리가 하여야 하리라"(요 9:4)고 말씀하셨다. 우리에게 삶과 기회가 허락되는 한 우리는 하나님이 우리에게 주신 소명을 따라 일해야 한다.

기도

하나님, 우리 아버지, 우리가 받은 복을 헤아려보고 당신의 선하심을 새롭게 묵상할 수 있도록 가르치소서. 당신은 참으로 당신의 백성들에게 선하시며, 은사와 축복을 통해 당신의 그 선하심을 증명해보이십니다. 우리는 모든 선하고 완전한 것이 당신께로부터 흘러나옴을 알고 있습니다. 당신의 백성들에게 사랑의 축복을 계속 쏟아부어주시기를 구합니다. 예수님의 이름으로 기도합니다. 아멘.

심층 연구

A. 벗어나게 하다(7절)

'벗어나게 하다' (히. 나살, nasal)는 낚아채가다, 끄집어내다, 구하다, 혹은 끌어당기다라는 의미를 지닌다. 이 단어는 다윗이 하나님께 자신의 목숨을 노리는 원수들로부터 구원해달라고 간구할 때 수없이 사용하던 단어다. 다른 시편들에서 이 단어는 죄악에서의 구원(시 39:8)과 무덤에서의 구원(시 86:13)에 대해 사용되고 있다. 아삽은 "우리 구원의 하나님이여 주의 이름의 영광을 위하여 우리를 도우시며 주의 이름을 위하여 우리를 건지시며(나살, nasal) 우리 죄를 사하소서" (시 79:9)라고 적고 있다. 구원의 주제는 시편에서 지배적인 주제 가운데 하나다.

B. 은혜(12절)

'은혜' (히. 헤세드, hesed)는 자비, 호의, 혹은 변함없는 사랑을 의미하며, 히브리어 성경에서 약 250회 사용되고 있다(비교. 출 34:6, 민 14:18, 미 7:18). 헤세드는 인사하다, 혹은 숙이다라는 의미를 가진 하사드(hasad)에서 파생한 것이다. 이것은 자기 백성들에 대한 하나님의 내리사랑을 나타낸다. 헤세드는 신명기 7장 12절과 사무엘하 7장 15절에서 사용하기 때문에 때로 하나님의 언약적 사랑이라고 불리기도 한다.

C. 지키다(12절)

'지키다' (히. 샤마르, shamar)는 어떤 것의 주위에 울타리를 두르다, 보초를 세우다, 혹은 보호를 위해 경계를 보다라는 의미를 가진다. 이 단어는 구약의 다양한 문맥에서 400회 이상 사용되었고, 그 가운데 일부는 어떤 사람이 정원(창 2:15), 양떼(창 30:31), 혹은 문(사 21:11)을 지키고 망보는 것을 가리키고 있다. 시편에서 이 단어는 물리적 보호

(시 34:20), 생명의 보호(시 86:2) 그리고 여호와께서 자기 백성들을 돌보심(시 121:3-4, 7)과 관련해 사용되고 있다. 욥기에서 이 단어는 하나님이 욥을 주목하심(비교. 욥 10:14), 욥이 하나님의 도를 지킴(비교. 욥 23:11) 그리고 간음하는 자가 저녁을 기다림(비교. 욥 24:15)에 대해 사용되고 있다.

교안

A. 욥의 혼란(1-7절)

1. 내가 내 생명을 싫어한다(1절).
2. 내가 하나님께 말하리라(2-7절).

B. 욥의 어려움(8-17절)

1. 하나님이 나를 만드셨다(8-11절).
2. 하나님이 나에게 복을 주셨다(12절).
3. 하나님이 나를 벌하셨다(13-14절).
4. 하나님이 나를 판단하셨다(15-16절).
5. 하나님이 나를 대적하셨다(17절).

C. 욥의 소원(18-22절)

1. 왜 저를 태어나게 하셨나이까?(18-19절)
2. 내 날이 적지 아니하니이까?(20-22절)

토의 질문

1. 나는 고통 가운데 있을 때 고통과 좌절을 내면화시키지는 않는가?

2. 내 고통에 귀 기울이고 이해하고자 노력하는 이들이 주변에 있는가?

3. 나는 하나님께 솔직하고 정직하게 기도하고 내 고통과 좌절을 겸손하게 나누고 있는가?

욥기 11장

비판자의 표적이 되다

"잘못을 고쳐주기보다 비판하기가 훨씬 쉽다."

-벤자민 디즈레일리(Benjamin Disraeli)

들어가는 글

너무 긴 혀

18세기의 감리교 창시자인 요한 웨슬리(John Wesley)는 설교를 하던 중 비판적 태도로 유명한 한 부인이 청중 속에 있는 것을 알게 되었다. 예배 시간 내내 그녀는 자리에 앉아 그의 새 넥타이를 쳐다보았다. 모임이 끝나자 그녀는 그에게로 다가와서 "웨슬리 씨, 당신의 나비넥타이의 줄무늬가 너무 길어서 제게 무척 거슬리는군요"라고 말했다. 웨슬리는 예배에 참석한 여성들에게 손가방에 가위를 가진 사람이 있느냐고 물었다. 한 여성이 가위를 갖고 있었다. 가위가 웨슬리에게 건네지자 그는 그 가위를 그 비판적인 여성에게 주면서 그녀의 마음에 들도록 줄무늬를 다듬어 달라고 부탁했다. 그녀가 그것들을 칼라 가까이까지 잘라내자 그는 "이제 확실히 맘에 드십니까?"라고 물었다. 그 부인은 "예, 훨씬 더 좋아 보이네요"라고 인정했다.

"이제, 그 가위를 잠시만 제게 줘보세요"라고 웨슬리가 말했다. "제가 당신을 조금만 교정해드린다 해도 괜찮을 것이라고 생각합니다. 잔인한 사람이 되고 싶지는 않지만 부인, 당신의 혀가 제게는 거슬린다는 것을 말씀드리지 않을 수 없습니다. 부인의 혀가 너무 깁니다! 한번 내밀어보세요. 약간 잘라드리고 싶습니다!" 이 여성은 그 말의 핵심을 깨달았다.

욥은 그의 인생에서 동일한 어려움에 직면해 있었다. 그의 비판자들의 혀가 너무나 길었던 것이다. 그의 세 친구들의 신랄한 말은 가위로 자르듯이 욥을 잘라내는 것 같았다. 그들의 말은 너무나 예리하고 날카로웠다. 아마 이 모든 것은 사랑의 이름으로 행해졌을 것이다.

욥기 11장에서 우리는 나아마 사람인 소발의 첫 변론을 듣게 된다. 그는 아마 욥의 세 친구들 중 가장 연소자였을 것이다. 이는 그가 가장 나중에 말한 것으로 보아 상당히 타당성이 있는 추측이다. 그는 그 당시의 관습에서 벗어나지 않도록 그의 연장자들을 존중하는 마음으로 자신의 차례를 기다리고 있었을 것이다. 그러나 그가 입을 열었을 때, 그는 세 친구 가운데 가장 화난 어조로 욥을 비판하였다. 세 친구들 가운데 욥의 처지에 대해 가장 냉담한 소발은 신랄한 책망과 적개심을 가지고 말을 시작하였다. 그는 무례하고 무뚝뚝하며 무감각하고 성급하였다. 그의 메시지는 본질적으로 앞의 두 사람과 동일했다. 그것은 욥이 범죄했기 때문에 고통을 당하고 있다는 것이었다.

본문 이해

비판자의 표적이 되다

Main Idea	세 번째 친구인 소발은 고백하지 않은 죄가 있다고 욥을 비난하며 공격한다.

A. 소발의 대적(1-6절)

Supporting Idea	소발은 욥이 고백하지 않은 죄가 있기 때문에 하나님의 심판을 당한다고 비난하며 성급하게 그를 공격한다.

11:1-2. 나아마 사람 소발이 대답하여 가로되. 소발이 말한 내용은 욥이 제시한 연약한 말에 대한 반응이었다. 이로 인해 욥에 대한 그의 무감각한 심문이 시작된다. 말이 많으니 어찌 대답이 없으랴? 이 질문에 함축된 대답은 '있다' 이다. 욥의 한탄과 항변에 대한 대답이 있어야 하고, 소발은 그 대답을 할 사람이 자신이라고 확신한다. 입이 부푼 사람이 어찌 의롭다 함을 얻겠느냐? 이것 역시 얻지 못한다는 대답이 함축되어 있다. 욥은 혐의 사실에 대해 의롭다 함을 얻지 못할 것이다.

11:3. 소발은 욥이 자랑하는 말(다시 말해서 거짓된 말, 공허한 말)로 그의 친구들을 잠잠하게 하고자 시도하면서 너무 성급하게 말했다고 믿는다. 엘리바스가 자신이 하나님을 대변한다고 믿었기 때문에, 소발이 보기에 엘리바스에 대한 그의 성급한 대답은 하나님을 비웃는 것처럼 비쳤다.

11:4-5. 그래서 소발은 "네 말이 내 도는 정결하고 나는 주의 목전에 깨끗하다 하는구나"라고 말한다. 욥은 자신이 정결하지 않음을 인정했지만(욥 7:21, 10:7) 끔찍한 범죄에 대해서는 결백하다고 주장했다(비교. 1:1, 8, 2:3). 소발은 하나님의 말씀이 욥을 비판할 것이라고 믿고, 하나님이 말씀을 내시며 욥을 향하여 입을 여시기를 바란다. 소발은 하나님이 욥을 침묵하도록 해주시기를 원한다.

11:6. 소발은 하나님이 욥에게 지혜의 오묘를 보여주시기를 원하지만, 그 자신과 욥 두 사람 모두 지혜가 필요한 존재임을 깨닫지 못한다. 두 사람 다 천상의 장면을 들여다볼 필요가 있었다. 이것을 보게 되면 욥의 고난에 대한 이유가 명확해질 것이다(비교. 욥 1:6-12, 2:1-7). 지혜의 비밀에 대한 올바른 이해가 있다면, 소발의 부당한 비난과 하나님에 대한 욥의 불평이 끝났을 것이다. 욥은 자신의 고난에 대한 직접적인 대답을 결코 받지 못했다. 그러나 나중에 욥에게 그의 제한적인 이해를 일깨워주시기 위해 하나님이 사용하시는 것이 바로 지혜의 비밀이었다(욥 38-41장). 소발은 확신을 가지고 "너는 알라 하나님의 벌하심이 네 죄보다 경하니라"라고 단언한다. 욥은 자신의 모든 죄에 대해 일일이 벌을 받지 않은 것에 만족해야 할 것이다.

B. 소발의 도전(7-12절)

Supporting Idea	소발은 욥에게 하나님을 이해할 수 있는 그의 제한된 능력을 일깨워 줄 목적으로 하나님의 위대하심에 대해 욥을 심문한다.

11:7. 소발은 하나님의 무한하심에 대한 욥의 이해와 관련해 그에게 질문한다. 그러나 욥은 한 번도 하나님의 무한성을 부인하지 않았다(비교. 욥 9:3-12). 네가 하나님의 오묘를 어찌 능히 측량할 수 있느냐? 욥에게 기대되는 대답은 '아니오'이다. 전능자를 어찌 능히 온전히 알겠느냐? 역시 전제된 대답은 부정적이다. 욥은 하나님의 광대하심을 이해하는 능력에 있어서 유한하고 제한적이다. 그러나 물론 그의 세 친구들 역시 마찬가지였다.

11:8. 하나님의 신비는 하늘보다 높고 음부(스올, Sheol)보다 더 깊다고 소발은 선언한다. 그러나 그는 이 위대한 진리들을, 욥을 공격하고 자신이 이해하지 못하는 것에 대해 비난하기 위한 악한 의도로 사용하였다. 소발은 고난당하는 욥에 대해 어떤 자비심

도 갖지 않았다.

11:9. 그 도량은 땅보다 크고 바다보다 넓으니라. 욥이 이보다 크고 넓기 위해서 할 수 있는 것은 아무것도 없다. 그가 무엇을 할 수 있을 것인가? 소발은 하나님의 무한성을 이해했지만, 그가 말하고자 하는 의도는 욥이 하나님의 무한성에 대해 무지함을 지적하는 것이었다. 엘리바스와 빌닷이 그랬던 것처럼 소발은 욥이 짓지 않은 죄에 대해 욥을 비난하고, 그가 품지 않은 사악한 생각을 하고 있다고 그를 정죄했다.

11:10. 소발은 하나님의 정의에 대해서 더 언급한 후, "하나님이 두루 다니시며 사람을 잡아 가두시고 개정하시면 누가 능히 막을소냐?"라고 묻는다. 하나님은 진리의 기준이시기 때문에 그 누구에게도 해명하실 필요가 없다. 누가 그의 사역에 항의할 수 있는가?

11:11-12. 소발은 욥에게 매우 불리하겠지만 하나님은 허망한 사람을 아시나니 악한 일은 상관치 않으시는 듯하나 다 보신다고 믿는다. 욥이 완악한 교만함으로 회개하기를 거부하고 있다고 믿는 소발은, 하나님이 모든 죄를 낱낱이 갚으실 것을 상기시켜주어 그를 겸손하게 만들고자 한다. 소발은 잠언을 이용해서 욥이 지각이 없는 사람이며 그 출생함이 들나귀 새끼같이 될 가능성이 있다고 심히 빈정거린다.

C. 소발의 권면(13-20절)

Supporting Idea	소발은 욥에게 진실한 회개를 위해 필요한 조치를 취하라고 권면하고, 그렇게 하면 그의 삶에서 하나님의 축복을 회복하게 될 것이라고 욥을 설득시킨다.

11:13. 소발은 욥이 하나님의 용서하심을 알고자 한다면 반드시 해야 할 회개의 구체적인 몇 가지 단계들을 제시한다. 욥은 마음을 바로 정해야 한다. 이것은 욥이 의로운 방법으로 삶을 살아야 할 필요가 있다는 의미다. 또한 욥은 주를 향하여 손을 들어야 한다. 이것은 기도에 대한 언급이다.

11:14. 나아가 욥은 그의 손에 있는 죄악을 멀리 버려야 한다. 이것은 그의 삶 속에 숨겨진 죄에 대한 언급이다. 또한 욥은 불의로 그의 장막에 거하지 못하게 해야 한다. 이것은 아마 그의 가족 속에 있는 죄를 용인하는 것과 관계 있는 언급일 것이다. 소발은 욥

이 당하고 있는 복합적인 고난에 대해 단순한 해결책을 제시하고 있다. 이 잘못된 해결책인 회개는 욥이 죄 때문에 하나님의 징계를 당하고 있다는 거짓된 전제에 근거하고 있다.

11:15-16. 소발은 계속해서 욥이 회개한다면 받게 될 축복을 보장한다. 그리하면 네가 정녕 흠 없는 얼굴을 들게 되고, 욥은 현재 상태와는 반대로 굳게 서서 두려움이 없을 것이다. 자신의 죄를 인정하면 욥은 그의 환난을 잊을 수 있게 될 것이다. 환난이라는 단어는 죄의 끔찍한 결과를 가리킬 때 사용되고 있다(욥 3:10, 4:8, 5:6-7). 그러면 욥이 그의 환난을 추억할지라도 물이 흘러감 같을 것이다. 다시 말해서 흘러가버린 지 오랜 다리 아래의 물처럼 아득한 옛일로 기억하게 될 것이다.

11:17-18. 삶이 대낮보다 밝으리니 행복과 희망으로 빛날 것이다. 슬픔의 어두움은 아침과 같이 될 것이요, 사라져버릴 것이다. 밝은 미래에 대한 희망이 있기 때문에 욥은 든든할 것이다. 회개와 하나님의 회복하심이 있다면 그는 안전히 쉬게 될 것이다.

11:19. 욥은 누워서 잠을 잘 것이며, 그를 두렵게 할 자가 아무도 없을 것임을 확신할 것이다. 욥이 스바 사람들(욥 1:14-15)과 갈대아 사람들(욥 1:17)에게 당했던 경험과는 달리 모든 사람들이 그와 더불어 화평을 누릴 것이다. 오히려 반대로, 많은 사람이 그를 공격하는 것이 아니라 그를 존경하며 그의 호의를 구할 것이다. 욥이 회개한다면 그의 순종이 주변 환경에도 불구하고 하나님에 대한 흔들림 없는 신뢰를 보였기 때문이 아니라, 진정으로 하나님의 축복(비교. 욥 1:9)에 근거하였기 때문임이 증명될 것이다(비교. 욥 13:15).

11:20. 소발은 욥에게 "그러나 악한 자는 눈이 어두워서 도망할 곳을 찾지 못하리니 그의 소망의 기운이 끊침이라"라고 경고하는 것으로 변론을 마무리하고 있다. 빌닷의 마무리 발언과 마찬가지로(욥 8:22), 이 비판적인 말은 욥이 회개하지 않는다면 하나님이 그의 악한 생명을 거두어가실 것이라는 의미를 내포하고 있다.

Main Idea 복습	세 번째 친구인 소발은 고백하지 않은 죄가 있다고 욥을 비난하며 공격한다.

결론

비판할 자격이 있는 자가 누구인가?

에이브러햄 링컨(Abraham Lincoln)은 "돕고자 하는 마음을 가진 사람은 비판할 권리가 있다"고 말한 적이 있다. 다시 말해서 상대방이 잘못하고 있는 부분을 지적하는 것만으로는 충분하지 않다는 것이다. 오히려 우리는 상대방을 돕기 위해서 그 사람이 자신의 한계나 실수를 극복하도록 전심을 다해 도움을 주어야 한다. 비판하는 데는 치수가 전혀 필요하지 않다는 말이 있다. 누구나 다른 사람들의 잘못을 지적할 수 있다. 그러나 위대한 사람의 표식은 사람들이 실패를 극복하도록 돕는 것이다.

불행하게도 소발은 그의 인생에서 그러한 태도를 지니지 못했다. 그에게는 욥을 돕고자 하는 마음이 없었다. 그러므로 그는 욥을 비판할 권리를 상실하였다. "사람들은 내가 얼마나 그들에게 관심이 있는가를 알지 않으면, 내가 얼마나 많이 알고 있는가에 대해 관심이 없다"라는 오래된 격언이 있다. 소발은 욥을 대할 때 이 충고를 유의해야 했다. 소발의 말은 소리 나는 구리와 울리는 꽹과리에 불과했다(비교. 고전 13:1).

삶의 적용

사랑으로 말하는 법

소발의 문제는 그가 말한 내용에 있는 것이 아니라 그가 말하지 않은 내용에 있었다. 더욱이 욥을 대하는 소발의 태도도 적절하지 않았다. 이것을 통해 우리는 고통 가운데 있는 친구에게 어떤 말을 해야 하는지에 대해 배우게 된다.

1. 하나님의 사랑에 대해 이야기하라. 소발은 정의만 있을 뿐 사랑은 전혀 없었다. 그는 지엄하신 하나님에 대한 시각을 대변했지만, 하나님이 자기 백성들에 대해 인내하시

며 자비로우시다는 것을 강조하지 않았다. 우리는 사람들에게 이 진리를 드러내야 한다. 소발처럼 하나님의 주권성을 강조하기를 좋아하는 우리는 하나님의 긍휼히 여기심도 동일하게 강조해야 한다. 상처입은 사람들은 그들에 대한 하나님의 무조건적 사랑에 대해 들을 필요가 있다. 우리는 고통당하는 영혼들에게 하나님이 고난을 겪는 이들에게 보여주시는 사랑을 상기시켜주어야 한다.

2. 하나님의 공의에 대해 이야기하라. 우리는 하나님이 하시는 일이 옳다는 신뢰를 가질 수 있다. 소발이 놓친 메시지가 또한 이러한 것이었다. 하나님은 옳은 일만 하실 수 있다. 그리고 항상 옳은 일만 하실 것이다. 우리는 고난 가운데 있는 이들에게 이것을 강조해야 할 필요가 있다.

3. 하나님의 평강에 대해 이야기하라. 하나님은 온갖 무서운 시련 속에서도 모든 이해를 초월하는 초자연적 평강을 제공하신다. 상처입은 심령들에게 이것을 말해주어야 한다. 하지만 소발은 욥에게 이러한 내면적 평강에 대해 전혀 이야기하지 않았다. 우리가 인생의 역경을 겪고 있는 이들을 섬길 때는 오직 그분만이 주실 수 있는 신적 평강에 대해 이야기해주어야 한다. 낙심한 영혼들에게 하나님의 평강으로 격려하는 자가 되라.

기도

아버지, 당신은 행하시는 모든 길에서 무한하시며 온전히 지혜로운 분이십니다. 당신 앞에서는 모든 것이 다 열려 있고 벌거벗겨진 것처럼 드러납니다. 주님께는 어떤 부정도 숨길 수 없습니다. 당신은 인간의 마음 깊은 곳까지 보시기 때문입니다. 우리가 우리의 죄를 고백하도록 가르치시고, 자신의 피로 우리의 죄를 덮으시고 정결하게 하시는 예수 그리스도의 지고한 희생을 기억하도록 도와주소서. 예수님의 이름으로 기도합니다. 아멘.

심층 연구

A. 정결하고(4절)

'정결하다' (히. 바르, bar)는 구약에서 단 몇 번밖에 사용되지 않은 히브리어 형용사다(비교. 욥 11:4, 시 73:1, 잠 14:4). 바르는 바라르(barar)에서 파생된 것으로, 순수하고(시 18:26, 습 3:9), 정결케 된(렘 4:11), 광택이 난(사 49:2), 선명한(전 3:18), 깨끗한(사 52:11), 혹은 선택된(대상 16:41) 것을 의미한다.

B. 못하다(20절)

'못하다' (히. 칼라, kala)는 구약에서 다양한 형태로 237회 사용되고 있다. 이 단어는 완성되고 마치고 파괴되어야 한다는 의미가 있다. 어근에서 파생된 의미로는 과정을 완성에 이르게 한다는 뜻이 있다. 이 단어에 가장 적합한 영어는 '완성된(finished)' 이다. 이 완성이나 마무리는 부정적인 함의를 지닐 수도 있고, 긍정적인 의미를 내포할 수도 있다. 이 본문에서는 부정적인 의미로 사용되었으며, 악인의 완전한 파멸을 가리키고 있다. 이러한 의미에서 이 단어는 악인에게 내려지는 하나님의 심판을 묘사하는 데 사용되었다(시 18:37, 78:33, 사 29:20, 겔 5:13). 때로 하나님은 반역한 이스라엘 백성들을 멸하시겠다고 위협하셨다(출 32:10, 애 3:22). 이 단어는 또한 전쟁의 파괴적인 결과를 묘사하는 데 사용되기도 한다(삼상 15:18).

고안

A. 소발의 대적(1-6절)

1. 욥의 말을 반박하다(1-3절).
2. 욥의 말을 인용하다(4절).
3. 욥의 말을 반박하다(5-6절).

B. 소발의 도전(7-12절)

1. 하나님은 무한하시고 깊이를 헤아릴 수 없다(7-9절).
2. 하나님은 독립적이시며 불가항력적이시다(10절).
3. 하나님은 모든 것을 아시고 모든 것을 보신다(11-12절).

C. 소발의 권면(13-20절)

1. 욥의 회개의 조건(13-14절)
2. 욥의 회개의 결과(15-20절)

토의 질문

1. 나는 상처입은 친구에게 충고를 하기에 앞서 인내하며 경청하는가?

2. 잘못을 범한 형제나 자매가 하나님께 의문을 제기할 때 사랑의 마음으로 그를 교정하여주는가?

3. 큰 고통 중에 있는 사람이 느끼는 신체적, 정신적, 영적 압박감을 이해하고자 애를 쓰는가?

욥기 12장

날 내버려 둬

"당신이 이곳에서 이방인이 아니라면

세상의 개들이 당신을 향해 짖지 않을 것이다."

- 사무엘 러더포드(Samuel Rutherford)

들어가는 글

비판하는 모든 사람을 기쁘게 할 수 없다

한 노인이 어린 손자를 나귀의 등에 태운 채 길을 가고 있었다. 그들이 어느 마을을 지나가고 있을 때 지나가던 사람들이 "저 노인 좀 봐. 제 발로 걸어갈 수 있는 튼튼한 젊은 손자를 태우고 가고 있군" 이라고 수군거렸다. 그들의 비난이 그 할아버지의 마음을 상하게 했다. 그래서 그는 자리를 바꾸어 소년은 걷게 하고 자신은 나귀를 타고 가기 시작했다. 하지만 몇 분 지나지 않아 다른 사람들이 또 말하기 시작했다. "저것 좀 봐! 건강한 사람이 나귀를 타고 저 가엾은 어린 소년은 걸어가게 하고 있지 않은가!"

그래서 이번에는 노인과 소년이 모두 나귀를 탔다. 하지만 그들을 비난하던 사람들은 "저 몹쓸 사람들을 보게. 저 무거운 무게로 불쌍한 나귀를 얼마나 못살게 구는가" 라고 웅성거렸다. 그래서 그 노인과 손자는 나귀에서 뛰어내려 걸어가기 시작했다. '이번에는 아무도 우리를 비난하지 않겠지' 라고 노인은 속으로 생각했다. 하지만 그는 사람들의 비판적인 본성을 과소평가하였다. 곧 그는 사람들이 "저것 좀 보게, 저토록 좋은 나귀를 이용하지도 않다니" 라고 말하는 소리를 들었다. 그래서 모든 비난을 중지시키기 위해 그 노인은 소년과 함께 나귀를 짊어지고 갔다.

우리가 무엇을 하더라도 비난할 사람들은 있을 것이다. 우리가 아무리 신중하게 처신한다 해도 항상 모든 사람을 다 기쁘게 할 수는 없다. 근거 없는 비난을 견딜 수 있는 열쇠는 비난에 반응하는 우리의 태도에 있다. 이 이야기의 노인처럼 분별력 없이 우리를 비난하는 사람들의 말에 귀 기울인다면 필경 무거운 짐을 짊어지고 가게 될 것이다. 우리는 비난을 다루는 법을 배워야 한다. 욥에게 필요한 것이 바로 이것이었다. 그가 무슨 일을 하든지, 그의 친구들은 그를 힘들게 몰아붙일 것이다. 그가 그들의 비난에 반응하는 법을 안다는 것이 쉬운 일은 아니었다.

12장에 이르렀지만 주인공은 여전히 불안한 처지에 있다. 그는 번개가 내리치는 폭풍우 속의 피뢰침이며, 사탄의 불화살에 대한 손쉬운 목표물이다. 재산과 가족과 건강과 아내의 지지를 잃어버린 욥은 그의 친구들의 부당한 비판의 목표물이 되었다. 소발의 가혹한 비난에 대한 그의 항변이 욥기 12장에 나타난다.

본문 이해

날 내버려 둬

Main Idea	욥은 소발의 공격에 반응해 자신의 결백을 주장하고 인류에 대한 하나님의 신비하고 주권적인 방식들을 인정하는 반면, 그의 친구들을 비판하고 법정에서 하나님께 제시하기 위한 그의 명분을 쌓는다.

A. 욥의 비방(1-6절)

Supporting Idea	욥은 자신의 결백과 인간을 대하시는 하나님의 신비한 방식을 재확인함으로써 소발의 비난을 반박한다.

12:1-2. 그러고 나서 욥이 3장에 걸친 긴 내용(욥 12-14)으로 대답하였다. 너희만 참으로 사람이로구나 너희가 죽으면 지혜도 죽겠구나! 욥은 그의 친구들이 죽으면 모든 지혜도 그들과 함께 사라질 것이라고 그들을 비난한다. 이것은 그의 '전문적인' 조언자들을 비웃는 신랄한 조롱조의 표현이다. 욥은 그들이 모든 지혜와 통찰을 다 소유한 것처럼 행동한다고 조롱하고 있다.

12:3. 욥은 "나도 너희같이 총명이 있어 …"라고 응수한다. 그는 자신의 생각과 시각도 인정을 받아야 한다고 주장한다. 너희만 못하지 아니하니. 그를 비난하는 자들만 진리의 전매특허를 가진 것은 아니다! 욥은 "그 같은 일을 누가 알지 못하느냐?"고 질문함으로써 그들의 충고를 반박한다. 그들의 지혜는 그 당시 대부분의 사람들이 갖는 평범한 것이었다. 욥은 단순한 조언 이상의 것이 필요했다. 그는 공허한 말이 아니라 통찰력 있는 조언이 필요했다.

12:4-5. 분이 나고 좌절감을 느낀 욥은 그들을 향해 자신의 분노를 쏟아 붓는다. 그가 사람들의 웃음 받는 자가 되었다 하더라도 자신은 의롭고 순전하다고 그는 확신한다. 하나님의 결론도 역시 이와 같았다(욥 1:8, 2:3). 하지만 욥은 하나님께 불러 아뢰어 들으심을 입은 시절을 망각하였다(비교. 욥 13:22, 31:35). 그의 절친한 친구들은 재앙에 빠지고 발이 미끄러져 넘어진 사람들을 멸시하는 평안한 사람들이었다. 욥이 고난을 감당할 수 있도록 돕기는커녕 그의 친구들은 독선적인 말로 그를 비판할 기회만을 노렸다.

12:6. 그는 '강도의 장막은 형통하고' 라고 말하며 자신을 변호한다. 악하고 우상을 숭배하는 강도들도 형통함을 자랑한다. 그렇다면 그의 고난이 어떻게 그가 불의하다는 의미가 될 수 있는가? 하나님을 진노케 하는 자가 평안하니 그들은 손에 우상을 지니고 다니는 자들이다. 고난이 한 개인이 불의하다는 증거가 아니듯이 형통함이 한 개인이 의롭다는 증거는 아니다. 그러므로 욥은 그의 친구들이 잘못을 범하고 있다고 결론짓는다.

B. 욥의 조롱(7-12절)

Supporting Idea	욥은 짐승들도 때로 악이 선을 이긴다는 것을 안다고 친구들을 나무란다.

12:7. 욥은 조롱조로 "이제 모든 짐승에게 물어보라 그것들이 네게 가르치리라" 고 말하며 소발을 훈계한다. 소발이 욥을 들나귀에 비유했기 때문에(비교. 욥 11:12), 욥은 자신이 짐승과 새들에게서 얻을 수 있는 많은 지식과 교훈을 소유하고 있다고 말하며 소발에게 역공을 가한다. 특히 욥의 친구들은 그들의 주장과는 반대로 의인들이 자주 고난을 당하며 악인들이 성공한다는 것을 알게 될 것이다. 그들도 자신의 피조물에 대한 하나님의 주권적 통치와 섭리적인 지배를 알고 있다.

12:8. 여전히 그의 친구들을 꾸짖으며 욥은 그들이 땅에게서 배울 수 있다고 응수한다. 땅도 그들에게 동일한 교훈을 가르칠 것이다. 이 세상에서는 의인들이 고난을 당하고 악인들이 성공하는 경우가 자주 있다. 그는 이러한 기본적인 인생의 진리에 대해 바다의 고기도 네게 설명하리라고 단언한다. 그들은 다시 배워야 할 필요가 있는 것이다.

12:9-10. 욥은 "이것들 중에 어느 것이 여호와의 손이 이를 행하신 줄을 알지 못하랴"

라는 수사학적 질문을 던진다. 함축된 대답은 알지 못하는 자가 아무도 없다는 것이다. 모든 사람들이 이것을 알고 있고 또한 알아야 한다. 누구나 이것을 다 알고 있다면, 그것을 알지 못하는 그 세 친구들은 무엇이란 말인가? 욥은 "생물들의 혼과 인생들의 영이 다 그의 손에 있느니라" 고 단정적으로 말한다. 모든 것이 하나님의 손 안에 있다(비교. 욥 10:12). 욥은 친구들에게 자신이 비록 의롭고 순전하지만 현재 당하는 고난은 하나님의 주권적 통치에 의한 것이라고 상기시킨다. 강력한 하나님 중심적인 신학 때문에 욥은 하나님이 선과 악을 모두 주실 수 있다는 시각을 갖게 되었다(욥 2:10).

12:11-12. 입이 식물의 맛을 변별하고 귀가 말을 분변하듯이 욥은 그의 친구들의 조언을 맛보고 부족한 점을 발견하였다. 욥기 34장 3절에서 이 표현이 거의 정확히 그대로 엘리후에게 인용되고 있는 것으로 보아 이것은 당시의 속담이었거나 자주 사용되던 어구였을 것이다. 친구들의 잘못된 충고에 대해 욥은 "늙은 자에게는 지혜가 있고 장수하는 자에게는 명철이 있느니라" 는 말을 하게 된다. 지혜와 명철이 장수한 사람들에게서 발견되는 것으로 전제되고 있다(비교. 욥 8:8).

C. 욥의 경외감(13-25절)

Supporting Idea	욥은 통치자들과 열방에 대한 하나님의 궁극적 통치를 인정한다.

12:13. 자칭 만물박사인 욥의 친구들이 개인적인 경험과 주관적 신비주의와 같이 신뢰하기 어려운 수단을 통해 획득된 지혜를 내세움에도 불구하고, 욥은 그들의 생각과는 다른 지식을 갖고 있었다. 그는 지혜와 권능이 하나님께 있음을 알고 있다. 인간 중심적인 사고 때문에 욥의 위로자들의 조언은 경건한 지혜와 권능이 결여되어 있었다. 하나님만이 참된 모략과 명철을 갖고 계신다고 욥은 강조한다. 이것은 불건전한 모략을 제시하고 하나님과 인간과 고통에 대해 왜곡된 명철(이해)을 가진 세 친구들에 대한 강력한 고발이다.

12:14. 하나님의 신비한 방법들에 대한 소발의 질문에 대답하기 위해(비교. 욥 11:7-8) 욥은 하나님의 길이 사람의 이해를 벗어난 것임을 확인한다. 그가 헐으신즉 다시 세울 수 없고 사람을 가두신즉 놓이지 못하느니라. 하나님의 권능은 저항할 수도, 되돌릴 수도

없는 것이다. 하나님이 하기로 선택하신 일은 변경될 수 없다(비교. 렘 1:10).

12:15-16. 하나님이 가뭄을 주시든, 혹은 홍수를 주시든 그의 주권적 뜻이 방해받지 않을 것임을 욥은 알고 있다. 모든 인간사에 대해 주권적 주가 되신 하나님께만 능력과 지혜가 있다. 하나님의 권능은 누구도 거역할 수 없으며, 아무리 반대가 거세다 하더라도 하나님의 승리로 귀결된다. 그러므로 속은 자와 속이는 자가 다 하나님의 통제 아래 있다. 포로들과 포로를 사로잡는 사람들도 동일하게 하나님의 뜻에 기여한다.

12:17. 모사를 벌거벗겨 끌어가시는 하나님의 모습에서 하나님의 신적 주권성이 다시 드러난다. 다른 사람들에게 조언을 제공하고 감독하는 사람들조차 모든 것을 통제하시는 하나님의 섭리 아래서는 무기력한 존재에 불과하다. 더욱이 하나님은 자신의 영원한 뜻을 이루시기 위해서 재판장으로 어리석은 자가 되게 하시며, 그들의 평결을 뒤집으신다. 가장 강력한 재판장들이라고 해도 하나님을 절대 거역할 수 없다.

12:18. 하나님은 세상의 권력자들의 행동을 뒤집으시며 열왕의 맨 것을 푸신다. 그는 포로된 자들을 해방시키시며 변경할 수 없어 보이는 왕의 명령을 뒤집으신다. 하나님은 그들의 허리를 동이시고 그들을 이끌어내어 해방시키신다.

12:19. 사회에서 차지하는 위치가 아무리 막강하다 해도 하나님은 인간에게 아무런 제약을 받지 않으시며, 원하신다면 아무리 강력한 영향력을 가진 제사장이라도 그 권력을 벌거벗겨 끌어가신다. 하나님은 왕이든 제사장이든, 권력이 있는 자를 넘어뜨리신다. 하나님의 주권적 통치는 모든 인류, 심지어 땅에서 가장 고귀한 위치에 있는 자들까지 다스리고 인도한다.

12:20-21. 하나님은 충성된 자의 말을 없이하시며 그들의 제한된 통찰력을 좌절시키시고 그들에게서 올바른 판단력을 빼앗으신다. 그는 늙은 자의 지식을 빼앗으시고, 그 자신의 식별하는 지혜가 무오하며, 가장 지혜로운 인간들조차 어리석은 자에 불과함을 보여주신다. 나아가 방백들에게 멸시를 쏟으시고 그들의 명예를 박탈하신다. 강한 자의 띠를 푸시고 연약함으로 그들을 제압하신다. 그러므로 모사들, 재판관, 열왕, 제사장, 조언자들, 장로들, 방백들, 그리고 모든 권력자들(17-11절)은 하나님을 떠나서는 참된 명철과 올바른 모략을 제공할 수 없다.

12:22. 그러나 모든 것을 아시는 전지하신 하나님은 어두운 가운데서 은밀한 것을 드러내신다. 인간들 중 가장 영리한 자에게 죽음의 그늘로 보이는 것이 하나님께는 광명으

로 보인다. 세상의 시각에서 도무지 이해할 수 없는 혼란도 하늘의 시각에서 보면 이해가 가능한 질서다. 이러한 언급은 확실히 "네가 하나님의 오묘를 어찌 능히 측량하겠느냐?"(욥 11:7a)고 앞서 물은 소발의 질문에 대한 대답이 분명하다.

12:23. 하나님은 개별 왕들과 황제들의 흥망성쇠를 결정하실 뿐 아니라 집단적인 그들의 왕국과 제국들의 파멸을 주권적으로 선언하신다. 하나님은 만국을 커지게도 하시고 다시 멸하기도 하신다. 모든 나라의 미래는 하나님의 손에 달려 있다. 그는 그들을 번성하게 하시거나 무너지게 할 수 있는 권한을 갖고 계신다.

12:24-25. 하나님은 모든 속박들을 제거하시고 만민의 두목들의 총명을 빼앗으셔서 그들이 타락한 데 대한 벌을 받도록 하신다(단 4:28-37). 그는 그들이 왕국을 빼앗긴 왕들이 되어 길 없는 거친 들로 유리하도록 방치하신다(비교. 욥 6:18, 시 107:40). 이 왕들은 앞을 보지 못하고 술 취한 사람들처럼 빛 없이 캄캄한 데를 더듬는다. 모든 분별력과 판단할 수 있는 능력이 박탈되었다. 그들은 하나님에 의해 하나님의 뜻의 길을 결정할 수 있는 능력도 없이 비틀거리게 되었다(비교. 고전 2:14).

Main Idea 복습	욥은 소발의 공격에 반응해 자신의 결백을 주장하고 인류에 대한 하나님의 신비하고 주권적인 방식들을 인정하는 반면, 그의 친구들을 비판하고 법정에서 하나님께 제시하기 위한 그의 명분을 쌓는다.

결론

중요한 것은 비평가가 아니다

아래 인용문은 자신을 비난하는 자들에게 대처하는 법을 알았던 테오도어 루즈벨트(Theodore Roosevelt)가 한 말이다.

"중요한 것은 비평가도, 어떻게 강한 자가 무너졌는가 혹은 위업을 달성한 사람이 어떻게 그 위업을 더 잘 달성할 수 있었는가를 지적하는 사람도 아니다. 명예는 얼굴이 땀과 먼지와 피로 얼룩진 채 실제로 현장에서 고투하는 사람의 것이다. 용감하게 분투하며, 실수를 하지만 목표에 이르지 못하더라도 일어나는 사람, 위대한 열정과 위대한 헌신을 알고 가치 있는 대의에 자신을 바치는 사람, 실패하더라도 큰 도전 정신을 가지고 실패함으로써, 승리도 패배도 모르는 냉담하고 소극적인 영혼의 소유자는 결코 되지 않는 사람의 것이다.

다음에 사람들의 비난에 직면할 때 이러한 시각을 마음속에 견지하라. 대부분의 비평가들은 승리나 패배를 결코 경험해본 적이 없는 방관자적 감독이다. 그들 대부분은 영원한 차이를 만들어내며, 믿음의 전쟁터에서 싸워본 경험이 한 번도 없다. 인생의 파괴적인 일격으로 얼굴이 얻어터지고 피가 흐른다면, 그것은 아마 당신이 하나님을 섬기고 그의 영광을 위해 살면서 변화를 만들어내며 경기를 해왔기 때문일 것이다.

삶의 적용

비난에 대처하는 법

1. 당신을 비난하는 사람의 충고를 꼼꼼히 따져보라. 당신이 고난을 당하고 있을 때 많은 사람들이 조언을 해주려고 할 것이다. 당신은 배우고자 하는 태도로 조언을 받아들여야 한다. 조언의 내용을 꼼꼼히 검토하면서 열린 마음으로 경청하라. 그것을 평가하고 주의 깊게 생각해보라. 그러고 나서 그것이 타당한 것인지 결정하라. 때로 그 조언이 적절한 것일 수도 있다. 그럴 경우, 하나님이 당신을 교훈하고 성숙하게 하시기 위해 그것을 사용하실 것이다. 하지만 때로는 그러한 조언이 사실과 다를 수도 있다. 그러한 조언은 과녁을 맞히지 못할 것이다. 그러한 경우 그것은 사실 당신을 궤도에서 이탈하게 하고 해를 미칠 수도 있다. 파는 사람이 있다고 해서 그것을 다 사서는 안 된다. 모든

비판은 하나님의 말씀과 속성과 그의 뜻과 일치해야 한다.

2. 자신의 마음 상태를 점검해보라. 당신 자신의 마음속을 들여다보고 당신의 비판자들이 말하는 내용이 당신에게 적용되는지 살펴보라. "하나님, 실제로 내 생활 속에 잘못된 죄악이 있습니까? 잘못된 부분을 저에게 보여주십시오"라고 기도하며 당신 자신의 마음을 살펴보라. 성경은 "만물보다 거짓되고 심히 부패한 것은 마음이라 누가 능히 이를 알리요마는"(렘 17:9)이라고 말한다. 자신의 마음을 아는 것이 쉬운 일은 아니다. 오직 하나님의 성령만이 당신의 마음의 죄를 깨닫게 하고 죄를 드러내실 수 있다. 시편 기자는 "하나님이여 나를 살피사 내 마음을 아시며 나를 시험하사 내 뜻을 아옵소서 내게 무슨 악한 행위가 있나 보시고 나를 영원한 길로 인도하소서"(시 139:23-24)라고 부르짖는다. 인간의 자연적인 경향은 우리를 비판하는 자들의 말에 반항한다. 그러나 우리는 주님께 우리의 마음을 열고 "하나님, 내 삶에서 악한 것은 없습니까?"라고 물어보아야 한다.

기도

아버지, 우리의 삶을 인도해주셔서 감사합니다. 짧고 고통으로 가득한 삶 속에서 우리를 살펴주시니 감사드립니다. 우리를 해하려고 하는 모든 사람들에게 인내할 수 있도록 해주시기를 기도합니다. 주님, 우리가 주님처럼 그들을 대할 수 있도록 가르쳐주소서. 우리에게 닥치는 모든 박해를 견디게 하셔서 우리가 하는 말이나 행동이 모두 주님을 영화롭게 하도록 해주소서. 예수님의 이름으로 기도합니다. 아멘.

심층 연구

A. 의로운 자(4절)

'의인' (사디크, saddiq)은 구원을 위해 전적으로 하나님만을 신뢰하는 사람이다. 이 단어 자체는 기준, 즉 하나님의 완전한 거룩이라는 기준에 부합한다는 의미다. 이것은 먼저 신분적인 의, 혹은 오직 하나님만이 선언할 수 있는, 하나님 앞에서의 인간이 법적으로 의로운 상태를 가리킨다(창 15:6). 또한 이것은 하나님 앞에서의 실제적인 의를 가리키며, 점진적으로 하나님의 성품을 닮아가는 것을 의미하기도 한다. 이 후자의 용례와 관련해서 이 단어는, 한 개인의 삶이 점점 하나님 자신의 거룩한 성품이라는 불변하는 기준에 가까워지고 있음을 의미한다.

B. 강도(6절)

'강도' (히. 샤다드, shadad)라는 단어는 구약에서 57회 사용되며, 파멸(잠 11:3), 시골이나 도시의 폐허(시 137:8, 렘 51:55-56) 그리고 예루살렘 성의 파괴자들(즉, 바벨론, 렘 12:12)에 대해 사용되고 있다. 여기서는 다른 사람들의 재물을 약탈하지만 외관상으로는 번성하고 형통한 악인들을 가리켜 사용하고 있다.

C. 여호와(9절)

'여호와' (히. 예호바, jehovah)는 이스라엘에게 계시된 하나님의 개인적인 고유한 이름으로, 이스라엘 백성들은 그 이름을 '영화롭고 두려운 이름' (신 28:58)이라고 이해했다. 이 구절의 용례로는 욥기에서 단 한 번 나온다. 야훼의 4자음 문자(YHWH)에서 파생된 여호와는 히브리어 성경에서 5,321회 사용되고 있으며, 성경에서 하나님을 가리켜 가장 자주 사용되는 단어다. 하나님은 너무나 거룩한 분이셔서 여호와라는 이름을 결코 입 밖으로 크게 소리내어 사용할 수 없었다. 대신 성경 독자들에게 '여호와' 대신 '아도나이(Adonai)' 를 사용하도록 하기 위해 아도나이에 대한 모음 표기가 삽입되었다.

여호와의 의미에 대해 논의가 이루어져왔지만, 어디에도 기원을 두지 않는 하나님의 자기 실존(self-existence)을 가리킨다고 추론하는 것이 안전하다. 고대의 히브리어는 이 단어를 '하바(hava)' 와 연관지었다. 이것은 하나님이 불타는 떨기나무에서 모세에게 "나는 스스로 있는 자니라"(출 3:14)라고 말씀하셨을 때 볼 수 있듯이 '존재하다' 라는 의미를 갖고 있었다. 이 예에서 하나님의 이 이름은 하나님의 영원성, 자율성, 독립성, 불변성을 암시한다.

이 하나님의 이름은 종종 이스라엘에 대한 하나님의 언약과 관련해서 사용되었다(창 15:18, 신 7:9, 사 26:4). 이 이름은 또한 자기 백성들에 대한 하나님의 인격적 관계와 친밀성을 의미하기도 했다. "너희로 내 백성을 삼고 나는 너희 하나님이 되리니"(출 6:7). 이스라엘이 예배드려야 할 대상이 바로 이 이름이었다(암 3:2).

D. 모략(13절)

'모략' (히. 에사, esa)은 자문, 심의, 혹은 조언이라는 의미를 가지며, 지도자나 왕에게 조언을 제공하는 보좌관을 가리켜 사용되었다. 모세는 이드로에게 조언을 받았고(출 18:19), 압살롬은 아히도벨(삼하 16:20, 23)과 후새(삼하 17:4)를 모사로 두었다. 더 중요한 것은 하나님이 모략을 주시기도 하고(사 19:17, 렘 50:45) 악인들의 모략을 좌절시키기도 하신다는 것이다(느 4:15). 이 단어는 욥기에서 8회 사용되고 있다(5:13, 10:3, 18:7, 21:16, 22:18, 29:21, 38:2, 42:3).

고안

A. 욥의 비방(1-6절)

1. 나의 친구들은 설득력이 없다(1-2절).
2. 나도 내 친구들에게 뒤지지 않는다(3절).
3. 나는 내 친구들과 사람들에게 멸시를 당하고 있다(4-5절).
4. 나의 친구들이 나를 능가한다(6절).

B 욥의 조롱(7-12절)

1. 짐승들에게 물어보라(7-8절).
2. 천국에 대해 배우라(9-10절).
3. 노인들에게 물어보라(11-12절).

C. 욥의 경외감(13-25절)

1. 하나님은 만물을 다스리신다(13-15절).
2. 하나님은 모든 사람들을 다스리신다(16-25절).

토의 질문

1. 최근에 나는 환경적인 요인으로 인해 낙담하거나 우울했던 적이 있는가?

2. 당신은 비난에 어떻게 반응하는가?

3. 내가 받는 비난이 정당한 것인지 알아보기 위해서 나의 생활을 객관적으로 점검하는가?

4. 다른 사람들을 비판할 때 절제와 사랑의 인내하는 마음을 가지고 있는가?

욥기 13장

희망을 붙들다

"희망은 두터운 구름을 뚫고 천국을 볼 수 있다."

- 토마스 브룩스(Thomas Brooks)

들어가는 글

하나님의 모든 희망

알렉산더 솔제니친(Alexander Solzhenitsyn)은 희망의 끈을 붙잡는 방법을 아는 사람이었다. 수년 동안 러시아의 정치범으로 투옥 생활을 한 그는 자유를 위해 고통을 감내한 사람의 상징이 되었다. 아사하기 직전의 식단으로 생존하면서 하루 12시간의 중노동에 강제 동원된 그는 중병에 걸리게 되었다. 의사들은 그의 죽음이 임박했다고 예견했다. 어느 날 오후 그는 보초들에게 심한 매질을 당할 것을 알면서도 노동을 멈추었다. 더 이상은 도저히 견딜 수가 없었던 것이다.

바로 그 순간, 같은 그리스도인인 다른 죄수가 그에게 다가왔다. 그는 자신의 지팡이로 모래에 십자가를 그린 다음 그것을 지웠다. 갑자기 솔제니친은 하나님의 모든 소망이 그의 영혼에 홍수처럼 흘러넘치는 것을 느꼈다. 절망의 와중에서 그리스도께서 죄에 대한 승리를 얻기 위해 싸우셨다는 그 소망의 상징은 솔제니친에게 고통스러운 날들과 그 앞에 놓여 있는 괴로운 투옥 생활을 견디고자 하는 용기를 주었다. 우리는 희망을 끝까지 놓지 않을 때 어떤 일이라도 감당할 수 있다.

알렉산더 솔제니친과 동일하게 욥도 절망적인 상황 속에서 극도로 고통스러운 시련을 겪은 사람이었다. 그의 영혼은 점점 더 나락으로 떨어졌다. 현실을 빠져나갈 수 있는 유일한 출구는 죽음뿐인 것 같았다. 그러나 절망의 와중에서 그의 영혼은 갑자기 희망으로 힘을 얻게 되었다. 그것은 하나님 안에서 새롭게 된 소망이었다. 욥은 "그가 나를 죽이시리니 내가 소망이 없노라 그러나 그의 앞에서 내 행위를 변백하리라"(욥 13:15)고 말했다. 고통에도 불구하고 그는 하나님 앞에 설 새로운 소망을 발견하였고, 낙관적인 미래에 대한 확신을 회복하였다. 포기하고 싶을 때 이 희망을 붙잡은 것이 그에게 계속 견디게 하는 힘이 되어주었다.

본문 이해

희망을 붙들다

Main Idea	욥은 소발이 거짓말을 이용한다고 비난하면서 자신의 변론에 귀 기울이라고 도전하고, 자신의 결백을 증명하기 위해서 하나님께 말씀드리고 싶은 마음을 표현한다.

A. 욥의 변호(1-12절)

Supporting Idea	욥은 그의 친구들을 깎아내리고 법정의 하나님 앞에서 자신을 변호할 준비를 한다.

13:1-2. 욥은 자기 자신의 증언에 대한 증인이 되어 "나의 눈이 이것을 다 보았고 나의 귀가 이것을 들었다" 고 지적한다. 그의 친구들이 그를 어리석은 자처럼 대했지만 욥은 사람들과 열방들의 삶 속에 하나님이 개입하심을 통달하였다. 욥은 '너희 아는 것을 나도 아노니' 라고 주장한다. 그는 자신이 지혜나 통찰력에 있어서 그들보다 열등하지 않다고 믿는다(비교. 욥 12:3, 15:17). 그러므로 이 끔찍한 삼인조가 그에게 해준 충고는 실제적으로 아무런 도움이 되지 않았다. 비난조의 그들의 대화는 설득력이 없었다.

13:3-4. 친구들과의 논쟁을 계속하는 것이 허망하다는 점을 깨달은 욥은 "참으로 나는 전능자에게 말씀하겠다" 고 결심한다. 욥은 혐의 사실에 대해 그를 유죄라고 생각하는 그의 비판자들의 조언에 맞서 반응하기보다 하나님과 변론하기를 원한다. 하나님께는 공정한 심리를 받을 것이다. 하나님 앞에서라면 그를 거짓말로 해치는 세 친구들과 달리 공정한 판결을 받을 것이다. 욥은 격분하여 그들에게 "다 쓸데없는 의원이니라" 고 폭언을 퍼붓는다. 병을 진단하고 치료하는 의사들과 달리 욥의 친구들은 그의 문제가 무엇인지 진단하거나 효과적인 치료를 할 수 없는 쓸모없는 의원들이었다.

13:5-6. 그의 친구들은 욥과 첫 일주일을 잠잠한 가운데 침묵하였다(2:13). 그는 그들이 다시 잠잠해지는 것이 지혜로울 것이라고 지적한다. 그들이 말을 적게 하면 할수록

더 좋은 것이다. 욥은 그의 친구들에게 그의 말을 들어보라고 호소하며 여섯 개의 수사학적 질문을 제시할 준비를 한다. 그는 그 질문들을 통해서 하나님을 대변하는 것처럼 조언을 제공하는 그의 친구들의 역량에 도전한다.

13:7. 욥이 제시한 첫 번째 질문은 "너희가 하나님을 위하여 불의를 말하려느냐?"는 것이었다. 그러고 나서 그는 "그를 위하여 궤휼을 말하려느냐?"고 질문한다. 너희가 하나님을 대변한다고 주장하는 것은 심각한 잘못이다. 하지만 잘못된 행위와 말을 하나님이 하신 것으로 말하며 악과 기만으로 하나님을 잘못 대변하는 것은 훨씬 더 심각한 죄다. 이것이 욥이 그의 친구들에 대해 제시한 혐의 내용이었다.

13:8. 더욱이 그들은 스스로를 하나님의 검사로 생각하고, 하나님을 위하여 쟁론하고자 시도하면서 편파적인 태도(낯을 좇는다)를 보였다. 하나님이 이 일을 위해 자신들을 임명하시고 욥을 파멸시키기 위해 그들을 이용하신다고 믿으면서 얼마나 교만한 생각을 했던가. 실제로 이러한 질문들은 그들이 중립적이기를 바라는 욥의 간절함을 보여주는 것이다.

13:9. 욥은 그의 친구들에게 "하나님이 너희를 감찰하시면 좋겠느냐?"고 질문한다. 욥은 그의 조언자들이 피고가 되었을 때 하나님의 동일한 심문을 감당할 수 있는지 궁금하다. 사실 욥은 아무도 하나님을 속일 수 없음을 알고 있다. 그렇다면 이 세 친구들은 다른 사람들과 마찬가지로 실제 모습이 드러날 것이다.

13:10-11. 욥은 확신을 가지고 '만일 가만히 낯을 좇을진대 그가 정녕 너희를 책망하시리니' 라고 단언한다. 하나님의 평결이 내려졌을 때 이 비판은 사실임이 드러난다(비교. 욥 42:8). 각 친구들은 겉으로 보기에는 하나님의 편에 서고자 시도했고, 그렇게 해서 욥에게 도전했다. 친구들이 엄밀한 검증을 받고 있다는 생각을 계속 하면서 욥은 "그 존귀가 너희를 두렵게 하지 않겠으며 그 위엄이 너희에게 임하지 않겠느냐?" 라는 의문을 갖는다. 그들이 욥을 경멸하며 교만과 오만으로 가득 차 있지만, 그들을 옹호하는 사람이 단 한 명도 없을 때 그들도 두려움과 공포(위엄)를 경험할 것이라고 생각한다(비교. 욥 31:32).

13:12. 욥은 그들의 격언(기억할 가치가 있는 말)이 재 같은 속담에 불과하다고 결론 내린다. 그들의 주장은 불에 태워서 성 쓰레기장의 잿더미 속에 던져야 마땅하다. 하나님의 정의에 대한 그들의 자칭 방어는 토성(흙의 변론)이었다. 이 말을 할 때 욥은 아직도

성 쓰레기장의 잿더미에 앉아 있었을 것이며, 두 번째 행을 말할 때는 깨어진 자기 그릇을 들고 있었을 수도 있다(비교. 욥 2:8).

B. 욥의 선언(13-19절)

Supporting Idea	욥은 하나님의 법정에서 자기 변호를 할 준비를 한다.

13:13-14. 하나님께 자신을 변호하고 싶다는 바람을 표현한 욥(욥 13:3)은 이제 그러한 천상의 법정에 출두하기 위해 준비하고 있다. 또다시 욥은 친구들에게 자신이 말할 수 있도록 잠잠하라고 요청한다(비교. 13:5-6). 그는 자신의 말에 대한 결과를 기꺼이 감당할 것이다. 무슨 일이 임하든지 내가 당하리라. 욥은 친구들에게 "내가 어찌하여 내 살을 내 이로 물고 내 생명을 내 손에 두겠느냐?" 고 질문한다. 욥이 자신의 결백의 진실성을 입증할 수 있다면 자신의 살을 이로 무는 위험도 기꺼이 감당할 것이다. 그가 자신의 순전한 인격을 유지하기 위해서 이 모든 어려움을 자초하고자 하는 이유는 무엇인가?

13:15. 욥은 하나님에 대한 흔들림 없는 신뢰를 가지고 "그가 나를 죽이시리니 내가 소망이 없노라 그러나 그의 앞에서 내 행위를 변백하리라" 고 선언한다. 부적절한 시기에 자신에게 나아오는 욥을 하나님이 죽이시려고 한다 할지라도 그는 모든 혐의에 대해 그를 변호해줄 하나님을 여전히 신뢰할 것이다. 하나님이 욥을 죽이지 아니하신다면 그것은 그 자신의 결백에 대한 증거가 될 것이라고 그는 믿는다. 이러한 판결 연기는 하나님 앞에서 그의 행위를 변백할 기회를 풍성하게 허락할 것이다. 그러나 하나님이 그를 멸하신다 하더라도 그는 하나님과 그의 결백에 대한 강한 확신을 유지할 것이다. 죽음에 대한 공포조차도 하나님 앞에서 자신의 결백을 주장하고자 하는 욥을 막지는 못할 것이다.

13:16. 욥은 사곡한 자는 그의 앞에 이르지 못한다는 것을 알기 때문에 하나님 앞에 출두하는 것이 그의 구원이 될 것이라고 믿는다. 친구들과 달리 욥은 하나님에 대한 올바른 이해를 드러낸다. 그는 고백하지 않은 죄를 지닌 채 하나님의 존전으로 들어가면 그 사람이 거룩한 땅에 섰음으로 분명히 죽음을 당할 것을 알았다. 또한 하나님 앞에서 기꺼이 자신을 변론하고자 하는 욥의 각오는 그가 무죄하다는 암시였다. 이길 수 있다는

믿음이 없다면 아무도 자신을 변론하지 않을 것이다.

13:17. 이 장에서 세 번째로 욥은 친구들에게 들어줄 것을 간청하고 있다(6, 13, 17절). 그는 자신을 변호할 준비가 되었으므로 그의 말을 그들이 이해할 수 있도록 자신의 말을 들으라고 요청한다. 그들은 분명히 욥이 말을 하고 있을 때 그의 말을 듣지 않고 다음에 할 주장을 준비하고 있었을 것이다.

13:18-19. 확신 속에서 욥은 "내가 스스로 의로운 줄 아노라" 고 말한다. 욥은 기회가 주어진다면 하나님 앞에서 자신의 무죄를 입증할 수 있을 것이라고 확신한다. 욥은 담대하게 "나와 변론할 자가 누구이랴?" 라고 묻는다. 그의 유죄를 입증할 수 있는 사람이 있다면 그는 잠잠하고 죽을 것이다. 다시 말해서 욥이 기소된 것처럼 유죄라면 그는 수치감과 침묵 속에 죽을 준비가 되어 있다는 것이다. 그러나 그는 이 기소가 그에게 불리한 방향으로 전개되지 않을 것이라고 믿는다.

C. 욥의 바람(20-27절)

Supporting Idea	욥은 자신을 고통스럽게 하고 두렵게 하는 일을 멈추어 달라고 하나님께 호소한다.

13:20-21. 하나님 앞에서 자신을 변론함으로써 무죄를 입증하고자 하는 욥은 "오직 내게 이 두 가지 일을 행하지 마옵소서 그리하시면 내가 주의 얼굴을 피하여 숨지 아니하오리니" 라고 기도한다. 욥은 두 가지 요청을 들어주신다면 하나님 앞에 나아가 자신을 변론하고 싶다. 첫 번째 요청은 하나님이 그의 손을 자신에게 대지 마시라는 것이다. 두 번째 요청은 하나님이 욥을 두렵게 하는 위엄(terrors)을 중지시켜주시라는 것이다. 이러한 조건이 충족된다면 욥은 더 이상 하나님을 피하여 숨지 않고 그분을 만날 것이다.

13:22. 법정의 하나님 앞에 출두하고 싶은 바람이 더 강해진 욥은 "그리하시고 주는 나를 부르소서 내가 대답하리이다" 라고 요청한다. 그는 하나님이 천상의 법정을 소집하시고, 전능자가 그에 대한 결백 여부를 가려주실 것을 간절히 원한다. 하나님이 응하지 않으실 경우 욥은 "나로 말씀하게 하옵시고 주는 내게 대답하게 해주소서" 라고 요청한다. 하나님이 즉각적으로 행동하시지 않으면 그가 자신의 심리를 실시할 것이다. 하나님이 재판을 소집하시든지, 그렇지 않을 경우 그가 독자적으로 심리를 소집하겠다는 것

이다.

13:23. 좌절감을 느낀 욥은 "나의 불법과 죄가 얼마나 많으니이까?" 라고 질문한다. 그는 자신의 고난이 그가 지은 죄를 압도하는지 알기를 원한다. 고통과 슬픔의 이유가 된 죄의 정도를 욥이 알 수만 있다면 그는 아마 그의 고난을 받아들이거나 회개하고 그에 따라 삶을 변화시킬 수 있을 것이다. 이러한 그의 언급은 지치고 기진한 욥이 자신에 대한 친구들의 비난을 믿기 시작하고 있음을 보여준다. 그래서 그는 하나님께 "나의 허물과 죄를 내게 알게 하옵소서" 라고 요청한다. 욥은 하나님의 강렬한 심판을 촉발시킨 자신의 죄의 목록들을 알려달라고 하나님께 요청한다.

13:24-25. 주께서 어찌하여 얼굴을 가리우시나이까? 욥이 볼 때 하나님은 그에게서 얼굴을 숨기시는 것 같다. 앞에서 그는 얼굴을 피해 숨은 자가 자신이라고 말한 적이 있다(비교. 13:20). 그는 하나님이 자신을 그의 대적처럼 대하시는 이유가 무엇인지 궁금하다. 욥은 바람에 날려 다니는 낙엽이나 겨처럼 자신이 하나님 앞에서 무기력하고 무가치하다고 느끼고 있으며, 그래서 그는 하나님이 자신을 아는 체조차 하시지 않는 이유에 대해 혼란스럽다.

13:26. 점점 분이 생긴 욥은 '주께서 나를 대적하사 괴로운 일들을 기록하시며 나로 나의 어렸을 때에 지은 죄를 받게 하시오며' 라고 말하며 하나님을 탓한다. 그는 하나님이 범죄자의 범죄 사실이 담긴 기록을 갖고 계시듯이 그의 죄에 대한 기록을 폐기하지 않고 계속 갖고 계신다고 비난한다(비교. 시 25:7). 욥은 자신이 이전에 지었던 죄, 아마도 아주 옛날인 어렸을 때 지은 죄에 대한 형벌을 이제 받고 있음이 분명하다고 믿는다.

13:27. 욥은 자신을 가장 무거운 격리 선고를 받고 엄격한 감시 아래 있는 죄수 같다고 느낀다. 마치 하나님이 그의 모든 길을 계속해 엄밀히 감시하고 그의 발을 차꼬에 채우신 것 같다. 그는 하나님의 감옥을 피해 모든 것을 다 보시는 눈에서 도망갈 수 없을 것이다.

D. 욥의 절망(28절)

Supporting Idea	욥은 한 번 더 감정적으로 무너져 내리며 인간의 궁극적 운명은 죽음과 쇠락이라고 결론짓는다.

13:28. 욥은 "나는 썩은 물건의 후패함 같다"고 절망한다. 많은 고통과 상처 때문에 욥은 인간이 천천히 부패하여 소멸한다는 것을 깨달았다. 욥은 곧 쓰레기통으로 던져질 쓸모없는 옷인 좀먹은 의복처럼 자신이 분해되어가고 있다고 믿는다.

Main Idea 복 습	욥은 소발이 거짓말을 이용한다고 비난하면서 자신의 변론에 귀 기울이라고 도전하고, 자신의 결백을 증명하기 위해서 하나님께 말씀드리고 싶은 마음을 표현한다.

결론

미래의 희망

얼마 전에 당국은 작은 마을이 오랫동안 자리 잡고 있었던 메인(Maine) 주의 어느 계곡에 수력발전소를 건설하기로 결정했다. 주민들은 다른 곳으로 이주해야 했고, 마을은 수몰될 운명에 처했다. 그 프로젝트를 시작하겠다는 첫 결정이 이루어지고 나서 댐이 완성되는 동안, 잘 살아가던 이 마을 사람들은 황폐해지기 시작했다. 한 주민은 "미래에 대한 희망이 전혀 없는 곳에서는 현재의 노력도 있을 수 없습니다"라고 설명했다. 희망이 사라질 때 노력하고 견디고자 하는 내적인 충동도 사라진다. 그러나 희망이 있을 때 삶은 윤택해진다.

이것은 욥의 영혼 속에서 격렬히 진행되던 동일한 싸움이었다. 절망 속으로 추락하지 않도록 위로 끌어올려주는 희망을 버리지 않는다면 우리는 하나님의 영원한 목적을 확신할 수 있다. 이는 특별히 우리의 환경에서 무질서와 혼돈 외에는 아무것도 찾아볼 수 없는 상황일 때 더욱 그러하다. 이런 고통스러운 시기에는 하나님이 모든 것을 통제하시며 완전하게 통치하시고, 모든 것이 그의 영광과 우리의 유익을 이루는 방향으로 전개되도록 하신다는 지속적인 확신을 가져야 한다. 이것은 한치 앞을 내다볼 수 없는 칠흑 같은 밤이 계속될 때 모든 신자들이 가질 수 있는 최고의 소망이다.

삶의 적용

희망의 불꽃을 계속 타오르게 하는 법

극도로 암울한 인생의 시련 속에서 우리는 어떻게 소망을 가질 수 있는가? 수많은 인생의 어려움 속에서 우리가 강건함을 잃지 않도록 해주는 그 소망을 어떻게 가질 수 있는가? 시련에 대한 몇 가지 진리를 기억하는 것으로 우리는 소망을 얻을 수 있다.

1. 시련을 주시는 분은 하나님이시다. 확실히 욥의 인생이 바로 이 경우였다. 그의 고통스러운 시련은 하나님의 보좌 앞에서 시작되었다. 그 시련의 원인은 하나님의 뜻이었다. 우리에게도 마찬가지다. 우리는 지고한 우주의 통치자께서 우리의 인생에 대한 그의 완전한 계획에 따라 우리에게 시련을 주신다는 것을 기억해야 한다.

2. 하나님은 시련을 이용하신다. 하나님은 우리의 시련에 대해 거룩한 뜻을 갖고 계신다. "하나님은 모든 것이 합력하여 선을 이루게 하신다"(롬 8:28). 이러한 신학적 진리를 알면 우리가 고통스러운 시기를 감당할 때 소망을 가질 수 있다. 심지어 가장 고통스러운 환경 속에서도 하나님은 항상 그분의 영광과 우리의 선을 이루기 위해 일하신다. 목적 없는 고난은 존재하지 않는다.

3. 하나님은 고난을 통제하신다. 어떤 인생의 폭풍도 하나님의 통제 밖으로 벗어나지 않는다. 하나님은 항상 시련의 한계를 정하신다. 우리의 눈에는 그렇게 보이지 않더라도, 우리의 가장 무서운 시련조차 만물을 다스리시는 하나님의 손 안에 있다. 그분은 항상 우리의 시련을 통제하신다.

4. 하나님은 고난을 제거하신다. 적어도 신자에게 끝이 없는 시련은 존재하지 않는다. 밤 동안에는 눈물을 흘리겠지만, 아침에는 기쁨이 온다. 결국 폭풍이 그치는 날이 오고 말 것이다. 하나님의 완전한 때에 현재의 이 시련이 그칠 것이다. 그때가 곧바로 올 수도 있고 혹은 나중에 올 수도 있다. 그때가 이생에서 올 수도 있고 혹은 내생에서 올 수도 있다. 그러나 이 시련은 지나가게 될 것이다. 그러므로 우리는 하나님 안에서 소망을 가져야 한다. 그가 결국 우리 삶의 이 무서운 시련을 거두어가실 것이다.

기도

하나님, 당신 안에서 우리의 소망이 강해지고 자라가게 하소서. 온갖 시련과 어려운 폭풍 속에서도 우리의 믿음이 당신께 집중되고 고정되게 해주소서. 당신에 대한 우리의 확신이 더욱 깊어지고, 당신의 지혜와 은혜에 대한 확신이 흔들림이 없도록 해주소서. 우리의 인생은 당신의 주권적 손 안에 있습니다. 당신 보시기에 기쁨이 되도록 우리 안에서 역사하소서. 예수님의 이름으로 기도합니다. 아멘.

심층 연구

불법 혹은 죄(23, 26절)

'불법' 이나 '죄' (히. 아원, awon)는 부패한, 뒤틀린, 구부러진, 혹은 비뚤어진이라는 의미가 있다. 불법은 하나님에 대한 우리의 관계에 초점을 맞춘다. 모든 죄는 자신을 더럽히고 부패하게 하며, 인격을 왜곡시키고 순수성을 타락하게 만든다. 죄를 지을수록 그의 영혼은 뒤틀리고 왜곡된 존재가 된다. 다윗이 범죄했을 때 그는 부정하고 더러워졌다. 시편 51편 2절은 "나의 죄악을 말갛게 씻기시며 나의 죄를 깨끗이 제하소서" 라고 말하고 있다. 시편 51편 10절은 '하나님이여 내 속에 정한 마음을 창조하시고' 라고 호소한다. 다윗은 죄가 자신을 더럽히고 왜곡시켰기 때문에 자신이 더럽다고 느꼈다.

교안

A. 욥의 변호(1-12절)

1. 너희의 말 중에 하나님에 대한 새로운 사실은 아무것도 없다(1-2절).
2. 하나님에 대해 진실한 내용을 아무것도 말하지 않았다(3-9절).
3. 너희가 하나님의 책망을 받을 것이다(1-12절).

B. 욥의 선언(13-19절)

1. 내가 하나님 앞에서 변론하리라(13-19절).

2. 내가 하나님께 결백을 증명받으리라(18-19절).

C. 욥의 바람(20-27절)

1. 하나님, 나의 요청을 들어주소서(20-23절).
2. 하나님, 나의 질문에 대답해주소서(24-25절).
3. 하나님 내 마음에 귀 기울이소서(26-27절).

D. 욥의 절망(28절)

1. 인간은 썩은 물건처럼 부패한다(28절a).
2. 인간은 좀먹은 옷처럼 부패한다(28절b).

토의 질문

1. 우리가 주 안에서 우리의 소망을 어떻게 든든히 가질 수 있는가?

2. 우리의 소망을 약화시키는 것은 어떤 것인가?

3. 우리의 소망을 강하게 만드는 요인은 어떤 것들이 있는가?

욥기 14장

깊은 절망 속에 빠지다

"절망은 사탄의 걸작품이다.
귀신들이 돼지 떼들을 깊은 바다 속으로 몰고 간 것같이
절망은 인간이 지옥에 곤두박질치게 한다."

- 토마스 브룩스(Thomas Brooks)

들어가는 글

누가 죽었는가?

종교개혁을 시작한 개혁가인 마틴 루터(Martin Luther)는 종종 심각한 우울증을 앓았다. 성경의 독일어 번역이라는 영적인 성공도 이러한 발작을 수그러들게 할 수 없었다. 루터는 자신의 극단적인 감정의 상태를 서술하면서 이렇게 말했다. "나는 일주일 이상을 죽음과 지옥의 문 가까이에 있었다. 나의 모든 사지가 떨렸다. 그리스도를 완전히 버린 것 같았다. 나는 절망과 하나님에 대한 신성모독적인 감정으로 동요했다." 루터가 또다시 깊은 절망을 경험하던 어느 날 아침, 그의 아내가 검은 상장을 두르고 아침 식탁에 앉았다. 루터는 "누가 죽었소?"라고 물었다. 이때 그녀는 "당신이 요즘 보이고 있는 태도를 보니 하나님이 돌아가신 것 같아서요"라고 대답했다.

진행중인 욥기 드라마의 이 시점에서 우리는 하나님이 죽으신 것처럼 행동하기 시작한 한 남자를 본다. 그는 우울증에 걸린 심리적 상태일 때 나타나는 증상들을 보이고 있다. 한때 회복되고 단호하던 그의 믿음(욥 1:21)은 약해지며 흔들리고 있었고, 그의 영혼의 감정적 상태 역시 무너져 내리고 있었다. 심각한 우울증이 그의 마음속에 자리를 잡았고, 절망으로 이어졌다. 깊은 암울함이 그의 곁에 있었다. 욥은 바로 이러한 때에 기도하며 하나님을 의지했다.

이 장은 욥이 그의 친구들과의 논쟁의 1라운드 말미에 드린 기도를 포함하고 있다. 엘리바스, 빌닷, 소발은 가시 돋친 비난의 말로 욥과 변론하였고, 고통당하는 족장은 자신의 결백에 대한 주장으로 세 친구 모두에게 대응하였다. 변론의 이 첫 라운드의 말미에서 욥은 하나님께 자신을 되돌아보는 기도를 드린다(욥 13:20-14:22). 이것은 상처가 깊은 모든 인생의 적절한 반응이다.

본문 이해

깊은 절망 속에 빠지다

Main Idea	욥은 죽음과 죽음의 종국, 인간의 실존이 하나님과 사람들의 마음속에서 영구히 지워질 때의 파괴적인 여파를 생각하면서 깊은 절망의 심연으로 빠져 들어간다.

A. 욥의 고뇌(1-6절)

Supporting Idea	욥은 죽음의 확실성을 생각하면서 인생 자체에 대한 의문을 제기하다가 갑자기 절망적인 상태로 빠져든다.

14:1. 낙심한 상태에서 욥은 '여인에게서 난 사람은 사는 날이 적고 괴로움이 가득하며' 라고 말한다. 사람-죄악된 여인에게서 태어난 모든 인류를 지칭하는 말-은 죄인이며 그것으로 인한 모든 결과를 경험한다. 피폐하고 괴로움이 가득한 가운데, 사는 날도 극히 짧은 인생인 것이다. 자신의 친구들의 충고와 반대로 욥은 악인들뿐 아니라 모든 인간이 괴로움을 겪는다고 선언한다.

14:2. 자신의 요점을 설명하기 위해서 욥은 인생이 꽃과 같아서 생명과 함께 갑작스럽게 발생하지만 시간이 흐르면서 생명력도 함께 소진하여 너무나 빠르게 쇠하여진다고 지적한다(비교. 시 37:2, 사 40:6-7). 태양이 뜨고 질 때 곧바로 사라지는 신속한 그림자처럼 인간은 머물지 아니한다. 다윗은 인생이 그림자와 같다는 것을 이해하였다(대상 29:15, 시 102:11, 144:4).

14:3. 이러한 인생에서 만나는 어려움과 덧없음을 보면서 욥은 "이와 같은 자를 주께서 눈을 들어 살피시나이까?" 라고 반문한다. 욥은 하나님이 그로 섭리적인 돌보심을 벗어나도록 결코 허락하지 않으시며 그를 계속 감시하고 지켜보실 것인지 궁금하다. 나아가 욥은 '나를 주의 앞으로 이끌어 심문하실' 것인지 궁금하다. 처참하게 고통스러운 상태에서 욥은 하늘의 심판을 받기 위해 세상의 재판과 작별을 고하게 될 것은 아닌지 묻

는다.

14:4. 인간의 타락한 상태를 올바로 이해하며 욥은 "누가 깨끗한 것을 더러운 것 가운데서 낼 수 있으리이까?"라고 질문한다. 죄를 짓지 않을 능력이 없는 자신의 조건을 직시한 욥은 자신의 부패한 상태를 인정하지만, 그가 그렇게 심각한 고난을 당하고 있는 이유에 대해서는 혼란스럽다. 욥은 무죄의 상태로 자신을 유지할 수 있는 자는 하나도 없다고 외친다.

14:5-6. 욥은 자신에게 인간의 그 날이 정해져 있고 하나님의 불변하고 영원한 계획 속에 고정되어 있다고 자신에게 상기시킨다. 그는 하나님의 주권성에 복종하며 하나님이 인간의 달의 수도 선포하셨고 제한을 정하여 인간이 넘어가지 못하게 하셨음을 인정한다(비교. 전 3:1-2). 그리고 하나님께 그에게서 눈을 돌이켜 그로 쉬게 해주시라고 호소한다(비교. 욥 10:20). 그는 자신을 괴롭히는 하나님의 감시의 눈길과 자신을 꿰뚫어보는 날카로운 하나님의 눈앞에서 벗어나 품꾼같이 그 날을 마칠 수 있게 되어 쉴 수 있기를 간절히 원한다.

B. 욥의 비유(7-12절)

Supporting Idea	욥은 나무는 죽은 후에도 다시 싹을 틔울 수 있기 때문에 나무의 미래가 인간의 미래보다 더 낫다고 탄식한다.

14:7-9. 욥은 자신을 나무에 비유하며 나무의 운명이 더 낫다고 본다. 베인 후에도 새롭게 싹이 돋아나서 다시 살 수 있기 때문에 적어도 나무는 소망이 있다. 찍힐지라도 다시 움이 나서 연한 가지가 끊이지 아니한다. 그러나 욥은 그렇지 않다. 그러한 미래의 소망은 그를 피해간다. 나무는 그 뿌리가 땅에서 늙고 결국 죽을 수도 있다. 그리고 그 줄기가 흙에서 죽을 수도 있다. 그러나 그러한 외관상의 모습은 눈속임이다. 그 나무는 봄을 기다리고 있고, 따라서 새로운 생명으로 싹을 틔울 수 있다. 나무는 물 기운에 움이 돋을 것이다. 나무는 근처에 물이 흐르는 것을 감지하고 새로운 식물처럼 움이 돋아날 것이다. 나무나 식물은 죽은 것처럼 보이지만 다시 소생할 수 있는 적절한 때를 기다리면서 여전히 생명력을 간직하고 있다.

14:10. 반대로 사람은 죽으면 무덤에서 소멸된다. 그 기운이 끊어진즉 그가 어디 있느

뇨? 욥은 사후에도 자신이 살 수 있고 하나님 앞에서 자신의 결백이 입증되는 모습을 볼 수 있다는 아무런 희망도 감지할 수 없다. 그러므로 사후의 그보다 오히려 나무가 더 희망이 있다. 욥에게 인간의 죽음은 최종적이고 되돌릴 수 없는 것이었다.

14:11. 욥은 나무에서 물로 메타포를 이동한다. 그는 인간을 증발하면 흔적도 없이 사라지는 물에 비유한다. 물은 증발해서 하늘로 사라지고 하수는 흘러드는 물이 더 이상 없기 때문에 잦아서 마른다.

14:12. 이와 같이 사람이 죽음 속에 누우면 다시 일어나지 못한다. 인간은 무덤 저편에서 다시 살 수 있는 소망이 전혀 없다. 이러한 소멸은 영원하다. 그것은 하늘이 없어지기까지 지속된다. 욥은 또다시 다른 메타포를 사용해 죽음을 다시는 눈을 뜨지 않는 수면에 비유한다. 무덤 속에서 잠자기 위해 누운 사람들처럼 인간은 눈을 뜨지 못하고 죽음 속에서 아무런 의식도 없이 있을 것이다. 인간은 잠을 깨지 못할 것이다.

C. 욥의 유익(13-17절)

Supporting Idea	욥은 자신이 죽을 경우 얻을 수 있는 유익에 대해 곰곰이 생각한다.

14:13. 욥은 이 시련을 통해 자신에게 쏟아 부어진 하나님의 진노를 피할 유일한 방법으로 죽음을 간절히 원한다. 주는 나를 음부에 감추시며(주께서 나를 음부에 감추어주시기만 한다면). 적어도 무덤 속이라면 욥은 쉼을 얻을 것이다. 그는 그곳에 주의 진노가 쉴 때까지 나를 숨겨주시도록 하나님께 구한다. 오직 무덤만이 욥이 경험한 하나님의 진노에서 피할 곳을 마련해줄 것이다. 나를 위하여 기한(다시 말해서 그의 죽어 있는 기간의 시한)을 정하시고 나를 기억하옵소서! 그 후에 하나님은 분명히 욥을 다시 살려주실 것이고 그러면 이 흉포한 시련은 끝날 것이다.

14:14. 사람이 죽으면 어찌 다시 살리이까? 사후에 살 수 있는 가능성은 욥의 마음이 갈망하는 것이고, 사람들의 보편적인 욕망이다(고전 15:51-58). 나는 나의 싸우는(문자적으로, 전쟁 - 그의 인생이 괴로운 군 복무처럼 묘사되어 있다) 모든 날 동안 참고 하나님이 나를 살리시기를 기다리겠나이다. 그러면 변화가 올 것이라고 욥은 믿는다.

14:15. 무덤에서 어느 정도 시간이 흐르면 하나님이 다시 자신을 소생시켜주실 것이

고, 그는 하나님께 대답할 것이라고 믿는다. 하나님은 그분의 손으로 만드신 것이 다시 소생하기를 원하실 것이다. 욥은 자신이 죽더라도 다시 살아날 것을 확신한다. 그는 하나님이 자신을 영원히 버리지 않으실 것이라고 믿는다.

14:16-17. 그러하온대, 즉 욥이 다시 살아난 후에 하나님은 그의 걸음을 세실 것이지만, 그의 현재의 삶과 비교할 때 큰 차이가 있을 것이다. 그때는 지금과 달리 하나님이 욥의 죄를 철저히 추적하셔서 계속 심판하시는 일은 없을 것이다. 욥이 살아나면 그의 죄과는 주머니에 넣어 봉해질 것이다. 하나님은 그의 죄를 덮어주실 것이고, 그러면 그는 새로운 인생을 출발할 것이다.

D. 욥의 괴로움(18-22절)

Supporting Idea	욥은 현재 자신의 고통스러운 상태를 생각하고, 앞으로의 세상에서 어떤 희망도 없음을 열거한다.

14:18-19. 자연에서 더 많은 메타포를 차용해 자신의 마음을 전달하던 욥은, 산이 무너지고 흩어진다고 표현하면서 하나님이 인간의 소망을 마모시켜가시는 것을 묘사하는 데 이용한다. 하나님의 권능의 손에 의해 무너지는 산은 정녕 흩어지고 바위는 그 자리에서 옮겨가듯이, 하나님은 인간의 소망을 철저하게 빼앗아가실 것이다. 물은 돌을 닳게 하여 돌들이 사라지게 하고 갑작스러운 홍수로 넘치는 물은 땅의 티끌을 씻어버리듯이 주께서는 사람의 소망을 끊으신다고 욥은 선언한다. 낙관적인 미래와, 심지어 삶 그 자체에 대한 그의 기대감은 닳아서 사라져버렸다.

14:20-21. 주께서 사람을 죽음으로 영영히 이기셔서 무덤으로 떠나게 하신다고 욥은 말한다. 생명의 왕성한 기운이 죽음과 함께 그의 얼굴에서 떠나듯이 주께서 그의 얼굴빛을 변하게 하신다. 하나님은 그를 무덤으로 쫓아 보내신다. 그 아들이 존귀하나 그가 알지 못한다. 죽음 때문에 인간은 그의 가족이 지상에서 얻는 성공에 대해 알지 못하게 된다. 비천하나 그가 깨닫지 못한다. 죽은 사람은 또한 그의 가족의 실패와 고통도 알 수 없다.

14:22. 그는 무덤 속에서 오직 자기의 살만 아플 뿐 다른 사람들의 고통을 느낄 수 없다. 그는 죽음으로 인해 자기의 마음만 슬플 뿐 울고 있는 가족들과 함께 울어줄 수도 없다.

Main Idea 복습	욥은 죽음과 죽음의 종국, 인간의 실존이 하나님과 사람들의 마음속에서 영구히 지워질 때의 파괴적인 여파를 생각하면서 깊은 절망의 심연으로 빠져 들어간다.

결론

반쯤 죽은 상태로 걸어다니다

조지아 주 애틀랜타의 연방 교도소의 전직 목사인 파크 터커(Park Tucker)는 자신의 인생에서 부딪히는 환경들에 대해 근심하면서 낙심해 어떤 도시의 거리를 걸어가고 있던 이야기를 들려주었다. 길을 따라 걷고 있던 중 그는 장례식장의 창문에 붙은 글귀를 보게 되었다. "당신은 왜 반쯤 죽은 상태로 배회하고 계십니까? 69달러 50센트만 지불하면 우리는 당신을 묻어드릴 수 있습니다. 사망인증서 도장을 찍어드립니다."

터커는 그 글귀가 굉장히 익살스럽다는 인상을 받았고, 모든 것을 올바른 시각으로 보는 데 도움이 되었다고 털어놓았다. 풍성한 삶을 살 수 있음에도 불구하고 왜 반쯤 죽은 사람처럼 배회해야 하는가? 많은 사람들이 이렇게 살아가고 있다. 마치 생명이 없는 사람처럼 배회하고 있는 것이다. 그러한 사람들은 무덤 속에 한 발을 디딘 채 흐느적거리며 다닌다. 우리가 관심을 하나님의 영광과 은총에 집중할 때만 그러한 낙심을 극복하고 활기찬 승리의 삶을 살아갈 수 있다.

삶의 적용

절망을 극복하는 법

우리는 어떻게 하면 절망과 낙심을 극복할 수 있는가? 어떻게 인생의 수많은 낙심거리들을 이길 수 있는가? 몇 가지 사항들을 지적해볼 필요가 있다.

1. 모든 고통은 일시적이다. 우리가 아무리 고통스러운 시련을 겪고 있다 하더라도 그것은 결국 지나갈 것이다. 그것이 평생 동안 지속된다 하더라도 언젠가는 죽음과 함께 사라질 것이다. 그러므로 우리가 지금 겪고 있는 고통이 무엇이든 간에 안식이 앞에 기다리고 있다. 폭풍은 잦아들 것이다. 밤이 지나고 아침이 올 것이다. 새로운 날이 결국 오게 될 것이다.

2. 모든 고통은 유익하다. 하나님은 자신의 왕국의 도래를 위해 우리의 시련을 사용하신다. 욥의 경우, 그것은 사탄을 부끄럽게 하기 위해서였다. 오늘날의 모든 신자들도 마찬가지다. 고난은 결코 무익하지 않으며, 항상 하나님의 뜻하심이 있다. 하나님은 우리의 환난을 사용해 우리가 그리스도의 형상을 닮아가도록 하신다. 시련은 우리가 세상과 결별하고 영원을 위해 살도록 한다. 시련을 통해 우리는 겸손과 하나님에 대한 의존을 배운다. 또한 슬픔 가운데 있는 다른 사람들을 돌아볼 수 있도록 우리를 준비시킨다.

3. 모든 고통은 그리스도를 닮아가게 한다. 주 예수 그리스도는 비탄에 익숙한 슬픔의 사람이었다. 우리가 참으로 그분을 알고자 한다면 그의 고난의 교제에 참여해야 한다. 인간의 고통은 이 세상의 고통을 아셨던 그리스도와 우리를 하나로 만든다. 그는 자기 앞에 십자가를 두고 사셨고, 우리가 상상할 수 있는 가장 끔찍한 죽음을 당하셨다. 우리가 시련을 당할 때 우리는 실제로 고통당하는 우리의 구세주이신 그리스도께로 더욱 가까이 이끌리고 있는 것이다.

기도

아버지, 인생은 고통으로 가득하지만, 당신이 당신의 백성들의 삶을 다스리시며 우리가 처하게 되는 환경들을 조성하십니다. 우리에게 인생의 아름다움을 일깨워주소서. 우리의 날들을 계수하도록 가르쳐주소서. 우리가 멸망해가는 이들을 구하고 죽어가는 자들을 돌볼 때, 당신의 영광을 위해 우리의 삶을 사용할 수 있도록 도와주소서. 예수님의 이름으로 기도합니다. 아멘.

심층 연구

A. 괴로움(1절)

'괴로움' (히. 로게즈, rogez)은 외적인 소동과 내적인 동요 모두에 사용되는 단어다. 이 단어는 구약에서 7회밖에 사용되지 않았다. 욥은 이 단어를 악인(욥 3:17), 쉼이 없는 자신의 상태(욥 3:26), 여인에게 태어난 모든 인간(욥 14:1), 전장에서 말의 흥분(욥 39:24) 그리고 하나님의 입에서 나오는 천둥(욥 37:2)과 관련해 사용하였다. 이사야는 이스라엘이 장차 당할 예속에 대해 로게즈를 사용했고(사 14:3), 하박국 선지자는 하나님의 진노를 표현하기 위해 이 단어를 사용했다(합 3:2).

B. 깨끗한(4절)

'깨끗한' (히. 타호르, tahor)은 구약에서 94회 사용되고 있는 형용사다. 이 단어는 동사 타헤르(taher)에서 파생한 것이다. 이 단어는 물질적이거나 의식과 관련된 의미로 혹은 윤리적 의미로도 사용된다. 인간의 마음에 들어오는 영적인 오염은 인간 자신의 힘으로는 깨끗하게 만드는 것이 불가능하다. 욥은 "누가 깨끗한 것을 더러운 것 가운데서 낼 수 있으리이까?" 라고 묻는다(욥 14:4). 인간 내면의 죄악된 더러움과는 반대로 하나님의 말씀은 절대적으로 순결하며(시 12:6), 그의 눈은 "정결하시므로 악을 차마 보지 못하신다" (합 1:13). 오직 주님만이 죄악된 인간을 깨끗하게 하실 수 있다(비교. 렘 33:8, 겔 37:23).

C. 싸우는 날(Hard Service, 14절)

'싸우는 날' (히. 사바, saba)은 인간의 집단을 가리키며 종종 싸우고 전쟁하는 것과 관련해 사용된다. 이 단어는 또한 군 복무, 특히 전쟁으로 보내는 지정된 기간을 가리켜 사용되기도 한다. 욥은 사바를 그 자신의 괴로운 고난과 재앙의 기간을 가리키기 위해 사용했다(비교. 욥 7:1, 14:14). 이사야와 다니엘은 사바를 동일한 의미로 사용했다(사 40:2, 단 10:1). 욥은 세상에서 고난의 복무 기간을 채우고 있었다.

고안

A. 욥의 고뇌(1-6절)

1. 인간의 사는 날이 적다(1절).
2. 인간의 날이 날아가듯 빠르다(2절).
3. 인간의 날이 더럽다(3-4절).
4. 인간이 날이 정해져 있다(5-6절).

B. 욥의 비유(7-12절)

1. 나무는 죽지만 다시 움이 돋는다(7-9절).
2. 인간은 죽지만 다시 소생하지 않는다(10-12절).

C. 욥의 유익(13-17절)

1. 하나님, 나의 생명을 음부에 감추어주소서(13절).
2. 하나님, 죽음에서 내 생명을 일으켜주소서(14-15절).
3. 하나님, 죽음으로 내 죄를 덮어주소서(16-17절).

D. 욥의 괴로움(18-22절)

1. 하나님, 당신이 인간의 소망을 빼앗아가시나이다(18-19절).
2. 하나님, 당신이 인간의 삶을 짓누르시나이다(20-22절).

토의 질문

1. 나는 인생의 덧없음을 제대로 이해하고 있는가?

2. 하나님의 영광을 드러내기 위해서 나의 모든 자원과 시간을 사용하는가?

3. 인생의 태어남과 죽음에 대한 하나님의 주권성을 인정하고 있는가?

욥기 15장

사탄의 비열한 공작

"그리스도인이라고 자처하는 인간의 혀가 종종 사탄의 일을 하느라 너무나 바쁘다는 것은 서글픈 사실이다."

- 도널드 그레이 번하우스(Donald Grey Burnhouse)

들어가는 글

두 배의 수업비

한 젊은이가 웅변술을 배우기 위해 유명한 철학자인 소크라테스(Socrates)를 찾아왔다. 그 젊은이는 소개를 받는 순간 조금도 틈을 주지 않고 말을 하기 시작했다. 그 위대한 철학자가 그의 수다를 더 이상 참을 수 없을 때까지 그는 계속 말을 하였다. 그 젊은이의 입을 손으로 막으며 소크라테스는 "젊은이, 그대에게는 두 배의 수업비를 받아야겠네"라고 말했다.

"왜입니까?"라고 그 젊은이가 물었다.

"자네에게는 두 개의 학문을 가르쳐야 하기 때문이라네"라고 소크라테스는 대답하였다. "먼저, 자네의 혀를 제어하는 학문을 가르치고, 이어서 그것을 올바로 사용하는 학문을 가르쳐야 한다네."

욥의 세 친구들도 이러한 교훈을 배울 필요가 있었다. 그들은 자신들의 혀를 제어하는 기술을 습득한 다음에 그것을 올바로 사용하는 기술을 배워야 했다. 혀의 사용에 관한 일이라면, 말을 적게 할수록 좋은 것이다. 일반적으로 말은 적게 할수록 더 좋다. 그러나 욥의 위로자들은 자신들의 말을 제한하기보다는 오히려 더 많은 말을 하였다. 그들은 더 위력적으로 욥을 반박하기 위해 자신들의 총을 재장전하는 데 필요한 시간 동안만 침묵하였다.

이렇게 전개되는 드라마는 이제 욥과 그의 세 친구들의 변론의 두 번째 라운드로 접어들고 있다(욥 15-21장). 욥이 친구들에게 대답하는 동안 줄곧 그들은 동일한 주장을 다시 구성하느라 바빴다. 욥의 말을 경청하기보다 그들은 가차없는 공격을 다시 시작할 수 있도록 그가 말을 그치기만을 기다리는 것 같았다. 그들의 생각을 사로잡은 유일한 것은 그를 훈계하는 것이었다. 엘리바스, 빌닷, 소발은 소송을 이기려는 이기적인 변호사들 같았다. 그들은 형제를 회복시키고 도우려는 노력을 해야 했다.

제1라운드의 반대 심문이 끝나고 이제 1라운드에서 가장 먼저 말문을 열었던 엘리바스는 2라운드에서도 가장 먼저 말을 꺼내고 있다. 지금까지 엘리바스는 세 명의 조언자들 중 욥에 대해 가장 감정이입을 해주었던 사람이다. 하지만 이제 그조차도 욥의 말을 더 이상 듣고 있을 수가 없다. 처음에는 일종의 논쟁 성격을 띠던 대화가 이제 전면적인 언쟁으로 변질되고 있다.

본문 이해

사탄의 비열한 공작

Main Idea	엘리바스는 욥이 그의 생활 속의 죄로 인해 고난을 당하고 있다고 주장하면서 욥을 강하게 비판하는 두 번째 라운드를 시작하고 있다.

A. 엘리바스의 비난(1-6절)

Supporting Idea	엘리바스는 욥에게 그가 어리석게 행동하고 있다고 말한다.

15:1-2. 욥에 대해 두 번째 변론을 하며 데만 사람 엘리바스가 대답하였다. 엘리바스는 인내하며 욥을 훈계하던 첫 번째 대화(욥 4-5장)와는 달리, 이번에는 "지혜로운 자가 어찌 헛된 지식으로 대답하겠느냐 어찌 동풍으로 그 품에 채우겠느냐" 라고 반문하며 거칠게 공격한다. 이것은 확실히 욥이 엘리바스에게 한 앞의 평가를 가리키는 것이다(욥 6:26). 그는 품에서 동풍(헛된 개념)을 말하는 수다쟁이일 뿐이라고 욥을 비난하고 있다.

15:3-4. 엘리바스는 욥이 유조치 아니한 이야기, 무익한 말로 자신의 결백을 주장하려고 한다고 믿는다. 그가 보기에 욥은 말만 많고 아무런 알맹이가 없으며 무익한 상투적인 말만 늘어놓는 것 같았다. 후에 욥은 자신이 지식이 없이 말을 했음을 인정할 것이다(비교. 욥 42:3). 참으로 네가 하나님 경외하는 일을 폐하여 하나님 앞에 묵도하기를 그치

게 하는구나. 엘리바스는 욥의 주장이 은밀하지만 여전히 내면에 존재하는 부정의 부산물이라고 인식했다. 하나님에 대한 욥의 도전적인 항변은 하나님과 욥의 관계를 방해하고 있었다.

15:5-6. 엘리바스는 죄악이 욥의 입을 부추긴다고 믿는다. 욥이 계속해 죄악된 상태에 있다고 가정하기 때문에 엘리바스는 죄가 욥이 불경한 말을 하도록 부추기고 간사한 자의 혀를 그에게 주었다고 믿는다. 거짓된 비난을 한다는 욥의 비판에 대해 자신을 변호하며 엘리바스는 "너를 정죄한 것은 내가 아니요 네 입이라" 고 선언한다. 그는 욥의 입술이 친구들보다는 욥 스스로에 대해 불리한 증언을 하고 있다고 확신한다.

B. 엘리바스의 비방(7-13절)

Supporting Idea	엘리바스는 욥의 사고의 흐름과 인생에 대한 그의 접근 방식을 공격한다.

15:7. 엘리바스는 자신이 본 것을 교만한 근원에서 나온 유약한 지혜라고 반박하면서, 욥이 스스로를 그의 조언자들과 심지어 하나님 자신보다 더 지혜롭다고 믿고 있다고 생각하고 수사학적 질문 공세로 욥을 겸손하게 만들려고 시도한다. 엘리바스는 "네가 제일 처음 난 사람이냐, 산들이 있기 전에 네가 출생하였느냐?" 고 질문한다.

15:8. 엘리바스는 "하나님의 모의를 네가 들었느냐?" 고 질문한다. 이것은 욥이 친구들에게는 알려지지 않은 하나님의 비밀한 것들을 스스로 알고 있다고 믿고 있음을 빗대어 암시하는 것이다. 이어서 엘리바스는 신랄한 조롱조로 "지혜를 홀로 가졌느냐?" 라고 물으며 욥을 심문한다. 엘리바스는 욥의 교만이 하늘을 찔러서 욥 스스로 자신 외에는 아무도 지혜를 가진 자가 없다(하나님도 포함해서)고 믿고 있다고 느낀다.

15:9. 경멸하는 듯한 조롱조로 엘리바스는 "너의 아는 것이 무엇이기로 우리가 알지 못하겠느냐 너의 깨달은 것이 무엇이기로 우리에게는 없겠느냐?" 라고 반문한다. 이러한 질문들은 욥이 스스로 그의 친구들보다 더 많은 지혜와 깨달음을 가졌다고 믿고 있다는 비난이었다. 이것은 욥에 대한 부당한 비난이었다. 욥은 단순히 그의 친구들이 가진 지혜를 자신도 갖고 있다고 주장했을 뿐이었기 때문이다(욥 12:3b, 13:2a). 엘리바스가 주장하는 것처럼 욥은 자신만이 참된 지혜를 가진 자라고 말한 적이 결코 없었다.

15:10. 엘리바스는 우리 중에는 머리가 세기도 하고 연로하기도 하여 네 부친보다 나이 많은 자도 있다고 지적한다. 이 주장은 욥에게 현재 그가 상대적으로 젊고 따라서 지혜가 부족함을 일깨운다. 엘리바스는 나이가 많다고 해서 무조건 지혜가 많은 것이 아님을 이해하지 못한다(시 119:97-104).

15:11. 노인들이 하나님의 대변자가 될 수 있다고 생각한 엘리바스는 고통 가운데 있는 욥에게 "하나님의 위로와 네게 온유하게 하시는 말씀을 네가 어찌 작다 하느냐?"라고 묻는다. 자신의 친구들에게 욥은 그의 연장자들의 조언에 대해 의문을 제기할 수 있는 권한이 전혀 없다. 하지만 엘리바스는 노인들이 온유하게 말한다고 전제한 것처럼 그들이 하나님의 지혜를 소유하고 있다고 전제하였다.

15:12. 엘리바스는 모든 탓을 욥에게 전가시키며 "어찌하여 네가 마음에 끌리며 네 눈을 번쩍이느냐?"고 묻는다. 엘리바스는 욥이 현실에 대한 이해력을 상실하고 감정에 끌려가고 있다고 비난한다. 하지만 실제로 자신의 감정을 통제하지 못하는 사람은 욥이 아니라 엘리바스 자신이었다.

15:13. 심문을 계속하던 엘리바스는 욥이 그의 영으로 하나님을 반대하고 그의 입으로 그러한 말들을 쏟아내는 이유가 무엇 때문인지 궁금하다. 사실, 욥이 하나님의 정당한 응보로 고난을 당하고 있다고 생각하게 만든 것은 엘리바스와 그의 친구들의 비합리적인 감정이었다. 물론 때로 욥이 하나님께 분노를 드러내기는 했지만 이 시점에서는 욥이 그의 친구들로 인해 좌절감과 분노를 느끼고 있는 것이 분명한 것이다.

C. 엘리바스의 선언(14-16절)

Supporting Idea	엘리바스는 욥이 거룩하지 않고, 도덕적으로 타락했다고 비난한다.

15:14. 엘리바스는 인간 타락의 교리를 이해하고 가르치고 있지만, 그것을 자신에게는 결코 적용하지 않는다. 그는 "사람이 무엇이관대 깨끗하겠느냐 여인에게서 난 자가 무엇이관대 의롭겠느냐?"라고 질문한다. 이러한 타락의 교리는 욥기 전반에서 발견되며(4:17, 5:7, 9;2, 14:4, 25:4), 대화가 진행되면서 다시 등장할 것이다. 욥은 모든 인간이 부정하며 불의함을 인정하는 이 진리를 이해하였다.

15:15-16. 엘리바스는 앞의 메시지(욥 14:17-19)를 반복하면서, 하나님은 그 거룩한 자들(천사들)을 믿지 아니하시며 부정한 하늘도 믿지 않으신다고 지적한다. 이것이 사실이라면 하물며 하나님이 가증하고 부패한 사람을 어떻게 신뢰하시겠는가. 인간은 가증하고 부패하며 더럽다(비교. 시 53:3). 인간은 너무나 가증해서 악을 짓기를 물 마심같이 한다. 인간은 아무런 수고를 들이지 않고 물을 마시듯이 하나님에 대한 생각이나 그 자신의 안녕을 생각하지 않고 악에 동화된다.

D. 엘리바스의 설명(17-29절)

Supporting Idea	엘리바스는 욥이 큰 고통을 당하고 있는 것으로 보아 그가 악하다고 단정한다.

15:17. 엘리바스는 진리가 전통보다 우월하다는 것을 망각하고, 자기 자신의 경험을 끌어오며 과거의 전통에 호소한다. 내가 네게 보이리니 나를 들으라 내가 본 것을 설명하리라. 다시 말해서 엘리바스는 자신이 욥의 고난에 대한 이유를 설명하고자 하니 잘 들으라고 명함으로써 욥이 회개할 수 있도록 동기부여하고 싶어한다.

15:18-19. 욥은 지혜로운 자들이 전한 것을 알아야 한다. 과거의 지혜에 호소하는 엘리바스는 그들이 그 열조에게서 받아 숨기지 아니하였기 때문에 그들의 조언을 믿어야 한다고 선언한다. 엘리바스에 의하면 과거로부터 전해진 이 지혜는 무오하며, 수정하거나 교정할 필요가 없는 것이다. 엘리바스는 이 조상들의 지혜의 우월성을 강조하기 위해서, 이 지혜로운 현자들이 이방 민족들의 철학과 전통의 영향을 받지 않은 순수한 전통을 소유하고 있으며, 이 땅은 그들에게만 주셨으므로 외인은 그 중에 왕래하지 못하였다고 지적한다.

15:20. 엘리바스는 욥을 회개시키려고 애쓰면서 악인들의 파멸에 대해 묘사한다. 엘리바스는 악인은 그 일평생에 고통을 당하며 강포자의 햇수는 작정되었다고 지적한다. 이것은 욥이 현재의 고통에 대한 이유를 생각해보도록 하기 위한 말이다. 또다시 엘리바스의 불완전한 신학이 명백하게 드러난다. 그것은 인간이 고난을 당하는 이유가 죄 때문이라는 거짓된 믿음인 것이다. 악인에 대한 하나님의 심판은 반드시 이루어질 것이며 그들을 위한 고난의 햇수가 작정되거나 예약되어 있는 것이다(비교. 욥 14:5).

15:21. 악인들은 스스로의 양심의 가책에 시달리며 자신들이 다른 이들에게 가한 공포를 당할까 두려워하여 그 귀에는 놀라운 소리가 들린다. 그러다가 그 형통할 때에 멸망시키는 자가 경고도 없이 악인에게 임할 것이다. 이 말들은 욥의 마음속에 비수처럼 꽂혔을 것이다. 엘리바스는 바로 이러한 일이 욥에게 일어났다는 것을 알았기 때문이다(1:13-19).

15:22. 악인들은 어두운 데서 나오기를 바라지 못한다. 악한 자는 경건치 못한 광기 속에서 자신이 칼날의 표적(기다림)이 되어 있다고 믿는다. 그러므로 악한 자는 하나님의 피할 수 없는 심판을 기다리며 나날을 보낸다.

15:23. 방랑자들처럼 경건치 못한 자들은 시간이 있을 동안 식물을 찾아 유리한다. 이는 그가 흑암한 날이 가까운 줄을 스스로 알기 때문이다. 할 수 있을 때 식량을 쌓아두는 그들은 자신이 죄로 인해 음식을 구할 수 없는 날이 오리라는 것을 알고 있다.

15:24-25. 악인이 자신의 나날을 살아갈 때, 자신이 당할 심판을 기다리기 때문에 환난과 고통이 그를 두렵게 한다. 그의 악행에 대해 복수를 노리는 자들이 싸움을 준비한 왕처럼 그를 쳐서 이길 것이다. 그 손을 들어 하나님을 대적하기 때문에 무서운 심판이 악인들을 기다리고 있다. 전쟁을 준비한 군인처럼 악인들은 하나님을 멸시하며 전능자를 배반한다. 욥이 보여준 자세는 얼마나 어리석은 모습인가!

15:26-27. 나아가, 엘리바스에 의하면 욥은 두터운 방패로 하나님을 향해 반항적으로 겨누고 있다. 하지만 욥은 자신이 하나님과 싸우고 있는 것이 아니라 오히려 하나님이 자신과 싸우고 계시다고 느낀다(욥 7:20-13:24). 악인에 대한 그림을 계속 그리며 욥을 반박하는 변론을 계속하던 엘리바스는 악인의 얼굴에는 살이 찌고 허리에는 기름이 엉기었다고 지적한다. 고대 중동에서 기름은 부와 풍요의 상징이었고, 종종 악인들(렘 5:28)과 교만한 자들(시 119:70)을 가리켜 사용되었다.

15:28-29. 다른 사람들의 재물을 강탈하던 악인은 사람이 살지 아니하는 집에 살면서 황무한 성읍에 있는 자신을 보게 될 것이다. 한때 악인이 풍요와 사치를 누렸지만 이제 그는 부요하지 못하고 재산이 항상 있지 못할 것이다. 아무도 그와 함께 그의 재산을 취할 수 없으며 그의 재물이 땅에서 증식하지 못할 것이다.

E. 욥에 대한 엘리바스의 유린(30-35절)

Supporting Idea	엘리바스는 욥이 교만해서 고난을 당한다고 비난한다.

15:30. 악인은 그 행위로 인해 무덤으로 내려가게 될 것이며 흑암한 데를 떠나지 못할 것이다(비교. 욥 10:21-22). 그가 심은 작물의 가지가 말라서 그가 식량을 구할 수 없게 할 것이고, 하나님의 입김에 그가 떠날 것이다.

15:31. 욥이 가진 일체의 희망을 짓밟으면서(비교. 욥 13:15) 엘리바스는 "스스로 속아 허망한 것을 믿지 말라" 고 경고한다. 엘리바스는 욥이 그러한 고난을 당할 만한 어떤 일도 하지 않았음을 믿으려 하지 않는다. 그는 욥이 그 자신의 허망함을 신뢰하고 있다고 믿는다. 이 때문에 악인은 허망한 것이 그의 보응이 될 것이라고 생각한다.

15:32-33. 이 세상에서 죄의 씨앗을 뿌린 악인은 그의 날이 이르기 전에 그 일이 이룰 것이다. 그는 쓰라린 추수를 하게 될 것이다. 불의한 자들은 포도 열매가 익기 전에 떨어짐 같고 혹은 감람꽃이 곧 떨어짐처럼 번성하지 못할 것이다.

15:34. 엘리바스는 무자비하게 사곡한 무리는 결실이 없다고 말함으로써 욥을 비난한다. 틀림없이 이것은 그의 아내뿐 아니라 자식들까지 잃고 이제 결실이 없이 있는 욥의 비극적 사건을 언급하는 것이다. 사악한 자들은 뇌물을 사랑하므로 그들의 장막은 불에 타버릴 것이다. 이것은 욥의 양과 종들에 대한 무서운 파멸을 암시한다(비교. 욥 1:16).

15:35. 엘리바스는 자신의 신랄한 비판을 태어나지 못한 아이에서 차용한 예로 마무리한다. 악인은 악한 생각을 배고 불의를 낳는다. 임신이 이루어지고 출산이 있기까지 그들의 태는 마음에 궤휼을 예비한다. 엘리바스는 처음과 같은 방식으로 변론을 마무리한다. 즉 욥이 악하고 불경건한 그의 생활방식 때문에 하나님의 심판을 겪고 있다고 암시하는 것으로 마무리한다.

Main Idea 복 습	엘리바스는 욥이 그의 생활 속의 죄로 인해 고난을 당하고 있다고 주장하면서 욥을 강하게 비판하는 두 번째 라운드를 시작하고 있다.

결론

내 평생에 가는 길

호레이쇼 스패포드(Horatio Spafford)는 모든 면에서 성공한 사람이었다. 그러나 1871년 4월 시카고의 대형 화재로 스패포드의 사업 근거지가 파괴되는 비극적인 사건이 발생한다. 스패포드가 재정적 파산을 딛고 회복하고자 발버둥치고 있을 때, 1873년 짧지만 기쁜 일이 있었다. 그것은 여섯 식구가 첫 아들을 보는 경사를 맞이한 것이다. 그러나 그 아이가 죽음으로 비극이 다시 그 가정을 덮쳤다.

세계적으로 유명한 복음 전도자이며 스패포드의 친한 친구인 D. L. 무디(D. L. Moody)는 복음 전도대회가 열린 유럽으로 그의 가족을 초청하였다. 호레이쇼는 며칠 뒤에 뒤따라갈 계획으로 그의 아내와 네 딸들만 빌 드 아브르(Ville du Havre)호에 승선했다. 그런데 대서양 중간에서 여객선은 충돌해 침몰하고 말았다. 신문 제1면에 실린 기사로만 정보를 얻을 수밖에 없었던 호레이쇼는 그의 가족이 생존했는지 알 길이 없었다. 그리고 마침내 "혼자 살아 남았어요"라는 짧은 전보가 도착했다.

엄청난 고통과 괴로움 속에서 스패포드는 슬퍼하고 있을 아내를 만나기 위해 유럽으로 가는 배를 탔다. 가는 도중에 그 배가 깊은 물 속에서 네 딸의 시신이 안식하고 있는 지역을 지나가게 되었을 때, 스패포드는 마음속으로 한 시를 떠올렸다. 엄청난 슬픔 가운데서도 하나님의 주권적 계획을 확신한 스패포드는 놀라운 찬송을 지었다. 그것이 바로 '내 평생에 가는 길' 이라는 찬송이다. 스패포드는 결국 예루살렘에 정착해 새롭게 가정생활을 시작했다. 거룩한 도시에서 그들은 복음을 전하며 하나님께 크게 쓰임 받았다.

호레이쇼 스패포드가 욥의 시대에 살아 있었다면 욥의 친구들은 그의 고난 역시 숨겨진 죄 때문일 것이라고 단정했을 것이다. 하지만 욥의 삶처럼 스패포드의 삶은 고난이 고난당하는 자의 삶 속에 불의가 있음을 가리키는 것은 아니라는 진리를 가르쳐준다.

삶의 적용

다른 이들을 위로하는 법

상처입은 사람의 삶에 사용될 수 있는 방법에 대한 몇 가지 통찰을 소개한다.

1. 말을 줄이라. 엘리바스는 많은 말로 인해 실수를 했다. 그는 장황하고 허망한 말로 욥을 짓눌렀다. 역설적인 것은 엘리바스가 욥이 헛된 말을 한다고 비판했지만(욥 15:2), 이러한 비난을 가장 많이 받아야 할 사람은 바로 그 자신이었다는 점이다. 상처를 입은 사람에게는 말을 줄여야 한다. 엘리바스가 말을 많이 할수록 상대방은 더 큰 상처를 입었다. 우리는 다른 사람들을 위로하려 할 때 침묵을 두려워해서는 안 된다.

2. 말을 조절하라. 엘리바스는 너무나 비약적이고 거친 표현을 사용했다. 그가 어느 정도의 기교와 융통성이 있었다면 설득력이 있었을 것이다. 이를 통해 우리는 잠언에서 정금과 같다고 한 사려 깊은 말의 필요성을 배워야 한다. 때로 우리는 상대방의 감정에 무감각할 수 있다. 고통 가운데 있는 사람들에게 말을 할 때는 따스한 마음과 사려 깊은 태도를 지녀야 한다. 예수님은 무슨 말을 해야 할지뿐 아니라 그 말을 하는 방법도 아셨다(요 12:49-50). 우리도 그렇게 해야 한다.

3. 자신의 말을 철저히 검토해보라. 엘리바스의 문제는 말한 내용이 부정확했다는 것이다. 악인의 심판에 대한 그의 지적이 지닌 문제점은 그것이 항상 사실은 아니라는 것이다. 많은 악인들이 외관상 보기에 행복하고 성공한 생활을 유지한다. 오히려 많은 경건한 사람들이 고난과 실패를 당한다. 이것을 통해, 다른 사람들의 위로자로 사용되고자 한다면 성경적인 진리를 알아야 한다는 것을 배워야 한다. 우리가 하나님께 쓰임받고자 한다면 성경에 대한 전략적 이해를 가져야 한다. 성경의 진리로 우리의 말을 평가하도록 하자.

기도

하나님, 하늘과 땅의 주님, 당신과 인생의 수많은 사건들에 대해 성급한 단정을 하지 않게 우리 입술을 제어하도록 가르쳐주소서. 당신의 판단은 측량할 수 없고 당신의 길은 헤아릴 수 없나이다! 당신이 하시는 일을 이해할 수 없을 때에도 믿고 순종할 수 있도록 가르치소서. 예수님의 이름으로 기도합니다. 아멘.

심층 연구

A. 간사한(5절)

'간사한' (히. 아룸, arum)은 엘리바스에 의해 부정적인 의미로 사용되고 있다. 아룸은 간교하거나 음흉한 사람을 묘사하는 형용사다. 욥은 앞에서 하나님이 막으시는 악을 도모하는 자를 가리켜 이 단어를 사용하였다(욥 5:12). 아룸에 대한 가장 부정적인 용례는 창세기 3장 1절에서 볼 수 있다. "여호와 하나님의 지으신 들짐승 중에 뱀이 가장 간교하더라." 여기서 이 단어는 엘리바스에게 욥이 자신을 변호하기 위해 선택한 언어를 묘사할 때 사용되고 있다.

B. 말리다(30절)

'마르다' (히. 야베쉬, yabesh)는 완전히 말라서 바짝 타버리는 것을 의미한다. 이 단어는 생명을 유지하는 데 필요한 수분을 잃어버린 채소에 대해 사용된다. 야베쉬는 때로 식물과 비교해서 쉽게 부서지는 인간의 연약한 상태를 가리켜 사용되기도 한다(비교. 시 90:6, 사 40:7-8). 욥은 앞장에서 이 단어를 죽음을 묘사하기 위해 사용했고(욥 14:11), 엘리바스는 동일한 용어를 악인들에 대한 하나님의 심판을 묘사하는 데 사용한다.

교안

A. 엘리바스의 비난(1-6절)

1. 네 말이 공허하다(1-2절).
2. 네 말이 무익하다(3절).
3. 네 말이 불경하다(4절).
4. 네 말이 기만적이다(5절).
5. 네 말이 스스로 자신의 유죄를 증거한다(6절).

B. 엘리바스의 비방(7-13절)

1. 지혜의 기원이 네가 아니다(7-8절).
2. 지혜를 너만 가진 것은 아니다(9-10절).
3. 지혜는 하나님께로부터 와서 네게 주어진다(11-13절).

C. 엘리바스의 선언(14-16절)

1. 인간은 출생 때부터 깨끗하지 않다(14절).
2. 하늘의 천사들도 부정하다(15절).
3. 인간은 삶 속에서 부패하고 부정하다(16절).

D. 엘리바스의 설명(17-29절)

1. 내가 지혜의 근원을 가르치리라(17-19절).
2. 내가 지혜의 실체를 가르치리라(20-29절).

E. 욥에 대한 엘리바스의 유린(30-35절)

1. 악인은 헛되이 믿는다(30-31절).
2. 악인은 때가 이르기 전에 죽는다(32-34절).
3. 악인은 죄악 가운데 죽는다(35절).

토의 질문

1. 나는 하나님의 지혜를 말하는가, 세상의 지혜를 말하는가?

2. 나는 말하기 전에 먼저 말의 내용을 점검하는가?

3. 나는 다른 사람들을 비방하지 않도록 내 입을 지키는가?

욥기 16장

내게 새로운 친구들이 필요하다

"누가 진정한 친구인지 진실로 알고자 한다면 실수를 해보라."

- 무명

들어가는 글

가서 개 한 마리를 더 사세요

몇 년 전 UCLA 대학의 축구 감독이었던 페퍼 로저스(Pepper Rogers)는 끔찍한 시련의 나날을 지내고 있었다. 언론이 그를 공격해대고 있었고, 학교 동문회는 그의 사임을 요구하고 있었다. 또한 하루가 다르게 그를 외면하는 친구들이 늘어나고 있었다. 그의 뜻대로 되는 것이 아무것도 없는 것 같았다. 한 주가 멀다 하고 패배와 좌절이 찾아왔다. 로저스는 그의 아내마저 자신을 충분히 격려해주지 않는다고 생각했다. 그는 아내에게 "내 개가 가장 좋은 친구가 되어주는구려. 하지만 인간은 적어도 두 명 이상의 친구를 필요로 하오"라고 말했다. 그러자 그녀는 "가서 개 한 마리를 더 사세요"라는 말로 응수했다.

확실히 욥이 바로 이러한 상황이었다. 그의 친구들과 아내는 그에게 등을 돌리고 그에 대한 가장 최악의 비판자가 되었다. 욥은 아무런 정서적 지원이나 격려 없이 오직 트집과 비난 속에 홀로 버려졌다. 점점 더 많은 것을 잃어가면서 그는 더 깊은 절망 속으로 계속 빠져 들어갔다. 하지만 그를 가장 황폐하게 만든 것은 소위 그의 '친구들'이라는 자들에게 그가 당한 가혹한 대우였다. 욥은 새로운 친구가 필요했다. 그는 적이 아니라 그의 편에 함께 서줄 누군가가 필요했다. 그는 자신을 허무는 자가 아니라 세워줄 사람이 필요했다.

이것이 욥기 16장의 핵심이다. 그는 더 깊어지는 좌절감 속에서 친구들에게 말하고 이어서 하나님께 항변한다. 이 장에서 우리는 엘리바스에 대한 욥의 두 번째 대답을 듣는다. 이것은 두 장에 걸쳐 기록된 긴 대답이다(16-17장).

본문 이해

내게 새로운 친구들이 필요하다

Main Idea	욥은 감정의 소용돌이에 휘말릴수록 친구들과 하나님에 대해 더 깊은 좌절감을 갖게 되고, 자신과 하나님 사이의 중재자를 간절히 원한다.

A. 욥의 좌절(1-5절)

Supporting Idea	욥은 친구들이 공허한 말을 계속 내뱉는다고 질책하지만, 그들의 상황이 역전된다면 자신은 그들을 도울 것이라고 주장한다.

16:1-2. 이어서 자신을 비난하는 친구들의 말에 대해 욥이 대답하여 가로되. 구체적으로 그는 앞장에서 말을 막 마친 엘리바스에게 대답한다. 이런 말은 내가 많이 들었나니. 그들은 많은 말을 했지만 새로운 내용은 전혀 없었다. 욥은 세 친구들 모두를 가리키며 "너희는 다 번뇌케 하는 안위자로구나"라고 선언한다. 그들은 욥에게 아무 도움이 되지 않았다. 사실 그들의 잘못된 조언으로 그의 비참함만 더할 뿐이었다.

16:3. 그들의 비난에 지친 욥은 "허망한 말이 어찌 끝이 있으랴"라고 말한다. 그들의 지적은 과장과 허풍 투성이였다. 그들의 말은 끝나지 않을 것 같았다. 그들이 그에게 쉴 새 없이 질문을 하게 만드는 것이 무엇인지 궁금한 욥은 "네가 무엇에 격동되어 이같이 대답하는고"라고 묻는다. 이 시점에서는 그들이 차라리 없는 편이 더 위안이 될 것이다. 그들에게 무슨 문제점이 있기에 계속해 그에게 장황한 설교를 늘어놓는 것인가?

16:4. 욥은 그들의 시각을 바꾸어주기 위한 노력으로 친구들에게 욥 자신의 입장에서 한번 생각해보라고 요청한다. 그는 감정이 북받친 말로 그들의 조언 방법을 공격한다. 나도 너희처럼 말할 수 있나니 가령 너희 마음이 내 마음 자리에 있다 하자. 욥의 친구들이 그의 입장이 되어 생각한다면 그들의 태도를 바꾸고 사려 깊게 말하게 될 것이다. 그가 그들의 입장이라면 그도 그들이 자신에게 했던 것처럼 말을 지어 그들을 칠 수 있었을 것이다.

16:5. 그러나 입장이 바뀐다면 욥의 입은 그들을 강하게 할 것이다. 그가 조언자가 된다면 조롱과 경멸의 표시인 머리를 흔드는 대신(비교. 왕하 19:21, 시 22:7, 애 2:15) 위로하고 그들의 근심을 풀어주고자 할 것이다. 그들은 왜 그에게 그러한 태도를 보여주지 않는 것인가?

B. 욥의 황폐함(6-17절)

Supporting Idea	욥은 하나님도 친구들처럼 자신을 대적하신다고 탄식한다.

16:6-7. 욥은 친구들에 대해 점점 더 격앙되었을 뿐 아니라(1-5절), 하나님에 대한 좌절감도 더 커져갔다(6-17절). 이 비참한 환난 속에서 욥은 말을 하든, 침묵을 유지하든, 자신의 고통이 풀리지 않을 것임을 알았다. 하나님이 자신을 괴롭히신다고 생각한 욥은 "이제 주께서 나를 곤고케 하시었다"라고 말하며 하나님께 아뢴다. 욥은 짐승을 노리는 사냥꾼처럼 하나님께서 나의 무리(온 집안)를 철저히 파멸시키시며, 그를 먹이감으로 삼으신다고 느낀다.

16:8-9. 피할 곳이 없는 피난민처럼 욥은 고통에서 벗어날 수 없었다. 하나님은 욥에게 불리한 증거로 작용할 것 같은 끝없는 환난으로 욥을 군박하셨다. 설상가상으로 욥은 하나님이 자신을 공격하고 괴롭히는 포악한 원수 같다고 느낀다. 그는 하나님이 피에 굶주린 대적으로 나타나셔서 해를 가하시고자 한다고 믿는다. 하나님은 진노하심 가운데 욥에 대해 이를 갈고 뾰족한 눈으로 그를 쏘아보신다. 욥이 보기에 하나님이 그의 파멸을 작정하신 것 같다.

16:10-11. 욥이 좌절감 속으로 더욱 빠져드는 것에 대하여 사람들은 입을 열어 그를 조롱한다. 그들은 그를 천대하여 뺨을 친다. 욥은 주변의 그러한 사람들, 특별히 그의 친구들이 함께 모여 자신을 대적하고자 하는 것을 볼 때 좌절감이 더욱 심해진다. 제한된 시각으로 욥은 자신이 현재 처한 딜레마를 분석하고 있다. 절망한 가운데 그는 하나님이 자신을 악인들에게 붙이시고 악인의 손에 던지셨다고 결론내린다. 이것은 스바인들의 약탈(욥 1:13-15)과 갈대아인들의 습격(욥 1:17)과 관련된 언급일 수도 있다. 혹은 친구들의 언어적 폭력을 가리키는 것일 수도 있다.

16:12. 어떤 경우이든, 욥은 모든 것이 평안하던 과거의 평온한 나날들을 생각하고 있다. 그러한 배경에 비추어보면서 그는 하나님이 그를 꺾으시며 그의 목을 잡아 던져 그를 부서뜨리신다고 탄식한다. 행복했던 나날들은 끝나버렸다. 대신 하나님은 그의 삶에 고통스러운 나날들을 가져다주셨다. 자신이 하나님의 파멸의 표적이 되었다고 믿는 욥은 자신에 대한 하나님의 공격을 묘사하기 위해 시각적인 언어를 사용하고 있다. 그는 하나님이 자신을 개인적인 과녁으로 삼으셨다고 말한다.

16:13. 그의 궁수들(살, 욥의 세 친구들을 가리키는 표현)이 욥을 에워싸고 있다. 그들이 사방에서 다가오기 때문에 그들의 언어적인 공격을 도무지 피할 방도가 없다. 욥은 자신이 고난을 당하도록 작정된 특별한 하나님의 목표물이 되고 있다고 느낀다. 주목할 만한 것은 이것이 얼마나 사실로 증명되는지 그가 알지 못하고 있다는 것이다(비교. 욥 1:8). 하나님은 인정 없이 고도의 훈련을 받은 살수들 같은 이 친구들을 이용하셔서 욥의 허리(즉, 욥의 내면적 영혼)를 뚫고 그의 쓸개로 땅에 흘러나오게 하신다.

16:14-15. 욥을 공격하는 데 조금도 사정을 봐주시지 않고 꺾고 다시 꺾던 하나님은 갑자기 나타나셔서 용사같이 그에게 달려드신다. 욥은 하나님이 그의 생명을 빼고자 하는 잔인한 마음으로 불타고 있다고 주장한다. 하나님이 욥에게 주신 환난의 영향은 계속해 절망의 나락으로 굴러 떨어지는 그의 모습에서 분명하게 드러나고 있다. 그럼에도 불구하고 그는 자신의 개인적인 결백을 주장한다. 욥은 굴욕적인 마음으로 내가 굵은 베를 꿰어매어 내 피부에 덮었다고 응답한다. 이러한 외적인 행위는 욥의 내면적 괴로움과 고통을 상징한다(비교. 창 37:29, 수 7:6, 삼하 13:19, 스 9:5). 자신의 좌절된 상태를 표현하기 위해 욥은 그의 뿔(이마)을 티끌에 더럽힌다. 그는 파멸하였고 망한 사람이다.

16:16. 파도처럼 밀려오는 감정에 압도된 욥의 얼굴은 울음으로 붉게 되었고, 그의 눈꺼풀 주변에는 죽음의 그늘이 생겼다. 이러한 겉모습은 그가 계속해 울고 잠을 자지 못했기 때문이다.

16:17. 그러나 그 모든 것을 통해 욥은 자신의 손에는 포악이 없다고 주장한다. 이것은 그가 타인의 피를 흘리는 것과 같은 큰 죄에 대해서는 무죄라는 의미다. 나아가 그의 기도는 정결하다. 이것은 그가 흠이 없으며, 전적으로 하나님께 헌신되어 있음을 의미한다. 이것은 주의 성소로 들어가서 예배를 드릴 수 있는 자와 관련해 다윗이 했던 대답

이었다(비교. 시 24:4).

C. 욥의 변호(18-22절)

Supporting Idea	욥은 어떤 사람이 천상의 중재자가 되어 하나님 앞에서 자신을 변론해주기를 바란다.

16:18. 하나님이 자신을 신원하여주시기를 간절히 간구할 때 욥의 어조에 갑작스러운 변화가 생긴다. 그는 "**땅아 내 피를 가리우지 말라**" 고 부르짖는다. 희생자의 피를 덮어버리는 것은 살인의 증거를 은폐하고자 하는 시도다(비교. 사 26:21). **나의 부르짖음으로 쉴 곳이 없게 되기를 원하노라.** 욥은 자신의 육신이 땅 속에 있더라도 모든 혐의가 사라질 때까지 부르짖음이 그치지 않기를 바란다.

16:19. 욥의 겉모습은 처절하지만, 그는 하나님 앞에서 신원을 받을 것이라는 소망을 버리지 않는다. 그는 "**지금 나의 증인이 하늘에 계시고 나의 보인이 높은 데 계시니라**" 고 말한다. 분명히 욥은 하나님을 자신의 중재자로 가리키지 않고 있다. 오히려 이것은 누군가가 천상의 법정에 서서 하나님 앞에서 자신을 변호해주기를 바라는 간절한 바람의 표현이다. 욥은 이 사람이 증인으로서 그를 변호하고 중재자로서 그를 변론할 수 있다고 믿는다. 욥이 자신의 바람과 달리 하나님 앞에 설 수 없다면(비교. 욥 9:1-4, 13:6-8, 19) 제삼자가 이 일을 해줄 수 있을 것이다.

16:20. 욥은 자신을 대신해 하나님 앞에서 자신을 대변할 **중재자**를 간절히 원한다. 욥이 세상 친구들에게는 정죄를 당하지만 이 중재자는 천상에서 욥의 **친구**가 되어줄 것이다. 이 중재자는 하나님 앞에서 욥을 대변하고 욥의 석방을 위해 노력하면서 **하나님을 향하여 눈물을 흘릴** 수 있을 것이다. 제한적인 계시를 받았기 때문에 욥은 그러한 중보자를 소망할 수 있을 뿐이었다. 오늘날의 신자들은 그러한 천상의 변호사와 대제사장이 그들을 대변하는 것을 알고 있다. 그분은 주 예수 그리스도시다(비교. 히 4:14-16). 하지만 욥은 그러한 완전한 중보자에 대해 알지 못했다.

16:21. 욥은 이 중보자가 **인간이 그의 친구들을 위해 변호하듯이 하나님께** 호소할 것이라고 주장한다. 변호인이며 중재자는 하나님의 보좌 앞에서 그를 위해 중재하고 그의 결백을 증명할 것이다. 중립적인 이 제삼자는 하나님의 법정에서 욥을 변론할 것

이다.

16:22. 변론의 이 부분은 욥이 무기력한 절망 속으로 다시 빠져드는 것으로 마무리되고 있다. 그는 "수년이 지나면 나는 돌아오지 못할 길로 갈 것임이니라" 고 탄식한다. 그는 몇 년 더 살게 되겠지만 죽기를 진정으로 바란다. 그때가 되면 마침내 죽음의 자리에 이르게 될 것이다.

Main Idea 복습	욥은 감정의 소용돌이에 휘말릴수록 친구들과 하나님에 대해 더 깊은 좌절감을 갖게 되고, 자신과 하나님 사이의 중재자를 간절히 원한다.

결론

천국의 완전한 변호사

로버트 머레이 맥체인(Robert Murray McCheyne)이 한번은 "그리스도께서 나를 위해 옆방에서 기도하시는 소리를 들을 수 있다면 백만 명의 원수라도 두렵지 않을 것이다. 그러나 거리는 전혀 문제가 되지 않는다. 그는 지금 나를 위해 기도하시고 있다"라고 말한 적이 있다. 사실 그리스도께서는 자기 백성들을 위해 기도하시며, 천국의 아버지 앞에서 그들을 대변하시고 계신다. 그리스도는 하나님 앞에서 우리를 변호하시며, 자신의 완전한 뜻에 따라 우리의 선을 이루기를 추구하신다.

욥은 하나님 앞에서 그러한 중보자가 자신을 대변해주고 변호해주기를 간절히 원했다. 이제 그러한 중보자가 신약을 통해 우리에게 계시되고 있다. 하나님은 주 예수 그리스도의 위격으로 자신 앞에서 우리를 대변할 완전한 대변자를 준비해오셨다. 성경은 "하나님은 한 분이시요 또 하나님과 사람 사이에 중보도 한 분이시니 곧 사람이신 그리스도 예수라" (딤전 2:5)고 말하고 있다.

중보자는 갈등을 해결하기 위해 양자 사이에 개입하는 사람이다. 하나님과 인간의 단절된 관계 속에서 예수 그리스도는 이 두 양자의 화해를 회복시킬 수 있는 유일한 중보자시다. 그는 십자가에서 대속적 죽음을 통해 이 일을 하셨다. 그래서 요한은 "아버지 앞에서 우리에게 대언자가 있으니 곧 의로우신 예수 그리스도시라 저는 우리 죄를 위한 화목 제물이니"(요일 2:1-2)라고 기록하였다.

가족과 친구들조차 우리를 버릴 때 우리에게는 우리를 대신해 아버지께 변호할 중재자가 계신다. 그분은 '곧 사람이신 그리스도 예수' 시다(딤전 2:5). 다른 이들이 우리를 잘못 판단하고 정죄할 때라도 우리에게는 우리를 아시고 무조건적으로 우리를 사랑하시는 완전한 중보자가 계신다.

삶의 적용

끝까지 견디는 법

사람들은 정서적 붕괴의 수렁으로 빠지기가 너무 쉽다. 이것이 바로 욥이 처한 상황이었고, 우리도 조심하지 않는다면 처할 수 있는 상황이다. 친구들에 대한 좌절감은 곧장 하나님에 대한 좌절감으로 연결된다. 바닥이 꺼져버려 우리가 붕괴할 위험에 처한 듯한 어려운 시기를 우리는 어떻게 극복할 수 있을까?

1. 잘못된 조언에 귀 기울이지 말라. 자신의 친구들이 '번뇌케 하는 안위자' (욥 16:1)라는 욥의 판단은 옳았다. 그들이 그를 실족하도록 만들고 있었기 때문에 그는 그들의 말에 귀를 막을 필요가 있었다. 우리 역시 악의는 없지만 잘못된 조언을 제공하는 친구들의 말에 귀 기울일 필요가 없다. 당신에게 잘못된 조언을 주는 사람이 있다면 사탄의 독에 죽음을 당하기 전에 그것을 먹는 일을 중지하라.

2. 올바른 조언에 귀를 기울이라. 하나님과 그의 말씀을 알고 당신의 특별한 상황 속에서 하나님의 지혜를 제시할 수 있는 사람들을 찾아보라. 하나님의 말씀에 뿌리 내리지 않고 그 말씀에 근거하지 않는 친구나 조언자들의 충고를 구하는 것은 어리석다. 하나님의 말씀과 그의 성령으로 깨달음을 입은 사람의 조언만을 구하라.

3. 하나님께 계속 닻을 내리고 있으라. 하나님을 의심하지 말고 절대적으로 그분을 신뢰하라. 우리는 그가 우리에게 주시는 모든 것을 우리의 삶에 대한 하나님의 최종적인 계획으로 받아들여야 한다. 하나님은 요동함이 없는 바위시며 피난처시다. 우리가 그분께 고정되어 있는 한 폭풍에 휩쓸려가지 않을 것이다. 신자들은 하나님을 흔들림 없이 의지해야 한다. 우리는 항상 하나님의 말씀 안에 있어야 하며, 그의 영광스러운 위격과 거룩한 성품에 고정되어 있어야 한다. 우리가 하나님께 초점을 맞출 때, 그의 이름으로 끝까지 견딜 수 있는 힘을 얻는다.

기도

하나님, 우리 아버지, 우리가 인생의 폭풍을 만날 때 우리가 배우기를 원하시는 교훈을 보여주소서. 우리 안에 있는 모든 교만을 제하시고 오만을 버리게 하여주소서. 우리에게 깨끗한 손을 주시고, 우리를 강건하게 하셔서 어둠 속에서 빛이 되게 하여주소서. 우리가 오직 당신만을 신뢰하도록 가르치소서. 예수님의 이름으로 기도합니다. 아멘.

티칭 가이드

심층 연구

A. 번뇌케 하는(1절)

'번뇌케 하는' (히. 아말, amal)은 무거운 노동(전 2:11)과 노고, 혹은 그러한 노역으로 인해 생기는 고통과 힘듦(시 105:44)을 의미한다. 그것은 슬픔, 고난, 압제, 수고나 곤비함(창 41:51)을 나타낸다. 욥의 세 친구들은 그에게 바로 이런 어려움을 준 조언자임이 판명되었다. 그들은 그가 인생의 암울한 면을 바라보도록 했다.

B. 천대(10절)

'천대' (히. 헤르파, herpa)는 구약에서 70회 사용된 히브리어 명사다. 이 단어는 수치, 조소, 불명예, 멸시, 혹은 견책한다는 의미가 있다. 어떤 경우, 헤르파는 누군가에게 주어진 비난이나 정죄라는 의미를 전달한다(렘 31:19). 또한 헤르파는 경멸을 당하는 사람에 대해 사용되기도 한다(창 30:23, 욜 2:17, 19). 이 단어는 원수의 조롱(시 119:42)과 한 개인의 인격에 대한 비난(느 6:13)을 묘사하기 위해 사용되기도 한다.

고안

A. 욥의 좌절(1-5절)

1. 나의 위로자들은 나를 괴롭게 한다(1-3절).
2. 나는 건전한 충고를 할 수 있다(4-5절).

B. 욥의 황폐함(6-17절)

1. 하나님이 고통으로 나를 치셨다(6-14절).
2. 하나님이 나를 황폐한 중에 버려두셨다(15-17절).

C. 욥의 변호(18-22절)

1. 나는 분명히 무죄다(18절).
2. 나는 석방될 것이다(18-21절).
3. 나는 죽게 될 것이다(22절).

토의 질문

1. 나는 심각한 시련을 당하고 있는 이들에게 도전하는가?

2. 나는 시련을 당하게 될 때 상한 심령으로 하나님 앞에서 스스로를 겸비하게 하는가?

3. 나는 올바른 조언을 제공하는 친구들이 주위에 있는가?

욥기 17장

희망이 사라질 때

"희망은 짙은 구름 너머에 있는 하늘을 볼 수 있다."

- 토마스 브룩스(Thomas Brooks)

들어가는 글

희망이 치료제다

어느 유명한 미국 심장병 전문의는 "희망이란 내가 가장 즐겨 사용하는 약이다. 희망은 거의 모든 병을 치료할 수 있다"라고 말하였다. 그는 다른 의사의 말을 인용하며 "어떤 사람에게 희망이 전혀 없다고 믿도록 만든다면, 그의 관에 또 다른 못을 박는 것이다"라고 설명했다. 모든 것이 다 실패로 돌아갔을 때 희망은 인간의 심장이 계속 살아서 박동하도록 해준다. 긍정적인 미래에 대한 희망은 아무리 약한 영혼이라도 시련을 이기도록 해줄 수 있다. 인간이 긍정적인 미래에 대해 확신에 찬 기대를 상실하면, 살고자 하고 앞으로 나아가고자 하는 내적인 충동이 소진되어버린다. 인간은 공기 없이 3분을 살 수 있으며, 물이 없이는 3일을 살 수 있고, 음식을 먹지 않고는 3주를 살 수 있지만, 희망 없이는 단 1초도 살 수 없다는 말이 있다.

욥이 인생의 바로 이 시점에 있었다. 그는 죽음 외에 고난으로 인한 고통에서 벗어날 수 있다는 희망이 전혀 없었다. 그는 하나님의 신원을 받을 것이라는 확신을 상실하였다. 그는 하나님의 진노의 손 안에서 환난을 당하며 정죄를 받은 자로서 고통 속에 죽게 될 것이라고 단정하게 되었다. 실제로 절망감이 너무나 심각했기 때문에 자신의 상황을 바꾸기 위해 할 수 있는 일은 아무것도 없다고 믿었다. 그는 살고자 하는 의지를 상실하였고, 죽을 준비가 되어 있었다.

욥은 주님을 바라보지 않았다. 그는 하나님이 그의 선을 이루시기 위해 일하신다고 더 이상 믿지 않았다. 오히려 그는 하나님이 자신을 대적하신다고 믿었다. 그가 모든 희망을 상실한 것이 이상한가? 욥은 자신의 끔찍한 절망에서 벗어나기 위해서 완전히 다른 시각으로 하나님을 보아야 했다. 이 일은 나중에서야 일어날 것이다.

욥기 17장에서는 엘리바스에 대한 욥의 두 번째 변론이 마무리되고 있다. 이 장은 끝없이 빗발치는 말의 공세로 보이는 것에 대한 독특한 공헌을 하고 있다. 이 장의 끝부분에서 우리는 욥의 소망이 하나님께 있고 낙관적인 결과에 대한 그의 확신이 전혀 사라지지 않았음을 발견한다. 이것은 희망이 사라질 때 한 개인의 삶에서 하나님에 대한 신뢰가 어떻게 되는지를 보여준다.

본문 이해

희망이 사라질 때

Main Idea	욥은 하나님이 자신을 구원하시거나 결백을 입증해주실 것이라는 희망을 완전히 상실하고 점점 더 깊은 절망 속에 빠진다.

A. 욥의 후퇴(1-2절)

Supporting Idea	욥은 자신의 절망적인 상황을 생각하면서 절망 속으로 더 깊이 빠져든다.

17:1. 화가 나고 자신의 삶에 대한 싸움에서 패배한 욥은 현재 상태로는 더 이상 삶을 지속할 수 없다고 생각한다. 그는 '나의 기운이 쇠하였으며' 라고 탄식한다. 자신의 수명이 다하기 전에 죽어가고 있다고 믿는 그는 "나의 날이 다하였다" 고 고통스러워한다. 그는 자신이 이른 나이에 죽어가고 있다고 생각한다. 물리적인 고통 자체만으로도 한 사람을 죽이기에 충분했을 것이다. 그러나 그의 고통은 아내와 친구들의 가혹한 말로 더 심해졌다.

17:2. 소위 친구들이라는 이들(엘리바스, 빌닷, 소발)은 욥과 함께 있으려고 하면서 우울한 충고로 그에게서 모든 희망을 고갈시키는 조롱하는 자들이었다. 욥은 그들의 격동함 혹은 반발 속에서 그들이 하나님께 복종한 가운데 살기를 거부하는 고삐 풀린 영의 소유자들임을 간파하였다.

B. 욥의 요구(3-5절)

Supporting Idea	욥은 하나님께 자신을 신원해달라고 간구한다.

17:3. 욥은 "청컨대 보증물을 주시고 친히 나의 보주가 되옵소서" 라고 요청한다. 욥은 자신의 결백을 입증하기 위한 인증을 하나님께 요청하고 있는 것이다. 주 외에 나로 더불어 손을 칠 자가 누구리이까? 욥은 "하나님 당신 외에 누가 제가 옳다는 것을 증명해 줄 수 있습니까?" 라고 묻고 있다. 그러므로 욥은 하나님께 자신의 결백과 형벌의 원인이라는 죄들에 대해 무혐의라는 보증을 하나님께 요구하고 있는 것이다.

17:4. 욥은 오직 하나님의 증언만이 세 친구들의 마음을 바꿀 수 있다고 생각한다. 욥이 보기에는 하나님이 그들의 마음을 가리워 깨닫지 못하게 하신 것 같다. 자신의 영적인 상태에 대한 그들의 추측과 현명하지 못한 그들의 충고는 무지에서 비롯된 것이라고 욥은 생각한다. 욥은 하나님이 그의 친구들의 눈을 가리셨기 때문에 하나님이 그들을 높이지 아니하신다고 믿는다.

17:5. 친구들에게 자신의 결백을 입증하고자 노력하던 욥은, "친구를 지적하여 해를 받게 한 자의 자식들은 눈이 멀지니라" 라는 속담을 인용한다. 다시 말해서 욥의 친구들이 보상을 받기 위해 그를 비난하고 있다면 조심하는 편이 좋을 것이다. 함부로 남을 판단하는 사람의 자식들은 장님이 될 것이다. 그가 실제로 결백하다면 그들의 정죄가 그들의 가족들에게 무서운 재앙을 초래하게 될 것이다. 욥은 이기적으로 그의 보상이나 재물을 받고자 한다고 생각되는 친구들에 대한 좌절감이 점점 더해지고 있다.

C. 욥의 비난(6-9절)

Supporting Idea	욥은 자신이 조롱의 대상이 된 사실에 대해 탄식하며, 자신의 상황에 대해 하나님을 비난한다.

17:6. 앞장에서처럼 친구들에서 다시 하나님께로 욥의 좌절의 대상이 옮겨지고 있다. 욥은 '하나님이 나로 백성의 이야깃거리가 되게 하시니' 라고 말하며 하나님을 비난한다. 욥은 그의 친구들에게 '잠언거리' 가 되거나 동족들에게 수치에 대한 교훈의 대상

이 되었다. 그는 조롱과 비웃음의 대상이었고, 사람들은 그의 얼굴에 침을 뱉었다. 그의 친구들은 슬픔에 빠진 그를 경멸하였고, 쓰러져 있는 그에게 발길질을 하였다.

17:7-8. 환난으로 쇠약해진 욥은 자신의 시력이 어두워지고 체중 감소로 인해 그의 몸은 그림자같이 보인다(비교. 욥 16:8, 19:20)고 탄식한다. 욥의 몸은 극히 악화되고 있었다. 그의 시력은 약화되었고 그의 육체는 쇠약해졌다. 정직자는 이를 인하여 놀라고. 이것은 의로운 자들이 욥이 겪고 있는 육체적인 고통들을 보고 충격을 받는다는 의미다. 이 고통이 너무나 극심해서 무죄자가 사곡한 자를 인하여 분을 낸다. 이것은 아마 욥의 친구들에 대한 언급일 것이다.

17:9. 그럼에도 불구하고 욥은 친구들에게 굴복하지 않을 것이다. 아주 잠시지만 욥은 다시 심한 좌절감에 빠지기 전에 기운을 회복한다. 그는 "의인은 그 길을 독실히 행한다"고 판단한다. 자신이 손이 깨끗하다고 확신하는 욥은 점점 더 힘을 얻기를 바란다.

D. 욥의 체념(10-16절)

Supporting Idea	욥은 자신의 고난의 절망적인 환경을 생각하고 체념한 채 죽음을 생각한다.

17:10. 욥은 무익한 그의 조언자들을 계속 비판한다. 그는 "너희는 다 다시 올지니라 내가 너희 중에서 지혜자를 찾을 수 없느니라"는 말로 그의 친구들을 공격한다. 욥은 친구들에게 비난을 계속하라고 요구한다. 그는 그들 중 누구도 스스로 지혜로운 자임을 입증하지 못했음을 알고 있다.

17:11. 욥은 죽음을 피할 수 없다고 생각하고 그의 날과 경영과 마음의 사모하는 바가 결코 이루어질 수 없을 것이라고 본다. 그는 계획과 바라던 바를 이루지 못한 채 죽음을 맞게 될 것이다. 회복에 대한 가능성은 전혀 없고, 희망은 산산이 부서져버렸다.

17:12. 전문가로 자처하는 이 친구들에게 선과 악에 대한 분별력이 전혀 없다고 비난한 욥은 "그들은 밤으로 낮을 삼는다"고 지적한다. 다시 말해서, 그들은 검은 것을 희다고 하고 흰 것을 검다고 하는 것이다. 그들은 악을 선이라고 하고 선을 악이라고 한다. 사실을 전도시키는 것이다. 이 친구들은 어둠을 마주한 상태에서 빛이 가까이 왔다고 예언한다. 이것은 욥이 회개하기만 하면 모든 것이 형통하게 될 것이라고 그들이 보

증한다는 의미다.

17:13-14. 욥은 지옥(죽음)의 어둠이 임박했고, 자신은 곧 침상을 흑암 속에 만들 것이라고 믿는다. 그는 신원을 받기 전에 죽을 것이라고 확신한다. 자신에게는 실제로 아무 희망도 없다고 탄식한다. 아내를 제외한 모든 가족을 잃어버린 욥은 자신과 가장 가까운 친척이 이제 무덤과 무덤의 구더기라고 말한다.

17:15-16. 절망 속에서 욥은 "나의 소망이 어디 있으며 나의 소망을 누가 보겠느냐?"라고 묻는다. 그에게는 아무 희망도 남아 있지 않다. 그는 절망스러운 상황에 압도당한 무기력한 인간이었다. 욥은 소망이 음부 문으로 내려가서 흙 속에서 쉬게 될 그와 함께 내려갈 것이라고 생각한다. 그는 자신과 함께 소망이 죽어 매장될 것이라고 믿는다. 이 대화는 고통과 절망에서 벗어날 것이라는 확신이 전혀 없는 욥의 체념과 함께 마무리된다.

Main Idea 복습	욥은 하나님이 자신을 구원하시거나 결백을 입증해주실 것이라는 희망을 완전히 상실하고 점점 더 깊은 절망 속에 빠진다.

결론

희망봉

오래 전 아프리카의 남단은 폭풍봉이라고 불렸다. 거친 물결과 소용돌이치는 바다 그리고 험한 날씨는 선원들에게 큰 두려움의 대상이었고, 수많은 사람들의 목숨이 그곳에 수장되게 만들었다. 그러나 그 바다를 통과하는 안전한 항해 길을 찾아내기로 결심한 한 포르투갈 선원은 이 갑(岬)을 둘러가는 잔잔한 항로를 발견하였다. 이 새로운 길은 희망봉이라고 명명되었다.

욥은 그의 삶에서 바로 이러한 길을 발견할 필요가 있었다. 그는 폭풍이 몰아치는 시련의 험한 물 속에서 망연자실한 채 절망에 빠진 자신의 모습을 보았다. 그는 자신이 무덤 속으로 끌려갈 것이라고 생각했다. 그는 이 항로에 표시되지 않은 바다를 항해할 새로운 길, 즉 그에게 희망을 줄 새로운 길이 필요했다. 지금의 이 폭풍이 바로 가라앉지는 않겠지만, 그의 마음속의 혼란은 분명히 잠잠해질 수 있었다. 그가 희망을 되찾는다면 마음의 평화를 알 수 있었다. 하지만 이렇게 되기 위해서 욥은 초점을 하나님께로 이동해야 했다. 하나님이 이 시련 속에 적극적으로 역사하시는 것을 욥이 볼 수 있다면 미래에 대한 희망을 가지게 될 것이다.

지금 당신도 이것이 필요할 수 있다. 당신에게 가장 필요한 것은 아마 당신이 현재 겪고 있는 위기 속에 역사하시는 하나님을 보는 것일 수 있다. 그가 당신의 영원한 선을 위해 역사하시는 것을 볼 필요가 있을 것이다. 당신이 처한 환경에서 눈을 돌려보라. 하나님을 당신에 대해 무관심하신 분처럼 바라보지 말라. 있는 그대로의 하나님을 보라. 막후에서 자신의 영광과 당신의 선을 이루기 위해 시련 중에 역사하시는 하나님을 보라. 당신이 이런 식으로 하나님을 보게 되면 큰 소망을 얻게 될 것이다. 소망의 회복은 '폭풍봉' 에서 '희망봉' 으로 당신의 항로를 바꾸어줄 것이다.

삶의 적용

소망을 견고하게 하는 방법

소망을 견고히 할 수 있는 방법은 무엇인가? 그 열쇠는 당신의 관심을 환경이 아닌 하나님께로 집중하는 데 있다. 하나님을 당신의 선을 위해 역사하시는 분으로 바라보라. 다음에 제시하는 하나님에 대한 세 가지 중요한 관점에 대해 묵상해보라. 이러한 관점들은 소망을 고취시키고 불어넣어줄 것이다.

1. 하나님의 주권성에 대한 초점. 하나님은 모든 생명을 다스리시는 분이다. 그는 세상에 대한 통치를 결코 포기하신 적이 없다. 만물의 주되신 하나님은 평화로운 시절을 다스리는 것과 마찬가지로 인생의 폭풍들도 다스리신다. 마음의 눈을 들어 당신의 하나님을 바라보라. "여호와께서 그 보좌를 하늘에 세우시고 그 정권으로 만유를 통치하

시도다"(시 103:19). "오직 우리 하나님은 하늘에 계셔서 원하시는 모든 것을 행하셨나이다"(115:3). 당신이 시련 가운데 있을 때에도 하나님은 통치하시고 다스리시는 주님이시다.

2. 하나님의 지혜에 대한 초점. 하나님은 완전한 지혜로 자신의 주권을 행사하신다. 그는 당신의 인생에 대한 최선이 무엇인지 알고 계신다. 그는 실수하시는 법이 없다. 그는 당신이 필요한 것을 정확히 알고 계신다. 당신이 감당할 수 있는 것이 무엇인지 정확히 알고 계신다. 그는 당신에게 가장 유익하도록 이 시련을 이용하는 법을 알고 계신다. 그분이 알지 못한 채 일어날 수 있는 일은 절대 없다. 그는 당신이 어려움을 안전하게 통과할 수 있게 할 완벽한 계획을 갖고 계신다.

3. 하나님의 사랑에 대한 초점. 당신의 인생의 폭풍을 다스리시는 이 하나님은 또한 완전한 사랑으로 당신을 사랑하신다. 그는 당신의 최선을 염두에 두고 계신다. 당신에게 해가 될 일을 결코 하시지 않을 것이다. 오직 치유를 목적으로 절개하는 외과의처럼 하나님은 오직 우리의 유익을 위해 자신의 외과용 메스를 우리에게 대신다. 하나님의 사랑은 불변하며, 그 사랑은 우리가 낙심과 고통을 경험하고 있을 때 가장 강하게 드러난다.

기도

하나님, 소망이 사라질 때 우리의 마음을 강하게 해주소서. 당신의 주권적 섭리로 우리의 확신을 새롭게 해주소서. 당신이 우리의 삶에 허락하시기로 선택한 것을 받아들이도록 우리를 가르치소서. 당신의 영광과 우리의 선을 위해 우리 삶 속에서 항상 역사하고 계시는 당신의 손길이 우리 위에 임한 것을 느끼도록 하소서. 당신의 은혜로 우리를 강하게 하소서. 예수님의 이름으로 기도합니다. 아멘.

심층 연구

음부(13절)

'음부' (히. 스올, sheol)는 구약에서 66회 사용된 단어로, 망자들의 영역과 무덤, 지하 세계를 가리키는 표현이다. 의인들(창 37:35)과 불의한 자들(민 16:30) 모두 스올로 갈 것이다. 사람들은 하나님이 가게 하시기 때문에 스올로 간다(삼상 2:6). 그곳은 아무도 돌아올 수 없는(욥 17:14-16), 인간의 의식적 실존의 장소다(시 16:10). 신약에서 그 동의어는 헬라어 게헨나(gehena)가 아니라 하데스(hades)다(비교. 마 11:23. 여기서 예수님은 이사야 14장 13-15절을 인용하고 계신다). 모든 영혼의 마지막 운명이 동일하지 않겠지만, 모든 인간의 육신은 스올에 가게 될 것이다.

교안

A. 욥의 후퇴(1-2절)

1. 내 생명이 끝났다(1절).
2. 내 친구들이 나를 짓누른다(2절).

B. 욥의 요구(3-5절)

1. 하나님, 제가 옳음을 가르쳐주소서(3절).
2. 하나님, 그들이 틀리다는 것을 가르쳐주소서(4-5절).

C. 욥의 비난(6-9절)

1. 하나님이 나로 조롱을 당하게 하신다(6절).
2. 하나님이 나로 병에 걸리게 하신다(7절).
3. 하나님이 나로 치욕을 당하게 하신다(8-9절).

D. 욥의 체념(10-16절)

1. 패배감에 빠지다(10-12절).
2. 죽음에 대한 체념(13-16절)

토의 질문

1. 과거에 낙심에 빠졌다면 그 이유는 무엇인가? 희망을 잃어버린 자신의 모습을 본 적이 있는가? 구체적인 예를 나누어보라.

2. 희망이 사라질 때 그것을 되살릴 수 있는 방법은 무엇인가? 희망을 되찾기 위해 어떤 조치를 취할 수 있는가?

3. 낙심할 때 당신에게 용기를 북돋아주는 친구들이 있는가? 그들은 어떤 식으로 당신을 격려해주는가?

4. 당신은 어떻게 사람들 속에 희망을 불어넣을 수 있는가?

욥기 18장

죽음: 매우 심각한 주제

"북쪽 방향으로 넘어지든 혹은 남쪽 방향으로 넘어지든
잘린 나무는 그 자리에 누워 있다.
마찬가지로 인간은 천국이나 지옥으로 떠나가며
죽은 그 상태는 불변한다."

- 아이작 왓츠(Isaac Watts)

들어가는 글

죽음에 방치되다

18세기의 프랑스 철학자인 볼테르(Voltaire)는 임종을 앞두고 누워 있었다. 비통한 마음으로 그 저술가는 자신의 주치의에게 "나는 하나님과 사람에게 버림을 받았소. 당신이 나를 6주만 더 살려준다면 내가 가진 것의 절반을 주겠소"라고 말했다. 의사는 "선생님, 저는 당신이 6주를 더 살게 해드릴 수 없습니다"라고 말했다. 볼테르는 이에 대해 "그러면 난 지옥으로 가게 될 것이오. 그리고 당신은 나와 함께 가게 될 것이오"라고 응수했다. 그리고 얼마 있지 않아 그는 신앙이 없는 상태로 숨을 거두었고 지옥으로 갔다. 악인들의 죽음은 결코 보기에 아름다운 장면이 아니다.

너무나 비극적인 죽음의 방식이 아닌가. 하지만 이것은 수많은 영혼들이 이생에서 저 세상으로 갈 때 보여주는 바로 그 모습이다. 악인들은 하나님 없이 죽기 때문에 소망이 없는 상태에서 멸망당한다. 하나님이 없이는 소망도 없다. 하나님이 없는 죄인들은 죽음에 에워싸일 때 의지할 곳이 아무 데도 없다. 더욱더 비참한 것은 그들 곁을 지켜줄 이가 아무도 없다는 것이다. 구세주도, 구속자도, 죽음의 정복자도 없는 것이다.

빌닷은 욥이 바로 이러한 죽음을 당하게 될 것이라고 믿었다. 그는 욥이 악인들 중의 한 명으로서 허무한 절망 속에서 죽게 될 것이라고 단정했다. 빌닷은 욥이 고난을 받고 있음을 보고, 욥이 하나님만 보실 수 있는 은밀한 죄악의 생활을 했다고 결론 내렸다. 회개하지 않으면 욥은 분명히 그러한 악인의 죽음을 당하게 될 것이다. 그는 아무런 희망이 없이 그리고 하나님의 어떤 도움도 받지 못하고 멸망할 것이다. 그래서 욥에게서 죄의 고백을 일깨우기 위해 빌닷은 자신의 친구에게 죄인들의 끔찍한 죽음을 묘사해주었다. 하나님의 그러한 무서운 심판을 초래한 죄를 회개하지 않는다면 이 세상에서 욥의 마지막도 그와 같을 것이다.

실제로 악인들은 무서운 죽음을 당한다. 이러한 빌닷의 지적은 옳았다. 하지만 욥은 하나님을 향해 심각한 죄를 짓지 않았다. 그러므로 그가 종국에 그러한 끔찍한 죽음을 당하는 일은 없을 것이다. 욥기 18장은 욥에 대한 빌닷의 두 번째 훈계로, 악인들의 죽음을 묘사한 연설을 기록하고 있다.

본문 이해

죽음: 매우 심각한 주제

Main Idea	빌닷은 악인들이 소망 없이 죽을 것이며, 하나님의 심판을 피할 수 없을 것이라고 생각한다.

A. 빌닷의 비난(1-4절)

Supporting Idea	빌닷은 자신의 훈계에 비이성적으로 반응한다고 욥을 더 노골적으로 비난한다.

18:1. 순간적으로 마음이 더욱 격해진 수아 사람 빌닷은 욥의 자기 방어식 변명에 대답한다. 이것은 욥에 대한 빌닷의 두 번째 변론으로서 그는 이 변론에서 훨씬 더 격하고 공격적인 모습을 보인다.

18:2. 빌닷은 "너희가 어느 때까지 말을 찾겠느냐?" 라고 묻는다. 그는 욥이 말을 멈추지 않을 것이라고 생각하자 분한 마음이 생겼다. 물론 빌닷에게도 동일한 판단이 적용될 수 있을 것이다. 깨달으라 그 후에야 우리가 말하리라. 욥만 냉정을 되찾고 빌닷의 훈계에 귀를 기울인다면 그들에게 대화의 장이 열릴 것이다. 그러나 욥이 장황하게 늘어놓은 변명에 집착한다면 그들의 대화는 불가능할 것이다. 욥은 자기 주장을 내세울 것이 아니라 들어야 할 필요가 있었다.

18:3. 빌닷은 "어찌하여 우리를 짐승으로 여기며 부정하게 보느냐?" 고 묻는다. 분명히 그는 욥이 앞에서 던진 암시에 분개하였고(욥 12:7-9), 이러한 암시를 반박한다. 빌닷은 빈정거리는 투로 욥의 교만한 자기 의를 책망한다. 빌닷은 확실히 그것에 대해 꾸짖을

수 있지만 그것을 인정하기는 어렵다.

18:4. 욥이 분노를 격발한 것을 지적하며 빌닷은 "너 분하여 스스로 찢는 자야 너를 위하여 땅이 버림을 당하겠느냐?"라고 묻는다. 앞에서 욥은 하나님이 진노하심으로 자신을 찢었다고 말한 적이 있다(욥 16:13). 하지만 빌닷은 그 말을 짚고 넘어가지 않을 수 없었다. 자기 인생을 파멸시키고 있는 것은 실제로 욥 자신이었다. 하나님이 그렇게 하고 계신 것이 아니었다. 바위가 그 자리에서 옮기겠느냐? 이 질문은 단순히 욥을 위해서 하나님이 모든 것을 옮기셔야 하느냐라는 의미를 내포하고 있다. 하나님이 아니라 욥이 자신의 어조를 바꾸어야 하는 것이다.

B. 빌닷의 설명(5-21절)

Supporting Idea	빌닷은 욥이 자신의 죄로 고난을 당하고 있다고 믿기 때문에, 악인의 끔찍한 죽음을 세밀하게 설명한다.

18:5. 빌닷은 악인의 끔찍한 죽음에 대한 긴 연설을 시작한다. 이것은 이 장의 끝까지 이어진다. 갑자기 꺼져버리는 촛불처럼 죽음으로 악인의 빛은 꺼질 것이라고 빌닷은 주장한다. 촛불로 상징된 욥의 깜빡거리는 연약한 생명은 꺼지게 될 것이다(욥 21:17). 그러한 종말은 완벽한 어둠(다시 말해서 불확실성, 혼란, 절망)을 초래하게 될 것이다. 욥에 대한 암시임을 확실히 하며 빌닷은 그 불꽃은 빛나지 않을 것이요라고 말한다. 그가 회개하지 않으면 그는 목숨을 잃게 될 것이다.

18:6. 악인에게 죽음이 찾아와 의식을 잃고 죽게 될 때 그 장막 안의 빛은 어두워진다. 그의 생명의 상징인 그 위의 등불은 꺼질 것이고, 그의 생명의 불꽃이 꺼질 때 완전한 암흑과 혼란이 찾아올 것이다.

18:7. 그 강한 걸음이 곤하여지고 결국 악인들은 아무런 기력도 없게 될 것이다. 그는 인생을 살아갈 모든 기력과 에너지를 잃을 것이다. 분명히 갑작스럽고 수치스러운 종말이 욥을 기다리고 있을 것이다. 그 베푼 꾀에 스스로 빠질 것이니, 혹은 자신이 직접 꾸민 계획에 속임을 당하게 될 것이다. 스스로 아무리 지혜로운 척 하더라도 갑작스러운 죽음을 피할 수는 없을 것이다.

18:8-9. 새를 잡는 데 사용되는 그물처럼(잠 1:17) 그 발이 스스로 그물에 들어갈 것이

다. 악인들은 분명히 하나님 앞에서 큰 위험에 처해 있고, 자신들의 악에 오히려 당하게 될 것이다. 얽는 줄(즉, 구덩이를 덮은 덮개)을 밟음이여, 하나님의 심판이라는 함정에 빠지게 될 것이다. 그 발꿈치는 창애에 치여서 도망가기가 불가능하다. 악인들은 그러한 죽음을 피할 수 없다. 그 몸은 올무에 얽혀서 경건치 않은 자들은 죽음을 피할 도리가 없을 것이다.

18:10-11. 그를 동일 줄이 땅에 숨겼고. 악인들이 자신들의 종말을 볼 수 없다 해도 그것은 바로 앞에 와 있다. 빌닷은 욥이 아무리 발버둥쳐도 올무에 걸릴 것이라고 경고한다. 함정, 빠지면 결코 빠져나올 수 없는 구덩이가 욥이 가는 길에 있다. 그러한 무시무시한 운명이 욥을 기다리고 있으므로 무서운 것이 사방에서 그를 놀랠 것이라고 빌닷은 경고한다. 그토록 무시무시한 죽음이 그 뒤를 쫓아오고 있다면 그가 어떻게 살 수 있겠는가. 욥은 마치 사냥감이 된 먹이처럼 희생될 운명이었다.

18:12. 재앙이 욥을 끈질기게 뒤쫓으며 그를 삼키려 하고, 경고 없이 갑자기 그를 덮치려고 기다리고 있다. 그가 넘어지면 그를 삼키고 무덤으로 끌어가기 위해 달려들 태세로 재앙이 그를 기다리고 있다.

18:13. 악인들이 죽음을 당하면 땅 속에서 시체가 부패하여 그의 백체가 먹히게 된다. 이것은 욥의 피부병을 암시하고 있다. 사망의 장자가 그 지체를 먹을 것이며. 이것은 치명적인 질병이 욥의 육신을 죽음으로 삼킬 것임을 암시하는 비유적인 표현이다.

18:14. 죽음이 악인에게 닥칠 때 그는 그 의뢰하던 장막에서 뽑힐 것이다. 그는 그의 집에서 갑자기 강제적으로 끌려 나갈 것이다. 그는 무서움의 왕에게로 잡혀가서 죽은 자들의 땅에 버려질 것이다. 죽음은 무시무시한 통치하는 왕으로, 저항할 수도 없고 피할 수도 없는 자로 의인화되어 있다.

18:15. 소돔과 고모라의 악인들에게 하나님의 심판이 임한 것처럼, 모든 악인들도 동일한 종말을 맞게 될 것이다. 그에게 속하지 않은 재(불)가 그 장막에 거하며 그의 집과 그 안의 모든 것을 태울 것이다. 유황이 그 처소에 뿌려져서 경건치 않은 자에게 하나님의 진노를 비처럼 내릴 것이다. 이 구절의 의미는 명확하다. 욥은 인생에서 지은 죄 때문에 고난을 당하고 있으며, 그와 같은 끔찍한 운명이 반드시 그에게 닥친다는 것이다.

18:16-17. 한때 창창한 푸름을 자랑하다가 시든 나무처럼 아래서는 악인들의 뿌리가 마른다. 죽어 마땅한 그의 죽음이 나무의 죽음으로 묘사되고 있다. 위에서는 그 가지가

찍힐 것이다. 이것은 그의 뒤를 이을 자손들의 죽음을 의미한다(사 11:1, 10). 악인들의 죽음으로 그에 대한 기억은 세상에서 자취를 감출 것이다. 그는 후세에 긍정적인 영향을 전혀 남기지 못한다. 후계자나 불변하는 유산을 전혀 남기지 못함으로 인해 그에 대한 모든 기억이 사라지고 만다. 그는 긍정적으로 생각될 수 있는 이름을 땅에 전혀 남기지 못한다. 오직 수치만 있을 뿐이다.

18:18-19. 그는 광명 중에서 흑암으로 몰려 들어가며. 이미 죽음의 흑암에 갇혀버린 욥과 같은 악인들(욥 12:25, 18:5-6)에 대해서는 기억하는 자가 한 명도 없을 것이라고 빌닷은 생각한다. 그러한 상태에서 경건치 않은 자들은 사망에 이름으로써 세상에서 쫓겨날 것이다. 악인이 죽음으로 그 백성 가운데는 아들도 없고 손자도 없을 것이다. 이런 일이 일어난 이유는 악인들의 후손들이 그가 죽기 전에 이미 없어졌기 때문이다. 이것은 욥이 열 명의 자녀들을 잃은 사실을 암시한 것으로 보이며, 나아가 그가 악인임을 암시하고 있다. 경건치 않은 자는 그의 거하던 곳에는 한 사람도 남은 자가 없을 것이다. 그는 아무런 가족도 없이 홀홀 단신으로 외롭게 죽을 것이다.

18:20. 악인이 후세에 남기는 유일한 선한 영향력은 그와 같이 악한 길을 좇은 사람들이 유사한 운명을 맞는다고 경고한다는 점이다. 서쪽의 사람들은 그의 운명을 보고 공포심에 전율하며 완전히 다른 인생 경로를 추구하게 될 것이다. 마찬가지로 동쪽의 사람들은 악인의 죽음의 광경을 보고 공포심에 사로잡힐 것이다. 그들은 분명히 악인의 가공할 죽음을 목도하고 의의 길을 따를 것이다.

18:21. 불의한 자의 집이 이러하고. 그렇게 황폐화되고 무익한 인생의 끔찍한 결말이다. 하나님을 알지 못하는 자의 처소도 그러하니라. 그것은 수치스러운 죽음과 잊혀진 인생의 집이다. 이것은 악인들이 하나님에 대한 친밀한 지식이 없기 때문에 생긴다.

Main Idea 복습	빌닷은 악인들이 소망 없이 죽을 것이며, 하나님의 심판을 피할 수 없을 것이라고 생각한다.

결론

죽음의 차이

19세기 영국의 위대한 설교가인 F. B. 마이어(Meyer)는 임종하기 직전 자신의 아내에게 큰 의미가 담긴 편지를 썼다. "여보, 놀랍게도 내가 살 날이 단 며칠밖에 없다는 것을 막 깨달았소. 이 편지를 당신이 볼 즈음이면 나는 그 궁전에 갔을 것이오. 우리는 아침에 만나게 될 것이오."

런던은 그러한 장례식 광경을 목도한 적이 거의 없었다. 식이 시작되자 청중들은 일어나 머리를 숙이며 예를 표했다. 놀랍게도 오르간은 헨델의 '할렐루야' 합창이라는 희망찬 음악을 연주하였다. 성도의 죽음에 그렇게 축하 노래를 연주하는 것보다 더 적절한 반응이 어디 있겠는가? 신실한 십자가의 군사가 당당하고 승리에 찬 모습으로 싸우고 왕의 존전으로 들어간 것이다.

이것은 경건한 자와 악인의 죽음의 차이다. 의인의 죽음은 승리의 죽음이지만, 악인의 죽음은 비극적이다. 한 죽음은 승리로 마감하지만, 다른 죽음은 패배로 끝난다. 이 장에서 빌닷의 경고는 모든 사람들이 하나님과 그의 아들인 예수 그리스도, 홀로 죽음을 이기신 분을 추구하는 계기로 작용해야 할 것이다.

삶의 적용

온유하고 분별력 있는 자가 되는 법

빌닷의 이 반론을 접하면서 몇 가지 적용점이 도출되어야 한다. 이 장은 생활 속에 어떻게 적용될 수 있는가? 우리는 빌닷의 부정적인 예를 통해 두 가지 중요한 교훈을 배운다.

1. 온유하라. 고난 가운데 있는 사람들에게 조언할 때 신자들은 온유한 태도로 임해야 한다. 빌닷은 욥에 대한 인내심을 잃었고, 변론을 할수록 상대방에 대해 점점 더 둔감해졌다. 그의 수사적 어조는 문제가 있었다. 빌닷이 말한 내용도 틀렸고, 그것을 표현하는 방식도 잘못되었다. 그의 음성, 특별히 이 시작 부분에 보여준 그의 태도는 지나치게 엄격하고 고압적이다. 빌닷은 상처입은 친구의 아픔을 함께하고 연민하기는 고사하고, 가혹한 말로 친구를 공격하였다. 다른 사람들에게 말할 때 우리가 말하는 내용도 중요하지만, 태도 역시 중요하다는 사실을 기억하라.

2. 분별력을 가지라. 하나님의 또한 백성들은 시련과 환난을 견디고 있는 이들을 대할 때 분별력을 가져야 한다. 빌닷은 욥이 죄 때문에 고난당하고 있다고 결론지었다. 죽음을 당한 악인들에 대한 빌닷의 설명이 틀리지는 않지만, 그것을 전달받은 대상이 잘못되었다. 빌닷은 말에 더 신중함과 분별력을 가져야 했다. 모든 신자들도 마찬가지다. 성도로서 우리는 사람들을 상담할 때 상대방에 대해 성급한 결론을 내려서는 안 된다. 우리는 무조건 최악을 가정하지 말아야 하며, 말하는 내용에 신중을 기해야 한다.

기도

아버지, 우리의 삶 속에 변화를 주시고, 우리의 생명뿐 아니라 죽음에서도 변화가 있게 해주셔서 감사합니다. 그리스도께서 죽음을 정복하셨고 그 안에서 우리가 죽음에 대한 승리를 얻게 해주시니 감사드립니다. 우리의 남은 날들을 헤아릴 수 있도록 가르치셔서 지혜의 마음을 당신께 드릴 수 있게 해주소서. 항상 영원에 대한 시야를 갖고 어느 순간이라도 죽음을 맞을 준비가 된 채 살게 해주소서. 예수님의 이름으로 기도합니다. 아멘.

심층 연구

A. 재앙(12절)

'재앙' (히. 에이드, eyd)은 파멸, 파산, 혹은 재난을 의미한다. 구약에서 이 단어는 모두 24회 사용되었는데, 각 예는 시적인 단락에서 나온다. 이 단어는 악인들이 죽을 때 기다리고 있을 파멸과 영원한 멸망을 표현한다.

B. 놀라리라(20절)

'놀람' (히. 사아르, sa'ar)은 공포나 폭풍우를 의미한다. 이 단어는 이 외에 구약에서 단 세 번만 사용된 것으로, 두 번은 공포의 의미(겔 27:35, 32:10)로, 한 번은 폭풍의 의미(사 28:2)로 사용되었다. 이것은 악인의 죽음에 동반되는 두려움, 파괴적 비난, 불안을 가리키고 있다.

C. 불의한 자(21절)

'불의한 자' (히. 아발 'avval)는 의롭지 못한 자, 나쁜 짓을 한 사람, 혹은 불공정한 사람을 의미한다. 여기서 이 단어는 하나님을 알지 못하며 하나님의 거룩하심을 추구하지 않는 자를 가리킨다. 그러한 사람의 특징은 불경건 혹은 하나님의 성품을 닮지 않는 것이다.

고안

A. 빌닷의 비난(1-4절)

1. 조용히 하라(1-3절).
2. 가만히 있으라(4절).

B. 빌닷의 설명(5-21절)

1. 악인은 꺼진 불과 같다(5-6절).
2. 악인은 올무에 사로잡힌 짐승과 같다(7-10절).
3. 악인은 붙잡힌 범죄자와 같다(11-14절).
4. 악인은 뿌리가 뽑힌 나무와 같다(15-21절).

토의 질문

1. 당신의 의견에 동의하지 않는 사람들에 대해 온유하고 분별력 있는 태도로 대하는가?

2. 보다 더 그리스도인다운 모습으로 사람들을 대하려면 어떻게 해야 하겠는가?

3. 당신은 죽음의 확실성에 대해 어떤 종류의 소망을 가지고 있는가?

욥기 19장

깨지지 않은 믿음

"불신이 하나님에 대한 대적인 것처럼, 믿음은 사탄에 대한 대적이다."

- 존 번연(John Bunyan)

들어가는 글

믿음의 교훈

한 남자가 한겨울에 캐나다의 세인트 로렌스 강(St. Lawrence River)을 건너가려고 했다. 얼음이 자신의 무게를 지탱해줄지 확신이 서지 않은 그는 먼저 강 위에 한 손을 조심스럽게 얹어서 얼음의 두께를 시험해보았다. 얼음은 단단했다. 그러자 그는 얼음에 금이 가서 차가운 물 속으로 빠지지는 않을지 무서워하며 무릎을 꿇고 강 위를 기어가기 시작했다. 역시 얼음은 단단했다. 그가 얼어붙은 강의 중간 지점까지 오자 그는 언제 얼음이 깨져서 얼음 아래로 끌려 들어갈지 모른다는 생각에 두려움에 떨고 있었다. 그때 갑자기 얼음이 깨지는 것 같은 큰 소리를 들었다.

한 무리의 말들이 목재를 실은 마차를 끌고 얼어붙은 강 위로 뛰어들었다. 그가 그곳에 엎드린 채 있는 동안 마차는 그를 지나쳐갔다. 그는 얼음이 짐을 실은 마차를 끄는 말들의 무게를 이길 정도로 단단하다면 자신이 건너편으로 무사히 건너갈 수 있을 정도로 얼음이 단단할 것이라는 사실을 깨달았다.

욥은 자신이 바로 이러한 상태에 처해 있음을 알았다. 그는 시련의 무게로 믿음이 금방이라도 무너질 것처럼 보이는 한계점에 있었다. 세 친구들과 그의 논쟁은 매우 격해져 욥은 그들의 격렬한 정죄를 느끼고 있었다. 그러나 더 불행한 것은 그가 하나님으로부터 버림받았다고 느끼는 것이었다. 그의 믿음이 금방이라도 실패할 것처럼 비틀거리는 때가 바로 이때였다. 사탄은 이러한 위기가 올 것이라고 하나님께 호언장담했다. 하지만 하나님은 욥이 하나님을 부인하지 않을 것이라고 단언하셨다. 그의 믿음이 휘어질 수는 있겠지만 부서지지는 않을 것이다.

이 19장은 가혹한 시련 중에 있는 욥의 강한 믿음을 기록하고 있다. 친구들의 언어적 공격과 역경으로 고통스러웠지만, 하나님이 말씀하신 대로 그의 믿음은 강인했다. 절망 중에서도 하나님에 대한 그의 개인적 확신은 새로운 힘을 얻었다. 욥은 시련의 순간에 하나님을 다시 전심으로 바라보았다. 그로 하여금 폭풍 속을 통과하도록 한 것은 마지막 날 만나뵙게 될 것을 믿는 하나님에 대한 깊은 확신이었다.

본문 이해

깨지지 않은 믿음

Main Idea	욥은 절망에도 불구하고 살아계신 하나님에 대한 믿음을 강하게 붙든다.

A. 욥의 조롱(1-6절)

Supporting Idea	욥은 세 친구들이 공허한 말을 끝없이 퍼부으며 자신을 배척했다고 한탄한다.

19:1-2. 욥이 대답하여 가로되. 앞장의 빌닷의 변론에 대한 욥의 반응이 이어진다. 그는 "너희가 내 마음을 번뇌케 하며 말로 꺾기를 어느 때까지 하겠느냐?"라고 묻는다. 그들의 말이 욥에게 그런 영향을 미쳤던 것이다. 그들은 시련 그 자체보다 더 힘들고 고통스러운 고문을 가하였다.

19:3. 세 친구들은 잔인하게 욥을 모욕하였다. 열 번(계속적인 반복의 의미를 가진 어림수다)이나 나를 꾸짖었다. 욥은 그들의 격렬한 언어 공격이 끝나지 않을 것 같은 생각이 들었다. 나를 학대하고도 부끄러워 아니하는구나. 그들의 대화는 그에게 도움과 위안이 된 것이 아니라 오히려 해로웠고, 그를 절망에 빠뜨렸다.

19:4. 내가 과연 허물이 있었다 할지라도. 욥은 자신이 범죄했다고 고백하는 것이 아니라 설령 자신이 범죄했다 하더라도 그 잘못은 내게만 있는 것이라는 가정적인 진술을 하고 있는 것이다. 다시 말해서 그것은 그의 친구들이 신경 쓸 일이 아니라 자신의 소관인 것이다. 이것은 그와 하나님 사이의 개인적이고 은밀한 문제였고, 그들과는 아무 관계가 없었다.

19:5. 너희가 참으로 나를 향하여 자긍하며라는 문장은 그들이 실제로 그렇게 했기 때문에 가정적인 진술이 아니다. 실제로 그들은 욥보다 도덕적으로 우월한 위치로 자신들을 높였다. 욥은 그들이 자신에 대해 수치 될 행위가 있다고 증명하려고 한다고 주장

한다. 사실상 그들은 넘어져 있는 선량한 사람을 발로 차며 인생의 연약한 시기에 있는 사람을 괴롭히고 있다.

19:6. 이것이 사실이라면, 하나님이 나를 굴하게 하시고 … 하신 줄은 알아야 할지니라. 이 주장은 욥이 자신의 죄 때문에 고난을 받은 것이 아니라 하나님이 그를 학대하셨다는 내용이다. 이것은 욥이 새롭게 제기한 불의에 대한 비난이 아니라 이미 제기된 적이 있었던 것(욥 8:3, 9:23-24, 10:6-7)이었고, 엘리후가 다시 제기하게 될 것(34:12)이다. '굴하게 하시고' 라는 단어는 '왜곡하다' 라는 개념을 지니고 있다. 그러므로 욥의 비난은 하나님이 그에 대해 정의를 왜곡하셨다는 것이었다. 게다가 욥은 자신이 짐승처럼, 뒤쫓는 자에 의해 사로잡힌 것처럼 하나님이 그물로 나를 에워싸셨다고 주장한다. 욥은 하나님의 이러한 괴롭힘이 친구들의 배척을 받은 이유라고 생각한다.

B. 욥의 파멸(7-12절)

Supporting Idea	욥은 자신의 고난이 하나님께 배척을 당한 결과라고 믿는다.

19:7. 하나님의 버림을 받았다는 생각을 유지하면서 욥은 내가 포학을 당한다고 부르짖으나 응답이 없고라고 지적함으로써 그것을 확장시킨다. 그는 하나님의 치심으로 불의한 일을 당하고 있다고 생각한다. 흥미로운 것은 욥뿐 아니라 세 친구들 역시 그의 고난이 하나님께로부터 온 것임을 인정한다는 것이다. 하지만 그 이유는 달랐다. 욥은 자신이 아무 이유 없이 하나님으로부터 고난을 받고 있다고 생각하는 반면, 그의 친구들은 그가 받아 마땅한 것을 하나님이 주셨다고 주장한다. 욥이 하나님의 도움을 요청하였지만 신원함이 없고, 오직 그가 받을 이유가 없는 일을 당하는 불의만 있다. 더욱 고통스러운 것은 하나님이 도움을 구하는 욥의 호소를 무시하신다는 것이다.

19:8-9. 하나님이 내 길을 막아 지나지 못하게 하신다고 욥은 선언한다. 그는 하나님이 그가 이 시련을 피해갈 수 없도록 자신의 길을 막아버리셨음을 깨닫는다. 하나님이 그의 길을 흑암에 숨기셔서 그가 이 시련을 통과할 길을 찾지 못하도록 하신다. 그는 욥에게서 영광을 벗기셔서 명예를 박탈하시고, 친구들이 보는 앞에서 수치를 당하도록 방치하셨다. 나아가 하나님은 그의 머리에서 그의 면류관을 취하셨다. 이것은 욥이 사람

들로부터 받았던 존경과 존중을 박탈당했음을 의미한다. 굴욕을 당한 욥은 자신이 이전 지위를 박탈당했음을 깨닫는다.

19:10-11. 같은 맥락에서 욥은 자신이 파괴된 집이나 건물인 것처럼 하나님이 죽을 때까지 사면으로 나를 헐으신다고 말한다. 하나님은 나무 뽑듯 욥의 희망을 뿌리째 뽑으시고 밝은 미래나 긍정적인 전망에 대해 전혀 확신할 수 없게 하셨다. 욥은 자신에 대한 하나님의 불쾌감을 상상하며 "나를 향하여 진노하신다" 고 탄식한다. 욥은 하나님이 자신을 "원수같이 보시는구나" 라고 지적한다. 자신이 버림받은 것같이 생각되고 하나님과 싸우고 있다고 생각하기 때문이다. 욥은 하나님에 대해 성급한 결론을 내린다. 그것은 하나님이 자신에게 화가 나셨다고 단정하는 결론이다. 아마 세 친구들의 충고가 그에게 영향을 미치고 있었을 것이다.

19:12. 욥은 자신을 공격을 당한 성으로 언급하며, '그 군대가 일제히 나아와서' 라고 탄식한다. 그는 자신의 어려움을 적군들에게 공격받고 있는 것으로 묘사한다. 그들은 그를 치기 위해 길을 구축하고 조금도 수그러들 기미를 보이지 않고 인생의 시련이 닥치게 하여, 그의 생명을 포위공격하기 위해 사방에서 치고 올라온다. 이러한 시련들은 욥의 장막을 둘러싸고 진을 친 채 그를 떠나지 않는다.

C. 욥의 거절(13-22절)

Supporting Idea	욥은 그의 가족과 친구들이 그를 배척했다고 주장한다.

19:13. 계속해 욥은 이러한 하나님의 배척 속에서 '나의 형제들로 나를 멀리 떠나게 하시니' 라고 증언한다. 그는 형벌의 일부로 하나님이 가장 가까운 사람들로부터 그를 고립시키는 벌을 내리셨다고 믿는다. 가장 가까운 친구들에게조차 외면당하고 고립된 채 그는 "나를 아는 모든 사람이 내게 외인이 되었구나" 라고 외친다.

19:14-16. 내 친척은 나를 버리며. 그들은 더 이상 욥의 핵심 세력의 일부가 아니었다. 가까운 친구는 나를 잊었구나. 욥은 그들이 자신을 버리고 그가 홀로 죽어가도록 버려두었다고 생각한다. 내 집에 우거한 자와 내 계집종들은 나를 외인으로 여기니. 그들은 그를 알지도 못한 것처럼 행동한다. 그들은 그를 냉담하게 외면한다. 내가 그들 앞에서

타국 사람이 되었구나. 그들은 그를 이방인처럼 대하고 피한다. 내가 내 종을 불러도 대답지 아니하니. 욥이 아무리 도움을 호소해도 한때 그를 주인으로 섬겼던 자들은 더 이상 그를 섬기지 않는다.

19:17. 가장 가까운 식구인 그의 아내에게로 이동한 욥은 '내 숨을 내 아내가 싫어하며' 라고 울부짖는다. 그녀는 아마 그의 수많은 질병 때문에 가까이 다가오려는 그를 거부했던 것 같다. 내 동포들도 혐의하는구나. 욥과 가장 가까웠고 그의 곁을 지켜줄 것이라고 생각되던 사람들도 그에게 혐오감을 드러냈다.

19:18-19. 어린아이들이라도 나를 업신여기고. 그들은 그의 불결한 상태 때문에, 명망을 누리던 어른에 대한 존경과 예의를 갖추기는커녕 그를 조롱하였다. 내가 일어나면 나를 조롱하는구나. 그들은 조롱하며 그를 멸시했다. 나의 가까운 친구들이 나를 미워하며. 이것은 그를 떠난 다른 모든 사람들뿐 아니라 세 위로자들에게도 확실히 적용된다. 나의 사랑하는 사람들이 돌이켜 나의 대적이 되었구나. 욥이 그들에게 아무리 친절해도 그들은 그를 배척하였다.

19:20. 내 피부와 살이 뼈에 붙었고. 욥의 몸은 수척하고 쇠약했다. 그의 살이 뼈에 들러붙었다. 남은 것은 겨우 잇꺼풀뿐이로구나. 이 표현은 그가 겨우 목숨을 부지한 채 살아 있음을 의미한다.

19:21-22. 친구들에게 말하고자 얼굴을 돌린 욥은, "나의 친구야 너희는 나를 불쌍히 여기라, 나를 불쌍히 여기라" 라고 호소한다. 그는 그들에게 예리한 비판의 말이 아니라 동정과 위로를 구한다. 하나님의 손이 욥을 치셨으므로 그들은 그에게 그러한 친절을 베풀어야 한다. 그들은 하나님이 주시지 않은 것, 즉 불쌍히 여김을 보여주어야 한다. 너희가 어찌하여 하나님처럼 나를 핍박하느냐? 욥은 자신이 어디에도 숨을 곳이 없이 쫓기는 짐승 같다고 생각한다.

D. 욥의 결심(23-29절)

Supporting Idea	새로운 희망을 가진 욥은 모든 정죄에 대해 자신을 신원하실 미래의 구속자를 바라보기로 결심한다.

19:23. 깊은 절망 속에서 욥은 미래의 모든 세대가 읽을 수 있도록 영구히 나의 말이

곧 기록되었으면 하고 부르짖는다. 그는 알 수 없겠지만 이 일은 이루어질 것이다. 그리고 당신은 지금 성경을 통해 그의 말을 읽고 있다. 그는 자신의 결백이 증거를 읽을 모든 이들에게 증명되도록 그 말이 책에 씌어졌으면 하고 바란다.

19:24. 욥은 자신의 말이 철필과 연으로 새겨져서 현재와 같은 고난을 당할 만큼 범죄한 적이 없음을 모든 사람이 알 수 있도록 영구히 전달되기를 간절히 바란다. 그는 자신의 일생에 대한 기록이 영영히 돌에 새겨지기를 바란다.

19:25. 욥은 하나님에 대한 새로운 믿음을 갑자기 회복하며 '내가 알기에는 나의 구속자가 살아 계시니' 라고 역설한다. 점점 가까워지는 자신의 죽음에 맞서 욥은 그의 구속자인 하나님이 결국 자신의 결백을 입증해주실 것이라고 확신한다. 그의 사후에 하나님은 땅 위에 서서 이 문제에 관해 그가 옳았음을 보여주실 것이다. 그의 마음이 깊은 절망 가운데 있음에도 불구하고, 이것은 하나님에 대한 강렬한 믿음의 진술이다. 욥은 사람들이 현재 자신의 삶을 어떤 식으로 평가하든, 하나님이 최종적 판단을 하실 것이며, 결국 그의 결백을 입증해주실 것이라고 확신한다.

19:26. 욥은 "나의 이 가죽, 이것이 썩은 후에 내가 육체 밖에서 하나님을 보리라" 고 고백한다. 죽음이 욥의 생명을 박탈하고 그의 살이 부패하게 될 미래에 그는 다시 살아서 하나님을 뵈올 것이라고 믿는다. 이것은 마지막 날에 그를 신원하시고 보상하실 하나님에 대한 확고한 신뢰의 표현이다.

19:27. 욥은 "내가 친히 그를 보리니 내 눈으로 그를 보기를 외인처럼 하지 않을 것이라" 고 믿는다. 영원토록 모든 영광 가운데 계신 하나님을 뵙는 것이 욥이 바라는 유일한 기쁨이었다. 그는 하나님을 직접 대면할 것이며, 이 모든 것을 삼키는 만남(all-consuming vision)이 그가 바라는 전부였다. 내 마음이 초급하구나! 그의 전 내면적 존재가 하나님을 뵙고자 하는 거룩한 열정으로 터질 듯이 불타올랐다. 이것은 하나님의 직접적인 환상에 대한 경험에 사로잡힌 사람의 영적인 심장 고동소리였다.

19:28. 다시 세 친구에게 말하기 위해 몸을 돌린 욥은 '너희가 만일 이르기를 우리가 그를 어떻게 칠꼬 하며 또 이르기를 일의 뿌리가 그에게 있다 할진대' 라고 말한다. 그들이 자기들의 대전제 - 욥이 자신의 죄 때문에 고난을 당하고 있다 - 를 그가 받아들이기를 원한다는 것을 욥은 알고 있다. 그들은 문제는 욥 내면에 있으며 그것은 그의 생활 속에 은밀히 감추어져 있다고 믿는다.

19:29. 이에 대해 욥은 "너희는 칼을 두려워할지니라"라고 반박한다. 그들이 욥에게 임할 것이라고 말하는 신적 심판은 실제로 그들에게 임할 것이라고 그는 결론짓는다. 분노는 칼의 형벌을 부르기 때문에 이러한 파멸이 결국 그들에게 임할 것이다. 욥은 이 신적 분노가 세 위로자들에게 임하면 너희가 심판이 있는 줄 알게 되리라고 경고한다.

Main Idea 복습	욥은 절망에도 불구하고 살아계신 하나님에 대한 믿음을 강하게 붙든다.

결론

끝까지 싸우라

구세군의 창시자인 윌리엄 부스(William Booth)는 생명이 다하는 순간까지 신실하게 믿음의 길을 걸었다. 82세의 나이에 거의 앞이 보이지 않는 상태에서 부스는 런던의 로열 앨버트 홀(Royal Albert Hall)에서 만 명의 청중들 앞에 서서 마지막 공개 연설을 하였다. 그의 마지막 연설은 주님에 대해 불변하며 끝까지 견고한, 무너지지 않는 믿음을 보여준다.

> 지금처럼 울고 있는 여인들이 있는 한 나는 싸울 것입니다.
> 지금처럼 굶주린 아이들이 있는 한 나는 싸울 것입니다.
> 한 사람의 주정뱅이라도 있는 한 나는 싸울 것입니다.
> 거리를 헤매는 가난한 소녀가 있는 한 나는 싸울 것입니다.
> 하나님의 빛 없이 암흑 속에 있는 영혼이 한 사람이라도 있다면 나는 싸울 것입니다.
> 나는 싸울 것입니다. 마지막 그 순간까지 싸울 것입니다.

참된 믿음은 끝까지 굴하지 않는다. 윌리엄 부스의 믿음이 바로 이러한 믿음이었다. 욥의 믿음이 바로 이러한 믿음이었다. 그리고 우리의 믿음 역시 이러해야 한다. 그것이 진실이라면 우리는 끝까지 싸울 것이다. 하나님에 대한 믿음은 무엇보다도 하나님으로부터 오는 믿음이므로, 넘어지더라도 일어나며 꺾이지 않는 것임을 아는 당신이 되기를 바란다. 그것은 흔들릴 수는 있어도 무너지지는 않는다.

삶의 적용

죽음을 이기는 법

주 예수 그리스도는 '마지막 원수' 인 사망을 멸하실 궁극적인 구속주시다(고전 15:26). 부활의 구주이신 예수님은 죽음을 이기시고 죽음을 다스리는 권세를 증명하셨다. 그는 '만물을 (특히 죽음을) 저의 발 아래 두셨' 기 때문에(고전 15:27) 생명의 왕이시다. 그리스도께서 직접, 재림 때 부활을 통해 죽음을 무력하게 만드실 것이다. 이로 인해 신자들의 몸은 멸하지 않는 불멸의 몸으로 변화될 것이다(고전 15:33).

그리스도는 죽음의 정복자시다. 그는 "사망을 영원히 멸하실 것이라 주 여호와께서 모든 얼굴에서 눈물을 씻기시며 그 백성의 수치를 온 천하에서 제하시리라" (사 25:8). 그러므로 죽음과 대면할 때 신자는 이 원수가 패배할 것이며, 우리가 하나님을 뵈올 것이라는 확신을 가질 수 있다. 하나님 자신이 주 '예수 그리스도 안에서 승리를 보장하셨기 때문에 승리는 확실하다. 예수님은 "나를 믿는 자는 죽어도 살겠고 무릇 살아서 나를 믿는 자는 영원히 죽지 아니하리니' 라고 말씀하셨다(비교. 요 11:25-26).

기도

하나님, 우리의 아버지, 주 예수를 부르는 자들에게 영원한 생명을 주시는 생명의 하나님이신 것을 인해 찬양을 드립니다. 당신의 아들이시며 우리의 구세주 되신 이의 부활을 통해 당신의 백성들에게 죽음의 승리를 확보해주셔서 감사합니다. 우리의 몸이 썩지 않을 불멸의 몸으로 변하는 부활에 대한 미래의 소망을 주셔서 감사드립니다. 예수님의 이름으로 기도합니다. 아멘.

심층 연구

A. 수치(3절)

'부끄러움' (히. 보쉬, bosh)은 난처해지다, 실망하다, 부끄러워하다, 수치를 당하다, 당황하다의 의미가 있다. 어근은 구약에서 155회 사용되었으며, 대부분 시편과 이사야에서 나타난다. 이 단어는 죄를 짓고자 하는 계획이 실패하고 결국 망신을 당한 후 느끼는 공개적인 당혹감의 의미를 전달한다. 이 단어는 악행자들의 완전한 패배와 철저한 굴욕의 의미가 있다. 수치를 당한 사람에게는 환멸과 절망이 따른다(사 1:29, 단 9:7). 이 단어는 욥기에서 이러한 용례로만 사용되고 있다.

B. 구속자(25절)

'구속자' (히. 고엘, goel)는 구약에서 44회 사용되었고, 어떤 개인이나 물건을 자유롭게 해주거나 구해주기 위해 소유권을 주장한다는 의미의 동사에서 파생하였다. 구약에서 구속자는 스스로 자신을 보호할 능력이 없는 가까운 친척에게 보호나 법적 보존을 제공하는 사람이었다. 그는 다른 사람의 손에 넘어간 그 친척의 재산을 구속할 수 있었다(비교. 레 25:23-25). 살해된 친척의 복수를 할 수 있었다(삼하 14:11). 자녀가 없이 사망한 형제의 미망인과 결혼할 수 있었다(룻 4:10). 노예가 된 친척을 돈을 지불하고 살 수 있었다(레 25:47-55). 소송에서 그를 변호할 수 있었다(잠 23:11).

교안

A. 욥의 조롱(1-6절)

1. 언제까지 너희가 나를 대적하겠느냐?(1-3절)
2. 너희가 나를 얼마나 상하게 하였는가!(4-6절)

B. 욥의 파멸(7-12절)

1. 하나님이 내게 응답하시지 않는다(7절).
2. 하나님이 나를 공격하셨다(8-12절).

C. 욥의 거절(13-22절)

1. 욥이 그들의 배척에 대해 묘사하다(13-20절).
2. 욥이 그들의 도움을 호소하다(21-22절).

D. 욥의 결심(23-29절)

1. 나의 말이 기록될 것이다(23-24절).
2. 나의 눈이 하나님을 볼 것이다(25-27절).
3. 나의 삶이 결백했음이 밝혀질 것이다(28-29절).

토의 질문

1. 구세주가 미래에 구원해주실 것을 기대하는가?

2. 죽은 자들이 미래에 부활할 것을 기대하는가?

3. 하나님 뵙기를 사모하는가?

욥기 20장

그렇다면 지옥으로 가라!

"인간의 분노로 하나님의 영광을 드러낸 적은 결코 없었다."

- A. W. 토저(A. W. Tozer)

들어가는 글

지옥의 죄인들을 고소한 듯 바라보다

목회자가 필요한 어느 교회에서 여러 명의 후보들에게 설교를 해달라고 초청했다. 한 사역자는 시편 9편 17절, '악인이 음부로 돌아감이여' 라는 구절에 대해 설교했다. 위원회 회장은 그를 호의적으로 평가하지 않았다. 몇 주 후 또 다른 목회자가 와서 동일한 구절을 이용해 설교를 했다. 이번에 그 회장은 "저 목사님을 초빙하도록 합시다" 라고 말했다. 나머지 위원회 회원들은 놀라서 "왜 그가 마음에 드셨습니까? 그도 이전의 목사님과 동일한 구절로 설교했지 않습니까?" 라고 물었다. "맞아요." 그는 대답했다. "하지만 두 번째 목사님은 잃어버린 바 된 자들이 지옥에 갈 것이라고 강조할 때, 눈에 눈물이 고였고, 목소리에 근심이 서렸습니다. 첫 번째 설교자는 죄인의 죽음에 대해 고소해하는 것 같았습니다."

소발이 바로 이러한 사람이었다. 그는 욥에 대해 너무나 화가 난 나머지 그가 악인들처럼 죽어간다 해도 근심하지 않는 것 같았다. 소발은 욥에 대한 첫 번째 대답에서 악인들은 제어되지 않는 죄악된 삶을 살았기 때문에 고통스러운 죽음을 당할 것이라고 주장했다. 소발은 악인의 끔찍한 최후를 묘사함으로써 욥에게 충격을 주어 죄를 고백하고 '하나님과 올바른 관계를 맺게' 하려고 시도했다. 욥의 고통에 대해 함께 아파하기는커녕 추측에 불과한 죄로 그를 정죄하였다.

욥기 20장은 욥에 대한 소발의 두 번째이며 마지막 변론을 담고 있다. 그는 욥의 세 친구들 가운데 가장 무뚝뚝했다. 소발은 욥을 격려하기보다 오히려 비난하여 더욱더 황폐하게 만들었다. 이 장은 욥의 세 친구들의 경직된 '권선징악' 신학이 주장하는 악인의 운명에 대한 또 다른 변론을 소개한다(욥 8:11-19, 15:20-35, 18:5-21). 소발은 악인의 죽음을 파멸과 재앙을 초래하는 끔찍한 최후라고 표현했다. 소발은 욥이 회개하여 하나님께 돌아오지 않으면 이러한 운명을 맞게 될 것이라고 확신했다. 그는 분노로 인해, 경건치 못한 자들의 처절한 최후를 거론하며 욥을 더욱더 위협하였다.

본문 이해

그렇다면 지옥으로 가라!

Main Idea	소발은 욥이 악인들의 길을 가기 원하기 때문에 악인의 운명을 맞게 될 것이라는 말로 그를 공격한다.

A. 소발의 공격(1-3절)

Supporting Idea	욥의 책망에 격분한 소발은 그의 말에 대응해야 한다고 생각한다.

20:1-2. 나아마 사람 소발이 대답하여 가로되. 그는 두 번째 변론을 시작하며 다시 한 번 욥을 공격한다. 소발은 회개하지 않으면 하나님이 그의 재물을 빼앗아가시며 악인을 심판하실 것임을 상기시킨다. 욥을 회개해야 할 죄인으로 암시한 것이다. 빌닷에 대한 욥의 이전 반응(비교. 욥 19장)으로 인해 소발은 괴로운 생각을 하게 되었고, 결국 더 심한 비난으로 그에게 대답할 수밖에 없었다. 욥이 아직 자신의 죄를 고백하지 않았다는 것에 그는 중심이 초급하였다. 욥이 죄를 고백하기는커녕 오히려 자신의 결백을 주장하자 소발은 이에 격분하지 않을 수 없었다.

20:3. 소발은 내가 나를 부끄럽게 하는 책망을 들었다고 말한다. 이것은 욥의 경고에 관한 언급이다(비교. 욥 19:28-29). 아니면 "허망한 말이 어찌 끝이 있으랴"(욥 16:3)라는 앞의 욥의 도전에 대한 반응이었을 수도 있다. 소발은 잘못된 지식 때문에, 욥에게 응수해야 한다는 의무감이 생겼다. 그의 대답은 욥이 하나님에 대해 범죄하고, 그로 인해 고난당하고 있다는 입장을 세 친구들이 버리지 못하고 있음을 증명한다.

B. 소발의 주장(4-11절)

Supporting Idea	소발은 다시 욥을 공격하며 악인의 고통스러운 운명이라는 자신의 주제를 반복한다.

20:4. 소발은 과거에 호소하며 "네가 알지 못하느냐 예로부터 … "라고 말한다. 그는 욥이 모든 것을 다 아는 것처럼 주장한다고 조롱한다. 그는 사람이 이 세상에 있어 온 이후로 존재한 모든 자연 질서와 우주의 변함없는 법칙들을 아는 것처럼 행동한다고 욥을 비난한다.

20:5. 특히 소발은 악인의 이기는 자랑도 잠시라고, 즉 경건한 자들을 희생시킨 대가로 누리는 악인의 기쁨은 금방 사라질 것이라고 욥에게 상기시킨다. 소발은 또한 경건치 않은 자들의 현재 행복은 잠시 동안임을, 즉 사곡한 자의 즐거움도 잠깐임을 알고 있다. 소발이 의도한 것은 악인과 사곡한 자를 하나님이 응징하신다는 오래된 전통적 원리다. 그는 이 원리가 욥의 고난의 원인을 설명해준다고 믿는다. 소발은 악인들이 번성하지 못할 것이라고 믿는다(욥 9:22, 12:5-6). 이것은 빌닷(욥 8:13-19)과 엘리바스(욥 15:29-35) 두 사람 모두 재확인해주었던 믿음이다.

20:6. 악인들의 불의한 행동의 근저에 있는 근본적 죄는 교만과 거만한 생각이다. 그 높기가 하늘에 닿고 구름보다 더 위까지 올라가며 뽐낸다. 교만함 때문에 다른 사람들보다 더 높아진 것처럼 그 머리가 구름에 미친다. 욥은 친구가 자신이 악인이 아님을 인정하길 거부하자 점점 더 좌절감과 당혹감에 휩싸이고 있다.

20:7-8. 소발은 경건치 않은 자들이 자기의 똥처럼 영원히 망할 것이라고 생각한다. 그러한 최후는 역겹고 혐오스럽다. 불의한 인간은 사라질 것이며 파멸에 휩쓸려갈 것이다. 그의 파멸은 너무나 신속하고 철저하여 그를 본 자가 이르기를 그가 어디 있느냐 할 것이라고 소발은 지적한다. 악인은 아무런 사전 경고도 없이 갑자기 하나님의 심판을 받게 될 것이다. 소발은 악인이 꿈같이 지나가나니 다시 찾을 수 없을 것이라고 지적한다. 이것은 밤에 보이던 환상처럼 쫓겨갈 것이기 때문에 그가 죽으면 실존인물이었다는 흔적조차 없을 것이라는 의미다.

20:9. 나아가 그를 본 눈이 다시 그를 보지 못할 것이다. 악인이 한때 사회에서 높은 신분과 지위를 누렸지만 이제 죽고 나면 그의 처소도 다시 그를 보지 못할 것이다. 그는 이

세상에 존재했다는 아무런 흔적도 없이 사리질 것이다.

20:10. 그러고 나서 소발은 갑자기 방향을 바꾸어 악인의 죄의 결과에 관심을 표명하며, 그의 자녀들이 가난한 자들과의 불법적이고 부도덕한 사업 거래에 대해 보상할 책임을 지게 될 것(은혜를 구하겠고)이라고 결론짓는다. 소발은 악인의 자녀들이 부친의 죄악에 대한 대가를 치를 것이며, 아마 그로 인해 심지어 그들 자신의 유산까지 잃을 수 있다는 암시를 주고 있다.

20:11. 악인은 위세 등등하게 죄악을 행하고 악한 짓을 저지르면서, 그 기골이 청년같이 강장하게 살았다. 하지만 그것이 전부다. 이제 그가 죽으면 그 기세가 그와 함께 흙에 누울 것이다. 그의 기력이 아무리 세다 해도 불가피한 운명, 즉 죽음을 피할 도리는 없을 것이다.

C. 소발의 호소(12-19절)

Supporting Idea	소발은 현란한 표현으로 악한 행위에 대한 악인의 갈망을 묘사한다.

20:12-13. 소발은 다른 사람들의 것을 탈취하는 것으로 기쁨을 얻는 악인과, 악인의 이기적 행동의 결과로 임하는 하나님의 진노를 생생한 단어로 묘사한다. 소발은 악인이 악을 달게 여긴다고 주장한다. 악한 사람은 병적인 쾌감을 가지고 혀 밑에 악을 감춘 채 즉각적 만족을 맛본다. 악에 대한 그의 중독이 너무나 강해서 악을 그는 아껴서 버리지 아니하고 입에 물고 있다. 그러므로 죄에 대한 그의 종속은 무엇이든 빨아들일 정도로 강력하다.

20:14. 악한 행위라는 달콤한 식물에 대한 중독으로 악인은 파멸을 자초할 것이다. 갑자기 그의 죄가 창자 속에서 변할 것이다(이것은 악인 자신의 죽음에 대한 표현). 설상가상으로, 그의 악행의 결과들이 뱃속에서 독사의 쓸개가 되어 그에게 확실한 파멸을 안겨줄 것이다(비교. 약 1:15).

20:15-16. 악인의 악행의 처참한 결과는 부도덕한 거래와 행위로 쌓았던 재물을 다시 토해낼 수밖에 없도록 할 것이다. 가난한 이웃에 대한 악인의 착취 역시 하나님의 엄중한 주시를 피할 수 없을 것이다. 하나님이 그 배에서(강탈하여 얻은 그의 재물을) 도

로 나오게 하실 것이기 때문이다. 악인 자신의 죽음으로 그는 결국 이 모든 것들을 포기할 수밖에 없는 것이다. 자신의 성공에 속고 취한 악인은, 치명적인 음료인 독사의 독을 빨 것이다. 뱀의 혀에 물려 죽임을 당할 것이다.

20:17. 소발은 부당하게 축적한 재물에 대한 악인의 만족이 얼마 가지 않는다고 주장한다. 강, 곧 꿀과 엉긴 젖이 흐르는 강으로 상징되는 번영에 대한 그의 향유는 죽음으로 정당한 형벌을 당할 때 마감될 것이다.

20:18-19. 악인은 가난한 이들의 초라한 재물을 약탈하지만, 수고하여 얻은 것을 도로 주고 삼키지 못할 것이다. 매매하여 얻은 것에 대해서는, 그가 죽어 무덤에서 썩어갈 것이므로 얻은 재물을 즐거워하지 못할 것이다. 큰 재물을 축적했지만 그는 그 모든 것을 영원히 잃을 것이다. 악인의 무자비하고 탐욕스러운 사업 거래는 가난한 자를 학대하고 버렸다. 이기적인 탐욕으로 자기가 세우지 않은 집을 빼앗으려고 노리는 것은 어떤 것과도 비교할 수 없는 악행이다. 소발은 악인이 악에 대한 욕구를 충족시키려는 욕망에 끌려다닌다는 것을 욥이 이해하기를 바란다.

D. 소발의 훈계(20-29절)

Supporting Idea	소발은 악인이 이생뿐 아니라 저 세상에서도 하나님의 불타는 진노를 입게 될 것이라고 주장한다.

20:20-21. 악인은 자신의 재물로 스스로를 구원할 수 있다고 믿음에도 불구하고, 세속적인 이득에 대해 마음에 족한 줄을 알지 못한다. 성경은 인간이 재물이 있다고 해서 심판을 면하는 것은 아님을 명백히 밝힌다(비교. 시 49편, 잠 18:11). 악인이 다른 사람들의 재물을 다 빼앗았기 때문에 먹을 것을 남긴 것이 없다. 소발은 그 형통함이 오래지 못할 것이라고 확신 있게 주장한다. 불의한 수단으로 모은 재물은 영원까지 가져갈 수 없다.

20:22. 풍족한 재산을 모은 데 대해 자만하던 악인은 갑자기 예기치 못한 상태에서 곤액이 이르러 사로잡힐 것이며, 모든 고통하는 자의 손이 그에게 닿을 것이다. 하나님의 진노가 무서운 기세로 폭발하여 전혀 예상치 못한 순간에 악인을 덮칠 것이다. 하지만 그들은 그때에도 재물이 있으므로 안전하다고 믿고 있을 것이다.

20:23. 불법적으로 취득한 재물로 대식가처럼 배를 불리려 할 때 이 고통스러운 최후가 임할 것이다. 하나님은 누구도 막을 수 없는 분노로 악인에게 맹렬한 진노를 내리실 것이다. 그의 의로운 응징은 무자비한 심판으로 악인에게 비같이 쏟으실 진노로 표현될 것이다.

20:24-25. 싸우는 전사처럼 하나님은 도망가는 악인을 덮치실 것이며, 철병기로 그를 치실 것이다. 소발은 악인을 기다리는 갑작스러운 죽음을 묘사하고 있다. 번쩍번쩍하는 촉으로 그의 등을 꿰뚫어 허리를 통과해 그 쓸개에서 나온 놋활이 죽음의 일격을 가한다. 소발은 악인이 하나님의 심판으로 비극적인 최후를 맞을 것이라고 믿는다. 악인의 사후에는 악인에게 정해진 영원한 심판 앞에 서게 되고, 큰 두려움이 그에게 임할 것이라고 소발은 주장한다. 이것은 앞의 욥의 변론에서 빌려온 표현일 수도 있다(비교. 욥 16:13).

20:26. 소발은 모든 캄캄한 것이 악인의 보물에 덮칠 것이며, 사람이 피우지 않은 불이 그를 멸할 것이라고 판단한다. 이어서 그는 그 장막에 남은 것을 사를 것이라는 말로 욥의 삶에 그것을 무자비하게 적용한다. 이것은 욥의 자식들이 때가 되기 전에 죽음을 당한 것을 가리키는 표현이다(욥 1:18-19).

20:27. 욥은 하늘의 변론자가 그의 결백을 변호하여 그에 대한 모든 고소에 대해 무죄를 입증해줄 것을 확신한다고 말한 적이 있다(비교. 욥 16:19-21). 소발은 그가 주장하는 것처럼 욥을 위한 하늘의 변호사가 있음을 부인한다. 욥의 모든 희망을 빼앗아버리기 위해 소발은 하늘이 악인의 죄악을 드러낼 것이라고 주장한다. 욥이 땅이 그의 피(즉 그의 결백, 비교. 16:18)를 가리우지 말기를 원했던 것처럼, 소발은 그의 유죄에 대한 증거로 땅이 일어나 그를 칠 것이라고 주장한다.

20:28-29. 하나님은 세찬 물살의 홍수처럼 악인을 위협하며 진노를 쏟으실 것이다. 이러한 하나님의 심판은 반드시 그 가산을 흘러가게 할 것이다. 친구들에게 저주를 선언한 욥처럼(욥 19:28-29), 소발은 악인에 대한 저주를 선언한다. 회개에 대해 전혀 언급하지 않고 자신의 두 번째 변론을 끝낸 소발은, 악인의 분깃과 산업이 하나님에 의해 정해져 있다고 판단한다. 욥에 대한 하나님의 심판이 분명히 결정되어 있는 것이다. 이 무시무시한 말로 소발은 자신의 마지막 변론을 끝내고 있다.

Main Idea 복 습	소발은 욥이 악인들의 길을 가기 원하기 때문에 악인의 운명을 맞게 될 것이라는 말로 그를 공격한다.

결론

인간의 분노

마을 사람들에게 파더 그래이엄(Father Graham)으로 알려진 한 영국 노신사는 긍정적인 영향력으로 큰 사랑을 받았다. 어느 날 심한 모욕을 당해 화가 난 한 젊은이가 그를 만나기 위해 찾아왔다. 모욕을 당한 그 사람은 파더 그래이엄에게 자초지종을 설명하면서 자신에게 잘못을 저지른 그 사람에게 사과를 요구하기 위해 가는 중이라고 말했다. 파더 그래이엄은 "이봐요, 젊은이. 노인의 말이지만 한마디 조언을 하고 싶네. 한 번의 모욕은 진흙과 같다네. 진흙이 마르면 훨씬 더 깨끗이 떨어져나가지. 잠깐만 기다리게. 그 사람과 자네가 둘 다 냉정을 되찾으면 문제가 쉽게 해결될 것이네. 하지만 자네가 지금 가면 다툼밖에 하지 않을 걸세"라고 말했다. 그 젊은이는 그의 지혜로운 충고를 귀담아 들었고, 곧 그는 그 사람에게 가서 문제를 해결할 수 있었다.

불행하게도 소발은 분노에 불타서 욥을 위협해 강압적으로 죄를 고백하게 만들려고 시도했다. 하지만 그것은 효과가 없었다. 소발의 분노는 욥에 대해 바라던 효과를 내지 못했다. 욥과 그의 친구들의 거리만 더 멀어졌을 뿐이었다. 소발이 제시한 대로, 순종에 대한 올바른 동기는 여호와에 대한 경외심이다. 하지만 그것은 거룩한 사랑의 표현으로 균형을 이루어야 하고 조절되어야 한다. 소발은 화를 내고 저주만 했을 뿐, 자비와 은혜는 전혀 보이지 않았다.

성경은 우리가 진리를 말해야 하지만, 사랑으로 그렇게 해야 한다고 말한다(엡 4:15). 우리가 천사의 혀를 가진 것처럼 유창하게 말한다 하더라도 사랑이 없다면 소리 나는 구리와 울리는 꽹과리일 뿐이다(고전 13:1). 소발에게는 이러한 따스한 사랑이 결핍되어 있었다. 그는 너무나 옳아서 오히려 잘못되었다. 그는 가시가 달린 호저 같았다. 그는 훌륭한 점을 많이 갖고 있었지만 가까이 다가가기 어려운 사람이었다. 소발이 자신의 분을 다스렸다면 더 민감한 마음으로 욥에게 조언할 수 있었을 것이다.

삶의 적용

악인들에게 내려질 정의

1. 심판은 확정적이다. 틀림없이 악인의 운명은 영원한 파멸로 끝날 것이다. 하나님은 완전한 의로우심으로 악인을 심판하실 것이다. '그들이 영원히 망할 것이라' 는 악인의 운명에 대한 소발의 지적은 옳은 것이었다(비교. 욥 4:20). 이 영원한 파멸의 상태는 하나님이 계획하신 것이다. '악인에게 그물을 내려치시리니 불과 유황과 태우는 바람이 저희 잔의 소득이 될' (시 11:6) 것이기 때문이다. 이것은 악한 자들을 기다리는 영원한 멸망의 상태다.

2. 지옥은 실재한다. 성경은 지옥을 불(마 5:22, 18:9)과 고통(눅 16:23)의 장소로 묘사한다. 악인들을 위해 하나님은 진노의 잔을 준비하셨고, 조금도 남기지 않고 그 잔을 완전히 쏟아 부으실 것이다. 그곳에서 악인들은 끝없는 고통을 당할 것이다(계 14:10-11). 괴로운 고통으로 인해 그들은 고통 중에 이를 갈며 하늘의 하나님을 저주할 것이다(계 16:11). 신자들은 하나님과 그의 아들 주 예수 그리스도를 거부한 악인들의 운명을 '얕잡아 보아서는' 결코 안 된다.

기도

하나님, 우리 아버지, 당신은 창조주시며 하늘에서 당신의 피조물들을 통치하시는 분이십니다. 당신은 거룩한 의로 악인들을 심판하실 것입니다. 불의한 자들을 악행에 따라 갚아주시고 악인들에게 두려움을 주실 것입니다. 당신은 진노하심으로 악을 바로잡으시고 세상에 당신의 정의를 세우실 것입니다. 의로운 자들에게 상을 주시고 악인들을 심판하실 그 위대한 날이 임하게 하소서. 예수님의 이름으로 기도합니다. 아멘.

심층 연구

책망(3절)

'책망' (히. 무사르, musar)은 잘못을 교정하고 배움과 가르침을 줄 목적으로 구두로 하는 교훈이라는 의미를 지닌 단어다. 무사르는 토라에서 1번(신 11:2), 욥기에서 4번(5:17, 12:18, 20:3, 36:10) 사용되고 있다. 대부분의 용례는 잠언에서 발견되며, 가장 유명한 경우는 다음의 용례다. "내 아들아 여호와의 징계(무사르)를 경히 여기지 말라 그 꾸지람을 싫어하지 말라 대저 여호와께서 그 사랑하시는 자를 징계하시기를 마치 아비가 그 기뻐하는 아들을 징계함같이 하시느니라" (잠 3:11-12). 때로 이러한 잘못의 교정은 '징계하는(무사르) 채찍' 을 동반한다(잠 22:15). 이 단어는 엘리바스가 욥에게 "너는 전능자의 경책을 업신여기지 말지니라" (욥 5:17 하반절)라고 충고한 말에 나타나 있다. 20장의 경우 소발은 욥이 하나님을 교훈하고 교정하려 한다고 비난한다.

교안

A. 소발의 공격(1-3절)

1. 너는 내게 근심을 안겨다주었다(1-2절).
2. 너는 나를 책망하였다(3절).

B. 소발의 주장(4-11절)

1. 악인의 성공은 일시적이다(4-5절).
2. 악인은 교만하여 죄를 짓는다(6절).
3, 악인은 영원히 멸망할 것이다(7-9절).
4. 악인은 갑자기 최후를 맞을 것이다(10-11절).

C. 소발의 호소(12-19절)

1. 악은 처음에는 달콤하다(12-13절).
2. 악은 반드시 쓰라린 맛으로 변한다(14-16절).
3. 악의 결국은 슬픔이다(17-19절).

D. 소발의 훈계(20-29절)

1. 악인은 상실의 고통을 당할 것이다(20-22절).
2. 악인은 심판을 당할 것이다(23-26절).
3. 악인은 진노를 당할 것이다(27-29절).

토의 질문

1. 악인에게는 하나님의 심판이 기다리고 있다는 것을 이해하는가?

2. 사람들에게 악인을 삼킬 하나님의 진노에 대해 경고하는가?

3. 충고를 하기 전에 하나님에 대한 그 개인의 입장을 이해하려고 노력하는가?

욥기 21장

악인들에게 좋은 일들이 일어날 때

"하나님의 선하심은 그가 실망하시는 것만큼이나 신기하다."

- J. A. 모티어(J. A. Motyer)

들어가는 글

우리는 복음의 좋은 소식을 갖고 있는가?

한 목사와 집사가 복음을 전하고 교제에 참여하도록 권유하기 위해 교회를 방문한 적이 있는 사람들의 집을 방문하고 있었다. 그들이 주소를 따라 한 남자의 집을 찾아가자 부촌이 나왔다. 블록마다 아름답고 호화로운 맨션이 가득 찬 동네였다. 그들이 그 남자의 집에 다다랐을 때, 그들은 눈앞의 장면에 놀라움을 금하지 못했다. 그 집은 성과 같은 대저택이었다. 높은 기둥들이 집 앞 전면에 높이 솟아 있었고, 수많은 방들은 호텔 같은 느낌을 주었다. 잔디는 완벽하게 손질되어 있었고, 진입로에는 값비싼 차가 여러 대 주차되어 있었다. 집 주위는 벽돌이 둘러싸고 있었다.

현관으로 다가간 목사와 집사는 앞 창문으로 안을 들여다보았다. 그 집의 주인은 고풍스러운 가구에 둘러싸인 호화로운 거실에서 아름다운 의자에 앉아 있었다. 현관 가까이 다가가자 그 집사는 목사를 바라보며 "우리가 그를 위한 복음을 갖고 있다고 정말 확신하십니까?"라고 물었다.

악인은 종종 이 세상에서 번영을 누린다. 세속적인 복이 그들의 삶에 실제로 함께하며, 때로 의인들보다 더 많은 복을 누린다. 그러나 욥의 조언자들은 그에게 이와 반대로 말하였다. 그들은 죄인들이 이 세상에서 항상 고통을 당하며 결코 성공하지 못한다고 주장했다. 죄인들은 결코 성공하지 못한다는 것이다. 이것이 때로 사실이기도 하지만 항상 적용되는 것은 아니다. 의인들은 항상 성공하고 악인들은 항상 고통을 당한다는 이 경직된 인과론적 공식은 모든 경우에 다 적용될 수 없다. 사실 욥이 자신의 개인적인 관찰을 토대로 주장한 것처럼, 악인들에게 좋은 일이 자주 일어난다. 악인들은 악한 수단으로 부자가 된다. 죄인들은 일시적이기는 하지만 실제로 성공한다. 이것이 21장에서 욥이 이 반박을 통해 말하고자 한 요지다.

이 장에 기록된 욥의 주장은 20장의 소발의 주장에 대한 직접적인 반박이다. 그러나 욥은 또한 엘리바스와 빌닷도 겨냥하고 있다. '너희'는 복수형이며(2, 27-29, 34), 동사 역시 복수형을 사용하고 있다(2-3a, 5, 29, 34절). 욥은 그들의 주장을 반박하고 있으며,

악인들이 실제로 번영을 구가하는 경우가 자주 있다고 주장한다. 불신자들은 정해진 수명대로 살지 못하고 일찍 죽기는커녕 천수대로 장수를 누리기도 한다. 정리하자면, 욥이 소발을 반박하기 위해 여기서 말한 내용의 핵심은 때로 악인들에게도 좋은 일이 일어난다는 것이다. 그러므로 이것의 반대되는 일도 사실이라는 의미가 여기에 내포되어 있다. 불행한 일이 때로 선한 사람들에게 일어나는 것이다.

본문 이해

악인들에게 좋은 일들이 일어날 때

Main Idea	욥은 악인들이 살아생전 번영을 구가한다고 주장한다. 하지만 그들은 큰 명예를 누리는 가운데 매장되기는 하지만 죽음의 운명을 피할 수 없다.

A. 욥의 항변(1-6절)

Supporting Idea	욥은 친구들에게 자신의 말을 주의 깊게 경청해달라고 호소한다.

21:1-2. 욥이 대답하여 가로되. 욥은 소발의 말에 대응하며 다시 한 번 그의 친구에게 귀 기울여 들어보라고 요구한다. 욥의 좌절감이 더욱더 분명하게 드러나고 있다. 그는 그들의 주장을 반박하지 않을 수 없다. 그들은 그의 말을 들어야 한다. 너희는 내 말을 자세히 들으라. 이것은 욥의 친구들이 그가 이때까지 말해 온 내용을 진정으로 귀 기울여 듣지 않았다는 암시를 내포하고 있다. 이것이 너희의 위로가 될 것이니라. 그들이 그를 위로할 수 있는 가장 좋은 방식은 침묵하며 그의 말을 경청하는 것이다.

21:3. 그들의 끝없는 비난을 들은 욥은 "나를 용납하여 말하게 하라"고 요구한다. 그

리고 이어서 신랄하게 빈정거리는 어투로 욥은 자신이 말한 후에도 그들이 계속해 조롱할 수 있다고 지적한다. 이러한 빈정거림은 그들의 공허한 충고에 대한 욥의 평가를 드러낸다. 그는 그것을 파괴적인 비난에 불과하다고 본 것이다.

21:4-5. 나의 원망이 사람을 향하여 하는 것이냐? 이 질문이 의도하는 대답은 '아니오' 다. 욥의 신랄한 말은 하나님을 향한 것이었다. 하나님께로부터 아무런 반응을 얻지 못한 그는 반응을 주시기를 요구하면서 마음이 초급해진다. 욥은 "너희는 나를 보아라 놀라라" 라고 외친다. 그의 친구들은 욥의 참담한 상태에 너무 충격을 받은 나머지 아무 말도 하지 못하고 손으로 그들의 입을 가려야 마땅했다(비교. 욥 13:5). 진물이 흐르는 그의 상처를 한 번이라도 본 사람은 침묵해야 마땅했다.

21:6. 악인들의 세상적인 운명에 대해 말하려고 하던 욥은 온 몸을 떨며 두려움에 사로잡힌다. 그의 친구들과 달리, 그는 하나님이 어떤 일을 하고 계시는지 아는 체하지 않는다. 하지만 악인들의 번영에 대해 깊이 생각해본다.

B. 욥의 수정(7-16절)

Supporting Idea	욥은 악인들이 성공하지 못한다는 그의 친구들의 이론을 부인한다.

21:7. 악인들이 성공하지 못한다는 친구들의 왜곡된 믿음(욥 15:20-35, 18:5-11, 15-28)을 거부하며, 욥은 겉으로 볼 때 악인들이 불의함에도 계속 사는 반면 자신은 의로움에도 죽어가고 있는 이유에 대해 의문을 표시한다. 그는 소발의 거짓된 주장을 반박한다. 욥은 악인들이 외관상 수를 누리고 세력이 강한 데 비해 자신은 모든 권위를 다 상실한 채 아직 젊은 나이에 죽어야 하는 이유가 무엇인지 의문스럽다.

21:8-9. 빌닷과 소발은 악인들의 후손이 살아남지 못할 것이라고 믿지만(욥 18:19, 20:26), 욥은 악인들이 씨가 그들의 앞에서 그들과 함께 굳게 서고 자손이 그들의 목전에서 그러하다고 반박한다. 악인들과 대조적으로 그는 한순간에 모든 자식들을 잃어버렸다(욥 1:19). 가정적으로도 악인들의 집은 평안하여(비교. 욥 20:21, 23, 28) 아무런 두려움이 없다. 욥은 악인들의 순조로운 성공과 가정이 평안한 이유를 하나님의 매가 그 위에 임하지 않았다는 사실에서 찾는다(비교. 욥 9:34). 하지만 소발은 하나님의 진노가 악인

들을 늘 뒤쫓는다고 믿었다(욥 20:23, 28).

21:10-11. 욥은 악인들이 받은 축복의 내용들을 계속 열거하면서, 가축에 대한 그들의 투자는 풍성한 결과를 거두고 있다고 지적한다. 그들의 황소들은 영락없이 새끼를 배게 하고, 암소들은 새끼를 낳으며 사산하는 법이 없다. 욥은 악인들의 자손에게 다시 관심을 돌려 축복의 외적인 표시(시 127:4-5)로서 그들이 아이들을 떼로 기르고 있다고 지적한다. 더욱이 소발이 묘사했던 악인들의 자식들과 달리(비교 욥 20:10), 그 자녀들이 춤을 추며 행복을 누리는 것 같다.

21:12-13. 욥은 악인들이 피리 소리에 맞추어 소고와 수금으로 노래한다고 지적한다. 외견상 그들은 자신들의 부친의 죄악으로 결코 어려움을 당하지 않고 즐거움을 누리며 희희낙락한다. 아버지들처럼 그들은 그날을 형통하게 지낸다. 이것은 급작스러운 심판으로 예기치 않은 최후를 맞을 것이라고 주장한 소발의 이전 지적(비교. 욥 20:15, 17-18)과 반대되는 내용이다.

21:14. 악인들의 외면적인 모습을 열거한 욥은 경건하지 않은 악인들의 반역적인 내면의 모습을 들여다본다. 우리를 떠나소서라는 것이 악인들의 생각이었다. 그들은 감찰하시는 하나님의 임재가 미치지 않는 곳에서 살아가고자 시도하며, 하나님이 그들을 내버려두시기를 원한다. 그들은 자연 계시와 특별 계시를 모두 무시하면서 주의 도리 알기를 즐겨하지 않기 때문에 하나님을 거부하였다.

21:15. 그들은 교만하게 빈정거리며 전능자가 누구기에 그 앞에서 고개를 숙이며 그를 섬겨야 하는지 반문한다. 어려운 때가 찾아오더라도 거만한 악인들은 스스로에게 "그에게 기도한들 무슨 이익을 얻으랴?" 라고 묻는다. 악인들의 죄가 드러날 것이라는 소발의 판단(욥 20:27)과 달리 욥은 악인들이 반역에 대한 보응을 결코 받지 않을 것이라고 믿는다.

21:16. 그리고 나서 욥은 갑자기 그들의 복록이 하나님의 거룩한 주권 아래 있으며, 그들의 손으로 말미암은 것이 아니라는 의미의 말을 한다. 악인들의 형통함을 강조하던 욥은 "악인의 계획은 나와 판이하니라" 고 강조한다. 이것은 악인들이 형통하다 하더라도 그들을 뒤따를 마음이 전혀 없다는 뜻이다.

C. 욥의 고백(17-26절)

Supporting Idea	욥은 선인이든, 악인이든, 부자든, 가난한 사람이든, 모두에게 죽음이 기다리고 있음을 인정한다.

21:17. 악인들이 그들의 삶에 걸맞은 운명을 당할 것이라는 빌닷의 논리(비교. 18:5, 21)에 의문을 제기하면서 욥은 "악인의 등불이 꺼짐이 … 몇 번이나 있었느냐?" 고 묻는다. 그는 악인들에게 재앙이 내린 적이 별로 없다고 믿는다. 욥이 볼 때 하나님이 진노하사 그러한 반역적인 생활 방식에 어울리는 공정한 운명을 주신 적이 별로 없다.

21:18. 악인의 생명이 짧다고 소발이 지적했지만(욥 20:8-9), 욥은 악인들이 바람 앞에 검불같이 폭풍에 불려가는 겨같이 된 적이 몇 번이나 되느냐고 반문한다. 이것은 그가 그러한 경우를 목격한 적이 거의 없음을 암시한다.

21:19. '하나님이 그의 죄악을 쌓아두셨다가 그 자손에게 갚으신다' 는 당시의 속담으로 추정되는 말을 인용하면서, 욥은 악인의 자손들이 자신과 같은 운명을 당한다는 주장을 반박하기로 계획한다. 욥은 하나님이 그 몸에 갚으셔서 하나님이 악인을 심판하시고 계심을 그들이 알도록 하실 것이라고 생각한다.

21:20. 전능자가 그의 진노를 악인으로 마시게 하시면(비교. 시편 11:6, 마 6:39) 자기의 눈으로 자기의 멸망을 목도하게 될 것이다. 이것은 악인들이 그들 자신의 파멸을 목격하지 않으므로, 악인의 자손들을 하나님이 심판하시는 것은 악에 대한 효과적인 억제책이 아니라는 의미다.

21:21. 욥은 한 인간에 대한 심판이 그의 자손들에게 내려진다면, 그의 달 수가 진하면 자기 집에 대하여 악인이 아무런 상관을 하지 않을 것이므로 이러한 억제책이 얼마나 효과적일 수 있느냐고 주장한다. 욥은 한 개인의 형통함에 대한 미래의 형벌이 죄에 대한 아무런 억제 효과가 없다고 판단하고 있다.

21:22. 자신에 대한 친구들의 갑작스러운 판단이 주제넘은 것이라고 믿는 욥은, "그러나 하나님은 높은 자들을 심판하시나니 누가 능히 하나님께 지식을 가르치겠느냐?" 고 묻는다. 다시 말해서 그들이 하나님보다 더 많은 지식을 가졌느냐는 것이다. 이에 대한 대답은 분명히 '아니오' 다. 그들은 하나님이 의인과 악인을 모두 축복하시고 저주하심을 인정해야 한다.

21:23-24. 양 집단의 운명은 다르다. 이는 어떤 사람은 죽도록 기운이 충실하고 평강하며 안일하기 때문이다. 욥의 핵심은 불의한 자들의 세속적인 계획을 지배하는 고정된 규칙은 전혀 없다는 것이다. 욥은 악인이라 하더라도 그의 그릇에는 젖이 가득하며 행복하고 윤택하고 그 골수가 윤택하며 혹은 건강하게 살다가 죽는다고 주장한다. 그러므로 한 개인의 물질적인 조건이 하나님 앞에서 그의 상태를 알리는 지표가 아닌 것이다.

21:25-26. 욥은 비교를 위해 자신과 같은 사람에 대한 묘사를 계속 한다. 어떤 사람은 죽도록 마음에 고통하고 복을 맛보지 못하였다. 세속적인 혜택을 박탈당한 이 사람은 복을 맛본 적이 전혀 없다. 그러나 그들은 모두 죽어 흙 속에 눕고, 구더기가 그들의 육신을 먹는다. 죽음은 의인과 악인을 가리지 않고 무덤으로 끌고 가는 위대한 균형추다. 죽음은 모든 인간을 기다리는 운명이다.

D. 욥의 결론(27-34절)

Supporting Idea	욥은 악인이 종종 살아서 형통함을 누리며 큰 명예 가운데 임종을 맞는다는 결론을 내린다.

21:27. 친구들의 반응이 이전과 정확히 동일할 것이라고 예상한 욥은 "내가 너희의 생각을 알고" 있다고 단언한다. 그는 자신의 반론이 그들의 마음을 바꾸지 못할 것을 알았고, 그를 해하려는 그들의 궤휼이 계속될 것이라고 예상했다. 빌닷의 말을 인용하며 욥은 자신이 그들의 잘못된 주장을 파악하고 있음을 알린다(비교. 욥 8:22, 18:21).

21:28. 욥은 하나님이 악인들의 집과 장막을 무너뜨리신다는 그들의 주장을 반박한다. "너희의 말이 왕후의 집이 어디 있으며 악인의 거하던 장막이 어디 있느뇨 하는구나." 악인이 항상 이 세상에서 파멸로 끝나는 것은 아니다.

21:29. 욥은 "너희가 길 가는 사람들에게 묻지 아니하였느냐?" 고 질문한다. 이 세 친구들을 잘 알고 있고 그들의 잘못된 주장을 들어온 욥은, 그들이 여행을 하는 사람들의 증거에 대해 전혀 주목하지 않았던 것은 아니냐고 의문을 표시한다. 확실히 그들은 먼 곳까지 두루 여행을 해본 사람들, 즉 실제적인 지식의 더 넓은 시야를 소유한 사람들의 경험적 지식에 도전하지는 않을 것이다.

21:30. 욥은 자신의 '위로자들' 이 두루 여행을 다녀서 식견을 넓힌 사람들에게 주목

했다면 악인은 멸망의 날에도 남기운다는 것을 알 것이라고 말한다. 그러나 성경에서는 악인들이 멸망의 날에서 건짐을 받지 않을 것이라는 구절들을 풍성하게 찾을 수 있다. 악인들은 분명히 멸망할 것이며, 그들의 악한 생활방식에 대한 결과를 책임지게 될 것이다(렘 23:12).

21: 31-32. 욥은 악인들의 행위를 누가 능히 면박하며 혹은 누가 능히 그의 소위를 보응하겠느냐고 반문한다. 욥이 볼 때 악인들은 그 누구에게도 책임을 지지 않을 것이며, 특히 하나님께 책임을 지지 않을 것이고(욥 21:14-15), 누구에게도 추궁당하지 않을 것이다. 심지어 죽을 때도 악인은 영광을 누리며 무덤으로 메여 나가게 되고, 그의 장례식 행렬은 화려한 장식으로 호화롭게 치러질 것이다. 그리고 육신이 묻힌 후에도 사람이 그 무덤을 지키는 가운데 특별한 대우를 받을 것이다.

21:33. 그의 시신을 덮은 흙도 그에게 달다. 이것은 악인에게는 심지어 죽음도 괜찮다는 것이다. 욥은 악인의 뒤를 모든 사람이 좇으며, 그 앞선 자가 무수하다고 생각한다.

21:34. 욥은 자신을 위로하고자 하는 친구들의 시도가 헛된 것으로 이루어져 있다고 지적하며 그의 두 번째 변론을 마무리한다. 나아가, 욥은 그들의 대답을 거짓이라고 생각한다. 이것은 그들의 설명이 거룩한 깨달음이 결여된 잘못된 생각들로 가득하다는 뜻이다.

Main Idea 복습	욥은 악인들이 살아생전 번영을 구가한다고 주장한다. 하지만 그들은 큰 명예를 누리는 가운데 매장되기는 하지만 죽음의 운명을 피할 수 없다.

결론

멀리 바라보기

어느 날 한 젊은 법학도가 자신의 장래에 대해 이야기하기 위해 윌리엄 글래드스턴

(William Gladstone)을 찾아왔다. 글래드스턴은 그에게 "졸업하면 자네는 무엇을 할 것인가?"라고 물었다.

"간판을 내걸고 변호사가 될 겁니다"라고 그 젊은이는 대답했다.

"그런 후에는 무엇을 할 텐가?" 글래드스턴이 물었다.

"부자가 될 겁니다"라고 확신에 찬 목소리로 그는 대답했다.

"부자가 되고 나서는 무엇을 할 건가?" 글래드스턴은 탐색하듯 더 물었다.

"은퇴하겠죠." 그 학생은 대답했다.

"그런 다음에는 무얼 하겠나?" 글래드스턴은 대답을 재촉했다.

"죽지요."

"그 후에는?"

그러자 젊은이는 떨리는 목소리로 이렇게 대답했다. "모르겠습니다."

"젊은이, 멀리 바라보아야 한다네. 이 세상 너머 저 세상까지 바라보게. 그럴 때만 현재를 살 준비가 되는 걸세"라고 글래드스턴은 말했다.

욥은 자신 앞에 놓인 현세적인 세상에만 초점을 맞추기로 결정하고 인생을 먼 안목으로 바라보지 못했다. 그가 한 개인의 인생에 대해 지금 여기만 보게 된 것은 바로 이러한 근시안적 시각 때문이었다. 이 한계 때문에 욥은 보이지 않는 것이 아니라 보이는 것을 보았다. 그는 영적인 것이 아니라 물질적인 것에 초점을 맞추고 있었다. 천국의 것이 아니라 세상의 것에 관심을 집중하였다. 욥은 긴 시각을 가지고 믿음으로 영원한 것을 바라보아야 했다.

욥은 악인들을 바라볼 때 긴 시야를 가지고 심판으로 끝날 그들의 마지막을 보아야 했다. 그는 그들의 미래의 멸망보다는 현재적인 그들의 형통함에 집중했다. 마찬가지로, 그는 미래에 받을 자신의 보상보다는 현재의 고통에 얽매여 있었다. 우리가 믿음이 아니라 눈에 보이는 것을 따라 살아갈 때, 인생에 대한 우리의 평가는 늘 왜곡될 수밖에 없다.

삶의 적용

최소화하고 최대화하라

1. 세속적인 시각을 최소화하라. 시련을 주는 환경 속에서 우리는 하나님에 대한 모든 희망을 잃고 삶 자체에 대해 절망할 수 있다. 종종 비극이 닥칠 때 우리는 천국을 바라보는 시각을 잃어버리고 절망에 빠질 수 있다. 극심한 육신적 고통과 고난이 동반될 때 이 절망은 심히 악화된다. 과도한 육신적 고통을 경험한 바울(고후 11:23-29)은 그와 그의 동료가 '낙심하지 않았다' 고 지적하였다(고후 4:16). '겉사람은 후패하나 우리의 속은 날마다 새롭기' 때문에 그들의 힘은 쇠잔해지지 않았다. 바울은 몸이 쇠잔해지고 있었지만, 이 고통은 자신의 마음을 위에 있는 것에 집중시키는 효과를 발휘한다는 것을 알았다. 이러한 내적 변화는 바울에게 놀라운 영향을 발휘하여, 박해자들의 손으로 당한 고난을 '잠시 받는 환난의 경한 것' 이라고 부를 정도였다(고후 4:17a).

2. 영원한 시각을 최대화하라. 바울은 현재 자신이 당하는 고난과는 비교조차 되지 않는 '영원한 영광' 을 하나님이 자신을 위해 준비하고 계심을 알았기 때문에(고후 4:17b) 고난에도 불구하고 강건함을 잃지 않았다. 이 영원한 것에 대한 시각은 '보이는 것이 아니요 보이지 않는 것' 에 시선을 고정함으로 이루어졌다. '보이는 것은 잠깐이요 보이지 않는 것은 영원' 하기 때문이다(고후 4:18). 바울은 긴 안목으로 사는 길을 택했다. 그는 천상의 것이 중요하다는 사실을 기억했다. 욥은 바로 이 시각을 상실해버렸고, 그것을 다시 회복해야 했다. 신자들이 천상을 바라보는 시각을 유지할 때, 기쁨으로 인생의 시련들을 감당할 수 있다.

기도

하나님, 우리 아버지, 의인들은 고통을 당하고 악인들이 멸망하는 것처럼 보일 때가 자주 있습니다. 당신은 결코 당신의 백성들에게 안락함과 편안함을 약속하지 않으셨습니다. 그리스도 예수를 위해 경건하게 사는 모든 이들이 이 세상에서 박해를 당할 것이기 때문입니다. 오직 예수 그리스도 안에서만 소유할 수 있는 장래의 소망과, 아들의 나타나심을 간절히 고대하는 자들이 기다리는 상급에 대해 당신을 찬양합니다. 우리로 그날을 준비하도록 해주십시오. 예수님의 이름으로 기도합니다. 아멘.

심층 연구

A. 갚다(19절)

'갚다' (히. 샬람, shalam)는 다양한 의미를 내포한 단어이지만, 여기서는 갚다(recompense)라는 의미로 사용되었다. 이 문맥에서 이 단어는 하나님이 축적된 죄악에 대해 신적 보응을 하신다는 의미다. 샬람은 다른 문맥(삿 1:7, 시 52:12, 렘 50:29)과 욥기(21:31, 34:11, 33)에서 동일한 방식으로 사용되고 있다.

B. 사람(19절)

'사람' (히. 아담, adam)은 히브리어 성경 전반에서 인류를 가리키는 표현으로 5백 번 이상 사용된 단어지만, 또한 개인에 대해서도 사용된다.

C. 진노(20절)

'진노' (히. 헤마, hema)는 열기(heat)를 의미하며, 비유적으로 뜨거움과 때로 열을 내는 독, 불, 해에 대해 사용한다. 일반적으로 헤마는 내적인 감정적 분노, 화, 격분, 불쾌감을 의미한다. 이 구절에서처럼 헤마는 종종 하나님의 진노를 가리켜 사용된다. 그것은 불성실한 이스라엘(렘 42:18)과 불순종하는 다른 민족들(느 1:2, 6)에게 표현되었다.

교안

A. 욥의 항변(1-6절)

1. 친구들의 경청을 바라는 욥(1-3절)
2. 자신을 변호하는 욥(4-6절)

B. 욥의 수정(7-16절)

1. 악인들이 종종 성공한다(7-13절).
2. 악인들은 항상 죄를 범한다(14-15절).
3. 악인들이 종종 더 오래 살아남는다(16절).

C. 욥의 고백(17-26절)

1. 악인들이 고난을 당하는 경우가 희박하다(17-21절).
2. 악인들도 죽음을 피할 수 없다(22-26절).

D. 욥의 결론(27-34절)

1. 너희 자신의 판단을 귀담아 들으라(27-28절).
2. 세상을 여행하는 이의 말에 귀 기울이라(29-33절).
3. 나의 고통스러운 외침에 귀 기울이라(34절).

토의 질문

1. 나는 악인들의 형통함에 대해 하나님께 어떤 이의 제기를 하는가?

2. 나는 의인들의 고난에 대해 하나님께 어떤 이의 제기를 하는가?

3. 박해를 당할 때 하나님이 내게 가르쳐주시려고 하는 것은 무엇이었는가?

욥기 22장

분노한 조언자의 손에 있는 죄인

"최악의 노예는 욕망의 지배를 받는 자다."

- 필립스 브룩스(Philips Brooks)

들어가는 글

통렬한 편지

에이브러햄 링컨(Abraham Lincoln) 대통령 아래서 국방 장관이었던 에드윈 스탠턴(Edwin Stanton)은 흥분 잘하는 성격으로 유명하였다. 전쟁에 대한 압박감 때문에 그는 늘 신경이 곤두섰고, 내뱉는 말은 날카로웠다. 한번은 그가 링컨에게 어떤 장군에 대해 불평하자 링컨은 그 장군에게 편지를 써보라고 말했다. "하고 싶은 말을 다 해보게나"라고 링컨은 조언했다. 대통령의 지원에 더욱 고무된 스탠턴은 즉각 그 장군을 가만두지 않겠다는 심한 내용의 편지를 썼다. 그는 대통령에게 그 편지를 보여주었다.

"좋아." 링컨은 말했다. "먼저 생각해보게. 자네는 분명히 그것을 그에게 준 것일세." 스탠턴이 자리를 뜨려고 할 때 링컨은 "이제 그 편지를 어떻게 할 작정인가?"라고 물었다. 스탠턴은 "당연히 부쳐야죠"라고 대답했다. "어리석군." 대통령은 조소하는 표정으로 말했다. "자넨 그 편지를 부치고 싶지 않을 걸세. 그 편지를 난로에 던져버리게. 화가 났을 때 편지를 쓴 후 내가 하는 방법이라네. 자네는 그 편지를 쓰면서 좋은 시간을 가졌어. 이제 다른 편지를 써보게."

이 책의 이 시점에서 욥이 어려움을 겪은 까닭은 세 조언자들이 그에게 격분해 그의 태도를 신랄하게 비난하며 맹공격을 퍼붓기를 멈추지 않았기 때문이다. 그들은 화를 참지 못하고 욥에게 모두 쏟아 부었다. 그는 그들의 맹렬한 분노로 인해 그들과 하나님에 대해 분노가 치밀었다. 이것은 하나님에 대해 한때 강한 신뢰를 가졌던 욥이 무너지게 된 원인이었다.

욥기 22장에서는 욥과 그의 세 친구들 간의 변론의 세 번째 라운드가 시작된다. 그들의 변론은 계속 짧아지는 반면 욥의 변론은 점점 길어지고 있다. 실제로 세 친구 중 가장 격분한 소발은 아예 말을 하지 않게 된다. 이것은 이 고통스러운 대화의 마지막 라운드로서, 엘리바스(22장)와 빌닷(25장)이 그들의 변론을 마무리할 것이다. 최종적으로 변론을 마무리짓는 엘리바스의 메시지는 앞에서와 동일하다. 욥이 죄 때문에 고통당하고 있다는 것이다. 그러나 다른 점은 엘리바스가 앙갚음을 할 때 수사학의 어조다.

본문 이해

분노한 조언자의 손에 있는 죄인

Main Idea	엘리바스는 은밀한 죄 가운데 살고 있다는 비난으로 욥을 다시 공격하며 회개를 요청하고, 그가 하나님께 돌아온다면 회복될 것이라는 소망을 제시한다.

A. 엘리바스의 전제(1-4절)

Supporting Idea	엘리바스는 욥이 심히 악한 죄인이라고 정죄한다.

22:1-2. 욥이 한 많은 말에 대해 다시 한 번 응수하며 데만 사람 엘리바스가 대답한다. 엘리바스는 이제 욥이 중죄인이라는 것을 증명하기 위해 더 열심을 낼 것이다. 엘리바스는 "사람이 어찌 하나님께 유익하게 하겠느냐?"는 질문으로 마지막 변론을 시작한다. 엘리바스는 하나님의 거룩하고 초월적인 성품을 반복적으로 강조한다. 그는 하나님이 지극히 높으신 분이기 때문에 욥과 같은 죄인들에게 무관심하다고 주장한다. 인간은 자신의 선함으로 하나님께 나아갈 수 없다.

22:3-4. 실제로 욥은 아무리 의롭고 온전한들 하나님께 아무런 기쁨이 되지 않았다. 엘리바스는 하나님 앞에서 인간은 너무나 미천한 존재이므로 인간의 의로움은 전혀 중요하지 않다고 암시하고 있다. 엘리바스는 하나님이 욥을 책망하시는 것이 그의 경외함 때문은 분명히 아닐 것이라고 생각한다. 욥이 고백하지 않은 죄를 숨기고 있다는 확신을 드러내는 엘리바스의 말에는 빈정거리는 투가 역력하다.

B. 엘리바스의 비난(5-11절)

Supporting Idea	엘리바스는 욥이 당하는 어려움에 대한 이유로 가난하고 무력한 자들에게 저지른 구체적인 죄를 거론하며 비난한다.

22:5. 엘리바스에 의하면 하나님이 징벌하시는 이유는 욥의 죄악의 중함 때문이었다. 네 악이 크지 아니하냐? 이것은 사실상 욥에 대한 직접적인 정죄이며, 그가 수많은 죄를 지었다는 고발이다. 네 죄악이 극하니라. 이 수사적 질문은 긍정의 대답을 암시하고 있다. 엘리바스가 볼 때 욥이 범한 죄악된 행위를 열거하면 끝이 없었다.

22:6. 첫 변론(욥 4:2-4)에서 엘리바스는 욥이 약한 자들을 돕기 위해 손을 내밀었다고 인정했다. 그러나 욥에게서 구체적인 죄들을 찾을 수 없던 엘리바스는 이제 욥이 확실히 지었다고 생각되는 죄에 대해 말하기 시작한다. 까닭 없이 형제의 물건을 볼모 잡으며. 채무자가 담보물로 채권자에게 겉옷을 강제로 맡겼더라도 추운 밤에는 그에게 옷을 돌려주는 것이 일반적인 도리였다. 하지만 엘리바스에 의하면 욥은 이러한 도리조차 지키지 않았고, 오히려 추위에도 헐벗은 자의 의복을 벗기는 사람이었다.

22:7-8. 엘리바스는 가난한 사람들에 대한 더 심한 죄들을 욥에게 덮어씌운다. 그는 욥이 갈한 자에게 물을 마시우지 아니하며 주린 자에게 식물을 주지 않았다고 주장한다. 욥은 생명을 유지할 최소한의 생필품도 주지 않고 그들이 목마르고 굶주리도록 버려두었다고 한다. 그는 또한 욥이 피곤에 지친 여행자들을 냉담한 마음으로 대했다고 비난한다. 욥이 많은 토지를 소유한 권세 있는 자였을 때, 이러한 필요들을 쉽게 채워줄 수 있었지만 그는 그렇게 하지 않았다. 최소한 엘리바스는 이렇게 주장했다.

22:9-10. 나아가 엘리바스는 과부와 고아들을 학대했다고 욥을 정죄한다. 그는 욥이 그들에게 아무런 음식도 주지 않고 공수로 내쫓았다고 비난한다. 과부나 고아를 거부하는 것은 궁핍한 자들의 어려움에 무감각한 사람들이 취하는 가장 저질스런 죄악이었다. 이러한 악한 죄악의 결과로 욥은 올무에 걸리는 것이 당연하다. 이러한 올무들은 그가 이미 겪고 있듯이 홀연히 재앙을 내려 그를 두렵게 할 것이다.

22:11. 마찬가지로, 이것은 심적으로 어두움이 욥을 둘러싸고 고통의 창수가 그를 덮은 이유라고 엘리바스는 말한다. 이것은 욥이 겪은 비극에 대한 직접적인 언급으로, 그의 범죄의 결과가 확실하다고 엘리바스는 전제한다. 어두움은 사막의 약탈자들이 땅을

배회하고, 급류와 홍수가 아무런 방비도 없는 사람들을 덮칠 수 있는 때를 가리킨다.

C. 엘리바스의 주장(12-20절)

Supporting Idea	엘리바스는 하나님이 자신의 죄를 보지 않거나 관심을 두시지 않는 것처럼 생각한다고 욥을 비난한다.

22:12-13. 이러한 욥의 행동들(6-9절)의 배후에는 하나님에 대한 반항과 교만의 태도가 있다고 엘리바스는 믿는다. 하나님이 높은 하늘에 계시지 아니하냐? 그러나 엘리바스는 욥이 하지 않은 말을 인용하고 있다. 그는 욥이 "하나님이 무엇을 아시느냐"고 질문했다고 비난한다. 그러나 이것은 날조된 비난이었다. 욥은 이런 말을 한 적이 없다. 하나님이 흑암 중에서 어찌 심판하실 수 있으랴. 이 표현에 전제된 가정은 하나님이 어두워서 욥의 죄를 못 보시는 것인 양, 그가 무슨 짓을 해도 처벌받지 않을 것이라고 욥이 생각하고 있다는 것이다. 그러나 욥은 이런 식으로 생각하거나 말한 적이 없다. 엘리바스는 이런 말들을 상상한 후 그것을 욥이 한 말이라고 단정하고 있다.

22:14-15. 빽빽한 구름이 그를 가리운즉 그가 보지 못하시고. 이것은 엘리바스가 욥의 생각이라고 비난한 것이다. 그러나 그러한 비난은 거짓말이었다. 욥은 이런 비난을 듣고 있기가 분명 쉽지 않았을 것이다. 그리고 나서 엘리바스는 악인의 밟던 옛적 길, 다시 말해서 그릇된 길로 욥이 계속 갈 것인지 묻는다. 악인의 길은 오래된 길이었다. 그는 계속해 죄를 고집할 것인가? 그렇다면 그는 더 많은 고통을 기대할 수 있다.

22:16-17. 욥이 회개하지 않는다면 때가 이르기 전에 죽음을 당할 것이라고 엘리바스는 경고한다. 악한 자가 때가 이르기 전에 끊어 버리우는 것은 일반적인 상식이라고 말한다. 악인들은 교만함의 죄악에 빠져 "우리를 떠나소서"라고 말한다. 그들은 하나님이 그들의 삶을 다스리기를 원치 않는다. 그래서 그들은 "전능자가 우리를 위하여 무엇을 하실 수 있으랴?"라고 말한다. 그가 말하고자 하는 의도는 분명하다. 엘리바스는 욥이 하나님을 대적하는 교만한 길로 살아왔다고 믿는다.

22:18-20. 하나님이 좋은 것으로 그 집에 채우셨느니라. 욥의 숱한 죄악에도 불구하고 하나님이 그를 축복하셨다고 그는 주장한다. 이 첫 줄을 보면 이 시점에서 엘리바스와 욥의 생각이 같은 듯하지만, 엘리바스는 바로 "악인의 계획은 나와 판이하니라"라고 불

쑥 말한다. 이것은 욥이 했던 말(욥 21:16)의 반복이다. 의인은 그들의 파멸, 즉 이 뻔뻔스러운 죄인들에게 닥치고 있는 심판을 보고 당연히 받아야 할 벌임을 알고 기뻐한다. 그들은 "우리의 대적이 끊어졌고 그 남은 것이 불사른 바 되었다" 고 말한다. 선한 사람들이 욥과 욥이 당한 일에 대해 이렇게 말하고 있었다.

D. 엘리바스의 호소(21-30절)

Supporting Idea	엘리바스는 하나님의 축복을 다시 회복할 수 있도록 욥에게 회개를 촉구한다.

22:21-22. 엘리바스는 욥에게 회개하라고 도전하는 것으로 자신의 세 번째이자 마지막 변론을 마무리한다. 너의 인생을 하나님께 완전히 내어맡기며 하나님과 화목하라고 그는 촉구한다. 너는 하나님과 평화하라. 그러면 복을 받을 것이다. 교훈을 배우고 받아들이기를 간절히 바라며, 순종적이고 유순한 마음으로 하나님의 입에서 나오는 교훈을 받으라고 엘리바스는 훈계한다. 그 말씀을 네 마음에 두고 그것들에 순종하라.

22:23-24. "네가 만일 전능자에게로 돌아가면 다시 흥하리라" 고 엘리바스는 욥을 권면한다. 너의 가족과 재물을 다시 얻게 될 것이다. 네게서 불의를 멀리 버리라. 이러한 태도는 진정한 회개의 증거다. 여기서 나아가 욥은 금 보배를 진토에 버려야 한다. 이것은 금을 좇는 하찮은 일을 버리고 하나님을 좇는 일에 집중해야 한다는 의미다. 그는 당시 최고로 인정되던 오빌의 금(왕상 9:28, 시 45:9)을 강가의 돌에 버려야 한다. 다시 말해서 욥은 하나님을 좇기 위해 그것들을 다른 이들에게 주어야 한다.

22:25-27. 욥이 자신의 재물을 포기함으로써 회개를 입증한다면 하나님이 그의 보배가 되시며 귀한 은(값으로 따질 수 없는 보물)이 되어주실 것을 믿어도 된다. 그러면 분명히 그는 하나님을 그 무엇보다 즐거워하며 하나님을 기뻐할 것이다. 그가 세상적인 것을 추구하기를 포기하면 기쁨을 얻게 될 것이다. 회개는 하나님을 향한 욥의 사랑을 회복하게 할 것이라고 엘리바스는 주장한다. 하나님이 욥의 기도를 들어주시겠지만, 그것은 그가 회개할 경우에 한한다. 그러면 욥은 금으로 측정되는 것이 아니라 하나님의 축복으로 측량되는 형통함과 성공을 경험할 것이다.

22:28-29. 네가 무엇을 경영하면 이루어질 것이요. 다시 말해서 하나님은 기도하고

회개하는 자들로 그의 뜻을 이루게 하신다. 그리고 빛(하나님의 은혜)이 욥의 길에 비취이며, 현재의 암울한 상황을 극복할 수 있도록 그의 길을 비추어줄 것이다. 욥이 자신을 낮추고 죄에서 돌이키기만 하면 하나님이 그를 축복하실 것이다. 마찬가지로, 그는 '높아지리라' 라고 말하면 비천한 위치에서 높아질 것이기 때문에 자신의 영향력을 확인하게 될 것이다. 하나님은 겸손한 자(하나님의 징계를 받고 버림받은 자)를 건지실 것이다.

22:30. 욥이 회개한다면 하나님은 무죄한 자가 아니라도 건지실 것이다. 욥의 손이 깨끗하게 됨으로써 다른 사람들을 구원할 뿐 아니라 그도 온전히 회복될 것이다. 엘리바스는 이러한 말로 그의 세 번째 마지막 변론을 마무리한다. 역설적이게도 엘리바스의 예언은 결국 세 친구들에 대한 욥의 기도를 통해 이루어질 것이다.

Main Idea 복습	엘리바스는 은밀한 죄 가운데 살고 있다는 비난으로 욥을 다시 공격하며 회개를 요청하고, 그가 하나님께 돌아온다면 회복될 것이라는 소망을 제시한다.

결론

사탄의 치명적인 독

세계에서 가장 치명적인 독을 가진 뱀으로는 인도 코브라, 러셀 바이퍼(Russel's viper), 인디언 크레이트(Indian krait), 실론 크레이트(Ceylon krait), 타이거 스네이크(tiger snake), 아프리카 맘바(Africa mamba)가 있다. 남미만 해도 약 4천5백 명의 사람들이 해마다 이와 같은 치명적인 파충류에게 물려 사망한다. 이 독사들의 어금니는 홈이 있거나 속이 빈 이빨로 되어 있으며, 이 어금니는 뱀의 독낭과 연결되어 있다. 뱀은 공격할 때 독을 먹이의 몸으로 흘려 넣는 방법을 사용한다. 채 0.5초도 지나지 않아 뱀은 상대방을 공격하여 독을 주입하고 평상시 자세로 되돌아올 수 있다. 호주의 타이

판 독사와 같은 뱀들의 독은 너무나 치명적이어서, 이 뱀에 물린 사람들은 1분도 안 되어 사망에 이른다.

욥은 의식하지 못했지만 가장 흉악한 뱀에게 계속해서 물려왔다. 사탄의 치명적인 독이 그의 영혼에 주입되었다. 엘리바스와 나머지 두 위로자들이 그에게 말한 거짓말들을 통해, 그는 사탄의 거짓말에 해를 입었다. 엘리바스는 마지막 변론을 마치면서 욥의 가슴에 치명적인 독니를 깊숙이 찔러넣었다. 그는 욥이 짓지 않은 긴 죄 목록으로 그를 비난했다. 비난을 할 때마다 엘리바스의 격분은 점점 더 심해져 결국 최고조에 도달했다.

그의 비난은 사실이 아니었고, 문제를 혼란스럽게 만들었다. 엘리바스는 온갖 시도를 다 했지만 욥에게 그의 유죄를 확신시킬 수 없었다. 이러한 가열된 공격으로 욥은 비틀거리며 넘어졌고, 이로 인해 초점이 이동하였다. 사탄은 욥의 믿음을 거꾸러뜨리기 위한 잔인한 시도로 엘리바스를 이용했다. 분노한 조언자를 통해 사탄의 독이 욥의 영혼에 주입되었다. 이 독은 하나님에 대한 욥의 신뢰를 거의 무너뜨릴 것이다.

삶의 적용

이중 금지

1. 결코 성령의 역할을 하지 말라. 친구라면 결코 자신이 성령인 것처럼 행동해서는 안 된다. 엘리바스는 욥의 죄를 비난함으로써 그가 마음으로 뉘우치게 만들려고 노력했다. 하지만 그는 욥에 대해 넘지 말아야 할 선을 넘어버렸다. 마틴 루터(Martin Luther)는 다음과 같이 말했다. "나는 하나님의 말씀을 사람들의 귀에 전할 뿐, 그 이상은 할 수 없다. 성령이 귀에서 마음으로 그 말씀을 움직여주셔야 한다." 엘리바스는 오직 성령만이 하실 수 있는 일인 후자의 일을 하려고 했다. 죄와 의와 심판에 대해 깨닫게 하시고자 세상에 오신 이는 성령이시다. 엘리바스가 아니었다. 그는 욥의 마음을 안다고 생각

했고, 욥이 그의 심중에 은밀하게 하는 생각이 무엇인지 안다고 자신했다. 게다가 그는 하나님에 대한 욥의 생각을 판단했다. 엘리바스는 하나님에 대한 그의 이해에 대해 욥이 할 말을 가르쳤다.

2. 결코 외모로 사람을 판단하지 말라. 인간은 겉으로 드러난 것에 관심을 갖지만, 오직 하나님은 중심을 보신다(삼상 16:7). 사도 바울은 타인들이 그의 심중을 판단하는 것을 거부했다. 그의 생애와 사역에 대한 고린도 교인들의 판단하는 태도에 맞서 그는 이렇게 썼다. "너희에게나 다른 사람에게나 판단 받는 것이 내게는 매우 작은 일이라 나도 나를 판단치 아니하노니"(고전 4:3). 마찬가지로 신자들은 다른 사람들의 동기를 판단하지 않도록 주의해야 한다. 이것은 오직 하나님이 하실 일이다. 사람들이 생각하거나 느끼는 것에 대해 '전문가'가 된 듯이 행동해서는 안 된다. 오직 하나님만이 외모의 이면을 들여다보시고 마음의 생각과 의도를 알아내신다.

기도

하나님, 우리가 다른 사람들에게 좋은 친구가 되도록 도와주소서. 그들을 쳐서 넘어뜨리는 것이 아니라 그들을 세우도록 도와주소서. 우리가 가혹하고 정죄하는 태도를 갖지 않게 지켜주소서. 차갑고 냉정하지 않도록 해주소서. 우리를 사용하셔서 무서운 시련에 내몰린 그리스도 안의 형제나 자매를 돕게 해주시고, 그들의 고통을 더하지 않고 당신의 이름으로 그들을 강건하게 하고 격려하도록 해주소서. 우리 주 예수 그리스도의 이름으로 기도합니다. 아멘.

심층 연구

A. 좋은(18절)

'좋은'(히. 토브, tob)은 탁월하고 호의적이며 유쾌하거나 사랑스럽거나 건전한 사물이나 사람을 가리켜 사용되는 포괄적인 히브리어 형용사다. 이 단어는 추상적인 개념을 표현하기 위해 광범위한 방법으로 사용된다. 다른 구절(비교. 창 2:18, 신 6:24, 삼하 16:12)처럼 여기에서 '좋은'이라는 단어는 한 개인의 안녕을 의미한다.

B. 교훈(22절)

'교훈'(히. 토라, tora)은 하나님의 뜻을 강조하는 단어로, 하나님의 말씀에 근거한 명령이나 지시를 계획하거나 가르치거나 가리킨다는 의미의 어근에서 파생한 단어다. 이 단어는 도덕법, 시민법, 혹은 의식법뿐 아니라 성경의 전체 가르침, 교훈, 혹은 교리를 지칭하기도 한다.

교안

A. 엘리바스의 전제(1-4절)

1. 하나님은 인간의 선에 무관심하시다(1-2절).
2. 하나님은 인간의 죄에 분개하신다(3-4절).

B. 엘리바스의 비난(5-11절)

1. 욥의 죄를 선언하다(5절).
2. 욥의 죄를 세세히 지적하다(6-10절).
3. 욥의 죄를 비난하다(11절).

C. 엘리바스의 주장(12-20절)

1. 너는 잘못된 가정을 계속 고집한다(12-14절).
2. 너는 오래된 길을 계속해 간다(15-17절).
3. 너는 옛 주장을 계속 고집한다(18-20절).

D. 엘리바스의 호소(21-30절)

1. 욥의 회개를 촉구하다(21-24절).
2. 욥의 회복을 약속하다(25-30절).

토의 질문

1. 나는 다른 사람들의 인격을 어떻게 잘못 판단했는가?

2. 다른 사람들을 비난하기 전에 하나님의 얼굴을 구하며 기도하는가?

3. 고통당하는 사람들이 위로와 힘을 얻도록 하나님을 바라보게 하는가?

욥기 23장

하나님은 어디 계신가?

"사람들이 우리에게 상처를 입힐 때 하나님께 나아가야 한다. 그분에게 우리의 일을 의탁할 수 있기 때문이다."

- 매튜 헨리(Matthew Henry)

들어가는 글

하나님이 계시지 않은 곳이 있다면 말해보라

무신론자인 한 대학 교수가 성경을 읽고 있는 어린 소년을 놀리기로 결정했다. 어린 소년의 믿음을 실족시키려고 시도하던 그는 소년에게 이렇게 말했다. "하나님이 어디 계시는지 이야기해봐. 그러면 사과 하나를 줄게." 그러자 그 소년은 "하나님이 안 계신 곳이 어디인지 말씀해주시면 사과 한 박스를 드릴게요"라고 응수했다.

하나님의 무소부재하심은 신학의 가장 기본적인 진리 가운데 하나다. 성경은 하나님이 계시지 않은 곳이 없음을 분명히 가르치고 있다. 욥은 바로 이 기본적인 진리를 망각해버린 것 같다. 그는 하나님 앞에 자신의 무죄를 주장하고자 해도 하나님을 찾을 수 없다고 주장했다. 그러나 사실 영이신 하나님은 어디나 계신다. 욥은 언제라도 하나님께 자신의 억울함을 주장할 수 있었다. 그분은 언제라도 우리의 호소에 귀 기울여주시며 언제라도 우리가 다가갈 수 있는 분이기 때문이다. 욥이 갈망한 것은 이미 이루어져 있었다. 문제는 하나님이 아니라 그에게 있었다.

욥기 23장은 하나님을 찾아 자신의 무죄를 변론하고자 하는 욥의 필사적인 소망을 기록하고 있다. 친구들의 긴 비난에 그는 지쳐 있었다. 깊이 상심한 마음으로 말을 하는 욥의 상태는 심히 황폐해져 있었다. 고통으로 신음하는 이 족장은 자신이 범하지 않은 죄 때문에 하나님께 부당한 형벌을 받고 있다고 생각했다. 그래서 그는 전능자를 법정에 세우고 싶었다. 그는 하나님 앞에 나가서 자신에 대한 고소를 무효화시키기 위해 자신의 무죄를 변론하기를 원했다. 욥기 23장의 주제는 하나님을 법정에 세우고자 하는 욥이라고 할 수 있다.

본문 이해

하나님은 어디 계신가?

Main Idea	욥은 하나님 앞에서 자신을 변론하기 위해 하나님을 만나고 싶지만 그럴 수 없다고 한탄한다.

A. 욥의 절망(1-9절)

Supporting Idea	욥은 하나님 앞에서 자신의 결백을 호소하기 위해 하나님을 만나기를 간절히 원한다.

23:1-2. 엘리바스의 세 번째 변론(욥 22장)에 대해 욥은 허무한 절망 속에서 긴 변론(23-24장)으로 반응한다. '**내가 오늘도 혹독히 원망하니**' 라고 욥은 탄식한다. 자신이 받아온 부당한 대우 때문에 욥은 하나님을 향한 심한 원망으로 가득 차 있다. 그는 하나님의 손이 그를 짓누르며 숨 막히게 한다고 믿는다. 그는 더 이상 하나님에 대한 원망을 숨길 수 없고, 하나님의 대답을 바라는 내적인 탄식을 참을 수 없다.

23:3-4. 욥은 자신의 무죄를 주장하기 위해 하나님 앞에 나아가고 싶은 마음으로 간절하다. 그래서 그는 "**내가 어찌하면 하나님 발견할 곳을 알꼬**" 라고 탄식한다. 하늘에 있는 그 보좌 앞에 나아갈 수만 있다면 욥은 자신의 억울함을 호소할 수 있을 것이다. 점점 확신이 생긴 욥은 "**그 앞에서 호소할 것이라**" 고 단정한다. 그는 자신의 삶에 대한 증거를 제시하고, 자신의 결백과 하나님의 부당한 처사를 모두 증명할 것이다. 욥은 자신의 고통이 혐의를 받고 있는 죄와 형평성이 맞지 않음을 하나님께 증명할 것이다. 자신이 하나님의 법 위반에 대해 어떤 혐의를 받고 있든 간에 현재 그가 받는 형벌은 그 죄와 맞지 않는다. 천국의 법정에 출두할 기회가 주어진다면 욥은 자신을 변론하며 **변백할 말을 그 입에 채울 것**이다. 그는 하나님이 그를 피하셔서 자신에 대한 하나님의 심판을 되돌리는 일이 원천적으로 불가능하다고 생각한다.

23:5-6. 자기 확신과 자만심에 점점 사로잡힌 욥은 스스로에게 **내게 대답하시는 말씀**

을 내가 알고라고 확신시킨다. 그는 자신의 주장에 대해 하나님이 무엇이라고 대답하실 지 깨닫고 그것들을 능숙하게 반박할 것이다. 욥은 그가 큰 권능을 가지시고 나로 더불어 다투시며 나의 변론을 거부하실까 궁금하다. 아니라 도리어 내 말을 들으시리라. 욥은 하나님의 법정에 나아가 하나님의 판단이 잘못되었고 자신이 옳다는 것을 증명하며 자신을 변론할 수 있다고 믿는다.

23:7. 하늘의 법정에 출두하여 하나님을 만나리라는 자신의 간절한 소원을 암시하며 욥은 거기서는 정직자가 그와 변론할 수 있다고 생각한다. 욥은 3인칭 호칭으로 이 정직한 사람이 누구인지 넌지시 말한다. 그가 그러한 청문회를 열 수만 있다면 심판자에게서 영영히 벗어날 것이다.

23:8. 그러나 욥의 딜레마는 하나님을 만날 수 없다는 데 있다. 심판자가 법정에 나타나지 않는다면 그 법정이 개회될 수 없고, 그는 자신을 변론할 수 없다. 그런데 내가 앞으로 가도 그가 아니 계시고 뒤로 가도 보이지 아니하며. 욥이 아무리 사방을 둘러보아도 하나님을 찾을 수 없다.

23:9. 하나님을 거론하며 욥은 "그가 왼편에서 일하시나 내가 만날 수 없고 그가 오른편으로 돌이키시나 뵈올 수 없구나"라고 말한다. 욥이 동서남북 어디를 둘러보아도(8절) 그의 억울함을 호소하게 될 하나님은 보이시지 않는다. 그래서 그는 간절히 원하는 구원을 받지 못한다. 하나님을 찾고자 하는 그의 노력은 허사인 것 같다.

B. 욥의 의뢰(10-12절)

Supporting Idea	욥은 자신을 순결하게 만들기 위해 시험하고 계신다고 생각되는 하나님께 자신이 순종했음을 확인한다.

23:10. 욥은 하나님이 자신을 피하고 계신다고 생각한다. 그는 전능자가 나의 가는 길을 아신다고 말한다. 하나님이 욥과 실제로 법정에서 대면하면 분명히 그의 혐의를 취소하시고 그의 무죄를 선언하실 수밖에 없을 것이다. 그럼에도 불구하고 그는 이 시련에 신적인 목적이 있다는 자신의 확신을 확인한다. 이 시련으로 그가 나를 단련하신 후에는 내가 정금같이 순결한 모습으로 나올 것이라고 욥은 선언한다. 욥은 이 시련을 그를 더 강하고 훌륭한 사람으로 만들어줄 시험이라고 생각한다(비교. 약 1:2-4, 벧전 1:7).

23:11. 욥은 하나님을 향한 헌신을 유지하겠다는 결심을 더욱 공고히 하며 "내 발이 그의 걸음을 바로 따랐다"고 맹세한다. 그는 겸손한 순종으로 하나님과 친밀하게 동행하기를 원한다. 그는 '내가 그의 길을 지켜 치우치지 아니하였고' 라고 단호하게 주장한다. 이 주장은 그가 악인들의 길을 따랐다는 엘리바스의 비난(욥 22:15)과 반대된다.

23:12. 욥은 하나님의 명령을 순종했다고 주장한다. '내가 그의 입술의 명령을 어기지 아니하고' 라고 자신 있게 말한다. 그는 자신이 하나님의 말씀에 신실하게 순종해왔다고 생각한다. 나아가 그는 매일의 일정한 음식보다 하나님의 입의 말씀을 귀히 여겼다. 하나님의 말씀은 그에게 매일의 식사보다 더 중요한 양식이었다. 욥은 신적인 계시로 그의 내적인 사람을 강하게 하고 만족시키는 유일한 음식을 발견했다(사 1:2, 렘 15:16, 요 4:31-34).

C. 욥의 결심(13-17절)

Supporting Idea	욥은 이 시련에 나타난 하나님의 주권적 뜻을 변경할 수 없으며, 그것이 두려운 진실임을 입증한다.

23:13. 하나님 앞에 나아가고 싶다는 앞의 소망으로 다시 관심을 돌린 욥은, 그가 하나님을 찾는다 하더라도 하나님의 뜻을 뒤집고 그의 거룩한 평결을 되돌리기란 불가능함을 깨닫는다. 그는 뜻이 일정하시니, 다시 말해서 그는 인간과 달리 유일하고 동일(one-of-a-kind)하시다. 그러므로 그 누구도 하나님의 뜻에 반대할 수 없으며, 욥도 확실히 그렇게 할 수 없다.

23:14. 그래서 욥은 하나님이 자신의 뜻을 바꾸시지 않고 그에 대해 작정하신 것을 실행하신다는 것을 깨닫는다. 하나님의 영원한 작정은 절대적으로 불변하며 결코 변경될 수 없는 것으로 반드시 이루어질 것이다. 그는 "이런 일이 그에게 많이 있느니라"고 단언한다. 이 사실 앞에서 욥은 공포에 떤다. 이 이상 하나님이 그를 위해 무엇을 준비하실 수 있겠는가?

23:15-16. 욥이 그의 앞에서 떨게 된 이유는 하나님의 절대 불변하는 이 주권성의 진리 때문이다. "이를 생각하고 그를 두려워하는구나"라고 그는 말한다. 그러한 거룩한 신학은 욥에게 큰 경각심을 가져다준다. 그 신학을 생각하자 그는 하나님을 두려워한다.

하나님의 우월성이라는 이 놀라운 사상은, 욥의 마음으로 낙심케 하고 거의 자신을 포기하는 지경에 이르도록 한다. 그는 '전능자가 나로 두렵게 하시나니' 라고 말한다. 이것은 하나님을 알 때 보이게 되는 올바른 반응이다.

23:17. 자신의 모든 단언에도 불구하고 욥은 절망 중에 그를 에워싼 고통의 흑암을 극복할 수 없다. 그는 자신이 시련과 고통의 올무에 갇혔다고 생각한다.

Main Idea 복 습	욥은 하나님 앞에서 자신을 변론하기 위해 하나님을 만나고 싶지만 그럴 수 없다고 한탄한다.

결론

소송 전쟁

하나님을 법정에 세우고자 한 욥의 생각은 오늘날의 법정 소송 과정과는 많이 다를 것이다. 오늘날 세간의 이목을 집중시키는 소송은 대중매체의 집중적인 관심을 받는다. 유명한 전문 운동선수에서 영화배우에 이르기까지 법정에 선 유명한 피고들은 대단한 기사거리다. 마피아 대부들과 정치인들에 대한 재판이 간간이 그 대열에 동참한다. 신문의 많은 지면을 차지하는 이러한 재판들은 미디어 행사가 되고, 유명한 피고들은 과장된 대중적인 지지를 통해 석방되기를 노린다. 온 세계의 눈이 주시하는 가운데 마치 한 편의 드라마처럼 재판이 진행되면 대중들의 정서가 종종 배심원들의 생각을 형성한다. 이러한 법정 드라마에서 정의의 실현은 거의 희박하다. 미디어의 속성을 잘 알며 큰 보수를 받는 변호사들은 여론조사와 여론을 이용해 배심원들을 조종하는 데 능숙하다. 때로 편향적이지 않은 배심원들을 선정하는 작업조차 불가능할 경우가 있다.

그러나 욥의 경우, 그는 하나님 앞에 직접 출두하기를 원했을 뿐이다. 어떤 법정 대리인도 없이 그는 하나님 앞에서 자신을 직접 변호하고 무죄를 선고받기를 원했다. 능숙한 변호사처럼 욥은 완벽한 사건이라고 확신한 자신의 사건을 변호하고자 했다. 판사

석 앞에서 그는 하나님의 기소 내용을 청취하고 반박할 수 없는 답변을 제시할 것이다. 그러면 하나님이 자신에 대한 모든 기소를 취하하실 것이라고 욥은 믿었다.

그러나 그것은 헛된 희망이었다. 그것은 하나님이 욥의 인생을 잘못 처리하셨다는 가정에 근거한 것이다. 이런 가정은 있을 수 없다. 완전하신 하나님은 모든 일을 아무런 흠 없이 처리하신다. 사실 하나님의 기소가 잘못되었음을 입증할 증거를 욥은 전혀 제시할 수 없다. 그분은 결코 실수하지 않으시는 분이기 때문이다.

삶의 적용

하나님을 어떻게 만날 것인가

욥은 자신의 무죄를 변호하기 위해 하나님을 만나려고 해도 만날 수 없다는 것에 마음이 고통스러웠다. 우리는 어디서 하나님을 만날 수 있는가? 몇 가지 영적 진리를 염두에 둘 필요가 있다.

1. 하나님은 그분의 말씀을 통해 만날 수 있다. 하나님은 일차적으로 성경을 통해 자신을 알리신다. 하나님의 기록된 말씀은 인간에게 자신을 계시하기 위해 선택하신 가장 중요한 수단이다. 하나님이 우리에게 명백하게 말씀하시는 곳은 그분의 무오한 말씀을 통해서다. 우리가 하나님을 만나려고 애를 쓰고 있다면, 우리가 지리적으로 어디에 있는지는 중요하지 않다. 실제로 중요한 것은 우리가 그분의 말씀을 가지고 있다는 것이다. 이것은 하나님의 마음과 임재를 우리에게 전달해준다.

2. 하나님은 그분의 아들을 통해 계시하신다. 말씀으로 자신을 계시하시는 하나님 앞에 나아가는 유일한 한 가지 방법이 있다. 그것은 그분의 아들 주 예수 그리스도다. 예수님은 "나로 말미암지 않고는 아무도 하나님께로 올 수 없다"고 말씀하셨다(요 14:6). 그분의 아들, 즉 하나님과 인간의 유일한 중재자이신 예수 그리스도를 통하지 않고는 아무도 하나님께 나아올 수 없다(딤전 2:5-6). 우리가 하나님의 은혜의 보좌 앞에 나아

가 그분의 용납하심을 받고자 한다면 하나님이 정하신 단 하나의 방법으로만 가능하며, 그것은 오직 그리스도밖에 없다(히 4:14-16). "아버지 앞에서 우리에게 대언자가 있으니 곧 의로우신 예수 그리스도시라"(요일 2:1).

3. 하나님은 그분의 성령으로 계시된다. 하나님에 대한 모든 영적 진리는 그분의 성령을 통해 계시된다. 하나님의 성령의 사역이 없으면 영적 어둠이 모든 사람들을 가리운다. 성령으로 인해 하나님의 실재와 임재에 대해 우리의 마음의 눈을 열어주는 영적 자각과 깨달음이 생긴다. 성경을 읽고 하나님에 대한 지식을 소유하지만 여전히 하나님을 알지 못할 수도 있다. 성령의 사역으로 우리는 하나님을 알 수 있고 그분에게 나아갈 수 있다. 오직 성령만이 우리를 주님과 살아 있는 관계 속에 연합되도록 할 수 있다.

기도

하나님, 당신이 우리의 비천한 울부짖음을 들으시고 우리를 당신께 회복시켜주시기를 간절히 원합니다. 당신만이 우리에게 불 같은 시련에 들어가도록 계획하시며,당신만이 그 시련의 불에서 우리를 건져내심을 압니다. 인생의 불길을 통과할 때 당신의 백성들과 함께 동행해주신 것을 감사드립니다. 우리는 결코 외롭지 않습니다. 우리 주님이 걸으신 길을 걷는 특권을 주셔서 감사합니다. 우리가 그분처럼 고난을 당하면 우리도 그분처럼 영화롭게 될 것이기 때문입니다. 예수님의 이름으로 기도합니다. 아멘.

심층 연구

A. 명령(12절)

'명령' (히. 미스와, miswa)은 명확하고 위엄을 갖춘 명령이나 주님이 명하신 모든 계명을 의미한다. 이것은 하나님의 법에 기록된 계명의 전체를 가리킨다.

B. 두려워하다(15-16절)

'두려워하다' (히. 바할, bahal)는 구약의 아람어 단락들(다니엘서)에서 이 단어의 상당어구가 11회 발견된 것을 포함해서, 구약에서 50회 사용되고 있다. 이 단어는 두려워하다, 놀라다, 당황하다, 혼란스럽다는 의미가 있다. 이것은 하나님이 열국(출 15:15, 사 13:8)과 이스라엘(겔 26:18) 중에 유발시키시는 고통스러운 반응을 가리킨다. 마찬가지로 사람들은 하나님의 생각에 두려워하거나 괴로움을 당하게 된다(시 104:29). 이 단어는 또한 사람들이 다른 사람들에게 가하는 공포를 나타내기 위해 사용되기도 한다(삼하 4:1). 여기서 이 단어는 동일한 의미, 즉 주님에 대한 경외심을 일으키는 두려움을 의미한다.

교안

A. 욥의 절망(1-9절)

1. 내 마음이 고통스럽다(1-2절).

2. 나의 변론이 준비되었다(3-7절).
3. 나의 추구가 헛되다(8-9절).

B. 욥의 의뢰(10-12절)

1. 하나님은 내가 가는 길을 아신다(10절a).
2. 하나님은 나를 시험하신다(10절b).
3. 하나님은 나를 더욱 정결하게 하신다(10c-12절).

C. 욥의 결심(13-17절)

1. 하나님은 주권자시다(13-14절).
2. 욥은 심히 두려워한다(15-16절).
3. 욥은 굳게 결심한다(17절).

토의 질문

1. 내가 부르짖어도 하나님이 듣지 않으신다는 생각이 드는 때는 언제인가?

2. 자신의 환경이 불행하다는 이유로 하나님과 싸워본 적이 있는가?

3. 하나님의 입에서 나오는 말씀을 음식보다 더 소중히 여기는가?

욥기 24장

왜 하나님은 무언가를 행하지 않으시는가?

"악을 벌하지 않는 자는 악이 실행되도록 명령하는 사람이다."

- 레오나르도 다 빈치(Leonardo da Vinci)

들어가는 글

하나님이 결산하시는 날

교만하고 신앙심이 없는 한 농부는 지역 내의 많은 사람들의 종교적 믿음에 대해 강한 혐오감을 가졌다. 농부들 중 대부분은 주일에 들을 일구며 일하는 대신 주님을 예배하러 모이는 경건한 신앙인들이었다. 그러나 이 농부는 주일에 밭에서 일을 하였고, "일을 하는 손이 기도하는 손보다 더 낫다"는 말을 자주 했다. 그의 땅의 일부는 교회와 인접한 곳에 있었기 때문에 그는 예배 시간에는 꼭 트랙터를 몰고 그곳으로 가곤 했다. 하나님이 다른 많은 농부들을 '축복하셨다'는 이야기를 듣는 데 신물이 난 그는, 하나님과 상관없이 그 자신의 능력에 대해 말하겠다고 결심했다. 그는 하나님의 도움을 받지 않고-그는 그렇게 믿었다-자신의 땅을 갈고 비옥하게 가꾸었다.

추수할 10월이 오자 이 농부는 그 지역에서 가장 훌륭한 작물을 추수하였다. 풍작을 거두게 되자 그는 이 추수가 하나님의 축복으로 가능했다고 믿는 농부들의 흠집을 찾기 위해 지역 신문의 편집장에게 장문의 편지를 썼다. "편집장님, 저는 제 밭으로 실험을 해왔습니다. 일요일에 그 땅을 갈고, 일요일에 씨를 뿌리고, 일요일에 땅을 가꾸었고, 일요일에 추수하고, 심지어 곳간으로 곡식을 실어 나르는 일도 일요일에 했습니다. 선생님, 그런데 그 결과가 어찌되었는지 아십니까? 올해 10월에 저는 안식일을 지키는 모든 이웃들보다 훨씬 더 풍작을 거두었습니다. 하나님이 어디 계시단 말입니까?"

그는 자신처럼 신앙심이 없다고 알려진 그 편집장의 열렬한 지지를 기대했다. 하지만 그의 편지가 지역 신문에 실렸을 때, 편집장은 핵심을 찌르는 다음과 같은 논평을 추가했다. "하나님은 10월에 모든 결산을 마무리하지 않으신다."

세 친구들이 강요하는 제한된 시각으로 인해 욥이 겪는 어려움이 바로 이러한 것이었다. 그 농부가 하나님이 10월에 모든 결산을 마무리하신다고 생각한 것처럼 욥의 친구들은 하나님이 이 세상에서 모든 것을 결산하신다고 착각했다. 그러나 하나님은 항상 자신의 정의를 즉각적으로 실행하시는 것은 아니다. 이 세상에서는 종종 죄인들이 성공하기도 하고, 성도들이 고난을 당하기도 한다. 이것은 욥이 친구들에게서 듣고 있는 것과는 정반대의 내용이다. 엘리바스, 빌닷, 소발은 모든 죄인들이 고통을 당하며, 지금 그들의 죄값을 치른다고 그에게 말하고 있었다.

불행히도, 욥은 이 왜곡된 시각에 현혹되기 시작했다. 그는 하나님의 정의에 의문을 제기하기 시작했다. 하나님이 인간의 비참함을 보시고도 침묵하시며 무관심하신 이유를 이해할 수 없었다. 하나님이 악인들을 심판하시기 위해 기다리신다는 사실은 그의 친구들이 해온 진술과는 정반대였다. 욥이 24장에서 말하고 있는 내용은 하나님이 악인들을 심판하시지만 그 자신의 때에 하신다는 것이다.

본문 이해

왜 하나님은 무언가를 행하지 않으시는가?

Main Idea	욥은 하나님이 불의한 자들이 심판을 받지 않고 살도록 허용하시는 이유가 무엇인지 이해하느라 힘들어하지만, 결국 하나님이 궁극적으로 심판하실 것을 재확인하게 된다.

A. 욥의 좌절(1절)

Supporting Idea	욥은 하나님이 악인들을 심판하실 날들을 정하지 않으시는 이유가 무엇인지 의문을 제기한다.

24:1. 욥은 "어찌하여 전능자가 시기를 정하지 아니하셨는고?" 라고 탄식한다. 다시 말해서 하나님이 이 세상에서 불의한 자들을 심판하는 구체적인 시기를 정하지 않으신 이유가 무엇이란 말인가? 하나님이 그렇게 하시면 의인들은 하나님의 보호 아래 평화롭게 살 수 있다. 어찌하여 그를 아는 자들이 그의 날을 보지 못하는고? 욥은 하나님이 그러한 정기적인 심판의 날을 인간에게 알려주지 않으시는 현실에 한탄한다. 하나님이 악

인을 심판하는 특정한 날들을 정해두신다면 의인들은 죄로 인해 덜 좌절하게 될 것이다. 그러나 의인들은 죄와 죄인들에 대해 무관심해 보이는 듯한 하나님으로 인해 씨름하며 고민하도록 방치되어 있다.

B. 욥의 관찰(2-12절)

Supporting Idea	욥은 사람들을 이용하는 악인들의 불의한 행위들을 열거한다.

24:2. 욥이 인용한 첫 번째 부정행위는 그 지역에서 이루어진 행위였다. **어떤 사람은 지계표를 옮기며**라는 구절은 부패한 지주들이 땅의 경계선을 표시하던 지계석을 넓힘으로써 재산을 증식하던 고대의 행위를 가리킨다. 고대 세계에서 이러한 행위는 심각한 범죄였다(신 19:14). 지계석을 옮김으로써 그들은 자의적으로 합친 땅의 양떼를 훔칠 수 있었다.

24:3. 종종 그러한 부패한 행위는 고아와 과부들의 땅과 양떼들을 훔치는 것을 포함했다. 그렇게 함으로써 그들은 **고아의 나귀를 빼앗아갔고 과부의 소를 볼모로 잡아갔다**고 욥은 말한다. 지계석을 이동시킨 자들은 가난한 이들의 나귀와 소를 도적질한 자들이었다.

24:4-5. **빈궁한 자를 길에서 몰아내나니 세상에 가난한 자가 다 스스로 숨는구나.** 그들 중 가난한 자들은 악인들이 자행하는 더 많은 불의와 압제를 피하기 위해 숨지 않으면 안 되었다. 하나님이 정기적으로 이러한 범죄 행위들을 심판하시지 않는 이유가 무엇인지 욥은 의문이 생긴다. 학대당하는 이 가난한 사람들은 **거친 땅의 들나귀 같으며** 궁핍했고 정착할 집이 없이 떠돌았다. 그들은 돌봐주는 이도 없이 **먹을 것을 부지런히 구하며 광야의 황무지에서** 겨우 생명을 부지하였다.

24:6-8. 더 심각한 문제는 가난한 자들이 악인들을 위해 일하지 않으면 안 되었다는 것이다. 그들은 악인들의 들에서 꼴을 모으고 악인들의 포도원에서 이삭을 주웠다. 하나님이 경건치 않은 자들을 심판하시지 않은 결과가 이러한 잔학 행위로 나타났다. 압제당하는 자들은 **의복이 없어 추위에 덮을 것도 하나 없는** 상태에서 잠을 잘 수밖에 없었다. 욥은 자신이 가난한 자들의 겉옷을 빼앗았다는 엘리바스의 비난(22:6)을 부인한

다. 이렇게 황량한 들판에서 생활하고 잠을 자는 궁핍한 자들은 산중 소나기에 젖었고 비바람과 추위를 피해 바위를 안고 자야만 했다. 거듭 말하지만 하나님이 그렇게 악한 짓을 심판하지 않으시는 이유가 무엇이란 말인가?

24:9-10. 욥은 자신이 관찰해볼 때 아무런 벌도 받지 않고 허용되고 있는 듯한 불의한 행위들을 계속 나열한다. 어미의 젖을 물고 있는, 아비가 없는 아기를 어미 품에서 빼앗아가는 무자비한 자들이 있다. 마찬가지로 가난한 집의 아기를 빚에 대한 담보로 빼앗기도 했다. 가난하고 학대당하는 이 사람들은 너무나 곤핍하여 벌거벗고 주린 상태로 다닌다. 그러한 비참한 가난으로 그들은 질병과 죽음의 손아귀에 유린당하도록 버려졌다.

24:11. 그들은 압제하는 주인들을 위해 담 안에서 기름을 짠다고 욥은 단언한다. 그들은 목말라하면서 술틀을 밟는다. 그들의 필요는 충족되지 않는다. 인간의 법정이 악인들을 심판한다면 하나님은 왜 그렇게 하시지 않는다는 말인가?

24:12. 이러한 학대로 그들은 도움을 받으려고 울부짖으며 신음한다. 그러나 그런 명백한 불의에도 불구하고 하나님은 그 누구도 불의의 죄목으로 기소하지 않으신다. 왜 하나님은 무엇인가 조치를 취하지 않으신다는 말인가? 욥은 탄식한다. 그는 도움을 구하는 그들의 부르짖음을 무시한다고 하나님께 항의한다.

C. 욥의 묘사(13-17절)

Supporting Idea	욥은 하나님의 심판을 받지 않은 채 살고 있는 악인들의 성격을 묘사한다.

24:13. 욥은 하나님의 심판을 받지 않고 너무나 많은 악을 자행하는 불의한 자들을 자세하게 설명한다. 또 광명을 배반하는 사람들은 이러하니. 그들은 어둠의 비호 아래 행하며 밤중에 은밀하게 죄를 짓는 압제자들과 범죄자였다. 그들은 다른 사람들의 감시의 눈길에 발각되고 들키지 않기 위해서 야음을 틈타 행동한다. 그들은 은밀하게 정직과 예의의 첩경에서 이탈한다.

24:14-15. 빛이 사라진 밤이 되면 그들은 죄를 지으며 가난한 자와 빈궁한 자를 강탈하고 죽인다. 그래서 사람을 죽이는 자는 사람들에게 들키지 않은 채 악을 행하려고 일

어난다. 저물기를 기다리는 간음하는 자는 아무 눈도 나를 보지 못하리라고 뻔뻔스럽게 생각하며 제어할 수 없는 죄를 짓기 위해 수치심도 없이 밤거리를 나선다. 그러나 하나님은 모든 것을 보고 계신다(비교. 히 4:13).

24:16-17. 마찬가지로, 다른 악인들도 들키지 않을 것이라고 자신하며 밤에 집을 뚫고 들어간다. 고대의 가옥들은 진흙 벽돌로 지어진 경우가 종종 있었기 때문에 도둑들은 그 집들을 파서 침입하곤 했다. 그러나 이 도둑들은 낮에는 아무것도 의심하지 않는 희생자들에게 잡히지 않으려고 빈둥거리며 노닥거린다. 대부분의 사람들이 아침에 일하기 위해 일찍 일어나지만, 이 도적들은 정반대로 행한다. 아침을 흑암같이 여기며, 깊은 어둠은 그들에게는 아침으로, 그들이 죄를 짓느라 열심히 움직이는 때다.

D. 욥의 해석(18-24절)

Supporting Idea	욥은 친구들의 말을 반박하기 위해 그들의 말을 인용하며, 그들의 생각이 옳다면 악인들이 벌써 심판을 받았을 것이라고 주장한다.

24:18. 그는 앞에서 친구들이 한 말을 인용한다. 그의 논리는 하나님이 항상 악인들을 심판하신다는 그들의 주장이 옳다면 모든 악인들이 현재 심판을 받고 있어야 한다는 것이었다. 그러나 그들은 심판을 받지 않고 있다. 악인들은 물 위에 빨리 흘러가고 모든 길에 요동하며 더러움을 쌓고 있다. 그들의 모든 수고에도 불구하고 그들의 땅은 저주를 받아 산출을 내지 못한다. 그래서 그들의 산출을 사기 위해 그들의 포도원으로 가는 이들이 한 사람도 없다.

24:19. 그래서 태양의 더위에 눈이 녹듯이 음부가 범죄자들을 잡아가서 악인들이 영원히 멸망에 이르도록 한다. 불의한 자들은 미래에 있을 하나님의 불 같은 진노, 죽음이 뒤따르는 영원한 심판에 눈처럼 녹아버릴 것이다. 그러나 죽음이 찾아올 때에야 이 일이 일어날 것이다.

24:20. 악인을 잉태한 태가 그를 잊어버리며 그들이 죽을 때 구더기가 부패하는 그들의 시체를 달게 먹을 것이다. 그러므로 그들은 기억함을 얻지 못할 것이며 그들의 몸이 썩어갈 때 넘어진 나무처럼 잘려나갈 것이다.

24:21. 이 악인들은 잉태치 못하므로 해산치 못한 여인과 과부를 학대하며 선대치 아니

한다. 바로 이러한 것이 사람들의 극심한 곤궁함을 보아도 아무런 요동함이 없는 악인들의 타락한 성품이다.

24:22. 그러나 하나님이 그 권능으로 강한 자들을 보존시키시나니라고 욥은 고백한다. 그들이 이 세상에서 아무리 서려 해도 하나님 앞에서 살기를 바라지 못할 것이다. 그들은 하나님의 심판을 피할 수 없을 것이다. 하나님의 심판으로 그들은 영원한 형벌에 들어갈 것이다. 하나님은 자신의 때에 이렇게 하실 것이다.

24:23. 하나님은 악인들에게 현재 평안하다는 느낌을 갖게 허락하실 수 있다. 하지만 모든 것을 감찰하시는 그분의 눈은 그들의 길에 있다. 하나님은 그들의 죄를 보시고 주목하시며 마지막 심판 때 그것을 제시하실 것이다.

24:24. 잠시 동안 악인들은 이 세상에서 높아지고 부유하며 권세를 누린다. 하지만 그들은 죽음과 심판으로 곧 사라질 운명이다. 그들은 주님에 의해 낮아지며 범인처럼 제함을 당하고 곡식 이삭같이 베임을 입어 심판을 받게 될 것이다.

E. 욥의 결론(25절)

Supporting Idea	욥은 그의 친구들에게 자신이 한 말이 잘못이 있다면 반박하라고 한다. 그는 그들이 그렇게 할 수 없다고 믿는다.

24:25. 욥은 친구들에게 자신의 말에 동의하지 않으면 그의 주장이 틀렸음을 증명해 보라고 도전하며 이 변론을 마무리한다. "가령 그렇지 않을지라도 능히 내 말을 거짓되다 지적하거나 내 말이 헛되다 변박할 자 누구랴" 라고 말한다. 이것은 욥이 친구들에게 제시한 명백한 도전이었고, 그들에게 그의 주장을 반박해보라는 요청인 셈이었다.

Main Idea 복습	욥은 하나님이 불의한 자들이 심판을 받지 않고 살도록 허용하시는 이유가 무엇인지 이해하느라 힘들어하지만, 결국 하나님이 궁극적으로 심판하실 것을 재확인하게 된다.

결론

최후의 심판이 다가온다!

유명한 청교도인 토마스 브룩스(Thomas Brooks)는 이렇게 쓴 적이 있다. "모든 인간들의 은밀한 죄악들이 천국에 기록되어 있다. 하나님은 결국 세상의 모든 사람들이 듣도록 이것들을 큰 소리로 읽으실 것이다." 인류가 총결산을 할 최후의 시간은 존재한다. 이 날은 고정적이고 확실하며, 하나님의 달력에 지워지지 않도록 새겨져 있다. 죄가 심판을 받을 것이며, 죄인들은 정죄를 받고 의로운 행위들이 밝혀지고 성도들이 보상을 받을 것이다.

하나님은 의로 세상을 심판하실 심판의 날을 정해놓으셨다. 그 날은 분명히 올 것이다. 그 시간에는 악인들에게 하나님의 정의가 시행될 것이다. 모든 불의한 자들과 악인들, '큰 자와 작은 자들' 모두 그 자리에 있을 것이다. 하나님의 책들은 오랜 인류 역사에서 자행된 모든 죄들을 낱낱이 기록하고 있다. 마지막 날에는 불의한 악인들이 '불 연못에 던져짐' 을 당할 것이다. 이 영원한 형벌은 하나님의 응보의 손으로 악인들에게 시행될 것이며, 그들의 악한 행위에 대한 정의가 시행될 것이다. 분명히 전능자는 악인들에 대해 심판의 날을 정해놓으셨다.

하늘과 땅의 재판장 앞에서 이 최후의 심판을 피할 길은 오직 한 가지다. 그것은 합의를 보는 것이다. 죄와 죄의 형벌에 대한 죄인들의 완전한 희생 제물이신 그리스도 앞으로 나아와 그를 의지하라. 십자가 위에서 예수님은 우리의 죄를 지시고 우리 대신 죽으셨으며 그렇게 하심으로 죄인들을 대신해 하나님의 영원한 진노를 받으셨다. 당신이 악인들에 대한 이 최후의 심판을 피하고자 한다면 주 예수 그리스도를 믿어야 한다. 마지막 날 하나님의 격렬한 진노를 피할 수 있도록 그분 앞으로 나아오라.

삶의 적용

인생에 대한 몇 가지 진실

1. 인생은 불확실하다. 인생에서 유일하게 확실한 것은 하나님을 제외한 모든 것이 불확실하다는 것이다. 하나님이 약속하신 것을 제외하면 인생에는 아무런 보장이 없다. 욥은 "인생에 대한 아무런 확신이 없다"고 지적했다(욥 24:22). 인생 자체의 지속성은 불확실하고 알 수 없다. 갑자기 예상치 않은 상태에서 비극이 닥친다.

2. 인생은 짧다. 모든 인생이 죽음과 영원 바로 가까이에 있다. 야고보는 "너희 생명이 무엇이뇨 너희는 잠깐 보이다가 없어지는 안개니라"(약 4:14)고 말했다. 인생은 잠시 있다가 존재의 어떤 흔적도 없이 끝나버린다.

3. 인생은 지나간다. 다윗은 "주 앞에서는 우리가 … 나그네와 우거한 자라 세상에 있는 날이 그림자 같아서 머무름이 없나이다"(대상 29:15)라고 기도했을 때 이 사실을 이해하고 있었다. 인생 자체가 허약하고 쉽게 끝나버리기 때문에 미래에 대한 보장이 전혀 없다. 솔로몬은 전도서에서 이렇게 질문하였다. "사람이 장래 일을 알지 못하나니 신후사를 알게 할 자가 누구이냐"(전 10:14). 하나님이 악인들로 '평안케 하신다'고 하더라도(욥 24:23), 정해진 때에 그들에게 반드시 죽음을 내리실 것이다. 죽음은 놀라운 균형자(equalizer)다. 죽음이 찾아오면 사람들은 한때 자신들이 다스리던 것을 통제할 능력을 박탈당한다. 신자들은 내일이 결코 오지 않을 수도 있음을 이해하고 영원의 관점에서 살아가야 한다. 오늘 하나님의 백성들은 하나님이 이생을 허락하시는 한 자신들의 모든 삶을 최선을 다해 살아야 한다.

기도

하나님, 심판으로 악인들을 벌하실 당신의 주권적 권리를 인정합니다. 당신은 행위대로 악인들에게 갚아주시겠다고 약속하셨고, 당신은 그 말씀을 지키실 분입니다. 당신께서 우리를 찾아 구원하지 않으셨다면 우리 자신도 버림받은 자였을 것입니다. 당신의 백성으로서 우리가 악인들을 불에서 건져낼 수 있도록 해주소서. 예수님의 이름으로 기도합니다. 아멘.

심층 연구

A. 죄지은(19절)

'죄지은' (히. 하타, hata)은 잘못되고 악하고 사악하거나 부패한 것을 의미하는 형용사다. 이 단어는 악한 말(잠 15:26), 악한 생각(창 6:5, 8:21), 악한 행동(신 17:5, 잠 2:14, 왕하 3:2)에 사용된다.

B. 꺾다(20절)

'꺾다' (히. 샤바르, shabar)는 구약에서 147회 사용되었으며, 파멸시키거나 부서뜨리거나 깨부수거나 패망시킨다는 의미가 있다. 이 단어는 하나님의 심판으로 열국들과 민족들을 멸망시키고(렘 28:2, 암 6:6) 어떤 물건이나 우상들을 깨뜨리며 허물어버릴 때(출 32:19, 렘 43:13) 사용되었다. 여기서 이 단어는 어떤 사람이 죄나 다른 사람들의 조롱(시 69:20)으로 마음이 산산이 부서지는 듯한 고통을 겪는 심적 상태를 묘사하기 위해 은유적으로 사용되고 있다.

고안

A. 욥의 좌절(1절)

1. 하나님이 심판의 시기를 정하지 않으셨다(1절a).
2. 인간은 심판의 때를 알 수 없다(1절b).

B. 욥의 관찰(2-12절)

1. 악인들이 심판을 받지 않은 채 살아간다는 것을 보았다(2-4절).
2. 곤핍한 자들이 보호받지 못하는 것을 보았다(5-8절).
3. 악인들이 아무런 제어를 받지 않는 것을 보았다(9-12절).

C. 욥의 묘사(13-17절)

1. 악인들이 광명을 배반하며 죄를 짓는다(13절).
2. 악인들은 어둠 속에서 죄를 짓는다(14-17절).

D. 욥의 해석(18-24절)

1. 죄인들은 자신들의 죄를 직시할 것이다(18-21절).
2. 죄인들이 하나님을 직면하게 될 것이다(22-24절).

E. 욥의 결론(25절)

1. 내게 잘못이 있음을 증명할 자가 누구냐?(25절a)
2. 내 말이 헛됨을 변박할 자가 누구냐?(25절b)

토의 질문

1. 나는 악인들의 형통함만 주시하는가?

2. 악인들에 대해 질투하는 마음이 있는가?

3. 악인들을 기다리는 무시무시한 운명을 자신에게 상기시키는가?

욥기 25장

벌레 같은 인생

"지옥에서 나오는 불로 타오르는 혀는 지옥에서 불타게 될 것이다."

- 토마스 맨턴(Thomas Manton)

들어가는 글

불타는 혀

20세기 초의 유명한 복음 전도자인 빌리 선데이(Billy Sunday)가 한번은 수다스러운 여성과 마주쳤다. 그녀는 "수다는 금방 지나가잖아요. 바로 끝나고 오래 끌지 않아요"라는 말로 자신의 혀의 수다스러움을 정당화시키려고 했다. 선데이는 그녀의 말에 "총격도 마찬가지입니다"라고 응수했다. 그렇다. 수다스러운 혀의 유린 행위는 금방 사라질 수 있지만 그 해악의 파급력도 빠르다.

요한 웨슬리(John Wesley)는 "나는 내 재능이 무엇인지 안다고 생각해요"라고 말하는 젊은 여성을 만난 적이 있다. 웨슬리는 "그게 무엇입니까?"라고 물었다. 그녀는 지체 없이 "내 생각을 말할 수 있는 능력이라고 생각해요"라고 대답했다. 그러자 웨슬리는 "당신이 그 재능을 그대로 묵히든 말든 하나님은 크게 개의치 않으실 거라고 생각합니다"라고 말했다. 다른 사람들에게 해를 미치면서 자신의 생각을 말하는 사람들은, 그 재능으로 다른 이들이 매장되기 전에 자신의 혀를 매장해야 할 것이다.

욥이 직면한 상황이 바로 이런 것이었다. 그는 자신들의 생각을 거침없이 말하는 친구들의 빠른 혀로 인해 공격을 당했다. 그들은 민감성을 가지고 욥을 배려하며 말한 것이 아니라 총을 쏘듯이 몰아붙이며 말했다. 이러한 호된 비난으로 욥의 영혼은 상처를 받고 그 충격으로 비틀거렸다. 그들은 욥을 돕기보다 오히려 강도를 더 높여 언어적 무기를 재장전해 그에게 발사했다.

이 25장은 빌닷의 마지막 변론을 기록하고 있다. 그것은 간결하다. 하지만 그는 전혀 거침이 없다. 이 짧고 간결한 훈계는 욥의 세 친구들의 논쟁과 비난거리가 바닥났다는 암시일 수도 있다. 또한 소발의 세 번째 논쟁이 없다는 것은 그들의 일반적인 주장이 마침내 한계에 도달했음을 시사한다. 빌닷의 마지막 연설에서 특이한 점은 여기에 언급된 모든 내용이 진실이라는 것이다. 욥은 빌닷이 말한 내용을 반박할 여지가 없었다. 우리도 마찬가지일 것이다. 그는 하나님의 주권성과 인간의 죄성을 너무나 분명하고 명확하게 설명하였다.

빌닷의 주장이 가진 문제점은 그가 말한 내용이 아니라 그가 말하지 않은 내용에 있다. 빌닷은 인간의 타락에 대해 말했지만, 하나님의 은혜를 소개하는 일을 망각했다. 성경은 인간의 타락을 말하면서 동시에 구원의 길을 제시한다. 빌닷이 생략한 것이 바로 이 부분이었다. 그는 나쁜 소식을 전했지만 좋은 소식을 전하는 일은 무시하였다. 그의 말에는 또한 사랑이 결여되어 있었다.

본문 이해

벌레 같은 인생

Main Idea	빌닷은 하나님의 위엄과 인간의 타락 사이에는 무한한 간극이 존재한다고 주장한다.

A. 하나님의 주권성(1-3절)

Supporting Idea	빌닷은 하나님이 절대적인 주권자이시며 거역할 수 없는 분이라고 선언한다.

25:1-2. 빌닷은 불의에 대한 하나님의 무관심에 관한 욥의 탄식(24:1-17)에 반응하지 않고 더 고상한 주제-하나님의 주권성-로 이야기한다. 그는 '하나님은 권능과 위엄을 가지셨고' 라고 선언한다. 모든 사람들은 하늘과 땅에 대한 하나님의 주권성 앞에서 경외하는 마음을 가져야 할 것이다. 권능이 오직 하나님께만 속하였다는 사실은 그가 하늘에서 전혀 제한받지 않고 통치하심을 의미한다. 그는 모든 만물을 통치하시고 다스리시며 자신의 영광을 위해 모든 것을 이용하신다. 이 진리를 이해하면 욥을 포함한 모든 인간의 마음에 경외감이 가득할 것이다. 나아가 빌닷은 하나님이 지극히 높은 곳에서 화평을 베푸시느니라라고 선언한다. 인간에게는 무질서하고 혼란스럽게 보일 수 있는 것

도 천국에서는 완전한 질서 속에 있다. 그는 신적인 목적과 계획에 따라 모든 만물이 통합적으로 제기능을 하게 하신다.

25:3. 빌닷은 "그 군대를 어찌 계수할 수 있으랴?"라고 묻는다. 구체적으로 명시하지는 않지만 '할 수 없다' 라는 대답이 분명하게 내포되어 있다. 그 누구도 하나님의 천상의 군대를 셀 수 없다. 그들은 이루 헤아릴 수 없을 정도로 많다. 이 군대는 항상 하나님의 명령을 따르며 언제라도 그의 뜻을 이행할 태세를 갖춘 천사로 이뤄진 군대를 가리킨다. 그러므로 사탄, 귀신들, 인간, 피조물, 자연 그리고 사건들도 그의 주권적 목적의 시행에 저항할 수 없다. 나아가 빌닷은 "그 광명의 비췸을 입지 않은 자가 누구냐?"라고 묻는다. 이 질문 역시 내포된 대답이 너무나 분명하기 때문에 표현될 필요가 없다. 모든 것을 꿰뚫어보시는 그의 눈길과 완전한 지식을 피할 자는 아무도 없다. 그의 빛은 모든 인간과 모든 장소를 꿰뚫는다.

B. 인간의 부패(4-6절)

Supporting Idea	빌닷은 유한한 인간으로서 거룩하신 하나님 앞에 서서 의롭다고 주장할 자가 아무도 없다고 선언함으로써 욥을 책망한다.

25:4. 빌닷은 그러한 거룩하신 하나님에 비추어볼 때 "그런즉 하나님 앞에서 사람이 어찌 의롭다 하랴"라고 생각하게 된다. 앞 절에서 제기된 질문들처럼 이 수사적 질문 역시 부정적인 대답을 요구한다. 자기 자신의 의로 하나님 앞에서 의롭다 할 자는 아무도 없다. 모든 사람이 죄를 범하였고, 하나님의 영광에 이르지 못했다(롬 3:23). 하나님의 저울로 달아보았을 때 모든 사람이 불의했고, 욥도 예외는 아니다. 빌닷은 나아가 "부녀에게서 난 자가 어찌 깨끗하다 하랴"라고 반문한다. 이 질문에 내포된 답은 아무도 깨끗하지 않다는 것이다. 전 인간은 죄로 부패하여, 하나님이 보시기에 모두 영적으로 더러운 자들이다(롬 3:10-18).

25:5. 빌닷은 자신의 마지막 주장을 설득시키기 위해 비교의 방식을 사용한다. 위에서 광명의 비췸이란 표현을 사용했던 그는, '하나님의 눈에는 달이라도 명랑치 못하고 별도 깨끗지 못하거든' 이라고 말한다. 그의 요점은 달과 별이 하늘에서 밝게 빛나지만 태양의 밝음에 비하면 아무것도 아니라는 것이다. 달은 단지 태양이라는 더 큰 빛을 반사

할 뿐이다. 밝은 태양과 비교하면 별도 밝은 것이 아니다.

25:6. 마찬가지로, 하나님과 비교한다면 인간도 깨끗하지 않다. 하물며 벌레인 사람, 구더기인 인생이랴. '벌레' 는 부패시키는 역할을 하는 벌레들에 대한 히브리 단어의 번역어다. 이것은 살에 벌레가 들끓는 욥(욥 7:5)에 대한 큰 비난이었다. 마찬가지로 구더기인 인생은 얼마다 더 그렇겠는가. '구더기' 에 해당하는 이 단어는 연약함의 의미를 전달한다. 빌닷은 이러한 비교를 통해 욥이 자신의 연약함과 무가치함을 직시하도록 압박한다.

Main Idea 복습	빌닷은 하나님의 위엄과 인간의 타락 사이에는 무한한 간극이 존재한다고 주장한다.

결론

그림 위를 기어다니는 파리

맥닐 딕슨(MacNeile Dixon)은 '기포드 강의(Gifford Lectures)' 라는 글에서 바티칸에 있는 라파엘(Raphael)의 걸작품 위를 기어다니는 파리를 묘사한다. 그 파리가 그 그림을 얼마나 이해할 수 있겠는가? 물론 무엇인가를 알고 있다. 부드러운 표면과 거친 표면이 있다는 것과, 어떤 색들은 다른 색들보다 더 밝다는 사실을 안다. 하지만 그 그림에 대한 전체적인 시각이 전혀 없다. 이러한 제약은 그 벽화에 문제가 있기 때문이 아니라 파리의 제한된 시야 때문이다.

빌닷이 욥에게 던진 메시지가 바로 이것이었다. 그는 욥에게 하나님은 무한하시고 인간은 유한하다고 말했다. 그래서 인간은 하나님과의 관계에서 항상 제약이 있을 수밖에 없다. 빌닷은 하나님의 주권성과 인간의 타락을 강조한다. 이 진리들은 둘 다 신학적으로 정확하다. 그럼에도 불구하고 욥에게 필요한 말은 죄인들을 향한 하나님의 사랑이었다. 인간은 하나님의 위엄을 이해하는 데 제한적인 존재지만, 하나님의 따스한 사랑을 받는 대상이다. 우리를 향한 그분의 사랑을 알고 우리 모두가 용기를 얻기를 소망한다.

삶의 적용

빌닷의 잘못된 신학

빌닷의 신학은 완전히 잘못된 것이었다. 인간은 구더기가 아니다. 인간은 벌레가 아니다. 인간은 하나님의 피조물이며, 하나님의 형상을 지닌 존재다. 죄로 인해 인간은 타락했고, 그 결과 부패와 인간 안의 하나님의 형상이 파괴되는 비극을 초래했다(롬 3:10-18을 참고하라). 구원은 신자들 속에 하나님의 형상이 새롭게 회복되는 것이다(골 3:10). 인간 안의 하나님의 형상은 완전히 말소된 것이 아니라 죄로 인해 손상되었을 뿐이다. 따라서 타락한 인간은 동물들 중에 가장 비천한 존재보다 더 비천한 구더기가 아니다. 인간은 하나님의 특별한 창조물이며, 죄로 부패되었지만 여전히 하나님의 형상을 지니고 있다. 빌닷의 비난처럼 욥은 무가치한 존재가 아니었다. 그는 그를 지으신 창조주에게 매우 소중한 존재였다.

빌닷은 이 동일한 주장이 자신에게도 적용된다는 사실을 망각했다. 하나님과 빌닷 사이에도 동일한 심연이 존재한다. 그 역시 하나님에 대하여 올바른 설명을 제시하지 않았다. 당신이 다른 사람에게 정죄의 손가락질을 할 때마다 여러 개의 손가락이 당신을 가리키고 있음을 기억하라. 바리새인처럼 빌닷은 자신이 훈계한 내용을 실천하지 않았다. 그는 자신에게 처방된 약을 복용하지 않으려 했다. 여기서 하나님의 백성들을 위한 교훈을 얻을 수 있다. 다른 사람들의 조언과 충고를 받을 때 조언을 하는 그 사람들의 생활을 생각해보라. 그들의 삶과 그 조언이 일치하는가? 그들이 그 메시지의 모범이 되는가? 그들 자신의 단점을 인정하는가? 그렇지 않다면 그들의 주장은 문제가 있을 것이다.

기도

하나님, 우리 아버지, 권능과 위엄이 당신의 것입니다. 오직 당신만이 하늘의 질서를 유지하십니다. 오직 당신만이 하늘 군대를 다스리십니다. 그 무엇도 그 누구도 당신의 통치하시는 시야를 벗어날 수 없습니다. 그렇다면 우리가 당신 앞에서 어떻게 의롭다 할 수 있겠나이까? 우리는 그리스도만을 믿습니다. 그분은 우리의 의가 되십니다. 그분만이 부정한 것을 정결케 하는 분이십니다. 모든 이름 위에 뛰어나신 예수님의 이름으로 기도합니다. 아멘.

teaching guide

티칭 가이드

심층 연구

A. 벌레(6절a)

구약에서 모두 일곱 번 사용된 '벌레'(히. 림마, rimma)는 항상 부패와 관련된 벌레를 가리켜 사용된다. 출애굽기 16장 24절에서 이 단어는 만나가 썩지 않아서 벌레가 생기지 않았다는 구절에 사용되고 있다. 욥기에서 림마는 욥이 "내 살에는 구더기와 흙 조각이 의복처럼 입혔고 내 가죽은 합창되었다가 터지는구나"(욥 7:5)라고 탄식하며 사용한 단어다. 빌닷이 이 말을 할 때 욥의 몸에 있는 벌레를 보았을 가능성이 있음을 시사한다. 이 단어의 어근은 욥기의 세 곳에서 각기 발견된다(17:14, 21:26, 24:20).

B. 구더기(6절b)

'구더기'(히. 톨레아, tolea)는 유충과 굼벵이를 가리킨다. 구더기는 여러 곤충들의 유충이다. 톨레아는 식물(욘 4:7)과 심지어 사체(사 14:11)를 먹고 사는 곤충이다. 이 구절에서처럼, 이 단어는 인간의 무가치함을 강조하기 위해 다른 구절들에서도 사용된다(시 22:6).

교안

A. 하나님의 주권성(1-3절)

1. 그의 권능이 크도다(1-2절a).

2. 그의 질서가 세워졌도다(2절b).

3. 그의 군대가 강력하도다(3절a).

4. 그의 빛이 모든 곳에 비춰도다(3절b).

B. 인간의 부패(4-6절)

1. 인간은 하나님 앞에서 불의하다(4절a).

2. 인간은 하나님 앞에서 부정하다(4절b).

3. 인간은 하나님께 무가치한 존재다(5-6절).

토의 질문

1. 나는 하나님의 권능과 위엄에 대해 묵상하는가?

2. 나는 모든 것을 살피시는 하나님의 눈을 피할 자가 없음을 알고 있는가?

3. 나의 생활 속에 드러난 불의와 부정함은 어떤 것이 있는가?

욥기 26장

측량할 수 없는 하나님

"내게 인간을 이해할 능력을 가진 벌레를 가져와보라.

그러면 삼위일체 하나님을 이해할 수 있는 인간을 보여주겠노라."

- 요한 웨슬리(John Wesley)

들어가는 글

있을 수 없는 일

위대한 사상가이며 신학자인 어거스틴(Augustine)은 삼위일체라는 난해한 진리로 혼란스러운 마음을 안고 바닷가를 산책하고 있었다. 아무리 노력해도 삼위로 영원히 존재하시는 한 하나님의 본질에 대한 광대한 진리를 이해할 수 없었다. 그것을 온전히 이해할 수 없었기 때문에 그는 그것을 거부하고 싶은 유혹을 받았다. 어거스틴은 해안가를 계속 따라 걷다가 해변에서 놀고 있는 어린 소년을 만났다. 소년이 노는 모습을 지켜보던 그는 그 소년이 조개껍질을 갖고 바닷물로 달려가 물을 채워 와서 모래에 파놓은 작은 구멍에 붓는 장면을 목격했다. "얘야, 너 뭐하는 중이니?" 라고 어거스틴은 물었다. "저요, 바다를 이 구멍에 옮기려는 중이에요" 라고 그 소년은 대답했다.

어거스틴은 그 어린 소년의 순진한 믿음에 미소를 지었다. 아무리 위대한 사람들이 나서도 그러한 일은 불가능한 것이었다. 그때 갑자기 그에게 깨달아지는 것이 있었다. 그 역시 어린 소년과 동일하게 허무한 노력을 하던 중이었던 것이다. 그는 후일에 이렇게 고백했다. "이것은 바로 내가 하나님에 대해 시도하고 있던 일이다. 시간의 바닷가에 서서 나는 하나님의 무한성을 이 작고 유한한 머리에 담으려고 시도하고 있는 것이다. 그런 일은 있을 수 없다."

욥은 바로 이와 같은 심오한 깨달음에 도달했다. 자신이 무한하시고 영원한 하나님을 유한한 머리의 제한된 공간에 한정시키려고 했음을 새롭게 자각한 것이다. 그러한 일은 불가능하다. 알파와 오메가이시고 처음과 나중이신 하나님은 너무나 광대하고 거대하시기 때문에 우리 양쪽 귀 사이의 제한된 공간에 집어넣을 수 없다.

욥기 26장은 앞장의 빌닷의 마지막 변론에 대한 욥의 강렬한 반응을 기록하고 있다. 그것은 피조 세계에 나타난 하나님의 권능과 생과 사(死), 하늘과 땅을 다스리시는 섭리의 위대함에 대한 놀라운 찬송이다. 하나님은 우리의 존재됨에 대한 우리의 제한적인 이해 능력을 능가하신다. 욥은 하나님에 대한 제한된 시각에 기초한 빌닷과 친구들의 피상적인 조언을 책망한다.

본문 이해

측량할 수 없는 하나님

Main Idea	욥은 빌닷을 책망하며 인간의 이해를 넘어서는 우주의 하나님의 놀라운 권능을 찬양한다.

A. 욥의 조롱(1-4절)

Supporting Idea	욥은 빌닷과 친구들에게 그들의 조언으로 도움을 얻은 사람들이 누가 있는지 반문하며 그들을 책망한다.

26:1-2. 욥은 친구들이 사실상 전혀 도움이 되지 않았다고 말하며 그들의 '위로'를 비웃는 것으로 시작한다. **네가 힘없는 자를 참 잘 도왔구나.** 이 표현에는 빈정거리는 어투가 역력하게 드러나며 날카로운 풍자가 담겨 있다. 사실상 욥은 "전혀 아무 도움이 안 된 것이 고맙다"라고 말하고 있는 것이다. 빌닷은 욥을 아무런 힘이 없는 자로 보았지만, 그의 조언은 욥에게 아무 도움이 되지 않았다. **기력 없는 팔을 참 잘 구원하였구나!** 이것은 연약하다고 생각한 나를 네가 구원하지 못하였다고 말하는 것이다. 그들은 욥이 쓰러져 있을 때 그를 도와 일으켜 세우기는커녕 발로 찼다.

26:3. 욥은 "**지혜 없는 자를 참 잘 가르쳤구나**"라는 말로 조롱하는 말을 계속 이어간다. 이 말은 그들의 많은 말에도 불구하고 욥에게 아무런 지혜로운 조언을 주지 않았다는 의미가 함축되어 있다. 욥은 빌닷을 더욱 조롱하며 "**큰 지식을 참 잘 나타내었구나**"라고 빈정거린다. 물론 그의 말은 역설적이다. 빌닷은 욥의 고난에 대한 유익한 통찰을 전혀 제공하지 못했다.

26:4. 마침내 욥은 "**네가 누구를 향하여 말을 내었느냐?**"라고 심하게 빌닷을 나무란다. 확실한 답은 명확한 사고를 가진 사람은 한 명도 없다는 것이다. 욥은 더욱 강요하며 "**뉘 신이 네게서 나왔느냐?**"라고 묻는다. 함축된 의미는 분명하다. 빌닷은 어둠의 왕국 악한 영의 조종을 받아 말했고, 그 영은 그의 변론 내용이 변질되도록 만들었다. 이

것은 엘리바스가 자신의 정보 제공자라고 앞에서 주장했던 바로 그 초자연적 출처였다(욥 4:15).

B. 욥의 찬양(5-13절)

Supporting Idea	욥은 광대한 우주가 하나님의 놀라운 권능의 작은 축소판에 지나지 않음을 자신의 비판자들에게 상기시킨다.

26:5. 하나님의 위대하심에 대한 빌닷의 선언에 대해 욥은 하나님의 위엄에 대한 설명으로 반응한다. 특별히 하나님의 이 위엄은 죽음과 음부에 대한 하나님의 위대함과 관련이 있다. 욥은 '음령들이 큰 물과 수족 밑에서 떠나니' 라고 외친다. 음령이라는 단어는 죽은 자들 중에서 거인들이나 명사들을 가리킨다. 이 세상을 떠난 지도자들도 하나님의 주권의 위대함 아래 두려워 떤다.

26:6. 하나님 앞에는 음부도 드러나며, 다시 말해서 모든 것을 감찰하시는 하나님의 눈에 음부도 분명하게 드러난다. 그 누구도, 심지어 죽은 자들도 하나님을 피할 수 없다. 멸망의 웅덩이도 가리움이 없음이니라. 하나님의 꿰뚫어보시는 눈과 주권적 통치에 완전히 노출된다.

26:7-8. 그는 북편 하늘을 허공에 펴시며. 하나님은 막대로 장막을 친 것처럼 하늘을 펼치시고 북쪽 하늘은 우주에서 가장 멀고 가장 높은 곳이 되게 하셨다. 땅을 공간에 다시며, 다른 어떤 것도 받쳐주는 것 없이 우주 공간에 떠서 하나님의 명령으로 지탱이 되게 하셨다. 욥은 구름이 있는 하늘을 묘사하면서 "물을 빽빽한 구름에 싸신다" 고 설명한다. 신비롭게도 무거운 물이 아무런 지지대 하나 없이 공중에 매달려 있다. 그 밑의 구름이 찢어지지 아니하고 엷은 공기 중에 떠다닌다.

26:9-10. 욥은 하나님이 자기의 보좌 앞(보름달의 표면을 덮으시고)을 가리우시고 자기 구름으로 그 위에 펴셨다고 주장한다. 그렇게 하심으로 하나님은 천체들이 인간의 눈에 흐릿하게 보이도록 하신다. 게다가 하나님은 수면에 경계를 그으셨다. 수면이라는 단어는 원이나 둥근 지구 모양의 구를 의미한다. 현대인들에 의해 지구 형태가 아직 발견되기 전임에도 불구하고 여기에 지구의 둥근 모양에 대한 신비할 정도로 정확하고 과학적인 진술이 기록되어 있다.

26:11. 하늘 기둥은 찌를 듯이 높이 솟은 산들과 하늘을 받치고 선 것처럼 보이는 봉우리들에 대한 비유적 표현이다(욥 9:6). 이 웅장한 산줄기들이 떨며, 비유적으로 말해서, 하나님의 음성이 그들을 꾸짖으실 때마다 놀란다. 하나님의 피조물 가운데 가장 강한 이 난공불락의 산들도 하나님의 음성이 들리면 두려워 떤다.

26:12. 하나님의 권능으로 광대한 바다도 심하게 일렁인다. 그는 지혜로 라합을 쳐서 파하시며. 라합은 지구를 파멸시키는 자연의 힘을 가리키는 단어다. 욥은 피조물을 압도하는 그러한 세력들도 하나님의 능력 앞에 굴복한다고 말한다.

26:13. 그 신(하나님의 말씀인 바람이나 아마 그의 영을 가리키는 것일 수 있다, 욥 33:4)으로 하늘을 단장하시고. 신은 그의 영을 가리킬 가능성이 높지만 하나님 자신이 날씨를 주관하시기 때문에 이 중 어느 것이든 무방할 것이다. 전능하신 주님은 폭풍우 후에 하늘을 구름 한 점 없이 맑게 하신다. 손으로 날랜 뱀을 찌르시나니. 이것은 하나님이 구름이 물러가게 하시는 것을 언급한 것이다. 구름들이 마치 뱀 같은 모양으로 이동하며 사라지는 것이다.

C. 욥의 경탄(14절)

Supporting Idea	욥은 하나님의 위대하심을 인간의 능력으로는 완전히 이해할 수 없음을 깨닫는다.

26:14a-b. 욥은 "이런 것은 그 행사의 시작점이요" 라고 말한다. 다시 말해서 그가 하나님의 탁월성에 대해 앞에서 말한 이 특별한 진리들은 하나님의 신적 위대함에 있어 전체적인 위엄의 일부에 지나지 않았다. 욥이 음부와 자연에 대한 하나님의 유일무이한 능력에 대해 인용한 모든 내용은 하나님의 무한하고 불가해한 주권성의 단편적인 개요에 불과했다. 욥은 "우리가 그에게 대하여 들은 것도 심히 세미한 소리뿐이니라" 라고 말한다. 하나님에 대해 인간이 들어온 진리는 큰 소리로 볼 수 있는 더 온전한 그의 계시에 비하면 속삭이는 소리에 지나지 않는다. 하나님에 대한 전체 진리의 아주 작은 일부만이 그의 친구들의 많은 말을 통해 표현되었다.

26:14c. 마지막으로, 그 큰 능력의 우레야 누가 능히 측량하랴. 이 질문에 내포된 대답은 한 사람도 없다는 것이다. 창조세계와 섭리하심을 통해 드러난 하나님의 무한한 능

력의 심오함을 이해할 사람은 전혀 없다. 하나님이 지금까지 해오신 단순한 속삭임과 반대로 능력의 우레로 말씀하신다면, 인간은 그를 이해할 수 없다. 그의 능력의 전체 범위를 이해할 능력은 인간에게 없다. 하나님은 어떤 인간이 상상할 수 있는 것보다 무한하게 크신 분이다.

Main Idea 복습	욥은 빌닷을 책망하며 인간의 이해를 넘어서는 우주의 하나님의 놀라운 권능을 찬양한다.

결론

측량할 수 없는 하나님

어거스틴이 옳았다. 하나님의 무한한 진리를 인간 이해의 유한한 한계에 짜맞추려고 노력하는 것은 대서양을 작은 조개껍질 속에 집어넣으려고 하는 모습과 같은 것이다. 무한자는 절대 유한자에게 짜맞춰질 수 없다. 리처드 롤(Richard Rolle)이 이렇게 말한 적이 있다. "하나님이 측량 불가능하고 절대로 다 알 수 없는 분임을 안 사람은 참으로 하나님을 완벽하게 안 사람이다." 다시 말해서 우리가 하나님에 대해 알수록 우리는 그분에 대한 우리의 지식이 얼마나 미미한지를 깨닫는다.

하나님에 대한 우리의 이해가 아무리 뛰어나다 해도 전능자는 그러한 이해를 뛰어넘는 분이다. 우리의 생각으로는 결코 그것을 이해할 수 없다. 욥처럼 이 무한하신 하나님에 대한 절대적인 경외감과 놀라움을 갖게 되기를 바란다. 겸손함으로 그분 앞에 우리 자신을 낮추기를 바란다. 홀로 영광을 받으시기에 합당하신 분을 찬양하고 높이는 자가 되기를 바란다. 그의 이름에 합당한 영광을 돌려 드리기를 원한다.

삶의 적용

참된 예배

하나님의 진정한 위대성과 그에 따른 모든 신비들을 깨달을 때 진정한 예배가 이루어진다. 당신은 당신이 모두 이해할 수 있는 신을 경배할 수 없다. 우리가 다 이해하는 신이라면 예배자들과 동일한 지위로 격하되어야 할 것이다. 그러나 하나님에 대한 그러한 천박한 생각은 하나님에 대한 모독이다. 하나님은 우리의 신 이해를 뛰어넘는 분이다. 우리의 마음이 하나님에 대한 경외감과 예배로 충만하게 되는 것은 바로 이 냉정한 깨달음과 정면으로 마주할 때다. 전능자는 그분에 대한 우리의 가장 높고 탁월한 지식을 초월해 계신다.

하나님에 대한 참된 예배는 하나님에 대한 깊은 지식에 의해 가능해진다. 마음의 예배로 이어지지 않는 머리의 지식은 무가치하며 우리를 교만하게 할 뿐이다. 그러나 하나님에 대한 우리의 이해가 깊이와 열정을 더해갈 때 우리의 예배의 깊이와 열정도 성장할 것이다. 우리가 하나님의 속성에 대한 새로운 이해를 갖게 될 때 하나님의 위엄에 대한 놀라운 찬양이 예배 중에 일어나게 된다. 하나님의 위대하심에 대한 포괄적인 시각을 지닌 사람들이 이러한 찬양을 경험하고 있다. 하나님에 대한 당신의 지식이 깊어가고 있는가? 머리의 지식을 열정적인 마음의 지식으로 변화시키고 있는가? 당신의 예배는 하나님에 대한 지식으로 더욱 열정적이 되고 있는가?

기도

하나님, 당신의 위대하심의 더 깊은 곳까지 볼 수 있도록 우리의 눈을 열어주소서. 우리가 우리의 지식으로 당신을 제한시키려고 할 때 우리를 용서하소서. 우리 자신이 스스로 부과한 한계들로 인해 우리가 당신에 대해 이해하는 선에서만 당신을 예배하기로 결정할 때 우리를 용서하소서. 당신께 예배하고자 진력하며 우리 마음 안에 신비에 대한 거룩한 긴장을 즐거이 받아들이도록 해주소서. 예수님의 이름으로 기도합니다. 아멘.

심층 연구

A. 꾸짖다(11절)

'꾸짖음' (히. 게아라, geara)은 구약에서 14번 사용된 여성형 히브리어 명사다. 이 단어는 나무람, 책망의 뜻이 있다. 이 단어는 때로 용사를 거꾸러뜨리시는 하나님의 권세(시 76:6)와 바다를 말려버리신 일(사 50:2), 바다에 길을 만드시고 땅의 기초를 발가벗기듯 드러내신 하나님의 명령(삼하 22:16)을 가리켜 사용하고 있다. 마찬가지로, 여기서 꾸짖음이라는 단어는 하나님의 책망하는 강력한 명령이라는 뜻을 전달하고 있으며 그 명령에 하늘의 기둥들이 두려워 떤다.

고안

A. 욥의 조롱(1-4절)

1. 빌닷의 변론 내용을 비웃는다(1-3절).
2. 빌닷의 말의 출처를 비웃는다(4절).

B. 욥의 찬양(5-13절)

1. 하나님은 생명과 죽음에 대한 주권자시다(5-6절).
2. 하나님은 하늘과 땅에 대한 주권자시다(7-13절).

C. 욥의 경탄(14절)

1. 이 진리에 대한 우리의 이해는 단편에 지나지 않는다(14절a).
2. 이 진리의 대한 우리의 지식은 희미한 속삭임에 불과하다(14절b).
3. 이 진리는 우리의 이해를 넘어선다(14절c).

토의 질문

1. 다른 사람들이 비성경적인 조언을 할 때 나는 어떻게 반응하는가?

2. 나는 사람들에게 하나님의 위대하심을 어떻게 증언하는가?

3. 나는 하늘과 땅에 대한 하나님의 위대성을 어떻게 규칙적으로 증언하는가?

욥기 27장

하나님, 정의를 원합니다

"우리는 하나님에게서 자비라는 비-정의(non-justice)를 볼 수 있지만 불의(injustice)는 결코 볼 수 없다."

- R. C. 스프라울(R. C. Sproul)

들어가는 글

법관들을 가르치는 정의

국제적으로 인정받는 예술가인 폴 로버트(Paul Robert)가 스위스의 대법원으로 이어지는 층계 위에 벽화를 그리는 일을 맡게 되었다. 거듭된 숙고 끝에 로버트는 사무엘 러더퍼드(Samuel Rutherford)가 이전에 도발적인 언어로 표현한 것을 화폭에 표현하기로 정하고, 그 그림의 제목을 '법관들을 가르치는 정의'로 정하기로 결정했다. 이 걸작품의 정면에는 남편을 고소한 아내, 건축업자를 고소한 건축가 등, 다양한 소송 당사자들이 그려져 있다. 그들 위에는 눈에 두드러지는 하얀 숄을 걸친 스위스 법관들이 서 있다. 이 그림들이 탐색하는 질문은 이것이다. "이 판사들이 어떻게 사람들을 판결할 것인가?"

로버트의 대답은 단순하지만 심오하다. 보통 칼을 들고 눈을 가린 모습으로 묘사되는 정의가 이 벽화에서는 눈을 가리지 않은 채 그려져 있다. 칼집에서 뽑힌 정의의 칼은 아래의 책을 향하도록 그려져 있다. 자세히 보면 이 책 위에는 '하나님의 말씀'이라는 글귀가 쓰여 있다. 신적인 정의가 인간 법관들을 가르치는 것으로 묘사되어 있다.

욥은 이 정의가 자신의 생애에 실현되기를 원했다. 그는 불의를 당하는 그를 대신해 하나님의 공의가 통치하기를 간절히 원했다. 그는 하나님이 그의 삶에 대한 오해를 바로잡아주시고 그에게 쏟아진 모든 혐의에 대해 무죄함을 보여주시기를 사모했다. 욥은 고난을 통해 한 가지 결론에 도달하게 되었다. 자신이 알 수 없는 죄로 하나님께 유죄 혐의를 받고 있다는 것이었다. 그가 하나님 앞에서 자신을 변론할 수 있다면 분명히 하나님의 정의가 그를 대신해 무죄 평결을 내려줄 것이다.

욥기 27장은 자신의 무죄를 하나님께 호소하는 욥의 변론을 담고 있다. 그는 여전히 하나님을 법정에 세우고 평결을 뒤집고자 하는 뜻을 버리지 않았다. 그는 하나님이 제기한 모든 혐의에 대해 자신이 무죄하다고 맹세했다. 그는 이 문제에 대해 자신이 옳다는 확신을 갖고 무덤으로 갈 것이라고 주장했다. 그러나 하나님이 욥이 생각하는 것처럼 행하지 않으려 하시므로 그의 마음에 원한이 자리 잡게 되었다. 시련은 당신을 원망

가운데 빠지게 할 수도 있고 더 성숙하게 할 수도 있다. 욥의 경우에 시련은 그를 원망 가운데 빠지게 했다.

본문 이해

하나님, 정의를 원합니다

Main Idea	욥은 자신의 무죄를 다시 확신하며 하나님의 진노가 그의 원수들에게 내려지기를 호소하고, 행위에 따라 악인들에게 응보하시는 하나님의 심판에 대한 자신의 확신을 선언한다.

A. 욥의 변론(1-6절)

Supporting Idea	욥은 자신이 무죄라고 항변하며, 거룩과 신실함을 계속 추구하겠다고 맹세한다.

27:1. 이 장의 첫 행인 욥이 또 비사를 들어 가로되라는 내용은 이 단원이 앞장과는 구분된다는 것을 보여준다. 실제로 욥기 27-31장은 이 가열된 논쟁이 마무리되는 하나의 확대된 단락을 형성한다. 그의 세 친구들은 더 이상 말하지 않을 것이다. 오직 욥과 네 번째 친구와 하나님만 등장한다.

27:2. 욥은 전능자의 사심을 가리켜 맹세하노니라는 말로 변호를 시작한다. 그는 하나님의 이름을 걸고 엄중하게 맹세한다. 욥은 자신의 말은 하나님이 생존하시는 것처럼 확실하다고 주장한다. 이 대담한 주장으로 욥은 하나님이 그에게 정의를 거부하셨음을 항변한다. 그는 그의 사건에 대한 하나님의 판단에 오류가 있다고 말하는 위험을 무릅쓰면서까지 한 치도 흔들림 없이 끈질기게 자신의 무죄를 주장한다. 하나님께 잘못을 돌리면서 욥은 하나님을 나의 영혼을 괴롭게 하신 전능자라고 표현한다. 그는 이 부당한

형벌과 그로 인한 괴로움으로 자신의 영혼을 자극하신 분은 바로 하나님이시라고 결론짓는다.

27:3-4. 욥은 하나님이 살아계시는 한, 자기 자신의 유죄를 인정하여 그의 입술이 불의를 말하지 않을 것이며 범하지 않은 죄를 고백함으로써 궤휼을 말하지 않을 것이라고 맹세한다. 이것은 자신의 유죄를 인정하는 것이므로 진실한 행동이 아니라고 욥은 생각한다.

27:5. 그는 이 문제에 관한 한 무죄라는 자신의 확신을 죽기 전에는 바꾸지 않을 것이라고 맹세한다. 그는 자신이 옳다는 이 확신을 무덤까지 가지고 갈 것이다. '나는 단정코 너희를 옳다 하지 아니하겠고' 라고 하나님께 항변한다. "나의 순전함을 버리지 않을 것이라." 그는 본인의 죄 때문에 하나님의 무거운 손 아래서 고통당하고 있다는 친구들의 잘못된 진단에 동의하지 않을 것이다.

27:6. 욥은 '내가 내 의를 굳게 잡고 놓지 아니하리니' 라고 확언함으로써 그의 연설의 이 시작 부분에 대한 결론을 내린다. 다시 말해서 그는 개인적인 무고함에 대한 그의 주장을 끝까지 포기하지 않을 것이다. 그는 무슨 일이 있더라도 이 깊은 내적 확신을 놓지 않을 작정이다. 욥은 알지 못하지만, 하나님도 직접 그에 대해 동일하게 말씀하셨다(욥 1:1, 8, 2:3). 그는 떳떳하지 못한 마음으로 살기를 거부하고, 일평생 그의 양심이 나를 책망치 아니할 것이라고 주장한다. 이 담대한 선포로 욥은 자신이 하나님을 경외하며 살았으며 평생 동안 계속 그렇게 살겠다고 주장한다.

B. 욥의 비난(7-12절)

Supporting Idea	욥은 하나님의 심판이 그의 적들에게 임하기를 요청한다.

27:7. 욥은 그의 대적이 악인같이 되기를 원한다. 다시 말해서 그는 하나님이 세 친구들을 원수들처럼 심판해주시도록 요청한다. 그는 자칭 조언자들인 세 친구들이 그의 인생을 파멸시켰기 때문에 그들을 자신의 원수들이라고 칭한다. 그들은 적대적인 역할을 하며 일어나 그를 친 자들과 같다. 그래서 욥은 세 친구들이 하나님에게 그의 벗이 아니라 대적으로 대우받기를 원한다.

27:8. 욥은 사곡한 자가 끊어짐을 당할 때 아무런 소망이 없을 것이라고 지적한다. 이것은 의인들이 아니라 사곡한 자들처럼 행동하는 그의 세 친구들을 가리키는 표현이다. 하나님은 그 영혼을 취하사 심판하신다고 욥은 단언한다. 그의 세 친구들도 그에 대한 인격적인 공격을 계속한다면 같은 일을 당하게 될 것이다.

27:9-10. 하나님이 어찌 그 부르짖음을 들으시랴? 욥은 하나님의 도우심을 구하는 사곡한 자들의 기도를 가리키고 있다. 그 대답은 들으시지 않는다는 것이다. 그의 친구들의 간구에 하나님은 응답하시지 않을 것이다. 환난이 그에게 임한다 하더라도 하나님은 그들의 부르짖음에 귀 기울이지 않으실 것을 욥은 알고 있다. 그가 어찌 전능자를 기뻐하겠느냐? 이 수사적 질문 역시 아니라는 대답을 내포하고 있다. 항상 하나님께 불러 아뢰겠느냐? 그렇지 않다. 경건치 않은 자들은 하나님을 기뻐할 수도 없고 그를 부를 수도 없다. 여기서 함축된 의미는 그의 세 친구들이 하나님의 심판을 받아 마땅한 구원받지 못한 사람들처럼 행동하고 있다는 것이다.

27:11-12. 욥은 엘리바스를 직접적으로 겨냥하며 "하나님의 하시는 일을 내가 너희에게 가르칠 것이요"라고 말한다. 앞에서 엘리바스는 욥에게 하나님에 대해 가르쳐주겠다고 말한 적이 있다. 이제 상황이 역전되었다. 욥은 자신이 엘리바스와 친구들에게 하나님에 대해 가르쳐주겠다고 주장한다. 욥은 '너희가 다 이것을 보았거늘' 이라고 말한다. 그러므로 욥의 말은 그들이 이미 진실이라고 알고 있는 것을 반복하는 것에 지나지 않는다. 하지만 욥은 그들 간의 가장 기본적인 이 대화가 언급조차 되지 말아야 한다고 믿는다. 어찌하여 아주 허탄한 사람이 되었는고? 다시 말해서, 그의 친구들은 공허한 수사를 쏟아내기 앞서 더 잘 알고 있어야 했다.

C. 욥의 선언(13-23절)

Supporting Idea	욥은 악인들이 확실한 파멸을 향해 가고 있다고 지적한다.

27:13. 악인들을 오랫동안 주시한 욥은 "악인이 하나님께 얻을 분깃은 … 이것이라" 고 강조하며 말한다. 강포자가 전능자에게 받을 당연한 심판이 있다. 이 진술은 앞에서 소발이 한 말(욥 20:29)을 반복한 것이다. 이런 의미에서 욥은 불의한 자들이 큰 고통을 당

한다는 세 친구들의 의견에 동의한다.

27:14-15. 욥은 악인들이 종종 칼에 의해 자기 자손들을 잃는 고통을 당할 것이라고 주장한다. 욥 자신이 이러한 비극을 당했지만 이 운명이 불의한 자들에게도 닥칠 것이라고 확인한다. 어떤 경우에는 염병이 불의한 자들의 아들과 딸들을 묻게 될 것이다. 그들은 유한한 몸으로 하나님의 정당한 보응의 진노를 당한다. 게다가 그의 과부들이 울지 못할 것이다. 이것은 그들이 남편들의 죽음을 신의 정의로운 행위로 볼 것이기 때문이다. 악인들과 가장 가까운 그들의 배우자들조차 그들의 죽음에 대해 애통해하지 않을 것이다.

27:16-17. 또한 불의한 자들은 그들의 재물을 잃을 것이다. 그가 비록 은을 티끌같이 쌓고 의복을 진흙같이 예비할지라도. 이러한 심상들은 흔한 생활용품들처럼 악인들의 재물이 많음을 묘사하고 있다. 그러나 악인들의 돈과 소유는 빼앗길 것이다. 그럼에도 불구하고 부자들이 예비한 것을 무죄자인 의인이 입을 것이다. 하나님이 정의를 시행하실 때 불의한 자들이 약탈하고 훔친 물건들은 결국 무고한 자들에게 전해지고 분배될 것이다.

27:18-19. 불의한 자들의 집은 좀의 집 같고 상직꾼의 허약한 임시 초막과 같다. 이것은 악인이 가장 애지중지하는 재물이라도 일시적이고 영원한 용도로 만들어진 것이 아니므로, 악인들은 재물에 둘러싸여 잠을 자러 눕지만 깨어나면 모두 없어지고 말 것이다. 미래에 대해 생각하지 못하고 편안하게 쉬고 있는 동안 하나님이 그의 엄청난 재물을 거두어가실 것이다.

27:20. 가족과 재물을 잃을 것에 대한 두려움이 물같이 그를 따라 미칠 것이다. 하나님이 정의를 손길을 휘두르시면 그러한 상실은 피할 수도 없고 되돌릴 수도 없다. 전혀 예상하지 못한 상태에서 폭풍이 밤에 그를 빼앗아가서 그 죄인은 자신을 방어할 새도 없이 무기력하게 그 상황을 맞을 수밖에 없다.

27:21. 동풍은 늦봄과 초가을에 사막에서 불어 닥치는 팔레스타인의 열풍(시로코, sirocco)이다(호 13:15). 그것은 강하고 건조한 바람으로 그를 날려보내어 심판을 받게 한다. 그것의 파괴력이 너무나 엄청나기 때문에 그 처소에서 그를 몰아낼 것이다. 즉 그가 살아왔던 곳에서 영원히 그를 제거한다는 뜻이다.

27:22-23. 이 폭풍은 사나운 힘으로 아끼지 않고 그를 쓸 것이다. 그는 그 손에서 피

하려고 하지만 악인은 강력한 그 힘을 피할 수 없다. 불의한 자들은 하나님을 피해 숨을 수 없다. 이 바람은 박장하며 비소하고 불의한 자를 조롱한다. 그것은 그 처소에서 그를 몰아낸다. 이것은 악인에 대한 하나님의 모멸적인 대우의 또 다른 행위다. 악인들의 최후는 이렇게 끝날 것이다. 즉, 하나님께 조롱당하고 버림받는 것이 그들의 운명이다.

Main Idea 복습	욥은 자신의 무죄를 다시 확신하며 하나님의 진노가 그의 원수들에게 내려지기를 호소하고, 행위에 따라 악인들에게 응보하시는 하나님의 심판에 대한 자신의 확신을 선언한다.

결론

악이 옳은 것 같을 때

살다보면 종종 선이 잘못된 것처럼 보이고 악이 옳은 것처럼 보일 때가 있다. 로스앤젤레스의 연방 판사인 레온 R. 양크위치(Leon R. Yankwich)가 최근 비명을 지르고 싶게 만든 민사 사건을 처리하게 되었을 때 그와 같은 황당한 경우를 경험하였다. 루터 라이트(Luther Wright)와 헤르만 롱(Hermann Rongg)이라는 두 사람이 법정에 출두하라는 명을 받았고, 두 사람은 각기 한 특허에 대한 권리를 서로 주장하였다. 분쟁을 중재하고자 노력하던 판사는 "두 사람 중 한 사람은 틀린 것이 분명하다"고 선언했다. 롱은, "맞습니다. 저는 롱입니다. 제가 맞습니다"(I'm Rongg, and I'm right)라고 대답했다. 그러자 라이트가 그의 말을 막으며 "판사님, 그의 말이 틀립니다. 저는 옳고 롱이 틀립니다"(I'm right and Rongg is wrong).

그렇다면 누가 틀린 것인가? 그리고 옳은 사람은 누구인가? 주로 라이트가 롱에게 보냈던 서신의 설득력에 근거해 양크위치 판사는 라이트-롱의 분쟁을 다음과 같이 판결함으로써 종결하였다. "이 사건의 경우 역설적으로 보일 수 있겠지만 라이트가 롱이고(잘못이고) 롱이 라이트하다(옳다). 그래서 다음과 같이 판결한다."

이것은 욥이 하나님 앞에서 자신을 변호할 때 느꼈던 혼란이었다. 그는 이 세상에서 선이 악하고 악이 선으로 뒤바뀐 것처럼 자신이 고통당하고 있다고 생각했다. 그는 자신이 옳다는 것을 알았다. 하지만 그는 자신이 악인처럼 고난을 당한다고 생각했다. 선과 악이 뒤죽박죽된 듯 혼란스러워 보였다. 불의가 득세하는 것 같았다.

삶의 적용

하나님께 지속적으로 초점을 맞추는 법

인생의 쓰라린 시련을 당하게 되면 하나님에 대한 우리의 시야가 흐려지고 현실에 대한 총체적인 왜곡이 초래될 수 있다. 고통이 장기화되면 우리는 하나님에 대해 잘못된 생각을 갖게 된다. 이런 일이 일어나면 인생의 모든 것이 초점을 잃어버린다. 이것을 피할 수 있는 길은 무엇인가?

1. 하나님의 말씀에 머무르라. 성경에는 하나님의 속성에 대한 진리가 명확하게 계시되어 있다. 영감에 의해 말씀이 기록된 책에서 우리는 하나님이 어떤 불의도 행할 수 없는 분이라는 진리를 발견한다. 그는 오직 옳은 것만 행하실 수 있다. 그러므로 인생의 폭풍이 우리를 향해 무섭게 울부짖을 때 하나님의 말씀 안에 우리 자신을 고정시키자. 성경은 하나님이 언제나 선을 행하시는 분임을 믿을 수 있다고 밝힌다. 당신의 염려가 아닌 말씀에 귀를 기울이라.

2. 지속적으로 무릎을 꿇으라. 하나님을 분명하게 볼 수 있는 유일한 지점은 겸손의 자리다. 하나님의 존전에서 우리 자신을 겸허히 낮출 때만 우리는 인생에 대한 우리의 몫뿐 아니라 주님에 대한 올바른 시각을 가질 수 있다. 그러나 하나님 앞에서 우리 자신을 높이며 그분을 원망할 때 우리는 모든 현실 감각을 상실한다. 우리는 하나님 앞에서 늘 겸손하며 자신을 버려야 한다. 겸손한 영혼의 태도로만 우리는 하나님을 만날 수 있고 우리 삶에서 그가 하시는 일을 볼 수 있다.

3. 늘 올바른 태도를 지니라. 태도가 모든 것을 결정한다. 특별히 우리가 인생의 쓰라린 낙담을 경험할 때 더욱 그러하다. 온갖 시련이 있더라도 우리의 마음을 감찰하는 파수꾼을 세우고 부정적인 태도가 우리 안에 들어오지 않도록 하자. 아무리 밤이 어둡다 해도 우리의 시선을 항상 맑게 지켜야 한다. 우리 주변이 온통 부정적인 일들로 가득하다 해도 긍정적인 태도를 유지해야 한다. 우리의 사고 생활이 하나님에 대한 신뢰와 의존 가운데 강하게 유지되도록 해야 한다.

기도

하나님, 우리의 삶이 당신의 삶이며 당신의 삶이 이제 우리의 삶이기 때문에 우리는 당신 앞에서 아무런 권리도 없습니다. 무슨 일이 있더라도 악한 말을 하거나 당신의 이름을 더럽히는 일이 없도록 해주소서. 당신의 길은 옳고 선합니다. 우리의 창조주이신 당신과 결코 맞서는 일이 없도록 해주소서. 예수님의 이름으로 기도합니다. 아멘.

티칭 가이드

심층 연구

A. 괴롭게 하심(2절)

'괴롭게 하다' (히. 마라르, marar)는 구약에서 15회 사용되고 있으며, 괴로운, 슬픈, 화가 났다는 의미가 있다. 이 단어는 파괴적인 효력을 미친 사건이나 경험에 대해 사용한다(창 49:23, 왕하 4:27, 룻 1:13). 욥기에서처럼 괴롭게 되다란 의미로 단어가 사용된 경우는 룻기가 있다(룻 1:20).

B. 발하다(4절)

'발하다' (히. 하가, haga)는 중얼거리거나 신음하는 것과 같이 낮은 소리를 의미한다. 이 단어에 대한 대부분의 용례는 구약의 시문학, 특히 시편과 이사야서에서 발견된다. 이 단어는 의인의 깊은 생각(잠 15:28)과 묵상(수 1:8, 시 143:5)을 가리켜 사용되었다. 욥기에서 사용된 이 단어의 유일한 용례인 이 구절에서 욥은 절대 거짓된 말을 하지 않을 것이라고 강조하고 있다.

교안

A. 욥의 변론(1-6절)

1. 그는 하나님의 존재하심을 걸고 맹세한다(1-4절).
2. 그는 자신의 순전함을 걸고 맹세한다(5-6절).

B. 욥의 비난(7-12절)

1. 나의 친구들이 악인들과 같이 되기를(7-10절)
2. 나의 친구들이 하나님에 대해 배우기를(11-12절)

C. 욥의 선언(13-23절)

1. 악인은 자식들을 잃는다(13-15절).
2. 악인은 재물을 잃는다(16-17절).
3. 악인은 집을 잃는다(18-19절).
4. 악인은 자신의 생명을 잃는다(20-23절).

토의 질문

1. 나는 내 인생에 대해 하나님이 어떻게 하시든 그렇게 하실 수 있는 권한을 가지고 계심을 인정하는가?

2. 시련과 환난이 닥칠 때 나는 순전함과 의로움을 계속 지키는가?

3. 나는 전능자를 기뻐하는가?

4. 항상 하나님을 구하는가?

욥기 28장

지혜를 구하다

"하나님이 내게 24시간 동안 그분의 전능한 능력을 주신다면
세계를 얼마나 많이 변화시키는지 보게 될 것이다.
하지만 그분이 내게 자신의 지혜도 주신다면
나는 세상을 있는 그대로 둘 것이다."

- J. M. L. 무사브르(J. M. L. Mousabre)

들어가는 글

대통령에게 필요한 지혜

윌리엄 맥킨리(William McKinley)가 미국의 대통령으로 취임 선서를 할 때, 그는 "주는 이제 내게 지혜와 지식을 주사 이 백성 앞에서 출입하게 하옵소서"(대하 1:10)라는 말씀에 손을 얹고 서약했다. 그는 미국에서 가장 높은 직책에 올랐지만 하나님의 지혜가 필요하다는 것을 알고 있었다.

이것은 모든 신자들도 마찬가지다. 모든 그리스도인이 여호와께 영광을 돌릴 수 있도록 자신의 의무들을 감당하고자 한다면 하나님이 주신 지혜가 필요하다. 지혜는 하나님이 주신 영적 통찰로서 삶의 상황에 대한 분별력이나 통찰력을 제공하며, 상황을 정확하게 바라보고 그 상황에 성경 진리를 적절하게 적용할 수 있게 한다. 진리를 아는 것과 그것을 우리의 삶에 적용하는 법을 아는 것은 전적으로 별개의 문제다. 지식은 진리에 대한 이해이며, 지혜는 그 이해된 진리에 대한 올바른 적용이다. 지혜는 우리 자신의 본질과 상황을 정확하게 파악하고 그에 따라 하나님의 진리를 적용하는 것이다. 우리가 우리의 삶에 대한 영적 평가를 하기 위해서는 지혜가 필수적이다.

욥이 이 부분에서 처해 있는 상황이 정확히 바로 이것이다. 그는 하나님의 지혜가 절실히 필요했다. 그가 고난을 성공적으로 맞서기 위해서는 위로부터 오는 지혜가 필요했다. 게다가 세 친구들로부터 그가 올바른 교훈을 들어야 한다면 그들에게도 지혜가 필요했다. 욥기 28장의 이 독백은 진정으로 필요한 것이 무엇인지에 대한 선언이다. 그것은 인간의 세속적인 지혜가 아니라 하나님이 주시는 천상의 지혜다.

본문 이해

지혜를 구하다

Main Idea	욥은 지혜의 덕을 칭송하며, 세 친구들이 그러한 하나님의 지혜로 자신에게 말해주기를 바란다.

A. 하나님의 지혜는 인간의 힘으로는 찾을 수 없다(1-11절)

Supporting Idea	욥은 인간이 땅에서 금을 채굴해도 지혜를 찾아낼 수 없는 여러 가지 면들을 서술한다.

28:1. 욥은 인간이 채굴하는 금광에 대한 예로 시작한다. 은은 나는 광이 있고, 인간은 땅 속까지 깊이 파서 등이 부서질 듯한 중노동으로 광석을 파낸다. 연단하는 금은 나는 곳이 있으며. 여기서 연단한다는 것은 금이 가열된 열을 받고 암석에서 분리되어 제련되고 정제된다는 것을 의미한다.

28:2-3. 표면으로 들어올리기 위해 상당한 노력을 쏟아 흙에서 철을 취한다. 그리고 동은 강렬한 열과 불로 돌에서 녹여 암석과 분리시켜 얻는다. 인간은 땅 표면 아래를 깊이 파서 값비싼 금속을 찾아내기 위해 흑암을 파하고 음예와 유암 중의 광석을 찾아낸다. 그들은 땅 속을 깊이 파서 어떤 사람도 이전에 손대지 못한 곳까지 내려간다.

28:4-5. 그는 땅 속으로 구멍을 깊이 뚫고 줄에 매달려 격절되고 흔들흔들하며 갱으로 내려간다. 그는 아마 바구니로 생각되는 물건에 타고 줄에 매달린 채 앞, 뒤로 흔들리며 보석과 금속을 찾는다. 지하(이 굴을 가리킴)는 불로 뒤집는 것 같다. 그것은 파놓은 굴의 벽면에 불을 붙인 후 그 위에 물을 부어 가열된 암석에 균열을 일으킴으로 보석과 값비싼 금속이 모습을 드러내게 하기 위한 고대의 방식이었다.

28:6-7. 그 돌 가운데에는 남보석이 있지만 그것은 인력을 이용해 파낸 후에야만 비로소 얻을 수 있다. 그것을 파느라 들인 노력과 흘린 땀을 충분히 보상해줄 사금도 있다. 이 깊은 광구는 사람들의 손이 미치지 않는 너무나 은밀한 곳에 있기 때문에 그 길은 솔

개도 알지 못하고 매의 눈도 보지 못한다. 그것은 훈련된 전문가의 눈으로도 보이지 않고 발견되지 않는다.

28:8-9. 그러한 보석들에 접근하기가 어렵기 때문에 위엄스러운 짐승도 밟지 못하였다. 이러한 비싼 광물들은 접근할 수 없는 땅 속의 굴에 깊이 파묻혀 있다. 이러한 채굴 작업은 땅 깊숙한 곳에서 이루어지므로 눈으로 보이지 않는다. 독창성과 포기하지 않는 노력으로 결국 사람은 굳은 바위에 손을 댄다. 인간의 야심이 너무나 크기 때문에 산을 뿌리까지 깊이 파들어간다.

28:10-11. 인간은 각종 보물을 눈으로 발견할 때까지 돌 가운데 도랑을 판다. 그렇게 해서 광부는 땅 아래 숨겨져 있던 보물들을 땅 위로 파내며, 감취었던 것을 밝은 데로 드러낸다. 하나님은 강의 근원을 찾으시며 어떤 인간도 찾아낼 수 없는 것을 찾아내신다. 하나님은 인간이 스스로의 힘으로는 결코 식별할 수 없는 것을 아시며 밝혀내신다. 하나님의 물리적 세계(강)에 적용될 수 있는 것은 영적으로도 적용된다. 오직 하나님만이 인간에게 자신의 지혜를 알려주실 수 있다. 하나님이 알려주기로 작정하지 않으시면 어떤 인간도 신적인 지혜를 발견할 수 없다.

B. 하나님의 지혜는 돈으로 살 수 없다(12-22절)

Supporting Idea	욥은 지혜가 값비싼 광물이나 보석과 비교할 수 없을 정도로 소중하기 때문에 어떤 값을 치르더라도 살 수 없다고 단언한다.

28:12. 욥은 그러나 지혜는 어디서 얻을 수 있는가?라는 질문을 제기한다. 다시 말해서 지혜를 얻기 위해서 인간이 무슨 노력을 해야 하는가? 욥의 질문은 지혜가 존재하며 오직 발견될 뿐 창조되는 것은 아니라는 의미를 내포하고 있다. 명철의 곳은 어디인고? 인간이 세상을 뒤지며 아무리 노력한다 해도 그러한 신적 통찰을 얻을 수 없다.

28:13-15. 그 값을 사람이 알지 못하나니. 그것은 너무나 위대해서 그 가치를 확인할 수 없다. 사람 사는 땅에서 찾을 수 없구나. 땅의 어디서도 그것의 참된 가치를 밝혀내지 못한다. 바다의 깊은 물이 "내 속에 있지 아니하다"라고 말한다. 바다 속에서는 지혜를 찾을 수 없다. 바다가 이르기를 나와 함께 있지 아니하다 하느니라. 그곳에도 지혜는 없는 것이다. 하나님의 지혜는 너무나 소중해서 값으로 매길 수 없다. 정금으로도 바꿀 수 없

고, 모든 금속 가운데 가장 좋은 것으로도 살 수 없다. 은을 달아도 그 값을 당치 못하리니. 지혜는 비싸서 인간이 가질 수 없다.

28:16-19. 지혜는 인간이 찾은 금 가운데 가장 훌륭한 오빌의 금으로도 그 값을 당치 못한다(왕상 9:28, 시 45:9). 귀한 수마노나 남보석으로도, 혹은 산호나 수정으로도 지혜는 살 수 없다. 하나님의 지혜의 가치는 이 모든 것을 능가한다. 지혜의 값은 홍보석보다 귀하구나. 그것은 가장 귀한 루비로도 살 수 없기 때문에 협상을 할 필요조차 없다. 구스의 황옥으로도 비교할 수 없고, 지혜의 가치는 그 무엇과도 비교할 수 없다. 순금으로도 그 값을 측량하지 못하리니. 최고의 금으로도 하나님의 지혜를 살 수 없다.

28:20. 그러고 나서 욥은 다시 '그런즉 지혜는 어디서 오며?' 라는 질문을 제기한다. 이것은 실제로 12절과 동일한 질문이며, 21-22절에서 이어진 대답은 사실상 13절, 14절의 내용과 동일하다. 명철의 곳은 어디인고? 어디서 명철을 얻을 수 있다는 것인가?

28:21-22. 지혜는 하늘의 새들도 찾을 수 없고, 모든 생물의 눈에 숨겨져 있다. 새들이 높은 곳에서 바라본다 하더라도 지혜가 있는 곳을 찾을 수 없다. 멸망과 사망이 지혜에 대한 소문을 들었다고 주장하지만 그들조차 지혜의 실체를 파악할 수 없다. 죽은 자들조차 그러한 지혜를 알지 못한다.

C. 하나님의 지혜는 오직 위로부터 온다(23-28절)

Supporting Idea	욥은 오직 하나님만이 지혜를 어디서 찾을지 알고 계시며, 참된 지혜는 여호와를 경외하는 데 있다고 말한다.

28:23-24. 지혜의 근원은 그 길을 깨달으시는 하나님 안에서만 찾을 수 있다. 오직 하나님만이 있는 곳을 아신다. 하나님만이 지혜를 가지신 것은 하나님의 계획에 의한 것이다. 그는 모든 것을 아시며 땅 끝까지 감찰하신다. 모든 것을 보시며 모든 것을 아시는 그의 눈길을 피해 숨을 것은 아무것도 없다. 모든 지혜는 하나님께 있다.

28:25-26. 하나님은 창조 때에 바람의 경중을 정하셨고, 또한 물 측정과 관련된 물질들을 정하셨다. 이 모든 것은 하나님만이 소유하신 지혜로 이루어졌다. 하나님이 비를 위하여 명령하시고 우레의 번개를 위하여 길을 정하셨을 때 지혜와 그 일을 상의하셨다. 이것은 하나님이 그 자신과 상의하셨다는 뜻이다. 비와 천둥 모두 하나님의 조종을 받

고 있다.

28:27. 그때에 지혜를 보시고 선포하시며 완벽하고 정확하게 그것을 평가하셨다. 굳게 세우시고 그것이 옳은지 궁구하셨다. 이 구절과 앞의 두 구절은 잠언 8장 22-31절의 지혜 시와 아주 유사하다.

28:28. 그래서 하나님은 인간에게 "주를 경외함이 곧 지혜요"라고 말씀하신다. 다시 말해서 지혜는 하나님을 두려워하고 공경한 결과인 것이다. 하나님을 향한 경외감이 우리를 지혜롭게 하는 가장 중요한 태도다. 우리가 하나님의 위대하심과 그의 무한하신 속성을 경외하며 우러러볼 때 우리는 참으로 지혜를 가질 수 있다. 마찬가지로, 지혜는 악을 피하는 것과 관계 있다. 지혜와 악은 같은 심령 속에서 공존할 수 없다. 지혜는 악을 없앤다. 이것은 처음부터 욥을 특징지었던 덕성이다(욥 1:1, 8, 2:3).

Main Idea 복습	욥은 지혜의 덕을 칭송하며, 세 친구들이 그러한 하나님의 지혜로 자신에게 말해주기를 바란다.

결론

위로부터 오는 지혜

컬럼비아 대학에 재학중인 한 학생은 대학 측에서 지혜에 대해 배울 수 있다는 확신을 주었다고 생각했다. 하지만 대학 측이 자신의 요구를 채워주지 못했다고 생각한 그는 8천 달러의 손해배상을 요구하는 소송을 제기했다. 고등법원은 그 사건을 기각했다. 주심 판사는 이렇게 선고했다. "이 사건은 야비하다고 할 수는 없지만 지나친 고발이라고 판단되었다. 지혜는 학습될 수 있는 과목이 아니며 … 합리적인 사람이라면 어떤 인간이나 기관에서 그런 주장을 하더라도 받아들이지 않을 것이다."

어떤 인간적인 제도도 지혜를 가르칠 수 없다. 하나님이 주신 인생에 대한 그러한 깨달음은 오직 하나님과 그의 말씀에서 얻을 수 있다. 지혜는 여기 이 땅이 아니라 위로부터 오는 것이다. 그러므로 사람들이 지혜를 얻고자 한다면 하나님을 찾아야 한다. 그분을 경외하는 사람들만이 금이나 은보다 더 귀한 이 보물을 얻게 될 것이다.

삶의 적용

하나님을 경외하는 법

이 장에 의하면 "주를 경외함이 곧 지혜다"(욥 28:28). 여호와를 경외한다는 것이 무엇인가? 우리는 어떻게 그를 경외할 수 있는가?

1. 하나님을 존경하라. 하나님을 두려워한다는 것은 그분에 대한 공경하는 맘, 외경심으로 가득하다는 의미다. 최고의 존경심으로 하나님을 영화롭게 하며, 그분을 진실한 마음으로 모시는 것이다. 하나님을 두려워한다는 것은 하나님이 우리의 창조주시며 오직 그분께만 우리가 해명할 책임이 있음을 깨닫는다는 의미다. 우리가 하나님이 주신 공기를 숨 쉬며, 그의 땅에서 살고 있고, 그가 우리에게 정해 놓으신 연수대로만 살 수 있음을 기억한다는 의미다. 그가 우리의 영원한 운명을 결정하심을 안다는 것이다. 그러므로 우리는 우리의 삶에 대한 유일하고 참된 주권자로서 그분을 최선을 다해 공경해야 한다. 이것이 하나님을 두려워한다는 것이다.

2. 하나님께 복종하라. 하나님을 두려워한다는 것은 그분 앞에 겸손히 엎드리며 우리의 삶에 대한 통제권을 내어드린다는 의미다. 사랑과 믿음으로 그분 앞에 절하며 모든 일에 그분께 복종하는 것이다. 그러므로 우리는 하나님께 늘 모든 것을 내어드리며 그분 앞에서 살아가야 한다.

하나님을 경외함으로 얻는 많은 유익이 있다. 하나님을 진정으로 경외하면 섬김의 삶을 살게 된다(비교. 신 6:13, 삼상 12:14). 여호와를 경외하면 또한 지혜를 얻는다(잠 1:7, 9:10). 나아가 하나님이 여호와를 경외하는 사람을 기뻐하시기 때문에(비교. 시 147:11) 그는 생명(비교. 잠 19:23)과 축복(시 128:1)을 받는다. 당신은 하나님을 경외하는가? 당신이 하나님에 대한 경외심으로 가득했던 가장 마지막 시간은 언제인가? 영적인 통찰력으로 당신의 삶을 바라보게 하는 하나님의 지혜를 얻고자 한다면 하나님을 경외해야 한다.

기도

아버지, 우리로 당신을 경외하도록 가르치셔서 지혜의 마음을 갖게 해주소서. 우리의 눈을 열어주셔서 당신의 주권적 영광과 경이로운 위엄을 바라볼 수 있게 하소서. 당신의 진정한 모습을 보게 하셔서 우리의 마음이 당신을 더욱 경외하며 큰 외경심을 갖게 해주소서. 우리의 삶이 전능하시고 영화로우신 당신에 대한 시야의 지배를 받게 하소서. 우리의 마음을 신적인 지혜로 충만하게 하셔서 우리의 부르심에 합당하게 살아가게 하소서. 예수님의 이름으로 기도합니다. 아멘.

심층 연구

A. 유암(shadow of death, 3절)

'유암' (히. 살마웨트, salmawet)은 그림자와 죽음에 해당하는 두 히브리어 단어를 하나로 합성한 히브리어 복합명사다. 그러므로 살마웨트는 죽음, 공포, 재앙의 그림자를 가리킨다. 시편 23편 4절에서 이 단어는 하나님이 자기의 양떼를 흑암이나 심지어 죽음의 경험도 무사히 통과할 수 있도록 인도해주시겠다는 의미에서 사용되고 있다. 욥기에서 수없이 사용된 이 단어(3:5, 12:22, 16:16, 28:3, 38:17)는 짙은 안개나 캄캄한 그림자의 의미를 전달한다. 여호와는 어둠을 멸하시고(암 5:8), 심지어 어둠을 심판하시기도 하는(렘 13:16) 하나님으로 묘사되어 있다. 이 단어는 또한 '사망의 그늘진 땅' (사 9:2)으로 번역되기도 한다. 메시아는 그러한 흑암 속에 사는 자들에게 빛이 되실 것이다(사 9:2).

B. 주(28절)

'주' (히. 아도나이, adonay)는 주인 혹은 주를 의미하며, 이것은 욥기에서 이런 용례로만 사용된다. 아도나이는 위엄이나 강화(intensification)를 의미하며, 항상 하나님에 대해 사용된다. 히브리어 성경 전반에 걸쳐 발견되며, 오경에서 이 단어는 두려워하는 마음으로 하나님을 호칭할 때 사용된다(출 4:10, 13). 아도나이는 선지서에 두드러지게 나타나고, 시편에서 55회 사용되었다. '온 땅의 주' (수 3:13, 미 4:13), '주의 주' (신 10:17), '주 여호와 이스라엘의 하나님' (출 34:23)과 같은 구절들과 다른 구절들의 문맥은 아도나이가 궁극적인 권위와 통치, 권능을 가진 주권적 주라는 뜻을 갖고 있음을 암시하고 있다.

교안

A. 하나님의 지혜는 인간의 힘으로는 찾을 수 없다(1-11절)

1. 인간은 보석을 찾기 위해 땅을 판다(1-2, 6절).
2. 인간은 독창적인 방법으로 보석을 파낸다(3-5, 9-11절).
3. 인간은 손길이 미치지 못하는 곳에서 보석을 찾아낸다(7-8절).

B. 하나님의 지혜는 돈으로 살 수 없다(12-22절)

1. 인간은 지혜를 찾을 수 없다(12-14, 20-22절).
2. 인간은 지혜를 살 수 없다(15-19절).

C. 하나님의 지혜는 오직 위로부터 온다(23-28절)

1. 하나님은 지혜가 있는 곳을 아신다(23-27절).
2. 하나님은 지혜를 규정하신다(28절).

토의 질문

1. 나는 지혜를 구하는가?

2. 나는 인간의 지혜보다 하나님의 지혜가 우월함을 이해하고 있는가?

3. 하나님만이 참된 지혜의 근원이심을 깨닫고 있는가?

4. 하나님을 두려워하는가?

욥기 29장

과거를 기억하며

"과거는 우리를 붙들어 매는 닻이 아니라

우리를 인도하는 방향타가 되어야 한다."

- 워렌 위어스비(Warren Wiersbe)

들어가는 글

좋은 기억

고대의 가장 유명한 수사학 교수 중 한 명인 세네카(Seneca, 약 주전 55년-주후 37년)는 비상한 기억력을 지닌 사람이었다. 그는 수년 전에 들었던 긴 연설들을 반복할 수 있었다. 그는 2백 명으로 구성된 한 반의 각 학생들에게 시 한 줄을 암송하도록 한 후 그들이 암송한 시들을 그대로 외워서 학생들에게 강한 인상을 남겼다. 그뿐 아니라 그는 그것을 거꾸로 외우기도 했다. 적절하게 사용하면 생각은 강력한 도구가 된다.

욥은 훌륭한 기억력을 가진 사람이었다. 자신의 변호를 마친 그는 인생을 완전히 바꾸어버린 비극이 오기 전 누렸던 축복들을 생각해보았다. 욥의 모든 기억들은 가버린 과거에 대한 공허한 추억이었다. 욥은 부유하고 성공한 인생을 구가했다. 그러나 이제 그 모든 것이 사라져버렸다. 그래서 그는 인생의 전성기를 구가했던 시절로 돌아가기를 원했다. 시련을 당할 때 아름다웠던 과거를 회상하는 일은 흔하다. 신자들이 고통스러운 시련을 당하고 있을 때, 하나님의 풍성한 축복을 받았던 지난날들을 그리워하는 것은 자연스러운 일이다. 욥에게 과거를 기억하는 것은 현재에 대해 더욱 불만스러워지는 계기가 되었다.

욥기 29장은 행복했던 과거에 대한 욥의 추억을 기록하고 있다. 그는 지난날 누렸던 즐거움들을 회상한다. 영혼을 마비시킬 정도로 고통스러운 위기가 오기 전 그와 그의 가족들이 누린 축복들을 추억한다. 그의 마음은 태양이 그의 삶을 따스하게 내리쬐고 모든 것이 아름다웠던 지난 시절을 생각한다. 이 장은 31장에서 끝나게 될 욥의 마지막 마무리의 시작이다.

본문 이해

과거를 기억하며

Main Idea	욥은 무서운 고난이 닥치기 전 누렸던 축복들을 생각한다.

A. 욥의 믿음(1-6절)

Supporting Idea	욥은 하나님과 깊이 교제하면서 누렸던 친밀함을 기억한다.

29:1-2. 앞 장(욥 28장)의 지혜에 대한 교훈에 이어 욥이 또 비사를 들어 가로되. 이것은 형통했고 아무런 고통도 없이 생활하던 과거의 시간을 생각하는 욥의 마지막 요약의 시작이다. 그는 고통스러운 시련이 닥치기 전 하나님의 임재가 그의 생활 속에 얼마나 함께했는지를 회상한다. 하나님의 은혜가 그의 생활에 임하던 이전 달을 그는 간절히 그리워한다. 여기서 지금까지 이러한 고통들이 수개월째 지속되고 있다는 약한 암시가 있다. 그는 하나님이 해를 당하지 않도록 자신의 인생을 보호하시며 깊은 애정과 배려로 그를 지켜주셨던 날들을 그리워한다.

29:3. 이전에는 하나님의 임재와 인도하심이라는 **등불**과 **광명**을 확실하게 경험하였고, 심지어 그가 불확실한 시간을 지내야 할 때도 그것은 변함없었다. 흑암의 때가 찾아와도 욥은 그들 가운데 행하였다. 그는 아무런 해도 입지 않고 그 시기를 무사히 통과했다.

29:4-5. 욥은 '나의 강장하던 날과 같이 지내었으면' 하고 말한다. 그는 하나님과 깊은 친밀함을 나누던 시련 이전의 나날들이 그립기만 하다. 그때는 하나님의 우정이 그의 집을 축복하였다. 문자적으로 이것은 '하나님의 묘사가 나의 장막 곁에 함께하던' 으로 해석되며 친밀하고 아무런 거리낌도 없던 교제를 묘사한다. 욥은 전능자가 오히려 나와 함께 계셨던 옛날에는 주님과 개인적인 교제를 누렸다. 하지만 이제 욥은 하나님이 그를

버리셨다고 생각한다.

29:6. 이전에 욥은 버터(가장 기름진 우유)와 기름 시내(풍성하고 가장 좋은 것)가 그의 발자취를 씻겼던 것을 기억한다. 이 과장된 표현은 욥의 생활이 형통하고 하나님의 축복으로 흘러넘쳤음을 암시한다.

B. 욥의 명성(7-17절)

Supporting Idea	욥은 시련이 닥치기 전 위인들이 그를 존경하며 그의 지혜로운 조언을 경청했던 때를 추억한다.

29:7-8. 욥은 시련이 닥치기 전 유력자들이 그를 높이며 공경했던 시간들을 반추한다. 성문은 그 지역의 지도층이 공공 광장에서 업무를 보고자 모이던 장소였다. 소년들과 노인들이 모두 그의 장로 지위에 걸맞은 큰 존경심을 보여주었다. 그들은 그에게 자리를 비켜주면서 숨으며 일어나서 서며 깍듯한 예우를 갖추었다. 욥은 왕이나 판관이 누리던 영광을 누렸다.

29:9-10. 욥의 조언이 사람들에게 들리도록 방백들은 말을 참았다. 성의 지도자들은 모이면 욥이 진주처럼 귀한 지혜의 교훈을 들려줄 수 있도록 모두 손으로 입을 가리우며 기다렸다. 법령을 선포하는 데 익숙한 사람들인 귀인들도 소리를 금하였다. 그들의 혀가 입천장에 붙은 채 침묵하고 욥의 지혜를 경청했다. 그들은 욥이 평결을 내리고 교훈을 말할 수 있도록 기다리며 그에게 경의를 표했다.

29:11. 욥은 모든 사람들이 자신을 축복하고 자신의 통찰력과 지혜를 증거했다고 기억한다. 그가 연설을 끝마치면 친구들이 그를 인정하며 칭송하고 그의 조언에 박수갈채를 보내었다.

29:12. 지역 공동체에서 보여준 그러한 예우는 욥의 성실한 삶 때문에 마땅한 것이었다. 그는 빈민들을 건지고 고아들을 도와주었다. 이러한 행동들은 덕을 베푸는 삶의 증거였다. 그가 갚을 힘이 전혀 없는 자들을 돕기 위해 애썼다는 사실에서 보듯이 그는 그의 다른 친구들보다 월등하게 존경을 받을 만했다. 이를 통해 그는 가난한 자들을 압제했다는 비난(욥 20:19, 22:6-9)을 부정한다.

29:13-14. 욥은 망하게 된 자를 도왔고, 과부의 마음이 나로 인하여 기뻐 노래하게 했

다. 그는 자력으로 살 힘이 전혀 없는 사람들에게 축복의 샘이었다. 그는 자신이 주재하는 사건들을 아무런 치우침 없이 의와 공의로 다스렸다. 분쟁의 중재자로서 그는 의로운 판단을 함으로써 누구도 따라오지 못할 뛰어난 판결을 했다.

29:15-16. 그는 소경이든, 절뚝발이든, 전혀 구분하지 않고 장애가 있는 사람들을 도왔다. 자신의 관대함을 예시하며 그는 자신이 소경의 눈이 되고 절뚝발이의 발이 되었다고 말한다. 욥은 자원해서 사회의 장애인들의 눈과 발 역할을 했다. 그는 빈궁한 자와 생소한 자의 억울함을 앞장서서 풀어주며 그들에게 아비 같은 역할을 했다. 철저히 외면당하는 절망적인 소외자들도 그의 후한 대접을 받았다.

29:17. 욥은 또한 압제의 희생자들을 구해주었다. 여기서 사용된 심상은 악인들이 어금니와 이로 무고한 자의 살을 깊숙이 무는 장면이다. 한 인간의 위대함이 약자에 대한 지원으로 평가된다면 당대에서 욥이 단연 으뜸이었다. 이것은 세 친구들이 그에 대해 단정했던 판단과는 정반대다(욥 22:1-11).

C. 욥의 미래(18-20절)

Supporting Idea	욥은 미래에 대한 전망이 확실했던 지난날들을 추억한다.

29:18-19. 욥은 한때 끝까지 형통한 삶을 살며 나는 내 보금자리에서 선종하리라고 생각한 적이 있음을 회상한다. 그는 그의 날이 모래같이 많을 것이며 만수를 누릴 것이라고 확신했다. 그는 '내 뿌리는 물로 뻗어나가고' 라고 단언한다. 그는 자신을 생명을 주는 자양분의 근원에 연결된 건강한 나무라고 묘사한다. 이 은유는 자신이 향유할 것이라고 기대했던 풍성한 삶을 나타낸다.

29:20. '내 영광은 내게 새로워지고' 라고 욥은 말한다. 그는 생이 끝날 때까지 활기차고 강건하게 살 것이라고 믿었다. 그의 힘의 상징인 활은 그의 손에서 날로 강하여졌다. 한때 욥은 지위와 권력을 지니고 평온하게 살았다.

D. 욥에 대한 평판(21-25절)

Supporting Idea	욥은 다른 사람들이 그에게 보여주었던 존경에 대해 생각한다.

29:21. 욥은 지난 시절에 사람들이 기대하는 맘으로 그의 말을 경청했음을 생각한다. 이것은 세 친구들이 보여준 무례함과 대조를 이룬다. 지도층 인사들이 욥의 모든 말에 귀 기울이던 시절이 있었다. 어떤 이들은 욥이 말하기를 잠잠히 기다리며 성공한 족장에게 어울리는 예의를 보였다.

29:22-23. 그리고 욥이 말하면 그들이 말을 내지 못하였다. 욥의 교훈은 참으로 탁월하여 다른 사람들이 말할 필요가 없었다. 그의 말이 그들에게 이슬같이 되어 잘 기억되고 수용되었다. 그들은 마른 땅이 늦은 비를 빨아들이듯 그의 지혜의 말을 빨아들였다. 더욱이 그의 통찰은 그들의 삶에서 큰 수확을 내었다. 그들은 그의 입에서 나오는 모든 지혜의 말을 놓치지 않으려고 했다.

29:24. 그들에게는 욥의 미소도 힘이 되었다. 그들은 그가 너무나 거대한 위인으로 보였기 때문에 그가 그들을 향해 미소를 지어줄 것이라고 믿을 수가 없었다. 모든 이들이 그의 인정을 갈구했다. 그들이 그를 안정감의 근원으로 생각했기 때문에 그의 얼굴의 빛이 그들에게 소중했다. 그는 주위 사람들에게 안정과 힘의 반석이었다.

29:25. 욥은 그들의 으뜸으로 처신하며 사람들에게 교훈을 베풀었고, 그들은 그의 지시를 적극적으로 따랐다. 실제로 욥은 군중에 거함도 같은 왕의 권위로 말했고 지시와 교훈을 주었다. 그러나 그 역시 자신을 겸손히 낮추고 애통하는 자들을 위로할 수 있었다.

Main Idea 복습	욥은 무서운 고난이 닥치기 전 누렸던 축복들을 생각한다.

결론

추억을 사기

캐나다인 세 사람은 참가자들이 과거의 사실, 사건 그리고 사람들을 기억해내는 인기 있는 게임인 트리비얼 퍼수트(Trivial Pursuit)를 개발했다. 그들 가운데 한 명은 인터뷰에서 그 게임이 성공하게 된 요인에 대한 질문을 받자 이렇게 말했다. "사람들이 추억을 사기 때문입니다."

욥은 자신의 삶에서 많은 추억들을 사며 지난날의 행복했던 시간들을 반추했다. 욥은 하나님의 축복을 경험하던 날들을 그리워했다. 그러나 불행히도 그에게 있어서의 행복은 현재적인 형통함과 직결되어 있었다. 마틴 루터(Martin Luther)가 그의 유명한 찬송시인 '내 주는 강한 성이요' 에서 '친척과 재물과 명예와 생명을 다 빼앗긴대도' 라고 한 그의 지적은 옳았다. 의인들은 하나님에 대해 사람들이나 번영, 혹은 환경에 의지하지 않는 불굴의 믿음을 가져야 한다. 열과 압력으로 강해지는 다이아몬드처럼, 신자는 시련과 환난의 열과 압력으로 강해져야 한다.

신자들은 과거를 바라보는 것이 아니라 미래와 하나님이 우리의 선을 위해 일하시는 밝은 내일을 바라보아야 한다. 현재에서 승리의 경험을 맛보고자 한다면 과거에 대한 집착을 버려야 한다. "형제들아 나는 아직 내가 잡은 줄로 여기지 아니하고 오직 한 일 즉 뒤에 있는 것은 잊어버리고 앞에 있는 것을 잡으려고 푯대를 향하여 그리스도 예수 안에서 하나님이 위에서 부르신 부름의 상을 위하여 좇아가노라" (빌 3:13-14).

삶의 적용

하나님에 대한 왜곡된 시각

욥의 생활에 침투한 문제는 주님의 축복을 그의 사랑의 표시로 해석하는 하나님에 대한 왜곡된 시선이었다. 욥은 축복의 상실을 하나님이 자신을 기뻐하시지 않는 표시라고 해석했다. 실제로 하나님은 자기 백성들에게서 축복의 소나기를 거두어가시기로 결정하실 때가 있다-하지만 항상 그러신 것은 아니다. 예수님은 자기 제자들에게 이렇게 상기시키셨다. "이는 하나님이 그 해를 악인과 선인에게 비취게 하시며 비를 의로운 자와 불의한 자에게 내리우심이니라"(마 5:45). 다시 말해서 축복의 유무는 하나님의 은총을 받거나 받지 않음을 가리는 기준이 아니다. 신자들은 다른 사람들의 삶에 일어난 비극적 사건이나 환경을 숨겨진 죄악의 결과라고 해석하는 경우가 많다. 그러나 하나님의 축복의 부재가 하나님이 그 사람을 기뻐하지 않으신다는 증거는 아니다.

이 진리는 예수님과 맹인의 이야기에서 드러난다. 제자들이 눈먼 소경을 보자 예수님께 이렇게 질문했다. "이 사람이 소경으로 난 것이 뉘 죄로 인함이오니이까 자기오니이까 그 부모오니이까"(요 9:2). 고난과 고통을 받는 것이 하나님의 기뻐하심을 입지 못한다는 증거는 아니다. 또한 고난과 고통이 없다고 해서 하나님이 기뻐하신다는 증거도 아니다. 오히려 고난과 고통은 하나님께로 오는 것으로, 그것은 우리의 행위 때문일 수도 있고 아닐 수도 있다. 천국의 이편에서는 아무도 알 수 없다. 하지만 우리는 하나님이 모든 인간의 고난과 고통을 그의 영광을 위해 이용하신다는 것을 확신할 수 있다.

기도

하나님, 우리 아버지, 우리에게 후히 베풀어주신 축복들을 인해 찬송을 드립니다. 당신의 백성들을 위한 당신의 은혜로우신 역사는 너무 많아 헤아릴 수조차 없습니다. 모든 좋은 선물이 다 위로부터 아무런 변함도 없으신 빛들의 아버지께로부터 오는 것임을 압니다. 오직 주님만이 선하십니다. 예수님의 이름으로 기도합니다. 아멘.

심층 연구

A. 기름(6절)

'기름' (히. 쉐멘, shemen)이란 단어는 대부분 올리브유를 가리켜 사용된다. 성경에 190회 나타난 이 단어의 용례를 보면, 이 단어는 문자적인 의미와 비유적인 의미로 동시에 사용되고 있으며, 이 구절에서는 비유적으로 사용되고 있다. 욥은 이 단어를 하나님이 그와 함께하시면서 그가 경험한 풍성한 번영을 가리켜 사용한다(비교. 출 32:14, 미 6:7). 상징적인 의미에서, 이 단어는 종종 하나님의 손에서 오는 번영을 가리켜 사용되었다(비교. 신 33:24, 시 23:5).

B. 위로(25절)

'위로' (히. 나함, naham)는 자신의 감정의 실제적 표현으로서 깊이 숨을 들이쉬는 사람에 대한 개념을 내포하고 있다. 히브리 성경에서 65회 사용된 나함은, 위로와 연민에 대해 말할 때 사용되고 있다. 시편 23편 4절을 제외하면 아마 나함을 사용한 가장 유명한 구절은 이사야 40장 1절, "너희는 위로하라 내 백성을 위로하라" 일 것이다. 많은 구절들이 죽음을 앞둔 사람들을 위로하는 것과 관련해 이 단어를 사용한다(창 24:67, 삼하 10:2, 사 61:2, 렘 31:15). 시편 전반에서 나함은 하나님이 자기 백성들에게 주시는 위로를 가리켜 사용된다(시 86:17, 사 12:1, 52:9). 호세아 11장 8절에서 이 단어는 이스라엘을 향한 하나님의 따스한 사랑을 전달하기 위해 사용되었다.

고안

A. 욥의 믿음(1-6절)

1. 그는 하나님의 보호하심을 누렸다(1-3절).
2. 그는 하나님과의 파트너십을 누렸다(4-5절).
3. 그는 하나님의 공급하심을 누렸다(6절).

B. 욥의 명성(7-17절)

1. 그는 사람들의 존경을 받았다(7-11절).
2. 그는 사람들의 존경을 받을 행동을 했다(12-17절).

C. 욥의 미래(18-20절)

1. 그는 만수를 누리기를 기대했다(18절).
2. 그는 건강한 삶을 살 것이라고 생각했다(19-20절).

D. 욥에 대한 평판(21-25절)

1. 사람들이 내게 귀를 기울였다(21-23절).
2. 사람들이 내게 배웠다(24-25절).

토의 질문

1. 나는 하나님의 축복을 인식하고 감사하는가?

2. 하나님의 선하심에 대해 감사의 마음을 드러내는가?

3. 모든 선한 선물이 하나님께로부터 온다는 것을 인정하는가?

욥기 30장

깊은 낙심

"그가 주시는 모든 것은 필요한 것이다.
그가 거두어가시는 모든 것은 전혀 필요하지 않은 것이다."

- 존 뉴튼(John Newton)

들어가는 글

모든 것이 전소되다

미국의 왕성한 발명가인 토마스 에디슨(Thomas Edison)은 1914년 12월 하룻밤 사이에 모든 것을 잃는 엄청난 비극을 당했다. 그의 실험실과 실험 자재들이 화재로 다 망가져버렸다. 그의 프로젝트의 대부분이 파괴되어버렸다. 거의 백만 달러에 해당하는 설비들이 사라졌다. 에디슨은 평생 동안 일구어온 성과의 대부분에 대한 기록을 잃어버렸다.

그 다음 날 아침, 부서진 희망과 깨진 꿈의 다 타버린 잿더미 주위를 걸어다니던 발명가는 "재앙이 지닌 가치가 있다. 우리의 모든 실수가 다 타버린 것이다. 이제 우리는 새롭게 시작할 수 있다"라고 말했다.

욥은 토마스 에디슨처럼 엄청난 개인적 손실을 경험하였다. 오히려 더 비참했다. 두 사람 모두 거의 예상치 못한 상태에서 귀중한 개인적 자산을 잃었다. 그러나 더 비극적인 것은 욥은 그의 자식들과 건강을 잃었다는 것이다. 하지만 이 비극적인 재앙에도 불구하고 욥은 초반에는 하나님에 대한 확실한 믿음으로 반응했다. 그는 모든 것이 하나님의 것이기 때문에 주실 수도 있고 빼앗아가실 수도 있음을 이해했다. 그러나 그 이후에 그의 믿음은 흔들렸고, 고통이 그의 마음을 지배했다. 쇠약하고 상한 마음으로 욥은 하나님께 자신의 마음을 쏟아 부으며 심지어 죽음을 통해서라도 그 현실에서 벗어나기를 원했다. 그러나 어떤 구원의 손길도 발견되지 않았다. 그의 고통을 덜어주는 것은 아무것도 없었다.

이 장에서 욥은 자신의 슬픈 조건을 한탄하고 있다. 과거의 행복했던 나날들을 묘사하며(욥 29장), 그는 하나님 앞에서 자신이 겪어온 고통을 열거한다. 개인적인 슬픔의 수많은 영역들을 기록한다. 이 장은 깊이 절망한 사람을 묘사한다.

본문 이해

깊은 낙심

Main Idea	욥은 과거의 행복과 극명하게 대조되는 현재의 비참함에 대해 울부짖는다.

A. 욥의 원수들이 그를 비웃다(1-15절)

Supporting Idea	욥은 그의 끔찍한 상황을 조롱하는 젊은 부랑자들로 인해 큰 고통을 당한다.

30:1-2. 욥은 자신보다 젊은 자들을 언급하며 "그러나 이제는 나보다 젊은 자들이 나를 기롱하는구나"라고 한탄한다. 이들은 욥을 조롱하는 일단의 젊은이들이다. 그들의 아비들은 욥의 양떼 지키는 개들과도 잠을 잘 수 없을 정도로 비천한 사람들이었다. 욥은 "그 손의 힘(긍정적인 생산성)이 내게 무엇이 유익하랴"고 탄식한다. 내포된 대답은 아무 유익이 없다는 것이다. 그들은 장년의 기력이 쇠하였기 때문에 아무런 쓸모가 없다. 그들은 사회의 기생충이었고, 욥과의 관계에서는 더욱 그러했다.

30:3-4. 사회의 국외자들처럼, 이 사람들은 먹이를 찾아 헤매는 야생 동물들처럼 개입할 뭔가를 찾으며 문젯거리를 찾아다닌다. 그들은 야생의 떨기나무 가운데서 짠 나물, 아마 토양이 비옥한 곳에서 자라는 식물인 솔장다리로 추정되는 식물을 꺾었다. 그들은 대싸리 뿌리로 식물을 삼았다고 욥은 지적한다. 이것은 사막에서 자라며 오직 극빈층인 피난민들이 먹던 식물이다. 그들은 식량을 찾아다니며 빈곤하게 사는 자들이었다.

30:5-6. 그들은 공공의 이익을 위해 추방되고 사람 가운데서 쫓겨났다. 그들이 마치 도적이라도 된 것처럼 사람들은 소리를 질렀다. 이 유랑자들은 사회의 기피 집단이었다. 그들은 짐승처럼 침침한 골짜기와 흙구덩이와 바위 구멍에서 강제로 살게 되었다. 이것은 거주할 집도 없는 증오의 대상인 이 국외자들에게 어울리는 유일한 거주지였다.

30:7-8. 그들은 야생 나귀들처럼 떨기나무 가운데서 부르짖었다. 자신들 외에는 그 누

구도 상종하지 않으려 드는 그들은 가시나무 아래 모여 있었다. 그들은 게으르게 자신들의 삶을 허비했다. 욥은 이 무익한 유랑민들에 대해 이름을 언급할 가치도 없는 미련한 자의 자식이며 비천한 자의 자식이라고 묘사한다. 또한 그들은 찾아올 이들이 전혀 없었기 때문에 이름이 필요하지도 않았다. 그들은 고토에서 쫓겨난 자로 인간쓰레기이며 사회에서 추방된 자들이었다. 비천한 자들 중 가장 천한 이들이 이제 욥을 조롱하고 있었다. 그래서 욥은 이들보다 더 비천하게 되었다.

30:9-10. "이제는 내가 그들의 노래가 되며 그들의 조롱거리가 되었다" 고 욥은 탄식한다. 그들은 추락한 그 족장을 조롱하는 노래를 부른다. 욥은 그들 중에서 웃음거리가 되었다. 그의 이름은 조롱과 조소의 대상이 되었고, 심한 괴로움의 상징이 되었다. 그들은 욥을 심히 경멸하며 그를 미워하고 멀리했다. 저주를 받고 있는 욥에게 다가오려 하지 않았고, 그와 사귀려 하지 않았다. 욥은 그들이 배척과 혐오의 행위인 그의 얼굴에 침 뱉기를 주저하지 않았다고 말한다.

30:11. '하나님이 내 줄을 늘어지게 하시고' 라고 욥은 말한다. 그는 하나님이 그의 몸을 쇠약하게 만드시고 기를 꺾으셨으며, 이 모든 개인적인 고난을 통해 그를 곤고케 하셨다고 믿는다. 욥의 무기력한 상태를 보며 사람들은 그 앞에서 굴레를 벗기를 두려워하지 않았다. 욥에 대한 모든 예우가 사라진 것이다.

30:12. 무방비 상태의 성에 대해 적군이 하는 것처럼 그 낮은 무리가 우편에서 일어나 공격한다. 그들은 그를 함정에 빠뜨리기 위해 그의 발에 올무를 놓는다. 욥을 멸망시키기 위해서 그에게 멸망시킬 길을 쌓는다. 그들의 의도는 사악하며 자신을 방어할 힘이 없는 쇠약한 욥을 이용하려고 한다.

30:13. 욥은 그들이 그의 인생에 아무런 발전이 없도록 방해하며 "그들이 내 길을 헌다" 고 한탄한다. 그들은 그를 파괴하는 데 성공적이었고, 패배하고 황폐해진 사람에게 심한 위해를 가했다. 이 모든 것이 잔인한 공격을 도울 자 없는 상태에서 욥에게 가해졌다.

30:14-15. 그들은 성벽을 파괴하고 그 가운데로 몰려들어오는 군대처럼 욥에게 달려든다. 욥의 유린된 삶의 폐허 속에서 그들은 그를 둘러싸고, 군대가 진격하는 것처럼 그를 공격하려고 몰려든다. 이 추가적인 상처 앞에서 놀람이 내게 임한다고 욥은 부르짖는다. 그들이 내 영광을 바람같이 모니. 이전의 영광은 사라지고 그는 내 복록이 구름같이

지나갔구나라고 애통한다. 사람이든 재물이든 욥이 소유한 모든 것이 아무런 흔적도 없이 사라져버렸다.

B. 욥의 몸이 유린당하다(16-19절)

Supporting Idea	욥은 불 같은 시련이 계속되면서 심한 육체적인 고통에 시달리며 살아간다.

30:16-17. 기력이 거의 사라져버렸다고 생각하는 욥은, '이제는 내 마음이 내 속에서 녹으니' 라고 울부짖는다. 그의 생명을 지탱해주는 것이 그에게서 거의 빠져나가버렸다. 환난날이 그를 움켜쥐고, 그는 이 끔찍한 딜레마를 피할 능력이 없다. 밤이 되면 그의 뼈가 쑤셔서 잠을 잘 수 없다. 그는 간신히 침상에 눕지만 그의 아픔은 결코 쉬지 않는다. 밤낮으로 고통이 그를 떠나지 않는다. 끊임없이 그를 고문하며 괴롭히는 고통에 괴로워하며 욥은 좌절감 속에서 안식을 빼앗겨버렸다.

30:18-19. 하나님이 큰 능력으로 욥에게 옷처럼 되게 하셨다. 욥은 의복처럼 몸에 달라붙어 있는 이 충격을 벗어날 길이 없다. 이것은 아마 그의 피부병을 암시하는 것으로 보인다. 그분은 옷의 옷깃처럼 욥을 묶으시고 그의 속박을 풀어주지 않으셨다. 이 시련으로 인해 이미 비천해지고 낮아진 욥은 '하나님이 나를 진흙 가운데 던지셨음' 을 인정한다. 이것은 욥의 수치와 오욕을 묘사한다. 욥은 "나로 티끌과 재 같게 하셨구나" 라고 절규한다. 이것은 그의 비천함과 파멸을 상징한다. 진흙, 티끌, 재라는 이 세 가지 요소는 다시 언급될 것이다(비교. 욥 42:6).

C. 하나님이 욥을 버리시다(20-23절)

Supporting Idea	욥은 하나님이 자신을 버리신 것 같아서 망연자실하였다.

30:20. 고통 가운데서 욥은 '내가 주께 부르짖으오나 주께서 대답지 아니하시오며' 라고 말한다. 하나님의 관심을 얻으려고 노력하는 것은 무익하다. "내가 섰사오나 주께서 굽어보시기만 하시나이다" 라고 탄식한다. 하나님의 침묵은 욥의 고통의 가장 심각한 원

인이었다.

30:21-22. 하나님이 자신을 공격하셨다고 비난하며 욥은 먹이를 쫓는 포악한 사냥꾼처럼 주께서 돌이켜 내게 잔혹히 하신다고 원망한다. 하나님은 그의 손의 완력으로 욥을 공격하시며 유린하고 황폐하게 하셨다. 이것이 하나님이 자신을 추격한다는 느낌을 표현하며 욥이 불평했던 첫 사례는 아니다(비교. 욥 10:3, 16:9, 14, 19:22).

30:22. 하나님은 욥의 삶을 덮친 광포하고 노한 폭풍 같았다. 욥은 "나를 바람 위에 들어 얹어 불려가게 하신다"고 말한다. 자비를 구하는 그의 호소에도 불구하고 이런 일이 일어났다. 그분은 욥을 대풍 중에 내던지시며 무가치한 자로 만드신다.

30:23. 인생의 종말이 가까웠음을 느낀 욥은 '내가 아나이다 주께서 나를 죽게 하사'라고 탄식을 쏟아낸다. 그러한 종말이 이제 빠르게 다가오고 있었고, 욥은 하나님이 그의 최후를 재촉하시고 있다고 믿는다. 이 시련은 오직 이른 죽음을 가져다줄 뿐이며 모든 생물을 위하여 정한 집으로 끌어갈 뿐이다.

D. 욥의 희망이 사라지다(24-31절)

Supporting Idea	욥은 자신의 목숨이 다해가고 있다고 느끼며 절망적인 감정을 열거한다.

30:24-25. 자신을 깨어지고 좌절된 사람으로 언급하며 '사람이 넘어질 때에 어찌 손을 펴지 아니하며(넘어진 사람에게 아무도 손을 대지 않는다)'라고 욥은 말한다. 그러나 이것은 바로 그의 세 친구들이 그에게 가한 일이었다. 그들은 욥이 도움을 구하며 부르짖을 때 아무런 도움의 손길도 내밀지 않았다. 오히려 그들은 그에게 상처를 주었다. 욥은 고생의 날 보내는 자를 위하여 울었다(비교. 롬 12:15). 그런데 이 세 위로자들은 그에게 왜 그러한 연민을 베풀지 않았는가? 욥의 영혼은 빈궁한 자를 위하여 마음에 근심하였다. 그들은 왜 그를 그렇게 대하지 않았는가?

30:26. 욥은 그들에게 복을 바랐지만 화만 받았다. 악인들은 하나님과 욥을 모두 잘못 대변하는 잘못된 충고를 했다. 그는 광명과 희망과 친절함을 구했지만 흑암과 절망과 배척을 경험했다.

30:27-28. 욥은 자신의 영혼이 감정적으로 고갈되었음을 표현한다. 그는 내 마음이

어지러워서 쉬지 못하는구나라고 말한다. 이 심적인 고통은 끊임없는 육체적 고통으로 인한 것이다. 검어진은 그의 육신을 유린하는 질병(비교. 욥 30:30)이나 애통의 상징으로 입고 있던 재로 뒤덮인 베옷을 가리켜 사용된 단어다. 그는 도움을 부르짖고 고통에서 구원받기를 원했지만 어떤 구원의 손길도 오지 않았다.

30:29-30. 욥은 고통 때문에 광야의 이리처럼 울부짖었다. 그는 고독하게 버려진 채 타조의 벗이 되었다(미 1:8). 인간들에게 버림당한 욥은 자신의 거처를 짐승들과 함께했다. 그의 가죽은 벗겨져 떨어져 내리고 그의 뼈는 심한 열로 타고 있었다. 욥은 더 심각해지고 있는 그의 질병의 파괴적인 영향(욥 2:7)을 묘사하고 있다.

30:31. 그래서 수금과 피리로 묘사된 그의 기쁨은 장례식 만가의 애곡성과 애통성이 되었다. 회복에 대한 희망을 버리지 않던 욥은 쇠약해지는 건강 때문에 치유의 모든 희망을 잃었다. 그는 점점 더 깊이 절망과 낙담으로 빠져들었다.

Main Idea 복 습	욥은 과거의 행복과 극명하게 대조되는 현재의 비참함에 대해 울부짖는다.

결론

큰 슬픔 가운데 견디다

19세기의 유명한 기독교 지도자인 조지 뮬러(George Muller)는 영국에 많은 고아원들을 세우고 감독했다. 그러나 뮬러는 또한 비극에 익숙한 사람이었다. 1870년 2월 6일 그의 아내 메리(Mary)가 류머티스 열로 사망했다. 엄청난 고통 속에서 뮬러는 아내가 죽은 날 일기에 그 비극적인 사건을 기록했다. "39년 14개월 전에 주님은 내게 가장 소중하고 사랑스럽고 성결한 아내를 주셨다. 그녀가 내게 지니는 가치와 하나님이 그녀로 인해 주신 축복은 글로 다할 수 없다. 오늘 오후 약 4시경에 주님이 그녀를 자신의 곁으로 데려가시기까지 그 축복은 내게 계속되었다."

그리고 나서 2월 11일에 이렇게 썼다. "오늘 소중한 내 아내가 남긴 지상의 유품들을 무덤 속에 넣었다. 수천 명의 사람들이 나와 함께 깊은 애도를 표현했다. 걸을 수 있는 약 1,400명의 고아들이 행렬 뒤를 따랐다. … 나 자신은 주님이 주신 힘으로 끝까지 참고 묘지의 채플에서 예배를 집전했다."

조지 뮬러는 참으로 고통스러운 이 시간을 어떻게 견디었는가? 확실히 그 비밀은 그녀의 장례식에서 설교한 본문에서 발견된다. "주는 선하사 선을 행하시오니 …"(시 119:68). 이 위대한 믿음의 사람이 아무것도 보이지 않는 어둠 속을 지나도록 한 것은 바로 이 진리, 즉 하나님의 선하심이었다. 그 진리는 우리에게도 마찬가지일 것이다. 그분을 신뢰하도록 하자.

삶의 적용

하나님은 선하시며 선을 행하신다

하나님의 선하심은 깊은 고통 가운데 있는 모든 신자들에게 힘이 된다. 하나님은 선하시며 자기의 백성들에게 항상 선을 행하신다는 것을 이 진리에서 발견할 수 있다. 아무리 무서운 시련이 우리 인생에 찾아올지라도 오직 하나님은 그리스도 예수 안에 있는 자들을 위해 선을 이루실 수 있다. 개인적으로 가장 깊은 고통 중에 있을 때도 이것은 우리의 상처입은 영혼을 치유하는 힘이 있다. 하나님은 선하시며 선을 행하신다. 그러므로 우리를 치는 매에 입맞추고, 하나님이 우리의 가장 부정적인 인생의 경험들을 통해서도 긍정적인 역사를 이루신다는 것을 믿기 바란다. 고통스럽고 어려운 시련의 폭풍에 직면해 있다면 하나님이 당신의 선을 위해 일하심을 기억하기 바란다.

이것은 조지 뮬러가 가진 희망이었고, 극심한 슬픔을 당한 모든 신자들에게도 확신이 되어야 한다. 영혼의 어두운 밤에 그분이 당신의 선을 이루고 계심을 믿으라. 그는 선하시며 선을 행하신다.

기도

우리 하나님 아버지여, 당신이 종종 우리를 성 밖으로 몰아내셔서 깊은 골짜기로 들어가게 하심으로 당신의 아들의 형상을 닮아가도록 하심을 알고 있습니다. 이런 깊은 절망의 시간에 당신은 우리를 빚으시고 만드십니다. 이러한 연단하는 불 속에서 당신은 모든 불순물들을 태우셔서, 우리가 당신의 영광을 위해 사용될 수 있도록 순결한 그릇으로 만드십니다. 주님, 우리가 아무리 심한 상처를 입는다 하더라도 계속 우리를 더욱 거룩하게 해주시기를 간구합니다. 예수님의 이름으로 기도합니다. 아멘.

심층 연구

A. 거친(desolate, 3절)

'거친' (히. 쇼아, shoa)은 갑작스러운 파멸과 몰락을 당함같이 갑자기 당하게 되는 일을 의미한다. 이 단어는 마치 파괴된 듯이 황폐한 사막의 황무지를 가리켜 사용된다(욥 38:27). 이 단어는 큰 파멸을 가져온 파괴적인 폭풍을 묘사할 때 사용되었다(잠 1:27, 겔 38:9). 따라서 이 단어는 신적인 심판을 가리켜 사용되었다. 이사야는 이스라엘의 거민들에게 "너희에게 벌하시는 날에와 멀리서 오는 환난 때에 너희가 어떻게 하려느냐?"(사 10:3)고 질문했다. 바벨론을 기다리는 임박한 신의 심판과 패망이 "파멸(shoa)이 홀연히 네게 임하리라 그러나 네가 헤아리지 못할 것이니라"라는 구절로 묘사되어 있다(사 47:11). 이 단어는 '여호와의 큰 날' (습 1:14)과 관련된 무서운 심판을 묘사한다.

B. 핍박하다(attack, 21절)

'핍박하다' (히. 사탐, satam)는 대적하다는 의미이며, 두 사람 사이의 증오나 적대감을 가리켜 사용되었다. 욥은 하나님이 자신에게 미움을 갖고 계시다고 생각했다(비교. 욥 16:9). 사탐은 또한 야곱에 대한 에서의 증오심(창 27:41), 요셉의 형제들이 자신들에 대해 요셉이 가졌을 것이라고 믿은 적대감(창 50:15) 그리고 다윗에 대한 그의 적들의 악의(시 55:3)에 대해서도 사용되었다.

고안

A. 욥의 원수들이 그를 비웃다(1-15절)

1. 젊은 부랑자들이 나를 무시한다(1-8절).
2. 젊은 부랑자들이 나를 조롱한다(9-15절).

B. 욥의 몸이 유린당하다(16-19절)

1. 나의 영혼이 다 쏟아 부어졌다(16절).
2. 나의 뼈가 쑤신다(17절).
3. 나의 피부가 흉하게 상하였다(18-19절).

C. 욥의 하나님이 욥을 버리시다(20-23절)

1. 하나님이 나를 무시하셨다(20절).
2. 하나님이 나를 대적하셨다(21-22절).
3. 하나님이 내게 해를 가하셨다(23절).

D. 욥의 희망이 사라지다(24-31절)

1. 나는 외롭게 고통당하고 있다(24-26절).
2. 나는 큰 고통을 당하고 있다(27-31절).

토의 질문

1. 나는 고통스러운 때를 통과하도록 하시는 하나님의 주권적 뜻에 복종하는가?

2. 나는 겸허히 엎드리는가?

3. 괴로운 인생의 경험에 대해 원망을 드러낸 적이 있는가?

욥기 31장

나는 무죄하다

“믿음이 보석이라면, 선한 양심은 그 보석을 보관하는 금고다.”

- 윌리엄 거널(William Gurnall)

들어가는 글

내가 한 일이 아냐

일본에서 한 남자가 한적한 길을 가다가 강도를 당한 후 살해되었다. 두 명의 증인이라고 나선 사람들이 무고한 구경꾼이던 이시마츠 요시드(Ishimatsu Yoshid)를 범인으로 지목했다. 그들 가운데 한 사람은 요시드의 멱살을 잡고 "자백해" 라고 소리치며 그를 때리기 시작했다. 요시드는 숨을 몰아쉬며 "아니, 난 그 사람을 죽이지 않았어" 라고 말했다. 그러나 유죄가 선고되었고, 요시드는 자신이 전혀 짓지 않은 죄 때문에 감옥에 갇혔다. 그후 그는 23년 동안 당할 이유가 없는 엄청난 고통을 당해야 했다.

마침내 감옥에서 출옥한 이시마츠 요시드는 두 사람의 고발자를 추적하기 시작했다. 그는 그 증인들 중 한 사람을 찾아냈고, 그의 증언이 거짓이었다는 자백을 받아냈다. 그 사람은 사실 자신이 그 범죄의 장본인이라는 비밀을 털어놓았다. 그러고 나서 요시드는 나머지 증인을 찾아나섰다. 그를 발견하자 그는 23년간 부당하게 당한 고통으로 억눌렸던 감정을 주체하지 못하고, 그 남자의 멱살을 잡으며 "당신이 그 살인죄를 저질렀음을 자백하라" 고 요구했다. 두 번째 사람 역시 자신이 진범이라고 인정했다. 이시마츠 요시드는 다시 재심을 신청하였고, 무죄 판결을 받아냈다. 무죄라는 것이 입증되자 그는 전과 기록을 말소할 수 있었다.

욥이 느끼고 있는 좌절감이 바로 이것이었다. 그는 자신이 결백하다는 것과 친구들이 자신에게 제기한 비난을 받을 아무런 이유가 없음을 알았다. 욥은 점점 심해지는 좌절 속에서 하나님 앞에 자신의 사건을 호소한다. 욥의 마지막 독백인 31장에서 그는 자신에게 쏟아진 비난에 대해 결백함을 입증하기 위해 자신의 생활을 탐색한다. 그는 자신의 완전함을 주장하는 것이 아니라, 엘리바스와 빌닷과 소발이 그에게 뒤집어씌운 혐의들에 대한 결백을 주장하고 있는 것이다.

본문 이해

나는 무죄하다

Main Idea	자신의 성적인 순결을 주장한 욥은 하나님이 그의 말에 귀 기울여주시기를 간절히 바라며 사업 거래에서의 자신의 의로움, 아내에 대한 정조를 지킨 것, 일꾼들을 공정하게 대우하고 손님 접대하기를 게을리하지 않았음을 주장한다.

A. 욥의 순결(1-4절)

Supporting Idea	욥은 다른 여성들에 대한 자신의 눈과 마음이 순결하다고 맹세한다.

31:1. 욥은 "내가 내 눈과 언약을 세웠나니 어찌 처녀에게 주목하랴"라고 강조하듯이 말한다. 그는 그 자신의 눈과 마음 그리고 생각으로 다른 여자들에 대한 음란한 상상을 하지 않기고 굳게 서약하였다. 이 서약을 파기한다는 것은 범죄하는 것이므로(잠 6:25, 마 5:28) 욥은 그러한 죄를 짓지 않기로 결심했다.

31:2-3. 그가 이러한 순결의 서약을 어긴다면 위에 계신 하나님의 내리시는 분깃이 무엇이겠는가? 분명히 높은 곳에서 전능자의 주시는 산업은 고통스러울 것이다. 성적인 죄는 무서운 결과가 따른다. 행악한다면 불의자에게는 환난이 내리지 아니하겠는가? 욥이 성적인 음란함의 죄를 짓는다면 불의자들이 당한 비극적 운명이 욥의 운명이 될 것이다.

31:4. 욥은 하나님이 내 길을 감찰하지 아니하시느냐 내 걸음을 다 세지 아니하시느냐라고 묻는다. 이 질문에 내포된 대답은 '그렇다'이다. 하나님은 모든 것을 보시므로 그가 음란한 생각을 즐긴다면 그를 징계하실 것이다. 그러나 욥은 그러한 은밀한 죄에 대해 결백했다.

B. 욥의 신실함(5-8절)

Supporting Idea	욥은 다른 사람들과의 사업 거래에서 올바른 길로 걸었다고 주장한다.

31:5-6. 자신의 상거래 영역까지 관심을 돌린 욥은 "언제 나의 행위가 허탄하였으며 내 발이 궤휼에 빨랐던가"라고 말한다. 그러고 나서 욥은 비유적으로 그리하였으면 내가 공평한 저울에 달려서(신적이고 거룩한 기준으로 나를 판단하라는 의미) 하나님이 나의 정직함(한결같이 신실했음)을 아시게 되기를 원하노라라고 말한다. 부정직한 저울에 대해서는 성경의 다른 곳에도 언급되어 있다(비교. 암 8:5, 단 5:27).

31:7. 욥의 걸음이 사람들과의 공정하고 올바른 거래라는 길에서 떠났다면, 그의 마음이 그의 눈에 따라 보이는 것에 대해 탐욕을 가졌다면, 혹은 그의 손이 악행으로 더러운 것이 묻었다면 욥은 자기 심판의 저주를 받겠다고 선언한다. 욥은 자신의 결백에 대해 그 정도로 확고한 자신이 있었다.

31:8. '그리하였으면 나의 심은 것을 타인이 먹으며' 라고 욥은 선언한다. 다시 말해서 자신 대신 타인들이 그의 수고의 열매를 거두며 혜택을 누리게 될 것이다. 욥의 상업적 거래가 무원칙적이었다면 그의 소산이 뿌리까지 뽑혀서 그가 그것을 누리지 못하게 될 것이다. 범죄와 그에 대한 형벌이 얼마나 적절하게 연결되고 있는지 유의하라.

C. 욥의 정조(9-12절)

Supporting Idea	욥은 그의 마음이 모든 불성실이나 간음을 저지르지 않았다고 선언한다.

31:9. 욥의 마음이 아내가 아닌 여인에게 유혹되어 그 여자를 찾아 이웃의 문을 엿본 적이 있다면 그는 그에 상응하는 심판을 받을 것이다. 그러나 욥은 그의 이웃의 아내의 유혹에 미혹되지 않았다(잠 5:8). 욥이 간음을 한 적이 없기 때문에 욥이 현재 당하는 고난은 그러한 행위에 대한 형벌이 아니었다.

31:10-11. 이어서 그러한 일이 있었다면 그에 맞는 형벌을 치러야 마땅하다고 선언한 욥은, '내 처가 타인의 매를 돌리기를' 이라고 말한다. 다시 말해서, 그의 아내가 다른

남자의 아내가 되어 시중들게 될 것이며, 자신의 부정한 행위로 인해 그녀가 자신의 속박에서 벗어나기 때문에 타인이 더불어 동침하는 것이 마땅할 것이다. 그러한 혼인 관계의 부정행위는 하나님과 사람들 앞에서 중죄가 될 것이다. 그것은 하나님의 벌을 받을 죄악이다. 성적인 죄악은 하나님이 정하신 형벌을 받는다(잠 6:27-35, 7:24-27).

31:12. 그래서 하나님의 심판은 멸망하도록 사르는 불이다. 이것은 아바돈(다시 말해서 죽음과 음부, 잠 5:5, 7:27)에 대한 언급이다. 이 불은 나의 소산이라는 구절로 묘사된 인간의 영혼과 결혼 생활, 명성, 부지런한 노력을 삼켜버릴 것이다.

D. 욥의 공명정대함(13-15절)

Supporting Idea	욥은 자신과 사람들과의 거래가 정의롭고 공평했다고 확인한다.

31:13. 남종이나 여종이 나로 더불어 쟁변할 때에 내가 언제 그의 사정을 멸시하였던가라는 구절로 욥은 자기 점검의 초점을 사람들과의 관계로 이동하고 이러한 관계에 대한 철저한 점검과 조사를 요청한다.

31:14. 하나님이 일어나실 때에는 내가 어떻게 하겠느냐? 욥은 실제로 많은 종들을 거느렸고(욥 1:3), 그들이 일정한 권리를 지니고 있다고 욥은 고백했다. 그는 이러한 권리들이 하나님이 모든 사람들을 창조하셨다는 사실에 근거한다고 말한다. 하나님이 국문하실 때 욥은 무슨 대답을 하겠는가? 아무리 비천한 신분의 사람들이라도 자신이 학대한 사람이 있다면 하나님께 어떤 변명도 할 수 없을 것이라고 욥은 말한다.

31:15. 하나님은 편애하심이 없음(롬 2:11)을 인정한 욥은 "나를 태 속에 만드신 자가 그도 만들지 아니하셨느냐" 라고 말한다. 이 질문의 내포된 대답은 '그렇다' 다. 모든 사람들은 존엄성과 평등한 권리를 가진 하나님의 피조물이므로 공정하고 치우치지 않은 대우를 받을 자격이 있다.

E. 욥의 자선(16-23절)

Supporting Idea	욥은 자신에게 제기된 혐의들이 실제로 사실이라면 하나님의 심판을 받아 마땅하다고 말하며, 악인들에 대한 불의(possible injustices)에 대한 엘리바스의 비난을 반박한다.

31:16. 앞에서 엘리바스는 욥이 가난한 자들과 힘없는 자들을 학대했다고 비난했다(욥 22:7-9). 여기서 욥은 앞에서 이미 그랬던 것처럼(욥 24:1-12, 29:12-16) 이 비난을 반박한다. 그는 여기서 가능성이 있는 악행에 대한 긴 목록을 제시하고 있고, 그 모든 목록은 언제 그리하였으면(if)이라는 구절로 시작하여 불확실성의 의미를 던져준다. 내가 언제 가난한 자나 혹은 과부의 소원을 막았다면 자신의 행위의 대가를 마땅히 치러야 한다고 욥은 믿는다.

31:17-18. 욥은 나만 홀로 식물을 먹고, 다시 말해서 식량을 이기적으로 축적하고 고아에게 먹이지 아니하였다면 자신은 그에 걸맞게 벌을 받았을 것이라고 말한다. 그러나 욥의 삶과 행위는 정확히 정반대였음을 보여주었다. 욥은 오히려 어려움 가운데 있는 사람들에게 부성애적 사랑과 연민을 베풀며 아비처럼 그를 키웠다. "내가 모태에서 나온 후로 과부를 인도하였었노라" 고 욥은 말한다. 그는 과부에게 사랑과 관심을 보여주었고, 사랑의 실천을 통해 그것을 증명했다. 욥의 삶은 스스로 자신을 지탱할 능력이 없는 사람들의 일반적인 복지를 증진시키기 위한 노력의 모범이 되었다.

31:19-20. 혹은 의복이 없는 사람을 돕지 않은 적이 있다면 하나님의 무서운 형벌을 받아 마땅하다고 욥은 말한다. 사람들에 대한 욥의 사랑은 말뿐 아니라 박애적인 행위를 통해 나타났다. 몸을 따뜻하게 하도록 양털을 주어 궁핍한 자들이 마음으로 나를 위하여 복을 빌게 하지 않았다면 하나님의 책망과 벌을 받는 것이 당연하다고 욥은 말한다. 그러나 그가 아는 한 자신은 어려운 사람들에 대해 그런 죄를 지은 적이 없다.

31:21-22. 고아에게 위해를 가하려고 내가 손을 들어 쳤다면 벌을 받을 것이라고 욥은 말한다. 그러나 그는 그런 짓을 한 적이 없다고 주장한다. 그는 처벌을 피하려고 법정에서 영향력을 남용하지도 않았다. 그러므로 그가 당하고 있는 고난은 아무런 이유가 없는 부당한 것이다. 자신이 유죄라면, 욥은 이 저주를 스스로에게 선언할 것이다. 내 어깨가 어깨뼈에서 떨어짐이 … 마땅하니라. 그는 또한 주님의 심판으로 그의 팔뼈가 부러

질 것이라고 주장한다.

31:23. 욥은 하나님의 재앙을 심히 두려워하였기 때문에 자신을 삼가하며 사람들을 학대하지 않을까 두려워하는 마음으로 살았다. 심판에 대한 두려움은 죄에 대한 강력한 억제제다. 하나님에 대한 두려움 때문에 그는 그러한 것들을 할 수 없었다.

F. 욥의 겸손(24-28절)

Supporting Idea	욥은 하나님을 향한 충성심을 끝까지 신실하게 지켜왔다고 주장한다.

31:24. 우상에 대한 거짓된 믿음을 가졌거나 잘못된 영적 우선순위를 가진 적이 없다고 주장하며 욥은 안전(의뢰하는 바)을 위해 하나님이 아닌 금으로 내 소망을 삼았다면 확실한 부정적인 결과들이 따라야 마땅하다고 주장한다. 앞에서 엘리바스는 욥에게 금을 의지하지 말고 하나님을 그의 금으로 삼으라고 충고한 적이 있다(욥 22:24-25).

31:25-26. 하나님을 기뻐하지 아니하고 재물의 풍부함과 손으로 얻은 것의 많음으로 기뻐하였다면 그에 상응하는 벌을 받아야 한다고 욥은 말한다. 그러나 그는 주님보다 재물을 더 중시한 적이 결코 없다. 오히려 그는 절제하고 덕을 베풀었다. 창조주께 영광을 돌리지 않고 피조물을 섬기며 태양의 빛남과 달의 명랑하게 운행되는 것을 예배했다면 하나님의 심판을 받아 마땅한 우상 숭배자라고 욥은 선언한다(신 4:19, 겔 8:16-17).

31:27. 그러한 우상 숭배로 욥의 마음이 가만히 유혹되어 우상의 손에 입맞추었다면 그는 벌을 받아 마땅하다. 하지만 욥은 이방의 우상 앞에 결코 무릎을 꿇고 절한 적이 없다.

31:28. 그러한 잘못된 우선순위들이 실제로 있다면 그것들은 하나님께 벌 받을 죄악이다. 그렇다면 그는 위에 계신 하나님을 배반한 것이다. 욥은 큰 재물을 하나님께 받았다(욥 1:3). 하지만 그는 탐욕과 세속의 유혹에 굴복하지 않았다. 오히려 그는 자신의 인생에서 하나님에 대한 믿음을 가장 최우선 순위로 유지했고, 그로 인해 하나님의 더 많은 축복을 받았다.

G. 욥의 손님 접대(29-34절)

Supporting Idea	욥은 자신의 원수들의 파멸을 기뻐하지 않았고, 생활 속에서 죄를 숨기지도 않았다.

31:29-30. 이어서 욥은 원수들의 불행을 기뻐했다는 죄에 대한 의혹을 부정한다. 내가 언제 나를 미워하는 자의 멸망을 기뻐하였으며 그의 재앙 만남을 인하여 기운을 뽐내었던가. 그랬다면 그는 하나님의 징계를 받아 마땅하다(비교. 마 5:43-47). 그러나 그는 그런 적이 없었다. 욥은 그의 원수들에 대해 "실상은 내가 그의 죽기를 구하는 말로 저주하여 내 입으로 범죄케 아니하였느니라" 고 주장한다. 욥은 다른 사람들에게 심판이 내리기를 구하며 이런 식으로 사람들을 말로 저주하지 않았다.

31:31-32. 그는 어려운 중에 있는 나그네에게 고기를 먹이는 일을 소홀히하지도 않았다. 그의 집안의 남자들인 그의 종들이 이 사실을 입증해줄 것이다. 그는 행인에게 그의 문을 열어주었다. 어떤 나그네도 거리에서 자도록 돌려보낸 적이 없었다. 욥은 나그네들에 대한 손님 대접의 관습을 실천하였다.

31:33-34. 욥의 삶에서 위선이나 이중성으로 문제가 된 적은 한 번도 없었다. 타인처럼 내 죄악을 숨기며 내 죄악을 품에 숨겼다면 욥은 지금 겪고 있는 고난을 받아 마땅할 것이다. 그러나 이것은 욥에게 해당하지 않았다. 그는 큰 무리나 족속의 눈을 피해 죄를 숨기려고 시도한 적도 없었다. 그는 문에 나가지 아니하려는 사람들처럼 이중적인 생활을 하며 이웃과 고립된 채 생활하지도 않았다. 욥은 은둔자처럼 숨지 않았다. 그는 숨길 것이 전혀 없었기 때문에 모든 사람들이 다 보는 가운데 떳떳하게 살았다.

H. 욥의 행동(35-40절)

Supporting Idea	욥은 하나님이 욥에 대한 혐의를 선언하심으로 그에게 귀 기울이고 대답해주시기를 간절히 원한다.

31:35. 하나님이 응답해주시기를 바라는 마지막 노력으로 욥은 누군가가 그의 말을 듣고 주님 앞에서 자신의 증인이 되어주기를 바란다. 누구든지 나의 변백을 들을지니라. 자신의 무죄 진술의 진실성을 밝히기 위해 그는 비유적인 표현으로 '나의 서명이 여기

있으니' 라고 말한다. 그는 담대하게 무죄의 입증이든, 아니면 형벌이든, 전능자가 내게 대답하시기를 원하노라라고 하나님께 요구한다. 자신을 고소한 장본인인 하나님이 내 대적의 기록한 소송장을 작성해 그에게 제출해주었으면 하고 바란다.

31:36-37. 욥은 모든 사람들이 볼 수 있도록 어깨에 그러한 기소장을 메기를 바란다. 그러면 그는 자신에 대한 하나님의 고발 내용을 반박하고 무죄를 입증할 수 있다. 실제로 그는 그러한 고발장을 그의 머리에 면류관처럼 쓸 것이라고 자랑한다. 그는 하나님께 그의 걸음의 수효를 고할 것이며, 하나님의 무죄 방면이라는 판결을 기다릴 것이다. 욥의 인생의 어떤 영역도 하나님의 감찰하시는 눈에서 숨긴 것이 없다. 실제로 큰 확신으로 충만한 왕족처럼 주저 없이 하나님께 나아갈 것이다.

31:38-39. 마지막으로 욥은 아직 한 번도 언급하지 않았던 그의 삶의 마지막 한 영역인 땅에 대한 청지기직으로 관심을 돌린다. 사람을 살해한 죄로 내 토지가 하나님께 부르짖어 나를 책망한다면 자신은 주님께 심판을 받아 마땅하다고 그는 말한다. 욥이 값을 내지 않고 그 소산물을 먹었다면 하나님의 심판이 그의 추수할 곡식을 불살랐을 것이다. 일꾼에게 정당한 품삯을 지불하지 않는 것은 심각한 죄악이었다(약 5:1-6). 이것은 그 소유주로 생명을 잃게 하는 것이며, 그의 땅에는 하나님의 저주가 임할 것이다.

31:40. 욥이 땅에 대한 청지기직을 제대로 수행하지 않았다면 밀 대신에 찔레가 나고 보리 대신에 잡풀이 나는 것이 마땅하다. 이러한 하나님의 심판은 반드시 실현될 것이다. 욥의 말이 그치니라. 욥기 4장에서 시작된 욥과 세 친구 간의 변론이 이제 마무리되었다. 욥기 3장에서 처음 변론을 시작한 욥은 31장에서 최종적으로 변론을 마친다.

Main Idea 복습	자신의 성적인 순결을 주장한 욥은 하나님이 그의 말에 귀 기울여주시기를 간절히 바라며 사업 거래에서의 자신의 의로움, 아내에 대한 정조를 지킨 것, 일꾼들을 공정하게 대우하고 손님 접대하기를 게을리하지 않았음을 주장한다.

결론

철저한 자기 점검

해리 아이언사이드(Harry Ironside)는 수년 동안 무디 기념교회(Moody Memorial Church)에서 시무한 명성이 자자한 목사였다. 그는 13세 때 댄(Dan)이라는 구두장이의 직원으로 고용된 적이 있었다. 그가 맡은 일은 구두를 만드는 데 사용되는 생가죽을 가져다가 나무로 된 방망이로 가죽 껍질을 쳐서 물을 빼내는 일이었고, 이것은 고되고 지루한 과정이었다. 어느 날 그는 거리를 내려가다가 또 다른 구두 가게를 창으로 들여다보게 되었다. 구두장이가 생가죽을 가져다가 치지 않고 흔들어서 물을 빼내는 것을 보았다.

해리는 이 장면에 호기심이 발동하여 그 가게 안으로 들어가 그들처럼 물을 쳐서 빼내지 않는 이유가 무엇이냐고 그 주인에게 물었다. 그 구두장이는 이렇게 대답했다. "글쎄, 그 과정은 시간이 많이 소모되거든. 그리고 이렇게 구두를 만들면 수명이 그만큼 길지 않기 때문에 고객들이 더 자주 구두를 사게 되는 거지."

해리는 그 길로 바로 댄에게로 가서 길 아래 있는 구두장이가 한 말을 전해주었다. 그리고 "아저씨는 왜 생가죽의 물을 쳐서 빼는 그런 힘든 일을 제게 시키시는 거예요?"라고 물었다. 댄은 두르고 있던 앞치마를 벗어 벽의 못에 걸고 해리와 함께 앉았다. 그리고 이렇게 설명했다. "해리, 난 그리스도인이란다. 언젠가 그리스도의 심판 자리에서 주님 앞에 내가 서게 될 날이 온다는 것을 알고 있어. 그곳에는 내가 이제까지 만든 모든 신발들이 한 더미 쌓여 있을 거야. 주님은 신발을 하나하나 살펴보시고 이렇게 말씀하실 거야. '댄, 여기 구두의 밑창에는 바느질을 너무 붙여서 했구나. 이 구두는 버려야 한다.' 그리고 '이 구두는 못이 정확하게 박혔어. 이 구두는 이쪽 이 더미에 두자꾸나.' 혹은 '여기에 완벽하게 된 구두가 있구나. 이건 오른쪽에 두어야겠다. 잘했어' 라고…."

그러고 나서 댄은 어린 해리에게 "내가 만든 모든 구두를 볼 날이 올 거라고 아저씨는 믿는단다. 그래서 처음부터 그 일을 똑바로 하기를 원해" 라고 말했다.

이 이야기는 우리가 현재의 우리 삶을 조심스럽게 점검하는 일이 왜 중요한지를 설명해준다. 언젠가 우리는 주님 앞에 서게 될 것이고, 그분은 자기를 위해 우리가 해온 일을 평가하실 것이다. 그리스도의 심판대에서 주님은 우리의 삶을 분류하셔서 우리의 모든 선한 일 - 금과 은과 귀중한 보석으로 지어진 것들 - 을 한군데에 쌓으실 것이다. 우리는 그 노력에 대한 보상을 받을 것이다. 그리고 그분은 우리의 모든 무가치한 일들 - 나무와 풀과 나무 그루터기로 만든 것들 - 을 모아 또다시 한 무더기를 만드실 것이다. 우리 주님은 그러한 일들을 불로 태우실 것이고 보상은 전혀 없을 것이다.

이 날이 다가오고 있기 때문에 우리 각자가 현재의 우리 삶을 평가하는 것은 매우 중요하다. 바로 지금은 영원히 중요하다! 우리는 오늘 우리 삶에서 평가하고 고쳐야 할 필요가 있는 것은 무엇이든지 수정해야 한다. 그리스도께서 우리의 삶을 회계하실 그 마지막 날이 오고 있기 때문이다. 오늘 이루어진 점검과 수정은 그날 우리 주님께 기쁨을 드리고 우리로 하여금 그분의 인정을 받게 해준다. 그날을 준비하도록 하자, 바로 오늘!

삶의 적용

개인적인 재고 조사

모든 신자는 욥이 그 자신의 삶에서 샅샅이 뒤져 공개한 이 영역들에 대한 개인적인 재고 조사를 시행할 필요가 있다. 당신의 사고 활동은 어떤가? 당신은 당신 인생의 이 은밀한 부분에 대한 재고 조사를 할 수 있는 유일한 사람이다. 그것은 순결한가? 당신의 마음은 부정한 장면들을 거부하는가? 음욕을 품은 시선으로 다른 남자나 여자를 바라보는 일을 거부하는가? 당신의 윤리는 어떤가? 비용을 허위로 작성하는 일은 없었는가? 국세청에 당신의 모든 수입을 신고하는 일을 철저히 해왔는가? 당신의 말이 곧 신용 보증 수표인가? 가정생활은 어떤가? 배우자에 대해 일념으로 헌신하는가? 직장 생활은 어떤가? 당신은 비서를 공정하게 대한다고 말할 수 있는가? 직원들과 마음을 같이하는가? 그들도 당신에 대해 동일한 말을 할 것인가? 당신이 고용한 사람들이 당신에게 불평을 제기하지는 않는가? 당신은 고용한 사람들에 대해서는 어떤가?

지역 공동체에서의 생활은 어떤가? 과부들에게 손을 내미는가? 가난한 이웃들을 돕는가? 가난한 사람들에게 베푸는가? 기독교 신앙의 실제적인 부분은 연약하고 궁핍한 사람들을 어떻게 대할 것인가와 관련이 있다. 재정적인 생활은 어떤가? 돈에 대한 당신의 태도는 어떤가? 열린 손으로 돈을 대하는가? 더 많은 재물을 갖고 싶다는 욕망에 사로잡혀 있지는 않은가? 당신이 돈을 소유하는가? 아니면 돈이 당신을 소유하는가? 영적 생활은 어떤가? 우선순위에 있어서 하나님보다 더 우위에 있는 우상은 무엇인가? 말씀과 기도에 적절한 시간을 투자하는가? 창조주보다 피조물을 더 중시하지는 않는가?

은사의 청지기 역할에 대해서는 어떤가? 당신에게 하나님이 관리하도록 맡기신 것은 무엇인가? 어떤 영적 은사와 사역 기회들을 갖고 있는가? 어떤 가족의 의무를 지고 있는가? 하나님이 맡기신 이러한 것들에 대해 당신은 신실한 집사의 역할을 감당해왔는가? 우리의 개인적인 믿음은 우리의 삶 속에 완전히 통합되어 모든 영역이 상호 중요한 영향을 끼쳐야 한다.

기도

하나님, 우리를 살피시고 아시는 아버지. 우리 안에 어떤 해로운 것이 있다면 밝혀주소서. 당신의 탐색등을 우리 마음속으로 돌리셔서 우리 안에 있는 죄악을 보여주시고, 우리로 그것을 고백하고 회개하게 해주소서. 우리 영혼을 살피시며, 당신이 보신 대로 우리도 볼 수 있도록 도와주소서. 우리가 자라도록 불필요한 가지들을 쳐주소서. 예수님의 이름으로 기도합니다. 아멘.

심층 연구

A. 언약(1절)

'언약' (히. 베리트, berit)은 개인 간이든(창 21:27) 혹은 국가 간이든(삼하 1:11, 수 9:6, 15), 두 당사자 간에 맺어진 구속력 있는 조약이나 약속을 말한다. 하나님은 선택한 백성인 이스라엘과 자신의 관계를 묘사할 때 자주 이 단어를 사용하셨다. 그러나 상호 동의를 수반하는 사람들 간의 언약과 달리, 하나님과 그분의 백성들 간의 언약은 일방적인 언약이거나 혹은 오직 하나님만의 신실함에 기초한 약속이다. 이 언약은 자기의 선택한 자들을 보호하고 보존하시겠다고 하나님이 발의하시고 제정하신 것이다. 이 언약의 일방적 성격은 "나는 너의 하나님이 되고 너는 내 백성이 될 것이라" (렘 7:23)는 진술에서 명백히 드러난다.

B. 재앙(1절)

'재앙' (히. 에드, ed)은 구약에서 22번 나타나며, 재앙, 압제, 파괴, 혹은 파멸을 의미한다. 이 단어는 욥기에서 6번 사용되었다(18:12, 21:17, 30, 30:12, 31:3, 23). 이것은 하나님의 심판이 악인들에게 임해 그들의 악행에 대한 정당한 보응을 받게 될 날을 가리켜 종종 사용되고 있다(잠 6:15, 렘 18:17, 옵 1:13). 여기서처럼 시편 18편 18절은 고난받는 의인을 염두에 두고 있다.

교안

A. 욥의 순결(1-4절)

1. 나는 내 눈과 언약하였다(1절).
2. 나는 결과들을 생각했다(2-4절).

B. 욥의 신실함(5-8절)

1. 나는 내 행위를 점검하였다(5-6절).
2. 나는 내 걸음을 살폈다(7-8절).

C. 욥의 정조(9-12절)

1. 나는 내 서약을 생각했다(9절).
2. 하나님의 징계를 요청하였다(10-12절).

D. 욥의 공명정대함(13-15절)

1. 나는 내 관계들을 살폈다(13).
2. 나는 하나님과의 관계를 살폈다(14-15절).

E. 욥의 자선(16-23절)

1. 나는 내 길을 살폈다(16-21절).
2. 나는 하나님의 징계를 요청했다(22-23절).

F. 욥의 겸손(24-28절)

1. 내 의뢰하는 것이 무엇인지 살폈다(24-27절).
2. 그 결과를 생각했다(28절).

G. 욥의 손님 접대(29-34절)

1. 나는 소외된 자들과의 관계를 검토했다(29-32절).
2. 나는 숨길 것이 아무것도 없다(33-34절).

H. 욥의 행동(35-40절)

1. 내 변호를 들어주기를 호소한다(35-37절).
2. 땅에 대한 나의 청지기 역할에 대해 점검한다(38-39절).
3. 나는 하나님의 징계를 요청했다(40절).

토의 질문

1. 나는 하나님의 엄정한 감찰하심을 감당할 수 있을 정도로 순전한 삶을 살고 있는가?

2. 성적으로 순결한 삶을 사는가?

3. 결혼의 모든 영역에서 나는 배우자에게 신실한가?

4. 하나님의 왕국에 대한 관심이 이 세상 것들에 대한 관심보다 우선하는가?

욥기 32장

새로운 메시지와 새로운 음성

"인간의 말은 자기 자신만큼 영향력이 있다."

- 리처드 십스(Richard Sibbes)

들어가는 글

군중 속의 목소리

런던의 하이드 파크(Hyde Park)에 있는 유명한 개인 연설대(Speaker's Corner)에서 한 남자가 기독교 신앙을 비판하며 이렇게 도전했다. "신이 정말로 있다면 내게 벼락을 때려 죽게 하는 데 5분을 주겠다." 놀란 청중들 앞에서 그는 시계를 꺼내 들고 기다렸다. 5분이 흘렀지만 하늘에서는 벼락이 칠 기미가 전혀 없었고, 그는 미소를 지으며 "친구들이여, 이것으로 하나님은 존재하지 않는다는 것이 증명되었습니다"라고 말했다. 그날 무리 가운데는 대답할 말이 준비된 강한 그리스도인이 있었다. 그는 그 남자에게 이렇게 질문했다. "당신은 5분 만에 하나님의 인내심을 바닥나게 할 수 있다고 생각합니까?"

욥을 둘러싼 무리들 중에서 더 이상 침묵을 지킬 수 없던 한 사람이 일어났다. 그의 이름은 엘리후로, 욥과 세 친구들 간의 이 전체 대화를 묵묵히 듣고 있던 사람이다. 엘리후는 실제로 욥이 들어야 할 말을 했다. 그의 말은 6장이라는 긴 지면에 걸쳐 기록되어 있다(욥 32-37장). 이 대화들 가운데 그의 목소리는 경청된 유일한 말이었다. 엘리후는 참된 빛을 던졌고, 욥에게 절대적으로 필요한 올바른 교훈을 제공했다. 엘리후의 말의 진실성은, 욥의 세 친구들이 하나님의 책망을 받았지만(욥 42:7-9), 엘리후의 말은 하나님의 책망을 피했다는 사실에서 입증된다.

엘리후는 하나님의 속성을 올바로 설명했다. 특히 그는 하나님이 은혜로우시며 사랑이 많으시고(욥 33장), 공정하고 의로우시며(욥 34-35장), 위대하신 주권자시라고(욥 36-37장) 말했다. 엘리후는 자신의 변론에서 이 기본적인 진리들을 욥의 인생에 적용하였다.

욥의 고난에 대한 엘리후의 접근은 욥의 세 친구들과 달랐다. 욥의 위로자들은 비극이 닥치기 전에 그가 분명히 저질렀을 죄를 회개해야 한다고 주장했다. 하지만 엘리후는 욥이 고난을 받으면서 생긴 교만을 회개해야 한다고 말했다. 세 친구들은 욥이 범죄했기 때문에 고난을 당하고 있다고 주장했다. 그러나 엘리후는 욥이 고난을 당하기 때문에 죄를 짓고 있다고 주장했다. 엘리후가 보기에 욥은 고난으로 인해 하나님의 방식들에 의문을 제기하면서 하나님 앞에 자기 의의 교만한 태도를 갖게 되었다.

게다가 더 문제가 된 것은 욥이 하나님 앞에서 자신이 결백할 것으로 알고 하나님께 그의 무죄를 변론하기 위해 법정에 출두하도록 도전한 것이다. 그러나 엘리후의 진단은 문제의 핵심을 찔렀다. 자기 의라는 죄악된 태도가 욥의 내면에서 계속 심화되었고, 그것은 그의 즉각적인 성찰과 개인적 회개를 요구했다. 엘리후의 긴 변론 중재가 시작되는 이 첫 장에서, 그는 욥에게 하나님이 자신을 통해 말씀하고 계시며 욥은 주의 깊게 경청해야 한다고 말한다. 엘리후는 욥의 진정한 친구였다.

본문 이해

새로운 메시지와 새로운 음성

Main Idea	엘리후는 교만에 대한 자신의 죄를 인정하기를 거부하는 욥에 대해 분노하고, 욥의 주장을 반박하지 못한 세 친구들을 책망한다.

A. 엘리후의 분노(1-5절)

Supporting Idea	세 친구들의 말을 듣고 있던 엘리후는 욥과 세 친구들 모두에게 화가 난다.

32:1. 이 새 단원이 시작되면서 엘리바스, 빌닷, 소발이라는 그 세 사람의 대답이 그쳤다. 그들이 변론을 중지한 이유는 변론할 내용이 결국 다 소진되었기 때문이었고, 그들의 모든 변론은 아무런 성과도 거두지 못했다. 세 주기에 걸친 욥에 대한 그들의 강의는 점점 더 짧아진 반면 욥의 반응은 계속 더 길어졌다. 이제 이 짧은 논쟁을 끝으로 욥의 세 친구들은 결국 할 말이 하나도 없었다. 욥이 스스로 의롭게 여기므로 그들은 침묵할

수밖에 없었다. 욥은 자기 자신의 결백을 확신하고 자신을 변호하는 데 몰두했고, 그들의 지적을 받아들이기를 거부했다.

32:2. 이 긴 논쟁의 처음부터 끝까지 제4의 인물이 침묵을 유지하며 옆에 서 있었다. 그는 엘리후라는 젊은이였다. 이 사람들의 끝없는 논쟁을 듣고 있던 그는 자신이 나서야 하겠다고 생각했다. 엘리후는 람 족속 부스 사람 바라겔의 아들이었다. 부스는 우스의 형이므로 아마도 아브라함이 엘리후와 관계가 있을 것이다. 이 끝날 것 같지 않은 장광설을 견디던 엘리후는 욥에게 노를 발하였고, 그의 교만과 자제력 부족에 화가 났다. 욥이 초기에 한 말은 옳았지만, 그의 태도는 곧 변질되었다. 하나님에 대한 그의 말은 뻔뻔스러워졌고 왜곡되어갔다.

32:3. 엘리후는 또한 세 친구에게도 노를 발하였다. 그가 그들에게 분노한 이유는 그들이 능히 대답지 못하였기 때문이다. 그들은 많은 말을 하고 끝없이 논쟁했지만 욥을 설득시키지 못했고, 그를 비난하는 그들의 초점도 빗나가 있었다. 그들은 욥을 정죄했지만 그를 바로잡지는 못했다. 그래서 엘리후는 관련된 모든 사람들, 세 친구뿐 아니라 욥에게도 화가 났다.

32:4. 세 사람의 연장자에 대한 예의로 엘리후는 욥에게 말하기를 참았다. 그들이 연장자였기 때문에 그는 자신의 차례를 기다리며 그들에 대한 예우를 표시했다. 이것은 고대 근동의 일반적인 관습이었다. 이것은 엘리후의 성격의 중요한 측면, 즉 연장자를 존경하는 그의 태도를 보여준다.

32:5. 욥에 대해 세 사람의 입에 대답이 없다고 결론지은 그는 반론을 제시할 채비를 한 채 참았던 노를 발한다. 째깍거리는 시한폭탄처럼 엘리후는 노를 발하고 분출하기 직전이다.

B. 엘리후의 통찰(6-14절)

Supporting Idea	엘리후는 참된 명철은 하나님 안에서 발견된다고 말한다.

32:6. 그래서 엘리후는 '나는 연소하고 당신들은 연로하므로' 라는 말로 욥과 세 사람에게 연설을 시작한다. 엘리후가 연소자로서 연장자를 존경하며 자신의 말할 차례를

기다린 것은 올바른 태도였다. 그는 자신의 상대적 연소함과 경험 미숙을 인정한다. 따라서 그는 두려워하였고, 그래서 자신이 소유한 지혜를 진술하기를 주저했다.

32:7-8. 모든 것은 평등하고 날이 많은 자가 말을 낼 것이요 해가 오랜 자가 지혜를 가르칠 것이므로 자신의 역할은 듣고 배우는 것이라고 엘리후는 생각했다. 엘리후는 세 친구들이 말하기를 인내하며 기다렸고, 적절한 시간에 일어나 말했다. 그러나 실제로 참된 지혜와 총명을 주시는 이는 사람의 속에 있는 심령, 다시 말해서 전능자의 기운이다. 성공적인 삶으로 인도하는 지혜로운 통찰은 연수에서가 아니라 하나님께로부터 온다.

32:9-10. 그래서 엘리후는 자신보다 연장자인 친구들에게 대인이라고 지혜로운 것이 아니요, 노인이라고 공의를 깨닫는 것이 아니라고 자신 있게 말한다. 엘리후는 자신이 나이는 어리지만 하나님이 주시는 지혜와 명철을 소유했다고 암시하고 있는 것이다. 그래서 엘리후는 "내 말을 들으라" 고 그들에게 자신의 말을 동일하게 들어주기를 간청한다. 욥이 좌절감에 빠져 있음을 안 엘리후는 자신이 알고 있는 사실에 대해 욥에게 말할 수 있도록 그의 귀를 빌려줄 것을 부탁한다.

32:11-12. '그 변론에 내 귀를 기울였더니' 라고 엘리후는 말한다. 친구들의 잘못된 훈계를 인내하며 귀 기울인 엘리후는 욥과 그들에게 자신이 보여준 동일한 정중함을 보여주기를 바란다. 그는 "당신들 가운데 욥을 꺾어 그 말을 대답하는 자가 없도다" 라고 말한다. 그들은 욥의 주장을 반박하여 그들의 옳음을 그에게 설득시키지 못했고, 엘리후는 이것이 사실임을 알고 있다.

32:13. 욥의 세 친구들은 "우리가 지혜를 깨달았구나 그를 이길 자는 하나님이시요 사람이 아니라" 고 말해서는 안 된다. 그들은 자신들이 할 수 없는 일을 해주시도록 하나님께 이 문제를 미루어서는 안 된다. 엘리후는 그 친구들이 그들의 훈계에 대해 더 책임 있게 임해야 했다고 생각한다.

32:14. 그가 내게 말을 내지 아니하였으니. 엘리후는 세 사람이 실패한 부분에 있어서 욥에게 말하고 성공할 수 있는 기회가 오기를 바랐다. 그라면 다른 접근법을 시도했을 것이다. 나도 당신들의 말처럼 그에게 대답지 아니하리라. 엘리후는 그들의 말에 몇 가지 중요한 주장들이 빠졌다고 생각한다. 그래서 그들의 제한된 지혜 때문에 실패한 부분에 있어서 자신은 욥에게 진리를 제공할 시각과 이해가 있다고 믿는다.

C. 엘리후의 끈질김(15-22절)

Supporting Idea	엘리후는 이제 욥에게 말해야만 한다고 말한다.

32:15. 세 친구에 대해 욥에게 말하면서 엘리후는 "그들이 놀라서 다시 대답하지 못하니 할 말이 없음이로구나"라고 큰 소리로 말한다. 그들의 변론이 점점 짧아지고, 소발의 경우는 아예 세 번째 변론을 하지 않았기 때문에 그의 이러한 지적은 분명히 사실로 드러난다. 실제로 그들은 다시 대답하지 못하고 좌절하며, 결국 포기하고 말았다.

32:16-17. 엘리후는 자신의 지혜와 명철함으로 욥에게 말하기를 심히 원하며 "내가 어찌 더 기다리랴"라고 묻는다. 더 이상 기다리는 것은 불필요하다. 그들이 말이 없고, 더 이상 대답할 것이 없기 때문에 그는 욥에게 말해야 한다. 엘리후는 '나도 내 본분대로 대답하고 나도 내 의향을 보이리니'라고 확신한다. 엘리후는 더 이상 자신의 생각을 마음에만 담고 있을 수 없다. 그는 이 긴 대화와 논쟁의 잘못을 고쳐야 한다. 세 친구들처럼 엘리후는 발언권을 가지고 진실이라고 알고 있는 내용만 말할 것이다.

32:18-19. 엘리후는 욥에게 할 말이 가득하다고 자신의 흉중을 털어놓는다. 실제로 엘리후는 내 심령이 나를 강박함이니라고 진지하게 지적한다. 이 심령은 성령이 아니라 자기 자신의 영을 언급하는 말이다. 엘리후는 자신의 마음이 봉한 포도주 같다고 말한다. 그가 말하지 못하면 곧 폭발하고 말 것이다. 그는 자신이 언제라도 터질 것 같은 새 가죽부대 같다고 주장한다. 낡은 가죽부대는 낡고 금이 가 있어서 쉽게 터진다(비교. 마 9:17). 그러나 새 가죽부대는 터지기 어렵다. 이것은 말하고 싶은 엘리후의 내면적 압박감을 가리킨다.

32:20-21. 따라서 그는 욥에게 말을 발하여야 한다. 자신의 시원함을 위해 엘리후는 자기가 가진 지식을 풀어놓고 대답하기 위해 입을 열어야 한다. 엘리후는 결코 사람의 낯을 보지 아니하며, 심지어 욥에게도 그러할 것이라고 단언한다. 그는 그가 해야 할 말에 대해 욥에게 아첨하지도 않을 것이다. 앞에서 욥은 세 친구들이 자신을 대적하며, 하나님에 대해 편향적이라고 비난한 적이 있다(욥 13:8, 13). 엘리후는 그렇게 하지 않겠다고 약속한다.

32:22. 엘리후가 아첨하는 데 능숙하여 이 기만적인 방식을 사용해 욥에게 말한다면

그의 창조주이신 하나님이 그를 심판하며 데려가실 것이다. 엘리후는 자신이 아첨하면 하나님의 진노로 그가 파멸할 것이라고 믿는다. 그래서 이 다음에는 진리에 대한 직설적인 선언이 이어질 것이다.

Main Idea 복 습	엘리후는 교만에 대한 자신의 죄를 인정하기를 거부하는 욥에 대해 분노하고, 욥의 주장을 반박하지 못한 세 친구들을 책망한다.

결론

개인의 연령에 좌우되지 않는 지혜

오스카 와일더(Oscar Wilder)가 한때 이렇게 말한 적이 있다. "당신의 어린 시절은 한 번밖에 없지만, 미성숙함은 무한정 지속될 수 있다." 불행하게도 어떤 사람들은 전혀 성장하지 않고 평생 동안 미성숙한 상태로 살아간다. 젊을 때 성숙한 사람은 드물다. 엘리후는 연소하지만 성숙한 사람임을 보여주었다. 엘리후는 욥과 변론한 사람들 가운데 가장 젊었지만, 가장 지혜로움을 증명했다.

외적으로 엘리후는 불리한 입장에 있는 것 같았다. 그는 세 친구들보다 한참 어렸지만, 하나님이 주신 명철함 때문에 연장자인 친구들의 조언보다 욥의 상황에 더욱 적절한 교훈을 줄 수 있었다. 엘리후는 욥의 곤궁을 이해하기 위해 사람이 아니라 하나님을 바라보았다. 그는 욥의 변론을 주의 깊게 경청하며, 그 내용을 자신이 하나님에 대해 진리라고 알고 있는 내용과 비교했다. 그래서 엘리바스가 입을 열었을 때 그는 경건한 조언으로 하나님에 대한 잘못된 욥의 생각을 지적했다.

삶의 적용

하나님의 지혜를 보여주다

상처 입은 친구와 함께 있을 때 꼭 필요한 말을 해야 한다는 생각이 드는 때가 있는가? 확실히 모든 신자들은 때로 그런 상황을 경험한다. 하나님의 백성들은 그분이 임명하셔서 하나님의 대변자로 그곳에 있음을 기억해야 한다. 우리가 하나님의 도구로 사용되기 위해서는 사랑 안에서 기꺼이 진리를 말할 수 있어야 한다. 신자들은 이러한 개인적인 만남을 통해 항상 사람들에게 신적 지혜를 전달해야 한다.

1. 진리를 말하라. 친구에게 말하기 힘든 내용을 지적하면서 진실을 담대히 말하기 위해서는 개인적인 용기가 필요하다. 오직 성령만이 친구에게 거절당할 것이라는 두려움을 극복할 용기를 주신다.

2. 유익한 조언자가 되어라. 좋은 조언자가 되기 위해서는 잘못을 지적해야 할 사람의 가장 최선을 추구하며 고통을 함께 나누는 순수한 마음을 가져야 한다. 이것은 논쟁에서 이기는 것과는 전혀 다르며, 오직 상처입은 친구를 돕기 위한 것이다. 참된 그리스도인들은 말을 할 때 사랑하는 사람의 최선의 유익을 추구해야 한다. 침묵하는 것은 이기적인 것이다.

3. 지혜로운 조언자가 되어라. 친구를 돕기 위해서는 지혜로운 조언이 요구된다. 단순히 정면으로 지적하는 것으로 충분하지 않다. 우리는 무엇을 말해야 할지 그리고 어떻게 말해야 할지를 알아야 한다. 우리의 말이 상대방에게 수용되기 위해서는 하나님의 지혜를 가져야 한다. 어리석은 조언을 하기보다는 차라리 말하지 않는 것이 더 낫다. 그러므로 우리가 하나님의 인도하심이 필요한 사람들을 올바른 길로 인도하는 일에 하나님의 쓰임을 받고자 한다면 하나님의 지혜를 소유해야 한다.

기도

하나님, 상처받으며 당신의 인도와 지혜가 필요한 상황 가운데 있는 사람들의 삶에 우리를 사용하여주소서. 우리의 인생 여정에서 만나게 해주신 상처입은 사람들의 고통에 민감하도록 해주소서. 당신의 지혜와 인도를 전해줄 준비가 되어 있게 하시고, 자발적이 되게 하소서. 그러한 일에 관련되기를 싫어했던 시간들을 용서해주소서. 우리의 생활 속에 마주치는 사람들의 삶 속에 우리를 사용하여주소서. 예수님의 이름으로 기도합니다. 아멘.

심층 연구

A. 친구(3절)

'친구' (히. 레아, rea)라는 단어는 구약에서 187회 사용되었으며, 가깝고 절친한 친구들뿐 아니라 왕래가 빈번하지 않은 지인들에 대해서도 사용된다. 이 경우에는 욥의 관계의 핵심에 속하는 가까운 친구들이라고 스스로 자처하는 엘리바스, 빌닷, 소발에 대해 이 단어가 사용되고 있다.

B. 감히(6절)

'감히' 즉 '두려워하는' (히. 자할, zahal)은 구약에서 단 3회만 사용된 단어다. 자할은 시간 제약이 있다는 의미로, 뒤로 물러서거나 슬금슬금 사라진다는 의미가 있다. 욥기 이외의 두 가지 예에서 이 단어는 뱀을 가리켜 사용되고 있다(비교. 신 32:24, 미 7:17). 욥기의 맥락에서는 엘리후가 신중하고 조심스럽게 욥에게 다가간다는 의미로 사용되고 있다.

C. 자세히 들은즉(full attention, 12절)

'자세히 듣다' (히. 빈, bin)에는 명철과 통찰을 갖고 살핀다는 의미가 있다. 빈에 대한 가장 두드러진 용례는 열왕기상 3장 9절로, 여기에서 솔로몬은 '선과 악을 분별할' 수 있도록 도와주시라고 하나님께 구한다. 이 예리한 통찰력 혹은 명철은 판단할 수 있는 능력으로, 하나님이 주시는 선물이다(단 2:21). 하나님은 이것을 밝히 보여주실 수도 있고 숨기실 수도 있다(사 29:14). 구약 전반에서 발견되는 빈은 욥기에서 23회 사용되었다(비교. 6:24, 30, 13:1, 14:21, 23:8, 26:14, 28:23, 42:3).

교안

A. 엘리후의 분노(1-5절)

1. 욥의 마음이 교만하다(1-2절).
2. 욥의 친구들의 변론이 실효를 거두지 못했다(3-5절).

B. 엘리후의 통찰(6-14절)

1. 그는 하나님께로부터 배웠다(6-10절).
2. 그는 욥의 말을 주의 깊게 들었다(11-14절).

C. 엘리후의 끈질김(15-22절)

1. 나는 말하지 않을 수 없다(15-20절).
2. 나는 공명정대하게 반론할 것이다(21-22절).

토의 질문

1. 고난 가운데 있을 때 경건한 훈계를 구하는가?

2. 고통 가운데 있는 사람들에게 경건한 조언을 할 준비가 되어 있는가?

3. 고통받고 있는 사람들에게 언제든지 도움의 손길을 내밀고 있는가?

욥기 33장

하나님은 침묵하지 않으신다

"하나님은 우리가 형통할 때 속삭이시고
양심대로 행할 때 말씀하시고
우리가 고통 가운데 있을 때 큰 소리로 외치신다."

- C. S. 루이스(C. S. Lewis)

들어가는 글

하나님이 침묵하실 때

고통스러운 2차 세계대전 시기에, 폴란드 바르샤바 유태인 수용소의 한 소녀가 천신만고 끝에 담장을 넘어 탈출해 동굴에 숨었다. 그러나 비극적이게도 그녀는 연합군이 죄수들을 해방시키기 위해 수용소로 진격하기 직전에 사망했다. 그녀는 죽기 전 벽에 의미심장한 글귀를 새겨놓았다. "햇빛이 비치지 않아도 나는 태양이 있음을 믿는다. 비록 느끼지는 못해도 나는 사랑이 있음을 믿는다. 비록 침묵하셔도 나는 하나님이 살아 계심을 믿는다."

이 마지막 구절은 시련 가운데 욥이 경험하던 고통과 유사하다. 하나님의 아무런 음성도 들리지 않는 가운데 욥은 하나님이 침묵하신다고 생각했다. 그는 하나님의 음성을 간절히 듣기 원했지만, 하나님과의 어떤 직접적인 대화도 없었다. 그래서 욥에게 말한 제4의 인물인 엘리후는 하나님이 계속 말씀해오셨고, 너무나 크고 분명한 음성으로 말씀하시고 있다고 주장했다. 문제는 욥이 듣지 않은 데 있었다. 엘리후는 하나님이 꿈과 고난과 사자들(messenger)을 통해서 말씀하신다고 욥을 훈계한다. 전능자는 아무것도 보지 않으신 채 계신 것이 아니었다. 그는 말씀하고 계셨다. 그러나 욥은 듣고 있었는가?

엘리후는 욥이 다시 하나님의 음성을 듣도록 도왔다. 이 젊은이는 놀라운 훈계를 주었다. 욥이 하나님에 대한 올바른 시야를 회복해야 한다는 것이다. 엘리바스, 빌닷 그리고 소발이 성과를 거두지 못한 부분에서 엘리후는 욥이 올바른 방향으로 나아가도록 도왔다. 마지막에 하나님은 엘리바스와 빌닷과 소발을 책망하시지만 엘리후는 책망하지 않으셨다. 그의 판단이 적중했던 것이다. 욥은 엘리후의 말에 반박하지 않았다. 그의 침묵은 엘리후의 말이 옳음을 암시한다. 네 번에 걸친 엘리후의 말은 하나님에 대한 욥의 잘못된 관점을 하나하나 수정하는 데 그 목적이 있었다. 엘리후는 하나님이 침묵하지 않으시며(욥 33장), 불공정하지도 않으시고(욥 34장), 무정하지도 않으시며(욥 35장), 혹은 무능하지 않으시다(욥 36-37장)고 말했다.

본문 이해

하나님은 침묵하지 않으신다

Main Idea	엘리후는 욥에 대한 자신의 분노를 확실히 표현하지만, 진정한 명철은 하나님 안에서 발견하며, 자신은 자신이 알고 있는 진실을 말해야 한다고 강조한다.

A. 엘리후의 의무감(1-7절)

Supporting Idea	엘리후는 하나님의 성령이 주신 진리를 말할 때 자신의 말을 들으라고 욥에게 호소한다.

33:1. 엘리후는 자신의 말을 청종할 것을 호소하는 것으로 변론의 이 부분을 시작한다. 그런즉 욥이여 내 말을 들으며. 엘리후는 세 친구들과 달리 욥의 안녕에 대한 자신의 관심과 진심을 전달할 의향으로 욥의 이름을 지명한다. "나의 모든 말에 귀를 기울이기를 원하노라" 라고 말한다. 엘리후는 욥에게 신중한 경청을 호소한다.

33:2-3. 내가 입을 열어 말할 것이라고 엘리후는 선언한다. 그는 지금부터 주고자 하는 조언의 중요성과 지혜로움을 확신하고 있다(비교. 31, 33절). 내 혀가 입에서 동하는구나. 그는 말을 해야 한다는 강한 충동을 느꼈고, 욥은 신중하게 들어야 했다. 내 말이 내 마음의 정직함을 나타내고. 엘리후는 자신이 어떤 편견도 혹은 이면적 동기도 없이 오직 하나님께 영광을 돌리고 욥에게 유익한 것만 말할 것이라고 확신했다. 내 입술이 아는 바를 진실히 말하리라. 그는 지금 말하고자 하는 내용의 진실성을 확신한다. 이 자신감은 엘리후가 인간의 세속적인 지혜가 아니라 하나님의 천국의 지혜를 제공한다는 진실에 기초하였다.

33:4-5. 엘리후는 하나님의 신이 나를 지으셨고 그의 기운이 내 안에 있다고 단언한다. 그러므로 엘리후가 말한 것은 그 안에 있는 하나님의 신이 주시는 것이다. 즉 그에게 할 말을 인도해주시는 전능자로부터 오는 것이다. 네가 할 수 있거든 내게 대답하라. 욥은 그

의 조언과 훈계를 듣고 반응해야 한다. 할 수 있다면 내 지적을 반박할 준비를 갖추고 내 앞에 진술하라고 그는 요구한다. 엘리후의 말에 잘못된 점이 있다면 욥은 그것을 반박해야 할 의무가 있다. 그러나 엘리후는 욥이 그렇게 하지 못할 것이라고 확신한다.

33:6. 욥과 자신을 동일시하고 관련시키고자 한 엘리후는 나와 네가 하나님 앞에서 일반이니라고 말한다. 그는 마찬가지로 나도 흙으로 지으심을 입었은즉, 혹은 땅의 먼지에서 지음을 받았다고 주장한다. 그래서 그는 자신이 하나님 앞에서 욥과 동일하며, 세 친구들의 주장과 달리 욥보다 우월하다고 생각하지 않는다. 이것은 엘리후가 욥 앞에서 겸손했음을 보여준다. 그는 내세울 만한 교만함이나 무례함을 전혀 보이지 않았다.

33:7. 하나님 앞에서 동일한 피조물로서 욥은 엘리후가 할 말을 두려워해서는 안 된다. 내 위엄으로는 너를 두렵게 하지 못하고. 그의 말은 욥을 눌러 그가 감당할 수 없는 지경에 이르도록 하기 위한 것이 아니었다. 그의 말은 그를 무너뜨리는 것이 아니라 세우는 데 목적이 있었다. 이것은 욥의 세 친구들의 날카로운 수사학과는 대조된다.

B. 엘리후의 반박(8-12절)

Supporting Idea	엘리후는 결백하다는 욥의 고백을 수정한다.

33:8. 욥의 적대감을 해소하기 위해 이 필수적인 기초 작업을 마무리한 엘리후는, 이어서 앞에서 욥이 자신에 대해 했던 말을 인용한다. 네가 실로 나의 듣는 데 말하였고 나는 네 말소리를 들었느니라. 욥의 말을 인용하며 엘리후는 그의 말이 어떤 부분에서 어떻게 틀렸는지 보여준다. 엘리후는 욥의 면전에서 직접 들었던 말에 대해 그의 생각을 수정하기 위해 증거를 인용한다.

33:9. 무죄하다고 주장한 욥 자신의 말을 회상시키며 엘리후는 '나는 깨끗하여 죄가 없고 허물이 없으며 불의도 없거늘' 이라는 욥의 말을 인용한다. 그러나 욥은 자신이 무죄하다고 결코 주장하지 않았다. 그는 실제로 자신이 죄인임을 인정했다(욥 7:21, 13:26). 그럼에도 불구하고 스스로 의롭다는 태도가 욥의 마음속에서 형성되었다. 현재 받고 있는 벌의 원인이 죄라는 주장을 반박하는 동안 그는 그 자신의 마음속에 싹트고 있는 태도를 간과했다. 엘리후는 욥의 말이 자신의 완전함에 대한 주장이라고 오해했

다. 욥은 결코 그런 주장을 한 적이 없었다(욥 9:20-21).

33:10-11. 엘리후는 하나님이 나를 칠 틈을 찾으시며 부당하게 나를 대적으로 여기신다는 욥의 말을 사실상 그대로 인용한다. 욥은 이 말들을 실제로 했고(욥 13:24, 27, 16:9, 19:7, 11), 그의 이러한 말은 사실이 아니었다. 실제로 욥은 자신이 죄수처럼 취급받는 원수라도 된 양 내 발을 차꼬에 채우시고라고 울부짖었다. 욥은 감옥에서 끊임없이 감시를 받고 있는 것처럼 하나님이 나의 모든 길을 감시하신다고 말했다. 욥은 자신이 감금되어 있다고 믿으며 하나님이 그의 자유를 뺏기 위해 추적하신다고 생각했다.

33:12. 엘리후는 욥의 생각을 수정해야 한다고 생각하고, "내가 네게 대답하리라 이 말에 네가 의롭지 못하니 하나님은 사람보다 크심이니라"라고 지적한다. 엘리후는 하나님의 완벽한 거룩하심과 비교할 때 분명히 죄인이라고 생각한다. 변질된 마음에서 나온 하나님에 대한 욥의 원망은 옳지 못했다. 사실, 욥은 아무리 좌절감을 느껴도 하나님에 대해 원망해서는 안 되었다. 욥과 하나님은 동등한 존재가 아니었다. 욥은 이 근본적 진리를 망각했다.

C. 엘리후의 주장(13-30절)

Supporting Idea	엘리후는 하나님이 침묵하신다는 욥의 주장에도 불구하고, 하나님은 꿈과 환상으로 사람들에게 말씀하신다고 주장한다.

33:13. 엘리후는 하나님이 침묵하시며 인간에게 말씀하지 않으신다는 욥의 믿음을 수정해준다. 하나님은 모든 행하시는 것을 스스로 진술치 아니하시나니 네가 하나님과 변쟁함은 어찜이뇨? 나아가 그는 하나님의 흠을 잡고자 하는 욥의 어조를 수정해준다. 그러한 태도와 말은 옳지 않다. 욥은 하나님이 자신의 말에 대답해주신다는 생각을 할 수 없었다.

33:14. 사람은 무관히 여겨도 하나님은 한 번 말씀하시고 다시 말씀하시되. 엘리후는 하나님이 여러 가지 방식으로 인간과 대화하신다고 주장한다. 그러나 하나님이 인간과 말씀하시기 위해 다양한 매개체를 사용하심에도 불구하고, 인간은 하나님이 말씀하시는 것을 항상 이해하지는 못한다. 또한 하나님은 말씀하실 때 일관되시다. 문제는 그의 말씀을 듣지 못하는 인간에게 있다.

33:15-16. 엘리후는 하나님이 꿈에나 밤의 이상 중에 인간에게 말씀하신다고 주장한다. 엘리바스가 이러한 경험과 주장을 한 적이 있다(욥 4:12-21). 하나님은 잘못을 고치도록 경고하시기 위해 이런 식으로 사람의 귀를 여시고 교훈하신다. 욥이 악몽으로 괴롭힘을 받았던 이유가 바로 이것이었을 것이다(욥 7:14). 그에게 잘못된 생각의 결과들을 경고하시고자 꿈을 이용하신 것이다.

33:17-18. 엘리후는 그러한 신적인 훈계의 목적이 사람으로 그 꾀를 버리게 하기 위해서라고 주장한다. 하나님은 인간의 영혼 속에 있는 두려움을 잠잠케 하시고 인간으로 죄, 특별히 교만 - 모든 죄악의 뿌리와 근원 - 을 멀리하게 하시고자 말씀하신다. 이러한 죄악을 삼가는 행위는 그 사람의 혼으로 구덩이(무덤에 대한 은유, 22, 24, 28, 30절)에 빠지지 않게 할 것이다. 그러한 때 아닌 죽음은 칼에 멸망함으로 일어날 것이다. 그것은 하나님의 심판을 이행하는 것이라는 사실을 알지 못하는 인간 대리자에 의해 수행되는 신적 심판의 행위다.

33:19-20. 나아가 엘리후는 하나님이 또한 고통과 고난을 통해서도 인간에게 말씀하신다고 주장한다. 때로는 사람이 병상의 고통으로 징계, 다시 말해서 하나님의 징계를 받을 수도 있다. 하나님의 이 거룩한 징계는 종종 뼈가 늘 쑤심으로 쇠약해져가는 병일 경우가 있다. 그렇다. 하나님은 고통으로 욥을 징계하고 계셨다. 하나님은 고통스러운 징계 기간에 침묵하지 않으신다. 사실 하나님은 그러한 연약한 시간에 인간에게 말씀하신다. 병든 인간이 식물을 싫어할 때가 바로 이런 때다.

33:21-22. 연약한 인간과 관련해, 몸과 근육이 쇠약해가는 가운데 병상에 누워 있을 때 그의 살은 파리하여 보이지 아니한다. 이 파괴적인 질병은 사망 직전까지 이르게 한다. 그럼에도 불구하고 하나님은 그러한 고통 중에서 말씀하시며, 삶에서 참으로 중요한 것을 더욱 강하게 만드신다. 욥은 인간을 침상에 가두는 질병과 관련되었을 수 있다.

33:23. 나아가 엘리후는 하나님이 천사를 통해 인간에게 말씀하신다고 주장한다. 천사는 천상의 존재를 말할 수도 있고, 이 경우에는 더 가능성이 있는 인간을 가리킬 수도 있다. '천사' 라는 단어는 신적인 메시지를 가지고 하나님의 보내심을 받은 사자를 의미한다. 이 문맥에서 엘리후는 하나님이 욥에게 말하도록 보내신 천사일 가능성이 있다. 엘리후는 하나님과 욥의 논쟁을 해결하기 위해 보냄 받은 해석자, 혹은 중재자였다. 그는 사람에게 특히 욥에게 옳은 것을 말할 것이다.

33:24. 메신저이자 중재자인 이 사람은 세 친구들처럼 가혹한 어조로 욥을 책망하기보다 긍휼히 여길 것이다. 엘리후는 엘리바스와 빌닷과 소발이 그러했듯이 그를 파멸로 이끌기보다 욥을 대신해 하나님께 말할 것이다. "그를 건져서 구덩이(즉 무덤)에 내려가지 않게 해주소서." 하나님 앞에서 그를 대변하며 그는 하나님께 "내가 대속물을 얻었나이다"라고 말할 것이다. 이것은 병든 자의 회개를 가리킬 수도 있고, 이 중재자인 사자가 준비한 은혜의 대속제물을 가리킬 수도 있다.

33:25. 그의 중재는 효과가 있을 것이다. 그 살이 어린아이처럼 연하여질 것이기 때문이다. 다시 말해서, 욥은 병마에서 구원받고 활기차고 건강한 상태로 회복될 것이다.

33:26. 욥을 대신한 자신의 중재 사역을 언급하며 엘리후는 '그는 하나님께 기도하므로 하나님이 은혜를 베푸사' 라고 말한다. 은유적으로 말해 그는 기도 중에 하나님의 얼굴을 볼 것이며, 욥을 위한 자신의 중재가 효과가 있음을 알고 즐거이 외칠 것이다. 그래서 하나님은 욥에게 그 의를 회복시키실 것이다. 엘리후의 메시지에 반응해 욥은 회개함으로, 교만함이 마음에 들어오기 전의 영적 상태로 회복될 것이다.

33:27. 그러면 욥은 사람에게 다가가서 하나님을 원망한 죄를 고백해야 할 것이다. 욥은 그들에게 자신이 자기 의의 태도로 죄를 지었고, 하나님을 향해 말로 시비를 바꾸었다고 말해야 할 것이다. 나아가 욥은 겸손하게 "내가 당해 마땅한 벌을 받지 않았다(내게 무익하였었구나)"라고 말해야 할 것이다. 이 시점에서 욥은 이미 하나님의 징계를 받아 죽음에 이르는 죄로 무덤에 가야 했다. 하지만 욥은 아직 그 정도로 극한까지 가지는 않았다.

33:28. 욥은 사자요 중재자인 이 사람이, 하나님이 그의 영혼을 건지사 징계로 죽음의 구덩이에 내려가지 않도록 했다고 사람들에게 증거해야 한다. 그렇게 욥은 엘리후의 메시지를 받아들이고, 자신의 죄를 고백함으로 빛을 보며 살게 될 것이다. 은혜롭게도 하나님은 구덩이의 흑암에서 그를 면제해주시고 생명의 빛 가운데 살도록 하셨다. 엘리후는 욥이 해야 할 말이 이것이라고 주장한다.

33:29-30. 엘리후는 '하나님이 사람에게 이 모든 일을 행하심은' , 즉 그를 징계하시기도 하고 구원하시기도 한다는 내용으로 욥에게 한 말을 요약한다. 하나님은 그 일을 재삼 행하신다. 이것은 인간이 하나님의 교훈을 배울 수 있도록 하나님이 매우 집중적이고 완전하게 이 일을 하심을 묘사한 것이다. 하나님은 그 영혼을 구덩이에서 끌어 돌이

키고 파멸과 죽음에서 건지셔서 생명의 빛으로 그에게 비취려 하시며, 그의 연수가 미래까지 연장될 수 있게 하시고자 이 모든 일을 행하신다.

D. 엘리후의 결론(31-33절)

Supporting Idea	엘리후는 자신이 지혜를 말하므로 자신의 말을 깊이 청종하라고 욥에게 교훈한다.

33:31. 엘리후는 이 단락을 시작할 때와 같은 방식(1-7절), 즉 자신이 지혜를 말하므로 그의 말에 귀를 기울이라고 욥에게 호소하는 것으로 마무리한다. 엘리후는 정죄하기 위해서가 아니라 말하여 돕기를 원하기 때문에 "욥이여 귀를 기울여 내게 들으라"라고 말한다. 엘리후는 자신이 하고 있는 말을 욥이 신중하게 생각해보기를 원한다.

33:32-33. 세 친구들과 달리 엘리후는 욥에게 그의 말에 반응하라고 요청한다. 만일 할 말이 있거든 대답하라 내가 너를 의롭게 하려 하노니 말하라. 엘리후는 자신이 욥의 편이며 의롭다는 그의 주장으로 그가 신원되는 모습을 보고 싶다고 말한다. 그래서 그는 욥의 반응을 요청한다. 그러나 욥이 엘리후에게 할 말이 전혀 없다면, 그의 말을 들으며 그가 욥에게 가르치고 싶은 지혜를 배워야 한다. 이 지혜는 욥을 정죄하거나 논쟁에서 신학적인 요점을 얻기 위해서가 아니라 욥을 돕기 위한 것이었다. 그러므로 욥 자신의 유익을 위해 엘리후의 말에 귀를 기울여야 한다.

Main Idea 복 습	엘리후는 욥에 대한 자신의 분노를 확실히 표현하지만, 진정한 명철은 하나님 안에서 발견하며, 자신은 자신이 알고 있는 진실을 말해야 한다고 강조한다.

결론

듣고 있는가?

한 고등학교의 음악 감상 수업시간에 경청(listening)과 들음(hearing)의 차이에 대한 질문이 제기되었다. 처음에는 대답하는 학생들이 아무도 없었다. 마침내 한 소년이 손을 들더니 이러한 정의를 제시했다. "경청은 듣기를 원하는 것입니다." 얼마나 핵심을 찌르는 말인가. 우리는 우리에게 들리는 말을 듣고 싶어하지 않기 때문에 귀 기울여 듣지 않는 때가 얼마나 자주 있는가.

엘리후가 욥에게 해야 한다고 한 말이 바로 이것이었다. 욥은 하나님이 그에게 말씀하시는 것을 듣기를 원해야 했다. 하나님은 두 귀를 주셨지만 입은 하나만 주셨다는 말이 지적되어 왔다. 그래서 우리는 말하기보다 듣기를 훨씬 더 많이 해야 한다. 욥이 배워야 했던 것이 바로 이것이었다. 자신의 말의 수위를 높이기보다 듣는 데 더 집중해야 했다. 분명히 이것은 모든 신자들에게 해당하는 교훈이다. 우리는 성경을 펴고 앉아 하나님의 말씀에 귀 기울여야 한다. 그가 우리에게 주시는 말씀은 우리가 그분께 드리는 말보다 훨씬 더, 비교할 수 없을 정도로 중요하다. 하나님은 당신에게 지금 말씀하고 계시다. 당신은 지금 듣고 있는가?

삶의 적용

하나님의 말씀에 귀 기울이는 법

지금 이 시간에 하나님은 기록된 그의 말씀인 성경으로 우리에게 말씀하시고 있다. 우리에게는 그가 말씀하시는 내용을 주의 깊게 들어야 할 의무가 있다. 우리는 그분이 우리에게 말씀하시는 것에 대해 그분께 책임을 감당해야 한다. 그래서 "하나님의 말씀에 어떻게 우리는 귀 기울일 수 있는가?"라는 질문이 제기된다.

1. 겸손하라. 어거스틴(Augustine)은 오래전에 "성경이 말씀하실 때 하나님이 말씀하신다"라고 말하였다. 성경의 권위는 하나님 자신의 권위와 동일하다. 그러므로 우리는 하나님의 말씀을 천국 보좌에서 내려오는 왕의 칙령으로 받으며 겸손함과 복종함으로 경청해야 한다. 말씀은 논쟁이나 토론의 대상이 아니라 순종의 대상이다.

2. 민감하라. 하나님이 거룩한 성경의 말씀을 통해 말씀하실 때 우리는 전달되는 하나님의 메시지에 민감해야 한다. 하나님의 말씀이 우리에게 계시될 때 우리의 초점이 분산되어서는 안 되며, 하나님의 말씀하신 내용에 주의 깊게 귀 기울여야 한다. 하나님이 말씀하실 때 관심은 다른 데 두는 일은 절대 있을 수 없다.

3. 지성을 이용하라. 하나님의 말씀은 명확한 사고, 합리적 생각, 집중적 연구를 요구하는 지적 메시지다. 성경의 참된 의미는 이성을 무시하는 신비적 체험으로는 결코 얻지 못한다. 하나님은 우리에게 진리를 말씀하실 때 인간의 지성을 통해 일하신다. 그러므로 '진리의 말씀'을 올바르게 다루는 신중하고 비판적인 사고에 우리의 이성이 참여해야 한다(딤후 2:15).

4. 순결하라. 하나님이 성경에서 말씀하시는 메시지를 명확히 이해하기 위해서는 순결하고 흠이 없는 생활이 요구된다. 고백하지 않은 죄는 하나님이 성경을 통해 말씀하시는 것을 분별하는 우리의 능력을 약화시킨다. 그러나 인격적 성결의 빛 가운데서 행할 때 우리는 성경의 진리들을 깨달을 수 있다. 그러므로 주님 앞에서 순결한 삶을 사는 것이 성경의 메시지를 이해하는 데 필수적이다. 신자들은 종종 지적인 한계 때문이 아니라 도덕적 실패 때문에 하나님이 하시는 말씀을 이해하지 못한다.

기도

하나님, 우리 아버지, 모든 삶이 당신의 주권적 통치 아래 이루어짐을 감사드립니다. 옛날부터 우리의 모든 날들을 정해놓으셔서 감사합니다. 당신의 권세의 통치 밖에 존재하는 것은 아무것도 없습니다. 당신은 우리를 결코 떠나거나 버리지 않으시지만, 우리는 종종 당신을 떠나 방황하는 자들임을 잊지 않게 해주소서. 예수님의 이름으로 기도합니다. 아멘.

심층 연구

A. 진술하다(confront, 5절)

'진술하다' (히. 야사브, yasab)는 확실하게 체제하다, 거하다라는 의미가 있다. 야사브는 실제적인 의미(출 2:4, 9:13)와 비유적인 의미(합 2:1)로 모두 사용되고 있지만, 여기서는 다른 사람과 반대 입장에 서거나 다투는 사람들의 반대를 의미하는 단어로 사용되고 있다. 이 단어의 가장 유명한 용례는 시편 2편 2절에서 볼 수 있다. "세상의 군왕들이 나서며(야사브) 관원들이 서로 꾀하여 여호와와 그 기름 부으신 자를 대적하며." 여러 문맥에서 발견되는 이 단어는 종종 대적하는 적에 대한 승리와 관련이 있다(신 7:24, 수 1:5, 시 5:5). 여기서 엘리후는 욥에게 자신의 조언에 반론이 있으면 하라고 도전하고 있다.

B. 징계(19절)

'징계' (히. 야카흐, yakah)는 설득하다, 고치다, 논쟁하다, 책망하다, 꾸짖다라는 의미가 있다. 구약에서 57번 사용된 이 단어는 종종 하나님과 그분의 백성들의 관계와 관련해 사용된다(비교. 시 6:1, 사 2:4, 미 4:3). 욥기 전반에서 발견되며(비교. 5:17, 13:3, 10, 16:21, 22:4), 가장 익숙한 이 단어의 용례는 잠언 3장 12절의 "대저 여호와께서 그 사랑하시는 자를 징계하신다(야카흐)"라는 말씀이다.

교안

A. 엘리후의 의무감(1-7절)

1. 내 말을 들으라(1-3절).
2. 내 말에 유의하라(4-7절).

B. 엘리후의 반박(8-12절)

1. 내가 네가 하는 말을 들어보았다(8-11절).
2. 이제 내가 네 말을 반박할 것이다(12절).

C. 엘리후의 주장(13-30절)

1. 하나님은 꿈을 통해 말씀하신다(13-18절).
2. 하나님은 고난을 통해 말씀하신다(19-22절).
3. 하나님은 자신의 사자를 통해 말씀하신다(23-30절).

D. 엘리후의 결론(31-33절)

1. 내 말에 귀 기울이라(31절).
2. 내게 대답하라(32절).
3. 내게 배우라(33절).

토의 질문

1. 나는 경건한 조언자들의 지적에 마음을 여는가?

2. 나는 경건한 조언을 하는 사람들에게 방어적인 자세를 보이지 않는가?

3. 나는 배우고자 하는 유순한 마음을 갖고 있는가?

욥기 34장

하나님은 항상 옳은 일을 하신다

"네모난 동그라미나 둥근 삼각형이 있을 수 없듯이
불의한 하나님은 생각할 수 없다."

- 워렌 위어스비(Warren Wiersbe)

들어가는 글

크신 하나님을 믿는가?

프린스턴 신학교(Princeton Theological Seminary)의 위대한 교수들 중 한 사람인 로버트 딕 윌슨(Robert Dick Wilson)의 한 제자가 졸업한 지 12년 후 밀러 채플(Miller Chapel)에서 설교 초청을 받았다. 윌슨 박사는 채플로 들어가 앞자리에 앉았다. 예배가 끝났을 때 그 노교수는 제자에게 다가와 특이한 방식으로 머리를 한쪽으로 내밀더니 손을 뻗으며 이렇게 말했다. "자네가 다시 오면 그땐 자네 설교를 들으러 오지 않을 거네. 난 한 번밖에 오지 않아. 자네가 크신 하나님을 믿는 사람(big-Godder)이라 기쁘군. 내 제자들이 모교를 방문하면 그들이 크신 하나님을 믿는 자인지 작은 하나님을 믿는 자인지 보러 오지. 그러면 그들의 사역이 앞으로 어떻게 될지 알 수 있다네."

그 제자는 윌슨 박사에게 그것을 자세히 설명해 달라고 부탁했다. 노교수는 이렇게 대답했다. "음, 어떤 사람들은 작은 하나님을 믿고 있어. 그들은 항상 하나님과 문제가 있다네. 그분은 전혀 기적을 행하실 수 없는 분이고, 성경의 영감과 전달에 대해 전혀 개입하실 수 없는 분이라고 생각한다네. 자기 백성들을 위해 중재하지도 않으시는 하나님이지. 그들은 작은 하나님을 갖고 있는 사람들이야. 나는 그들을 작은 하나님을 믿는 자들(little-Godder)이라고 부른다네. 또한 크신 하나님을 믿는 사람들이 있다네. 그분이 말씀하시면 이루어지고 그분이 명령하시면 굳게 선다네. 하나님은 자기를 경외하는 자들을 위해 자신의 강함을 보여주시는 법을 알고 계시는 분이네. 자네는 크신 하나님을 믿고 있군. 하나님이 자네의 사역을 축복하실 걸세." 그는 잠시 말을 멈추더니 얼굴에 미소를 지으며 "하나님의 축복을 비네"라고 말하고 돌아서서 걸어나갔다.

엘리후는 크신 하나님을 믿는 자였다. 그는 고차원적이고 초월적인 하나님관과 인간보다 더 높이 계신 하나님에 대한 지식을 가진 사람이었다. 따라서 그가 욥을 교훈할 때 그는 동일한 신적 관점에서 말한 것이었다. 욥의 고난이 욥이 감당할 능력보다 더 컸을 수도 있지만, 엘리후가 판단할 때 하나님은 인간의 고난보다 더 크신 분이다. 그래서 엘리후는 모든 것을 올바른 관점에서 바라보려고 했다.

엘리후는 두 번째 변론에서 하나님이 불공정하다는 욥의 비판에 대답하고자 노력한다. 이 장의 중심 주제는 하나님의 의로우심, 즉 하나님은 항상 의로운 일을 행하신다는 것이다. 그분은 불의한 일이나 악을 하실 수 없다. 하나님이 진정으로 하나님이시라면 그분은 완전한 존재다. 그가 완전하시다면 잘못을 행하실 수 없다. 엘리후에 의하면 욥에게는 불의하게 보이는 일이 실제로는 의로운 일이다. 하나님은 인생의 모든 환경에서 옳은 일을 행하신다고 믿을 수 있는 거룩한 하나님이시다. 이것이 욥이 들어야 했던 진리였다.

본문 이해

하나님은 항상 옳은 일을 하신다

Main Idea	엘리후는 욥과 세 친구들이 가진 거짓된 주장들을 지적하고, 하나님의 공의를 옹호하며, 욥에게 믿음의 눈으로 하나님을 바라보라고 격려한다.

A. 엘리후의 책망(1-15절)

Supporting Idea	엘리후는 욥과 그 친구들이 하나님에 대한 잘못된 생각을 가지고 있다고 그들을 책망한다.

34:1-2. 엘리후가 말을 이어 가로되는 그의 두 번째 강론인 다음 변론의 도입부다. 그가 한 말은 사실이었고, 욥은 그의 말을 경청해야 한다. 지혜 있는 자들아 내 말을 들으며. 이것은 복수형을 사용하고 있으며, 엘리후가 스스로 지식 있는 자들이라고 생각하는 세 친구들에게 말하고 있음을 암시한다. 귀담아들어야 할 이 호소를 통해 엘리후는 자신에 대해 다른 사람들이 주의 깊게 경청해야 할 하나님의 사자라고 생각함을 보여준다

(욥 32:8, 33:4).

34:3-4. 입이 식물의 맛을 변별함같이 귀가 말을 분별하나니라는 말은 앞에서 욥이 했던 표현이다(욥 12:11). 다시 말해서, 사람들은 그의 말을 분별력과 식별력을 갖고 들어야 하며, 선과 악, 진리와 거짓을 가려내며 들어야 한다. 또한 엘리후는 욥의 말에 대해 우리가 스스로 옳은 것은 택하고 무엇이 선한가 우리끼리 알아보자고 말한다. 엘리후는 욥의 과거에 대해 거짓 주장을 한다고 생각하지는 않았지만, 세 친구들에 대한 욥의 증언에서 그가 했던 말을 근거로 그를 평가한다.

34:5. 엘리후는 이어서 욥의 말을 반박하고 그가 진리를 바라보도록 하기 위해 욥의 말을 인용한다. "욥이 말하기를 내가 의로우나 하나님이 내 의를 제하셨고," 이것은 세 친구들이 욥의 말을 잘못 이해하고 종종 잘못 인용하기도 했던 것(욥 12:4, 13:18, 27:6)과 달리 욥의 말을 정확히 이해한 표현이다.

34:6. 욥은 내내 자신이 의롭고 하나님이 억울하게 자신을 벌주시고 있다고 주장해 왔다. 이 형벌을 받을 이유가 없고 내가 정직하나 죄를 고백하지 않는 거짓말쟁이가 되었다고 말했다. 허물이 없음에도 불구하고 하나님의 화살로 내 상처가 낫지 못하게 되었고, 결코 회복되지 않을 것이라고 생각했다.

34:7-8. 어느 사람이 욥과 같으랴 욥이 훼방하기를 물마시듯 하며. 욥은 인간에게 오염된 불의의 시냇물에 대해 꺼지지 않는 갈증이 있으며, 목마른 사람이 물을 마시듯이 그 불의를 마신다고 생각한다. 게다가 악한 일을 하는 자들과 사귀며 악인과 함께 다닌다. 이것은 악인과 교제한 죄를 지은 욥에 대해 정죄하는 엘리후의 고발이다.

34:9. 이르기를 사람이 하나님을 기뻐하나 무익하다 하는구나. 이러한 말로 인해 낙심한 욥은 거의 사탄의 거짓말에 넘어가기 직전이다. 이 책의 서두에서 사탄은 하나님이 욥의 물질적 부를 빼앗으면 그가 하나님을 경배하지 않을 것이라고 말한 적이 있다. 이 시점에서 욥은 가상의, 신학적 선의 경계를 넘어서서 이러한 의식, 즉 하나님께 보상을 받을 수 있기 때문에 하나님을 섬긴다는 사고를 수용하는 위험에 처해 있다.

34:10. "그러므로 너희 총명한 자들아 내 말을 들으라"라고 여전히 세 조언자들을 호칭하며 엘리후는 '하나님은 단정코 악을 행치 아니하시며' 라는 말로 그의 변론의 중요한 내용을 전달한다(비교. 창 18:25). 하나님은 항상 거룩하고 의로운 속성과 일치하시는 분이며, 결코 그것과 모순되게 행동하실 수 없다. 그분의 의로운 행동은 그분의 의로운

성품에서 나온다. 거룩한 하나님은 악을 행하실 수 없다. 전능하신 자는 불의를 행하실 수 없다. 하나님은 불의할 수 없는 분이다. 그분은 오직 선하고 옳은 일만 하실 수 있다.

34:11-12. 하나님은 완벽하고 공정하게 사람의 일을 따라 보응하신다. 공평하게 그는 의를 보상하시고 불의를 심판하시며, 욥이 주장한 것과 달리 결코 그 반대로 행하실 수 없다. 그러므로 하나님은 사람의 일을 따라 보응하사 각각 그 행위대로 얻게 하신다. 다시 말해서 하나님은 행한 대로 그 사람에게 베푸신다. 진리를 깨달은 사람이라면, 진실로 하나님은 악을 행치 아니하시며 전능자는 공의를 굽히지 아니하심을 안다. 하나님은 오직 옳은 일만 하실 수 있다고 엘리후는 주장한다. 하나님은 의와 공의의 근원이시기 때문에 결코 악한 일을 행하실 수 없는 분이다.

34:13. 엘리후는 욥에게 땅을 관리하도록 그를 임명한 자가 누구냐고 묻는다. 그는 욥에게 그가 하나님의 재판관이 아니라고 상기시킨다. 어느 누구도 욥에게 세상사를 관할하도록 욥을 임명한 사람은 없다. 누가 온 세계를 정하였느냐? 욥의 거친 말이 그가 세상에 대한 책임을 스스로 부여했다는 인상을 주기는 하지만 확실히 그는 아니다. 하나님은 이 일에 욥을 임명하시지 않았다.

34:14-15. 하나님이 만일 자기만 생각하시고 그 신과 기운을 거두신다면 인간의 생명은 끝날 것이라고 엘리후는 말한다. 그러나 이것은 욥에 대한 하나님의 뜻이 아니었고, 욥이 알고 있는 것보다 훨씬 더 이상의 무엇이 일어나고 있었다. 모든 혈기 있는 자가 일체로 망하고 죽음의 진토로 돌아갈 것이다. 그러므로 엘리후는 독립적인 생명의 유지자로서, 처음과 나중이시며 인간의 생명을 유지시키거나 거둘 능력을 가진 분이신 하나님의 영광을 간절히 바란다.

B. 엘리후의 견책(16-20절)

Supporting Idea	엘리후는 욥에게 하나님의 의로운 능력에 대해 경고하는 반면, 그를 견책하고 하나님의 공의를 변호한다.

34:16. 엘리후는 그의 변론을 세 친구와 욥에서 욥 한 사람에게로 옮긴다. 이것은 히브리 동사들이 앞에서와는 달리 복수 형태가 아닌 단수 형태라는 사실에서 알 수 있다. 엘리후는 욥의 관심을 집중시키기 위해 "만일 총명이 있거든 이것을 들으라" 고 말한다.

34:17. 욥의 잘못된 태도와 하나님의 공의에 대한 욥의 오도된 염려가 고쳐질 수 있을지 염려한 그는 "공의를 미워하시는 자시면 어찌 치리하시겠느냐" 라고 묻는다. 이 질문에는 단호한 부정의 대답이 내포되어 있다. 하나님이 공의를 멸시하신다면 모든 만물에 대한 주권적 통치자로서 적합한 분이 아닐 것이다. 욥을 호칭하며 엘리후는 "의롭고 전능하신 자를 네가 정죄하겠느냐" 라고 묻는다(비교. 욥 40:8). 분명히 그럴 수 없지만 욥은 그렇게 했다.

34:18-19. 하나님은 왕에게라도 비루하다 하시는 분이 아니냐? 그렇다는 대답이 이 질문에 내포되어 있다. 하나님은 왕들에게 열등하고 무능하다고 선언하신다. 말씀으로 그분은 그들과 그들의 왕국을 먼지로 만드신다. 그는 왕족을 외모로 취치 아니하시며 잘못이 있다면 고위직에 있는 악인들에게조차 심판을 언도하신다. 그는 부자를 가난한 자보다 더 생각하지 아니하시나니 이는 그러한 편애는 불의하며 그의 속성과 일치하지 않는 것이기 때문이다. 그들이 다 그의 손으로 지으신 바가 됨이니 그러므로 주님의 동등한 공의의 잣대로 대우받아야 한다.

34:20. 가난한 자와 천한 자들과 마찬가지로 이 권력자들은 밤중 순식간에 죽는다. 갑자기 그들은 제함을 당하여 백성은 떨며, 혹은 사람의 손을 대지 않고 신적인 개입으로 제거당한다. 그들이 통치하는 자들과 마찬가지로 그들은 죽음으로 동일한 운명을 맞이한다. 하나님은 어떤 인간도 숭배하시지 않는다.

C. 재조명하는 엘리후(21-37절)

Supporting Idea	엘리후는 하나님이 모든 것을 보시는 동시에 의로우시므로 욥에게 하나님이 반응하시게 만들려고 해서는 안 된다고 일깨운다.

34:21-22. 다음으로 엘리후는 하나님이 모든 것을 다 보시는 재판관으로서 어떤 인간의 삶도 그분을 피해 숨을 수 없다는 진리를 확인한다. 하나님은 사람의 길을 주목하시며 사람의 모든 걸음을 감찰하시나니(비교. 잠 5:21). 실제로 욥은 이와 동일한 확언을 앞에서 한 적이 있다(욥 31:4). 모든 것을 아시고 꿰뚫어보시는 하나님의 시야 앞에서 흑암이나 어두운 그늘이 없다. 그는 인간의 눈으로는 본 적이 없는 어두운 깊은 장소에서도 보신다. 창조주의 얼굴을 피해 숨어 있는 피조물은 하나도 없다.

34:23. 심판할 때 사람들을 대질 심문하여 더 많은 사실들을 알아내야 하는 것처럼 하나님은 사람을 심판하시기에 오래 생각하실 필요가 없다. 그는 인간 자신들보다 인간을 더 잘 아시기 때문에 알아야 할 모든 것을 이미 알고 계신다.

34:24. 하나님은 모든 것을 아시므로 모든 것을 보시며, 취조해야 할 필요가 없는 분이시므로 조사할 필요성이 전혀 없다. 그러므로 그는 완전한 지식에 근거해 완전한 공의를 시행하신다. 따라서 하나님은 세력 있는 자를 꺾으시고 그들의 죄를 벌하신다. 동시에 하나님은 다른 사람을 세워 그를 대신하게 하시며 그들의 선에 상급을 주신다.

34:25-26. 그들의 행위를 아시는 하나님은 완전한 공의를 집행하실 수 있다. 그분은 진실한 판단과 평가에 근거해 그들을 밤 사이에 엎으신다. 하나님의 지식은 인간의 지식처럼 왜곡되지 않는다. 그들을 악한 자로 여겨 치시며 올바르게 공의를 시행하신다. 하나님은 대중들의 눈앞에서 악인들에게 진노를 발하셔서, 그들이 악에 대한 정당한 보응을 당하였음을 모든 사람들이 볼 수 있도록 하신다.

34:27-28. 그들이 그분을 떠났기 때문에 하나님의 심판을 받는다. 그들이 하나님을 떠난 이유는 그분의 모든 길을 무관히 여겼기 때문이다. 하나님을 따르지 않음으로 그들은 그 계명을 차버렸다. 하나님을 이처럼 배척하는 것은 그들이 형벌을 받을 충분한 이유가 된다. 악한 행위로 하나님을 배척한 이 악인들은 가난한 자들로 하나님께 부르짖게 만든다. 하나님은 환난 받는 자의 그러한 부르짖음을 무시하고 듣지 않으시는 분이 아니다. 그는 그들의 악행대로 갚아주실 것이기 때문이다.

34:29-30. 그러나 하나님이 자기 얼굴을 가리우시며 죄인들을 즉각 심판하시지 않는다 하더라도 누가 감히 잘못하신다 하겠느냐? 확실히 욥이나 인간은 감히 그렇게 할 수 없다. 하나님은 인간이 생각하는 것처럼 행동하시지 않기 때문에, 이것으로 인간이 하나님을 정죄할 권리를 갖는 것은 아니다(롬 9:20-21). 하나님은 나라나 사람이나 일반으로 다스리시며, 개인이든 온 나라든 고통으로 울부짖는다면 모든 사람의 부르짖음을 들으신다. 어떤 인간도 모든 것을 보시는 그분의 눈과 모든 것을 들으시는 그분의 귀를 벗어나 존재할 수 없다. 하나님은 완전한 의로 행하시며, 사특한 자로 권세를 잡아 백성을 함해하지 못하게 하신다. 엘리후는 욥의 비난에 맞서 하나님의 공의를 변호하고 있다.

34:31-32. 엘리후는 앞 구절의 진리들을 욥에게 적용시킨다. 누가 하나님께 아뢰기를 내가 징계를 받았사오니 다시는 범죄치 아니하겠나이다 … 한 자가 있느냐. 이 경우는

욥을 간접적으로 언급하고 있다. 나의 깨닫지 못하는 것을 내게 가르치소서 한 자가 있느냐. 다시 말해서 어떤 사람이 자신이 알지 못하고 지은 죄들을 하나님이 밝혀 보여주시도록 요청한다고 가정해보라. 그리고 그 사람이 또한 회개하는 마음으로 내가 악을 행하였으면 다시는 아니하겠나이다라고 말한다고 생각해보라. 엘리후는 욥이 회개의 영을 회복하도록 준비시키고 있다.

34:33-34. 그리고 엘리후는 다음의 질문을 욥에게 강요한다. 하나님이 네 뜻대로 갚으셔야 하겠다고 네가 그것을 싫어하느냐(네가 회개하기를 거부하면서 네 조건대로 하나님이 네게 보상하기를 바라느냐?) 엘리후는 욥에게 대답할 것을 요구하며 그 도전을 포기하지 않을 것을 강조하고, 너는 아는 대로 말하라고 말한다. 엘리후는 세 친구들이 한 말을 직접적으로 거론하며 '총명한 자가 … 이르기를' 이라고 말한다. 엘리후는 이제 지혜 있는 자들(세 친구들)의 욥에 대한 불만을 언급한다.

34:35-36. 이 세 사람은 '욥이 무식하게 말하니' 라고 말한 적이 있다. 엘리후도 욥에 대해 동일한 말을 한다. 욥의 말은 진리에 근거하지 않았다(비교. 욥기 38:2, 42:3). 그 말은 하나님의 지혜에 대한 통찰과 영원한 시각이 결여되어 있었다. 세 친구뿐 아니라 엘리후도 욥이 끝까지 징계를 받아야 한다고 생각한다. 욥은 악인과 같이 대답한 데 대한 벌을 받아야 한다. 하나님은 하나님에 대해 뻔뻔스럽게 비난한 데 대해 마땅히 받을 벌을 모두 다 내리시지 않았다.

34:37. 욥은 처음에 하나님의 징계와 욥의 고난을 불렀던 그 죄 위에 자기 정당화라는 교만한 태도로 하나님에 대한 패역의 죄를 추가했다. '(조롱하며) 우리 중에서 손뼉을 치며' 그들의 입을 막으려고 하는 것처럼 경멸하는 태도로 그들의 조언을 대했다고 엘리후는 나무란다. 게다가 욥은 전능자의 입을 막고자 시도하며 하나님을 거역하는 말을 더했다. 신적인 불공정함에 대한 욥의 절규에 맞서 하나님의 공의를 변호하기 위해 이루어진 연설로 엘리후는 두 번째 변론을 마무리한다.

Main Idea 복습	엘리후는 욥과 세 친구들의 주장에 대해 거짓된 점들을 지적하고, 하나님의 공의를 옹호하며, 욥에게 믿음의 눈으로 하나님을 바라보라고 격려한다.

결론

우리의 형상대로 만들어지다

유명한 프랑스 작가이며 불가지론자인 볼테르(Voltaire)가 "하나님은 인간을 자기 형상대로 창조하셨고, 인간은 그 은혜를 되갚았다"라고 빈정거린 적이 있었다. 이 18세기의 프랑스 철학자는 자신의 모습으로 인간을 창조하신 참되고 유일한 하나님이 존재한다는 개념을 멸시하고 있었다. 다른 불가지론자와 무신론자들과 마찬가지로 볼테르는 인간이 거울을 본 후 거울에 비친 자신의 모습을 토대로 하나님에 대한 개념을 형성하는 사람과 같다고 믿었다. 그러므로 볼테르에 따르면 하나님에 대한 그의 상(像)은 자기 자신에 대한 반영이다.

불행하게도 이것은 욥의 세 친구들이 욥을 위해 하나님 상을 빚으며 했던 일이었다. 욥의 세 친구들의 조언은 거짓된 하나님관에서 비롯되었기 때문에 왜곡되었다. 오직 엘리후만이 하나님에 대한 정확한 시각을 소유했고, 따라서 그만이 하나님을 올바로 대변하는 신적인 조언과 이해를 욥에게 제공했다. 참되고 성경적인 조언의 출발점은 하나님에 대한 정확한 시각이어야 한다. 엘리후는 하나님이 은혜로우시며 인간사에 관심을 가지신 분이라고 지적했다(욥 33장). 나아가 하나님은 신실하시며, 아무런 편향됨이 없이 공의를 시행하신다(욥 34-35장). 또한 하나님은 매우 위대하시며, 그분은 주권자이시다(욥 36-37장). 하나님에 대한 이 기본적 진리들이 엘리후가 욥에게 준 조언의 핵심이었다.

삶의 적용

말을 절제하라

때로는 적을수록 많은 것이다(Less is more). 욥은 가능한 적게 말했다면 자신에게 더 이로웠을 것이다. 오늘날 하나님의 백성들에게도 동일한 사실이 적용된다. 고난을 당할 때 우리는 '지식 없는 말' 을 하는 경향이 있다(욥 38:2). 이것은 하나님과 엘리후가 욥에게 한 책망이었다(욥 34:35-37). 이러한 심각한 고난을 당하면 이해가 결여되고 원한으로 가득한 마음이 생길 수 있다. 그러나 '침묵할 때가 있고 말해야 할 때' 가 있다(전 3:7). 침묵이 금일 때가 아주 많다.

사람들이 두 귀와 하나의 입을 가진 이유가 있다. 신자들은 혀를 제어하고 하나님에 대한 부당한 비난을 삼가야 한다. 신자들에게 "사람마다 듣기는 속히 하고 말하기는 더디 하며 성내기도 더디 하라" (약 1:19)고 쓴 야고보는 혀의 속성을 잘 이해하고 있었다. 그 누구도 하나님을 법정에 세우고 대답을 요구하는 권한을 가질 수 없다(비교. 욥 9:20-21). "의인의 입은 지혜를 말하고 그 혀는 공의를 이르며" (시 37:30). 고난을 받을 때에라도 신자들은 진리를 말해야 하고, 하나님이 하시는 일을 이해할 수 없을 때는 침묵해야 한다.

특별히 환난을 당하는 사람은 어둠 가운데 있고 폭풍 속에서 하나님의 움직임을 분별하기가 어렵다. 혀를 절제하는 신자는 영적으로 성숙하며 자신의 전체 몸을 통제할 수 있음을 증명한다(약 3:2).

기도

하나님, 우리 아버지, 우리가 여러 가지 시련을 만나면 그것을 기쁨으로 여기도록 가르쳐주소서. 우리의 믿음의 시련이 인내를 만들어내, 우리로 성숙하게 하고 당신 앞에서 완전한 자로 서게 해준다는 것을 깨닫게 하소서. 주님, 신적인 지혜를 구하도록 우리를 가르치시고, 우리가 구하는 것을 주실 당신의 능력을 의심하지 않고 구하도록 도우소서. 의심하지 않고 우리의 모든 일에 흔들리지 않게 해주소서. 예수님의 이름으로 기도합니다. 아멘.

심층 연구

A. 패역(37절)

'패역', '범죄' (히. 페샤흐, peshah)는 문자적으로 빗나가다, 떠나다, 거역하다라는 의미를 지닌다. 패역은 하나님의 주권적 권위에 대항하는 고의적 행동이며, 그분의 백성들의 삶을 다스릴 그분의 권세를 인정하기를 거부하는 것이다. 반역은 단순히 자신의 죄악으로 상처를 입는 다른 사람들에 대한 것일 뿐 아니라, 궁극적으로는 항상 하나님에 대한 반역적 행동이다(비교. 삼상 12:13, 시 51:4).

B. 꺾다(24절)

'꺾다' 혹은 '부러뜨리다' (히. 라아, raa)는 내동댕이쳐져 깨어지거나 부서진다는 의미다(렘 15:12). 이 단어는 하나님이 의인들에게 고통스러운 심판을 가하시는 것에 대해 사용되고 있다(시 44:2, 슥 8:14). 엘리후는 하나님이 죄인들을 심판하신다는 것을 보이기 위해 비슷한 방식으로 라아를 사용했다.

C. 총명(16, 34절)

'총명' (히. 사칼, sakal)은 이해하다, 파악하다라는 뜻이다. 이 단어는 종종 하나님과 하나님의 만드신 것들에 대한 인간의 영적 이해와 관련해 사용되었다. 선지자 이사야는 이렇게 기록했다. "그들이 알지도 못하고 깨닫지도 못함은 그 눈이 가리워져서 보지 못하며 그 마음이 어두워져서 깨닫지 못함이라" (사 44:18, 비교. 시 14:2, 사 41:20). 여기서 부정적으로 사용된 이 단어는 마음으로 부패한 자들이 영적으로 눈먼 상태를 가리키고 있다.

고안

A. 엘리후의 책망(1-15절)

1. 내게 귀 기울이라(1-4절).
2. 너 자신에게 귀 기울이라(5-9절).
3. 내게 귀 기울이라(10-15절).

B. 엘리후의 견책(16-20절)

1. 네가 하나님을 정죄하느냐?(16-17절)
2. 네가 하나님을 교훈하느냐?(18절)
3. 네가 하나님을 비난하느냐?(19-20절)

C. 재조명하는 엘리후(21-37절)

1. 하나님은 모든 인간을 다 아신다(21-23절).
2. 하나님은 모든 인간을 다루신다(24-30절).
3. 하나님은 모든 심판을 결정하신다(31-37절).

토의 질문

1. 나는 경건한 조언자들의 조언을 수용하는가?

2. 나는 하나님의 공의를 의심하지 않는가?

3. 나는 성경과 일치하는 하나님관을 갖고 있는가?

욥기 35장

하나님이 대답하지 않으실 때

"하나님은 그리스도인에게 아무것도 거부하지 않으시지만,

더 좋은 것을 주고자 계획하실 때는 거부하신다."

- 리처드 세실(Richard Cecil)

들어가는 글

응답되지 않은 기도

달라스 신학교(Dallas Theological Seminary)의 저명한 교수인 하워드 헨드릭스(Howard Hendricks)는 그의 삶에서 응답되지 않은 기도의 축복에 대해 증언한다. 그가 미혼이었을 때 여러 어머니들이 자신을 딸의 신랑감으로 마음에 두고 있음을 알았다. 한 어머니가 어느 날 그에게 이렇게 말했다. "하워드, 자네가 나의 사위가 되기를 기도하고 있다는 것을 알았으면 하네." 그때 헨드릭스 박사는 말을 가로막고 약간의 놀림조로 이렇게 물었다. "당신은 응답되지 않은 기도에 대해 하나님께 감사해본 적이 있으신가요?"

욥의 인생의 이 시점에서 응답되지 않은 기도는 전혀 축복이 아니었다. 그의 수많은 탄원에도 불구하고 하나님이 응답하시지 않는 것은 그가 감당하기 힘든 짐이었다. 욥은 반복해서 하나님께 부르짖었지만 아무런 응답도 없었다. 하늘은 마치 육중한 놋쇠처럼 어떤 조짐도 없었다. 욥은 하나님 앞에서 자신을 변론할 수 있도록 해달라고 끈질기게 호소했지만 아무런 응답이 없었다. 계속해서 그는 천국의 하나님 앞에서 자신의 결백을 변호할 기회를 요구했다. 그러나 결석재판(default)에 의해 그 요청은 거부되었다. 그는 반복적으로 하나님께 기회를 호소했지만 위에서는 아무런 구원도 오지 않았다. 오직 침묵뿐이었다. 하나님의 이 침묵 때문에 욥은 하나님이 자신에 대해 무관심하시며 무정하시다고 결론지었다.

엘리후는 응답되지 않은 기도의 이 혼란스러운 신비에 대해 말한다. 욥이 경험한 하나님의 침묵은 하나님이 그의 곤궁에 대해 무관심해서가 아니었다. 오히려 그것은 하나님의 때가 항상 완벽하며 인간에 의해 변경될 수 없기 때문이었다(4-8절). 그래서 욥은 하나님을 기다려야 한다(14절b). 더욱이 욥의 교만과 그의 공허한 말 역시 하나님이 침묵하시는 원인이었다(12-16절). 욥이 죄악된 교만을 회개하고 비난하던 말을 철회해야 하나님은 그의 기도를 듣고 응답하실 것이다. 이 장에서 엘리후의 말은 고통스러운 시련에도 응답되지 않았던 욥의 기도에 대한 수수께끼를 설명하고 있다.

본문 이해

하나님이 대답하지 않으실 때

Main Idea	엘리후는 하나님이 자신의 결백에 대해 보상하지 않으신다는 욥의 비판에 대답한다.

A. 엘리후의 재인용(1-3절)

Supporting Idea	엘리후는 하나님의 공의를 부정한 욥의 말을 인용한다.

35:1-2. 이 장은 욥에 대한 엘리후의 세 번째 반론의 시작이다. 그는 욥의 말을 인용한 후 그를 반박하는 방식을 사용하며, 이것은 앞장들에서 보았던 접근법이다. 엘리후는 "네가 이것을 합리하게 여기느냐?" 라고 묻는다. 그는 자신의 고난이 의롭게 살았던 자신의 삶에 대해 자기가 받아야 할 직접적인 몫이 아니라는 욥의 주장을 재진술한다. 그 기준에 따르면 전혀 합리적이지 않다. 하지만 엘리후가 강조한 요점은 하나님이 주권자시며 그분은 자신의 기쁘신 뜻대로 하시는 분이라는 것이다. 욥은 "나는 하나님에 의해 혐의가 사라질 것이다" 라고 말했다. 다시 말해서 욥은 그의 결백한 삶의 증거를 하나님께 일단 제시하면, 하나님이 모든 혐의를 씻어주시고 고난에서 해방시켜주실 것이라고 주장했다.

35:3. (그러나 너는) 이르기를 유익이 무엇인고. 엘리후는 경건하게 살아도 하나님께 얻은 유익이 아무것도 없다는 욥의 불평을 재진술한다. 욥은 의롭게 살아도 아무런 유익이 없다고 불평했고, 이것은 그가 이미 했던 주장이었다(욥 21:15, 34:9). 그가 고통스럽게 인식하고 있듯이 그의 경건은 오직 비극과 상처만 안겨주었다. 욥의 관점에서는 하나님을 섬기는 데 아무런 대가가 없다. 범죄한 것보다 내게 이익이 무엇인고? 이러한 말들로 엘리후는 범죄하지 않은 것이 오직 고통과 수치스러운 생활만 안겨주었다고 생각하는 욥의 말을 더 인용하고 있다.

B. 엘리후의 반박(4-8절)

Supporting Idea	엘리후는 하나님은 주권자이시고 인간의 죄나 의로움에 영향을 받는 분이 아니라고 주장하며 욥의 말을 반박한다.

35:4. 욥의 말을 인용한(1-3절) 엘리후는 이제 세 친구들뿐 아니라 욥의 입장을 반박한다. 엘리후는 "내가 너와 및 너와 함께 있는 네 동무들에게 대답하리라"라고 선언한다. 그는 그들의 공허한 말과 거짓된 생각을 방치한 채 지나갈 수 없다. 그들의 잘못된 말은 수정되어야 한다.

35:5. 엘리후는 위를 가리키며 "너는 하늘을 우러러보라 네 위의 높은 궁창을 바라보라" 고 말한다. 다시 말해서 욥은 하늘의 보좌에 앉으셔서 통치하시는 하나님의 주권성에 시야를 재고정시켜야 한다. 하늘이 욥보다 높듯이 하나님의 위엄성은 그보다 훨씬 더 높다고 엘리후는 생각한다. "하늘이 땅보다 높음같이 내 길은 너희 길보다 높으며" (사 55:9).

35:6. 네가 범죄한들 하나님께 무슨 영향이 있겠으며. 엘리후가 강조하려는 내용은 하나님은 너무 높으시므로 인간이 그분의 계획에 아무 영향을 미치지 못한다는 것이다. 인간이 무슨 일을 하든 하나님의 거룩은 전혀 변함이 없다. 그의 영원한 목적은 인간의 반역적인 행동들에도 방해받지 않고 이루어진다. 네 죄악이 관영한들 하나님께 무슨 관계가 있겠으며. 이 질문은 관계가 없다는 부정적 대답을 함축하고 있다. 하나님은 인간의 죄에 거꾸로 영향을 받지 않으신다.

35:7. 반대로 인간의 의로움도 하나님께 아무런 영향을 미치지 않는다. 엘리후는 '네가 의로운들 하나님께 무엇을 드리겠으며' 라고 반문한다. 역시 그렇지 않다는 대답이 내포되어 있다. 하나님은 너무나 높으시고 높이 계신 분이므로 인간이 하는 어떤 행위도 그분께 영향을 미치지 않는다. 그가 네 손에서 무엇을 받으시겠느냐. 이 역시 마찬가지로 부정적 대답을 함축한 질문이다. 이 주장을 통해 엘리후는 하나님이 인간의 죄에 대해 무관심하다고 가르치려는 것이 아니다. 오히려 그가 제시하는 주장은 인간을 향한 하나님의 행동이 인간에 의해 좌우되는 것이 아니라 하나님이 결정하신다는 것이다. 하나님은 인간의 통제를 받지 않으시지만, 인간은 하나님의 통제를 받는다.

35:8. 인간의 죄에 영향을 받는 유일한 자들은 하나님이 아니라 자기 자신과 다른 인

간들이다. 네 악은 너와 같은 사람이나 해할 따름이요. 다시 말해, 인간의 선택과 인격은 자기 자신의 삶에 실제적인 영향을 미친다. 나아가 네 의는 인생에게나 영향을 미친다고 엘리후는 강조한다. 죄악된 행동들은 정도는 다르지만 항상 다른 사람들에게 영향을 미친다.

C. 엘리후의 견책(9-16절)

Supporting Idea	엘리후는 하나님이 고난당하는 자들을 정말로 위로하시며 돌보시지만, 이 일은 완전한 하나님의 때에 일어난다고 주장한다.

35:9. 엘리후는 욥처럼 압제당하는 사람들을 위한 하나님의 위로의 사역으로 논점을 이동한다. 사람은 학대가 많으므로 부르짖으며 인생의 무서운 채찍질로 고통을 당한다. 그들은 고통 중에 세력 있는 하나님의 팔에 눌리므로 도움을 부르짖는다. 오직 하나님만이 무거운 고통의 짐을 들어주실 수 있다.

35:10-11. 그러나 "나를 지으신 하나님이 … 어디 계신가" 말하는 자가 한 사람도 없구나. 다시 말해서 도움을 구하는 그들의 절규는 하나님을 두려워하는 믿음과 겸손에 뿌리 내린 간구가 아니라 고통에서 벗어나고자 하는 이기적인 호소일 뿐이다. 그러한 절망적인 곤경 속에서 사람들은 하나님이 사람으로 밤중에 노래하게 하시는 분임을 알지 못한다. 나아가 하나님은 우리를 교육하시며 땅의 모든 짐승보다 우리에게 더 지혜를 주시는 분이다. 하나님은 동물 왕국의 많은 짐승들보다 더 많은 은혜를 우리에게 주신다.

35:12. 그러한 자기 충족적인 인간들에 대해 하나님은 그들이 부르짖으나 응낙하지 않으신다. 그분은 그들의 고통과 위험에서 구원하지 않으신다. 엘리후는 그 이유가 자명하다고 주장한다. 그것은 악인의 교만을 인해서다. 인간의 그러한 우쭐대는 교만 때문에 하나님은 귀를 막으시고 등을 돌리신다.

35:13. 헛된 부르짖음은 마음의 겸손함과 낮아짐이 없으므로 하나님이 결코 듣지 아니하신다. 실상 전능자가 돌아보지 아니하신다. 이러한 기도들은 진실함과 자기 부정이 결여되어 있다. 하나님은 교만한 태도로 나아오는 자들을 대적하신다.

35:14. 이 원리를 욥에게 적용하며 엘리후는 "하물며 말하기를 하나님은 뵈올 수 없고 … 하는 너랴" 라고 말한다. 욥의 간구는 교만과 주장하는 태도에 뿌리를 두고 있었으므

로 하나님의 응답을 받지 못할 것이다. 엘리후는 욥이 기도를 드렸으므로 일의 시비는 그 앞에 있으니 너는 그가 자기 자신의 때에 행하시기를 기다려야 한다고 조언한다. 욥이 재촉하며 요구해도 하나님은 서두르지 않으실 것이다.

35:15. 더욱이 욥이 생각하는 것과 반대로 하나님이 그의 고난에 반응하시지 않는다고 해서 그것이 하나님이 그의 죄에 무관심하시다는 의미는 아니었다. 엘리후는 욥이 죄에 대해 하나님이 진노하심으로 벌을 주지 않으셨다고 생각해서는 안 된다고 본다. 그는 하나님이 인간의 횡포를 주시하지 않으신다고 생각해서도 안 된다. 하나님은 인간의 죄를 주시하시며 그 죄에 대해 심판하신다. 그러나 그분은 자기가 정하신 완전한 때에 그 일을 하신다. 하나님이 심판을 지체하신다고 해서 그것을 죄에 대한 하나님의 무관심으로 해석해서는 안 된다.

35:16. 요약하자면, 욥은 지혜가 결핍된 채 헛되이 입을 열었던 것이다. 그는 하나님께 수많은 원망을 했지만 모두 지식 없는 말이었다. 그는 하나님에 대해 사실이 아닌 것을 말하며, 악에 대해 아무런 조치도 취하지 않으신다고 비난했다(15절). 하지만 그것은 전혀 잘못된 비난이었다. 욥은 하나님에 대한 원망을 멈추고 오직 자신의 죄를 고백하는 데 입을 열어야 한다.

Main Idea 복습	엘리후는 하나님이 자신의 결백에 대해 보상하지 않으신다는 욥의 비판에 대답한다.

결론

마음에 감춰진 불순종

한 어린 소년이 땅에 담배 한 꾸러미가 있는 것을 발견하고 담배를 피워보기로 결심했다. 그는 집 근처의 공터로 가서 여러 차례 어설픈 시도 후에 담배 한 개비에 불을 붙이게 되었다. 담배는 그의 목구멍을 불탄 것처럼 만들었고, 그는 기침을 뱉어내었다. 그러나 그로 인해 그는 자신이 어른이 된 것 같았다. 그때 그는 아버지가 다가오는 것을 보았다. 재빨리 담배를 등 뒤로 감춘 소년은 아무렇지 않은 것처럼 행동했다. 아버지의 주의를 딴 데로 돌리려고 필사적으로 노력하던 어린 소년은 서커스 공연을 광고하는 근처의 광고판을 가리켰다. "아빠, 우리 저기 갈 수 있어요? 우리 동네에 오면 구경하러 가요." 그러자 아버지는 "아들아, 끔찍한 불순종을 숨기려고 하면서 부탁하는 일은 제발 하지 마라" 고 대답했다.

이 소년의 모습이 바로 욥이 보여준 그 모습이었다. 하나님 앞에 나가서 자신의 무죄를 항변하겠다고 요구하면서 그는 하나님을 향해 끔찍한 원망과 끓어오르는 분개심을 품고 있었다. 이러한 이유로 욥의 고통스러운 시련에는 응답되지 않은 기도의 신비가 숨어 있었다. 그의 마음이 하나님과 올바른 관계를 가질 때까지 욥의 삶의 환경은 결코 변화되지 않을 것이다. 울분에 찬 그의 마음은 하나님과 사랑의 교제를 나눌 달콤한 마음으로 바뀌어야 한다. 이런 일이 일어나지 않으면 고통이 계속 그의 삶을 지배하며 떠나지 않을 것이다.

삶의 적용

고백과 기도

성경은 응답되지 않은 기도에 대해 할 말이 매우 많다. 시편 기자는 "내가 내 마음에 죄악을 품으면 주께서 듣지 아니하시리라" (시 66:18)고 말했다. 죄는 간구의 기도를 할 수 없게 만든다. 죄가 마음에서 계속 곪게 놔두면 기도는 응답되지 않는다. 죄로 인해 분리의 장벽이 생긴다. 그것은 신자와 주님을 분리시키는 벽이다. 따라서 남편들은 '너희 기도가 막히지 아니하게' (벧전 3:7) 아내들과 서로 이해하며 살아야 한다. 가정에서 고백되지 않은 죄는 천국에서 응답되지 않은 기도로 이어진다. 강력한 기도의 결과가 일어나려면 개인적인 회개가 필수적이다.

한 개인이 기도의 능력을 체험하기 위해서는 죄의 고백이 필수적이다. 사도 요한은 "만일 우리가 우리 죄를 자백하면 저는 미쁘시고 의로우사 우리 죄를 사하시며 모든 불의에서 우리를 깨끗게 하실 것이요"(요일 1:9)라고 신자들에게 상기시켰다. 죄가 얼마나 사악한 것인지 하나님의 시각으로 죄를 바라보는 사람이 있다면, 하나님은 그와 자기 백성들 간의 교제를 회복시키실 것이다. 그러나 고백되지 않은 죄는 자기 백성들의 부르짖음에 하나님의 귀를 막게 할 것이다. 죄의 고백은 성공적인 기도 생활을 원하는 진지한 성도들에게 필수적이다.

기도

하나님, 우리 아버지, 우리로 걸어가도록 하신 길을 큰 인내로 감당할 수 있도록 가르치소서. 주님이 당신의 뜻의 계획을 따라 모든 일을 우리에게 선을 이루는 방향으로 역사하실 것을 확신하며 당신을 의지하는 법을 배우게 하소서. 주님, 당신의 아들 주 예수 그리스도의 의를 힘입어 겸손히 당신의 보좌 앞에 나아가는 우리의 기도를 들어주소서. 예수님의 이름으로 기도합니다. 아멘.

심층 연구

A. 학대(9절)

'학대' (히. 아슈킴, ashuqim)는 권세자들이 자신보다 더 낮은 사람들에게 가하는 폭정, 혹사, 혹은 부당한 대우를 가리킨다. 종종 이 학대는 고아, 과부, 가난한 사람들과 같은 약자를 대상으로 한다. 하나님은 학대의 그물을 엄격히 금지하셨지만(레 19:13, 신 24:14) 이스라엘은 자주 이것을 자행했다(겔 22:29, 암 4:1). 여기서의 학대(히브리어로 복수)는 하나님 자신에 의해 초래된 전체적인 학대를 가리킨다.

B. 시비(14절)

'시비' (히. 딘, din)는 구약에서 23번만 사용되었다. 이 단어는 재판, 소송 사건, 판결 혹은 다툼의 의미를 지닌다. 여기서는 하나님 앞에서 욥에 대한 판결을 가리켜 사용되고 있으며, 욥은 그것이 지체되는 것 같다고 생각한다. 이 단어는 욥기 이 외에는 2번 더 사용되었다(19:29, 36:17).

C. 진노하심(15절)

'진노' (히. 아프, ap)는 코와 콧구멍, 얼굴과 관련된 단어다. 거친 호흡은 종종 감정을 표현하는 데 사용된다. 종종 호흡이 거칠고 가빠지면서 화를 낼 때 콧구멍이 넓어진다. 여기서 이 단어는 자신을 모욕한 욥에 대한 하나님의 분노를 가리켜 사용되고 있다. 이 단어는 신적인 징계(시 6:1, 사 12:1)와 심판(삼하 6:7, 렘 44:6)으로 나타나는 하나님의 진노하심에 대해 자주 사용된다.

교안

A. 엘리후의 재인용(1-3절)

1. 엘리후는 욥의 생각을 인용한다(1-2절a).
2. 엘리후는 욥의 말을 인용한다(2b-3절).

B. 엘리후의 반박(4-8절)

1. 네 위에 있는 구름을 생각해보라(4-5절).
2. 네 마음의 선택들을 생각해보라(6-8절).

C. 엘리후의 견책(9-16절)

1. 인간은 하나님의 도움을 바란다(9절).
2. 인간이 하나님의 도움을 받는다(10-11절).
3. 인간의 요청에도 하나님은 침묵하신다(12-13절).
4. 너의 요청에도 하나님은 침묵하신다(14-16절).

토의 질문

1. 심한 고난을 당할 때 나의 태도를 점검해보는가?

2. 고난을 당할 때 내 마음에 하나님에 대한 원망이 자라도록 방치하지는 않는가?

3. 나의 시련이 하나님의 주권적 통치 아래 있음을 이해하는가?

욥기 36장

하나님은 위대하시며 선하시다

"새를 먹이시는 그가 그의 자녀들을 굶기시지 않을 것이다."

- 매튜 헨리(Matthew Henry)

들어가는 글

하나님의 선하심에 대한 묵상

잉글랜드 케임브리지의 홀리 트리니티 교회(Holy Trinity Church)의 목사로서 44년(1782-1836)간 시무했던 찰스 시므온(Charles Simeon)은 그의 제자들에게 심오한 영향을 미쳤다. 시므온의 사역을 통해 회심한 사람들 가운데 인도의 선구적 선교사인 헨리 마틴(Henry Martyn)이 있다. 이 저명한 목회자는 종종 제자들을 집으로 초청해 차를 마시며 담소를 나누었다. 그는 그들에게 영적인 진리에 대해 궁금한 점이 있다면 질문하라고 권했다. 한번은 "하나님과의 친밀한 교제를 어떻게 유지하십니까?" 라는 질문을 받았다.

시므온은 다음과 같이 대답했다. "하나님의 선하심과 우리의 죄로 인해 마땅히 받아야 할 심판에서 건짐을 입은 우리의 놀라운 구원을 끊임없이 묵상하는 것이라네. 이 두 가지를 항상 명심하면 우리는 우리의 걸음에 진전이 있는 것을 보게 될 걸세. 하나님의 임재를 느끼며 그분의 사랑을 경험하게 될 걸세. 그분의 은혜를 향유하고 그분의 은총을 소망하며 살게 될 걸세. 묵상은 우리의 성장과 은총을 위한 위대한 수단이라네."

욥은 하나님의 선하심을 묵상해야 할 필요가 있는 사람이었다. 확실히 그는 하나님의 위대하심에 초점을 맞추었다. 하지만 그는 하나님의 위대하심이 선하심과 병행하며, 하나님의 주권성은 연민과 병행하며, 위엄은 자비와 함께한다는 것을 깨달아야 했다. 하나님의 주권성은 사람들에게 불필요한 해를 가하는 독단적인 것이 아니다. 오히려 모든 만물에 대한 그분의 통치는 모든 사람에 대한 자비와 짝을 이룬다. 엘리후는 이 마지막 연설에서 욥에게 하나님의 선하심을 일깨워주며 희망을 제시한다. 그의 고난은 목적이 있었다. 욥은 하나님이 그의 유익을 위해 가르치고 계신 교훈을 배워야 한다. 주님은 곧 그의 생명과 영혼을 회복시켜주실 것이다.

본문 이해

하나님은 위대하시며 선하시다

Main Idea	엘리후는 욥에게 하나님의 선하심을 상기시킨다. 그분은 욥의 유익을 위해 자신의 위대하심을 사용하신다.

A. 엘리후의 호소(1-4절)

Supporting Idea	엘리후는 그의 메시지가 하나님께로서 온 것임을 확신하며, 욥이 자신의 말에 경청하기를 바란다.

36:1-2. 엘리후가 말을 이어 네 번째이며 마지막인 이 연설을 욥에게 한다. 이것은 욥이 회개하여 하나님께 돌아오도록 하기 위해 그에게 한 엘리후의 마지막 호소다. 욥이 주목하기를 바라면서 그는 "나를 잠깐 용납하라 내가 네게 보이리니 이는 내가 하나님을 위하여 오히려 할 말이 있음이라" 고 요청한다. 하나님의 속성과 성품에 대해서는 언제나 할 수 있는 말이 무궁하다.

36:3. 거룩한 진리를 말한다고 주장하며 엘리후는 '내가 먼 데서 지식을 취하고', 다시 말해서 하나님께로부터 지식을 얻는다고 강조한다. 세 친구들의 메시지와 달리 그의 메시지는 자기 자신이나 주변 문화에서 비롯된 것이 아니다. 그의 지혜는 이 세상이 아니라 먼 곳, 참으로 높은 천국에서 온 것이다. 엘리후는 "나를 지으신 자에게 의를 돌려보내리라" 고 단언한다. 완전한 공의의 하나님이신 그분은 오직 의로운 일만 하실 수 있다. 의(義)라는 본질적인 사상은 의로운 심판을 가리켜 성경 전반에서 사용되고 있다.

36:4. 자신의 말의 신뢰성을 입증하기 위해 엘리후는 "진실로 내 말이 거짓이 아니라" 고 말한다. 그의 말은 진리의 주이신 하나님께로부터 왔으므로 절대적으로 진리여야 했다. 그래서 그는 "지식이 구비한 자가 너와 함께 있느니라" 고 힘주어 말한다. 이것은 교만하고 자기 확신에 찬 주장이거나 아니면 하나님이 확신시켜주신 주장일 것이다. 아마 여기서는 후자에 해당할 것이며, 이것은 엘리후가 자신의 메시지의 출처가 하나님

이심을 확신한다는 의미다.

B. 엘리후의 주장(5-16절)

Supporting Idea	엘리후는 인간과의 관계에서 하나님의 권세와 공의를 확인해준다.

36:5. 모든 만물에 대한 하나님의 주권성에 대한 고차원적 시야를 가진 엘리후는, 하나님은 전능하시며 인간의 환경을 다스리고 인간사를 통치하실 수 있는 분이라고 자랑한다. 그러나 동시에 하나님은 아무도 멸시치 아니하신다. 그분은 자신의 권세를 남용하지 않으시고, 자기 백성들에게 가장 유익한 방향으로 사용하신다. 그는 전능하신 동시에 사랑이 충만하신 분으로서, 모든 것이 합력하여 자기 백성들의 선을 이루도록 역사하신다. 그러므로 하나님이 그 지능이 무궁하시다(그의 뜻이 확고하시다)는 사실은 우리가 수용해야 할 진리다. 하나님의 영원한 말씀과 주권적 뜻은 불변하며, 고정적이고, 인간이나 환경에 의해 변화되지 않는다.

36:6. 하나님은 완전한 공의로 악인을 살려두지 않으신다고 엘리후는 주장한다. 그분은 악인들의 죄를 심판하시며 그들의 죽음을 요구하신다. 이 진술은 악인들이 심판받지 않는다는 욥의 주장(욥 21:7)을 반박하기 위한 것이다. 오히려 하나님은 고난 받는 자를 위하여 신원하시며, 그들의 순종을 옹호하시고 보상해주신다.

36:7. 그렇게 하심으로써 하나님은 그 눈을 의인에게서 돌이키지 아니하시고 오히려 그들의 필요에 늘 관심을 가지신다(비교. 시 121:3-8). 이 주장은 욥이 앞에서 말한 것(비교. 욥 24:1-17)을 반박하고 있는 것 같다. 그분은 이 경건한 자들을 이생에서 왕과 함께 보좌에 앉히시고, 천국에서는 영원히 위에 앉히사 존귀하게 하신다(비교. 삼상 2:7-8, 벧전 2:9).

36:8-9. 혹시 그들이 누설에 매이거나 환난을 당한다면, 혹은 교만한 행위를 한다면 하나님은 그들에게 그들의 소행과 허물을 말해주셔서 회개할 수 있도록 하신다. 그래서 하나님은 시련으로 그들을 정결하게 하신다. 엘리후가 이러한 주장을 한 것은 하나님이 그에 대한 기소장을 제시하시지 않을 것이라는 욥의 주장(욥 31:35-36)을 반박하기 위해서인 것 같다.

36:10. 그러한 고난의 때에 하나님은 그들로 교훈을 듣게 하셔서 죄악에서 돌아오라고 명하신다고 엘리후는 주장한다. 하나님은 인간이 관심을 갖게 하시려고 시련을 사용하신다. 마음이 시련의 용광로에 녹아버린 사람보다 하나님의 건설적인 비판을 더 잘 받아들일 사람은 없다.

36:11-12. 역경의 불 속에서는 두 가지 반응이 가능하다. 첫째, 긍정적인 반응이다. 어떤 사람은 유순하여 회개하고 하나님께 순종할 태도가 되어 있을 수 있다. 만일 그들이 청종하여 섬기면 형통함과 만족을 누릴 것이다. 다시 말해서, 하나님이 그들의 순종에 보상하시고 그들을 축복하실 것이다. 둘째, 부정적인 반응이 있을 수 있다. 만일 그들이 하나님께 청종치 아니하고 불순종하면 하나님의 심판으로 망할 것이다. 그들은 이 시련을 통해 얻었어야 할 지식도 없이 죽게 될 것이다.

36:13-14. 어떤 사람들은 마음이 사곡한 자들로서, 이들에 대해서는 앞에서 하나님의 말씀에 청종하지 않는 자들로 언급된 적이 있다. 이 사람들은 분노를 쌓는다. 그들은 완전히 마음이 완악해져서, 하나님이 그들을 고난으로 속박하셔도 완악한 마음으로 회개하기를 거부하기 때문에 하나님께 도움을 구하며 부르짖지 않는다. 그래서 그들은 불순종에 대한 정당한 보응을 받는다. 그들은 젊어서 죽는다. 이방인 신당의 더러운 남창과 마찬가지로, 인생의 전성기에 때 이른 죽음을 당한다. 경건치 않은 자들은 죽음으로 하나님의 심판을 맞는다.

36:15. 엘리후는 예리한 통찰로 이 단락을 마무리한다. 일단 하나님이 가르치기 원하시는 것들을 배우게 되면 하나님은 곤고한 자를 그 곤고할 즈음에 구원하신다. 학대당할 즈음에 그 귀를 여시나니. 다시 말해서 하나님은 그들을 훈련하고 불필요한 것들을 버리고 정결하게 하며 회개에 이르도록 하기 위해 고난을 사용하신다.

36:16. 엘리후는 이 모든 진리를 욥에게 직접적으로 적용한다. 하나님은 너를 곤고함에서 이끌어내신다고 그는 말한다. 엘리후는 이 희망을 욥에게 제시하며, 그의 고난의 끝이 가까워오고 있다는 자신의 확신을 표현한다. 하나님은 사랑과 자비로 자기 백성들을 자기에게로 다시 돌아오게 하신다. 궁극적인 하나님의 구원은 실재한다. 이 구원은 좁지 않고 넓은 곳으로 옮기려 하는 것, 혹은 이 예속적인 곤경에서 벗어나게 하는 것으로 보일 것이다. 그러나 이것은 하나님의 완전한 때에 일어날 것이다. 욥은 하나님이 앞으로 주실 위로를 경험할 것이다. 이것은 그가 다시 여유를 즐기며 살진 것을 먹을 때

가 오고 있음을 말한다.

C. 엘리후의 훈계(17-23절)

Supporting Idea	엘리후는 욥에게 시련에 대해 배우고 성숙하게 하며 정결하게 만드는 하나님의 수단으로 바라보며 인내하는 태도로 고난의 교훈을 배우라고 훈계한다.

36:17-19. 이제는 네가 회개할 때까지 악인의 받을 벌이 네게 가득하다고 엘리후는 훈계한다. 하나님의 공의의 결과인 이 심판은 욥을 붙들고 놓지 않았고, 그는 그것을 피할 수 없었다. 엘리후는 하나님이 그를 징계하고 계신다고 단언한다. 이 시련을 통해 배워야 할 한 가지 교훈은 재물이나 뇌물을 신뢰해서는 안 된다는 것이다. 모든 암시들을 볼 때 욥은 결코 자신의 재물을 신뢰하지 않았다. 이 시련에서 욥이 견딜 수 있는 힘은 재물과 노력이 아니다. 오직 하나님만이 이 시련이 끝날 때까지 그를 붙들어주실 수 있다는 의미가 암시되어 있다.

36:20-21. 욥은 하나님이 이 고난을 통해 그에게 가르쳐주시기 원하는 것을 피하려고 죽음의 밤을 사모해서는 안 된다. 욥은 그의 경험과 관련된 인생의 교훈들을 배워야 하며, 이 시련의 때를 서둘러 빠져나가려고 해서는 안 된다. 그래서 엘리후는 이 개인적인 위기 속에서 삼가 악으로 치우치지 말라고 말한다. 오히려 욥은 환난을 더 선호하는 듯한 교만한 자기 신뢰라는 죄에 의지하지 않고 겸손히 회개하며 하나님께 돌아가야 한다.

36:22. 엘리후는 모든 만물에 대한 하나님의 위대성을 다시 한 번 강조한다. 궁극적으로 이것은 시련 중에서 상처입고 고통스러워하는 모든 영혼들에게 진정하고 유일한 힘이다. 하나님은 그 권능으로 큰 일을 행하시며, 욥을 고통에서 구원하실 수 있다. 그러나 그러한 구원은 배워야 할 교훈들을 적용할 때만 이루어질 것이다. 누가 그같이 교훈을 베풀겠느냐? 대답은 아무도 없다는 것이다. 오직 하나님만이 인생의 비극들을 통해 인간들에게 심오한 교훈을 가르치실 수 있다.

36:23. 누가 그를 위하여 그의 길을 정하였느냐? 어떤 길을 택해야 할지 하나님을 가르친 이는 아무도 없다. 그러나 하나님은 모든 사람들에게 교훈을 주신다. 그러므로 욥

이 하나님께 무엇을 할지 어떻게 말할 수 있겠는가? 마찬가지로 어떤 이도 "주께서 불의를 행하셨나이다"라고 하나님께 말할 수 없다. 오직 하나님만이 옳은 것을 행하시고 말씀하실 수 있기 때문이다. 그러므로 욥은 하나님의 말씀에 귀 기울이고, 주님을 가르치려 할 것이 아니라 주님께로부터 배워야 한다.

D. 엘리후의 확언(24-33절)

Supporting Idea	엘리후는 욥에게 하나님의 위대하심과 선하심을 확언한다. 그분은 모든 만물을 다스리시고 모든 것을 돌보시는 분이다.

36:24-25. 엘리후는 계속해서 하나님의 위대하심을 욥에게 강조한다. 그는 "너는 하나님의 하신 일 찬송하기를 잊지 말지니라"고 말한다. 하나님의 하신 일은 항상 완벽하고 공의로우며 목적이 있다. 사람들은 온 지구 가운데 나타난 그러한 놀라운 섭리에 대해 노래로 하나님을 찬양하였다. 엘리후는 하나님의 놀라운 위엄을 언급하며, '그 일을 모든 사람이 우러러 보나니' 라고 확인한다. 그들은 모든 피조물들을 통해 드러나는 하나님의 놀라운 사역을 모두 보았다. 그것은 참으로 장엄하여 도처의 사람들이 먼 데서도 그것을 볼 수 있었다.

36:26. 엘리후의 교훈의 핵심은 하나님은 크시니 우리가 그를 알 수 없다는 것이다. 욥이 하나님을 개인적으로 안다 하더라도 그분의 거룩한 영광의 충만함을 이해하기에는 그의 능력은 너무 부족했다. 하나님의 길은 인간의 길보다 너무나 높다. 그 연수를 계산할 수 없느니라. 하나님의 영원성은 이해될 성질의 것이 아니다. 무한하신 하나님은 유한한 인간에게 이해될 수 없는 분이다.

36:27-28. 엘리후는 하나님의 무한한 위대하심이 자연에 대한 그의 권세, 특히 폭풍우에서 드러난다고 주장한다. 그러나 하나님의 전능성 역시 인간의 유익을 위해 사용된다. 이 주권적 통치자가 물을 가늘게 이끌어 올리신즉 그것이 안개 되어 비를 이룬다. 엘리후는 증발, 응축, 강수라는 다양한 단계로 된 물의 순환에 대한 통찰력을 드러낸다. 엘리후는 물의 순환에 나타난 하나님의 통치를 인식하였다. 그것이 공중에서 내려 사람 위에 쏟아지느니라. 이것은 하나님의 풍성한 선하심과 인간에게 주시는 축복에 대한 생생한 표현이다.

36:29. 그러한 하나님의 능력은 강력하고 신비하다. 구름의 페임과 … 누가 능히 깨달으랴. 아무도 깨달을 자가 없다. 기후를 주장하시는 하나님의 주권적 통치가 어떻게 이루어지는지 이해할 수 있는 개인은 한 사람도 없다. 혹은 그의 장막의 울리는 소리를 누가 능히 깨달으랴. 또다시 그러한 기상학적 작용을 이해하기에는 인간의 이해력은 제한되어 있다. 그렇다면 욥이 영적인 영역에서 일어나는 하나님의 역사를 어떻게 이해하는 척할 수 있는가? 당연히 그는 이해할 수 없다.

36:30. 그가 번개 빛으로 자기의 사면에 두르시며, 자기의 거룩한 기쁨과 계획에 기여하게 하며 바다 밑도 가리우심을 보라. 번개는 수평선을 번쩍거리는 빛으로 비추어 바다의 깊은 곳을 밝힌다. 하나님만이 자연의 폭풍을 다스리신다. 마찬가지로, 그분만이 영적인 폭풍을 다스리신다.

36:31. 그러한 능력과 목적을 가지고 또한 이런 것들로 만민을 징벌하신다. 그분의 섭리의 역사는 위대하고 은혜로우며 강력하고 신비롭다. 그 역사들은 인간의 제한된 이해 능력을 초월한다. 그러한 통치를 통해 하나님은 식물을 풍비(豊備)히 주신다. 이것은 풍작을 이루도록 필요한 물을 공급하는 폭풍우의 결과다. 하나님은 자신의 능력을 결코 남용하지 않으시며, 오히려 인간의 유익을 위해 사용하신다.

36:32. 생생한 시각적 유비를 사용해 엘리후는 하나님이 자신의 정한 목적을 이루기 위해 번개 빛으로 그 두 손을 싸신다고 선언한다. 그렇게 해서 그는 신적인 명령으로 그것을 명하사 푯대(목표물)를 맞추게 하신다. 그것은 번개가 칠 곳까지 정확히 정하시는 전능하신 하나님의 섭리적 능력이다. 인생의 폭풍에도 동일한 사실이 적용된다.

36:33. 그 울리는 소리가 풍우가 가까이오고 있음을 알리며 멀리서 들린다. 그것 역시 하나님이 보내시는 것이다. 육축에게까지 그 올라오는 것을 표시하느니라. 더 정확히 말해 가축들도 그것이 다가오는 것을 인지한다. 욥은 그 자신의 인생에서 동일한 사실을 인정해야 하지 않겠는가?

Main Idea 복습	엘리후는 욥에게 하나님의 선하심을 상기시킨다. 그분은 욥의 유익을 위해 자신의 위대하심을 사용하신다.

결론

하나님의 선하심에 압도되다

약 1세기 전 알렌 가디너(Allen Gardiner)라는 선교사는 비극적인 사건을 당해 익사했다. 그의 시체가 해변의 전복된 배 근처에서 발견되었을 때 그의 일기장도 발견되었다. 그 일기장에는 그가 경험한 굶주림, 궁핍, 박해, 고난에 대한 내용이 계속 반복적으로 기록되어 있었다. 그러나 그 일기장의 마지막 제목은 바로 이러했다. "나는 하나님의 선하심에 대한 의식으로 압도되어 있다!"

욥에 대한 엘리후의 훈계는 하나님이 자기 백성들에게 선하시며, 자신의 영광과 우리의 선을 위해 그분의 위대하심을 행사하신다는 내용이었다. 신자들이 겪는 수많은 고통스러운 경험에도 불구하고, 그 모든 것을 넘어서는 것이 하나님의 선하심이다. 그분은 우리에게 계속해서 축복을 부어주신다. 하나님은 항상 선하신 분이다. 그러므로 인생의 낙담 속에서도 그분을 신뢰하도록 하자. 그분은 결코 능력을 남용하지 않으시고, 항상 자기 백성들의 향상과 축복을 위해 사용하신다는 것을 기억하도록 하자.

삶의 적용

의인을 높이시다

시련과 고난은 종종 한 인간의 인생관을 왜곡시키고 절망과 무기력함에 빠져들게 한다. 고난당하는 자는 하나님이 의인들을 보좌에 앉히시며 그들을 영원히 높이실 것이므로 가장 좋은 일은 아직 이루어지지 않았음을 기억해야 한다(비교. 욥 36:7). 주님은 시편 91편 14절에서 이렇게 약속하셨다. "저가 나를 사랑한즉 내가 저를 건지리라 저가 내 이름을 안즉 내가 저를 높이리라." 주의 이름 안에 피하는 자들은 하나님의 사랑을 폭포수처럼 받을 것이며, 불같은 시련에서 건짐을 받을 것이다. 하나님은 의인들을 높이실 것이다. 그분만이 '죽이기도 하시고 살리기도 하시며 … 가난하게도 하시고 부하게도 하시며 낮추기도 하시고 높이기도 하시는도다 … 그가 그 거룩한 자들의 발을 지키실' (삼상 2:6a, 7, 9a) 것이다. 하나님은 당신의 인생의 모든 환경들을 다스리신다. 무슨 일이 일어나더라도, 죽음이든, 삶이든, 재물이든, 비극이든, 하나님이 당신을 지키시고 보호해주실 것이다.

고난을 당할 때 의인들은 하나님을 의지하고, 그분이 그들을 높이실 것을 기억해야 한다. 하나님은 그분의 때에 짓밟힌 자들을 높이시고, 이 세상에서든(비교. 욥 42:10-17) 저 세상에서든, 고난을 통해 잃은 것들을 더 풍성하도록 회복시켜주실 것이다. 그러므로 의인들은 하나님의 전능하신 손 아래 겸손히 엎드림으로 그분의 정하신 때에 그들을 높여주시도록 해야 한다(벧전 5:6). 당신이 큰 고난 중에 있다면 힘을 내기 바란다. 하나님이 당신을 높여주실 것이기 때문이다. 하나님이 자기 백성들의 부르짖음을 들으시고 때가 되면 그들을 구원하실 것을 확신하라.

기도

하나님, 우리 아버지, 당신은 참으로 강하시고 당신의 뜻을 분명히 이루시는 분이십니다. 당신은 의인들을 축복하시고 악인들을 심판하십니다. 당신만이 모든 잘못된 것들을 공의로 바로 세우실 수 있습니다. 당신만이 하늘과 땅의 권세를 가지고 계십니다. 당신이 의인들을 외면하지 않으시고 항상 자기 백성들의 곤궁을 보고 계심을 기억하게 하옵소서. 당신의 아들, 주 예수 그리스도를 통해 우리에게 전가해주신 당신의 의로 인해 감사드립니다. 예수님의 이름으로 기도합니다. 아멘.

심층 연구

A. 거짓(4절)

'거짓' (히. 쉐케르, sheqer)은 진리나 사실에 근거한 것이 아니기 때문에 기만적이고 거짓된 행동이나 말에 대해 사용된다. 시편 기자는 이 단어를 이유 없이 자신을 비방하는 자들을 가리켜 사용했다(시 69:4). 잠언에서 쉐케르는 거짓말하는 입과 혀(잠 26:28), 부정적인 수단으로 얻은 음식(잠 20:17)을 가리켜 사용된다. 토라에서 이 단어는 거짓 증인(신 19:18)과 위증(레 19:12)에 대해 사용되며, 스가랴서에서는 거짓 맹세(슥 5:4, 8:17)에 대해 사용된다. 예레미야는 쉐케르라는 단어를 거짓 예언을 한 거짓 선지자들을 기소하기 위해 사용했다(렘 5:31, 23:32, 29:9). 여기서 이 단어는 욥에 의해 친구들의 중상과 근거 없는 주장을 비판하는 데 사용되고 있다.

B. 환난(8, 15, 21절)

'환난' (히. 오니, oni)은 비참, 낙심, 혹은 괴로움을 의미한다. 이 단어는 환난으로 인한 고통의 상태를 표현하기 위해 사용된다. 이 단어는 욥기(10:15, 30:16, 27)와 수많은 구약 구절(창 16:11, 출 3:7, 삼상 1:11, 왕하 14:26, 시 9:13, 애 1:7)에서 발견된다.

C. 잡다(17절)

'잡다' (히. 타마크, tamak)는 구약에서 20번 사용되었고, 파악하다, 붙잡다, 지지하다, 지탱하다, 혹은 유지하다라는 의미가 있다. 이 단어는 종종 도덕적 문제와 영적 진리와 관련해 사용되었다. 여기서는 적들의 대적을 받은 다윗이 하나님께 받았던 내적인 지지를 가리켜 사용되고 있다. 하나님은 이 시련에서 그의 도움이 되실 것이다. 이 단어는 하나님이 강하게 하심으로 그가 거룩함으로 걸을 수 있을 것이라는 의미에서,

다윗이 '주께서 나를 나의 완전한 중에 붙드시고' (시 41:12)라고 주님께 기도할 때 사용했다. 다윗은 '나의 걸음이 주의 길을 굳게 지키고' 라는 시편 17편 5절에서 타마크라는 단어를 사용했다. 이 단어는 심지어 오실 메시아를 확인하시고(사 42:1) 의로운 자기 오른손으로 이스라엘을 붙드시는(사 41:10) 하나님을 가리켜 사용되기도 했다. 이러한 진술들은 하나님의 다스리시는 힘의 의미를 전달한다. 여기서는 하나님의 심판과 공의를 가리켜 엘리후가 사용하고 있으며, 엘리후는 하나님의 심판과 공의가 분명히 욥을 제압하실 것이라고 믿었다.

교안

A. 엘리후의 호소(1-4절)

1. 나는 하나님에 대해 할 말이 더 있다(1-2절).
2. 나는 하나님이 말하도록 주신 말이 더 있다(3-4절).

B. 엘리후의 주장(5-16절)

1. 하나님은 능력을 행하신다(5절).
2. 하나님은 공의를 보호하신다(6절).
3. 하나님은 의인들을 높이신다(7절).
4. 하나님은 성결을 추구하신다(8-16절).

C. 엘리후의 훈계(17-23절)

1. 너는 조바심을 삼가야 한다(17-18절).
2. 너는 자기 신뢰를 버려야 한다(19-21절).
3. 너는 하나님의 우월하심을 바라보아야 한다(22-23절).

D. 엘리후의 확언(24-33절)

1. 인간은 하나님의 위대하심을 이해할 수 없다(24-26절).
2. 하나님의 위대하심은 자연 속에서 드러난다(27-33절).

? 토의 질문

1. 나는 시련을 당할 때 위로를 얻기 위해 하나님의 말씀을 의지하는가?

2. 하나님이 의인들의 곤궁에 관심을 갖고 계심을 믿는가?

3. 나는 내 인생에 대한 하나님의 계획이 신비에 싸여 있다는 진실을 수긍하는가?

욥기 37장

하나님이 여전히 다스리신다

"신적인 주권성의 교리보다 자기 자녀들에게 위로가 되는 하나님의 속성에 대한 진리는 없다."

- 찰스 스펄전(Charles Haddon Spurgeon)

들어가는 글

누가 책임자인가?

미국의 40번째 대통령인 로널드 레이건(Ronald Reagan)은 1981년 존 힝클리(John Hinckley)의 암살 기도로 총에 맞았다. 혼란이 계속되는 가운데 백악관은 큰 혼동에 빠졌다. 가라앉지 않는 질문은 "누가 지금 실제적인 책임자인가?"라는 것이었다. 당시 부통령이었던 조지 부시(George Bush)는 부재중이었다. 그 당시 국무장관이며 전 나토 사령관인 알렉산더 헤이그(Alexander Haig)는 지도력의 공백을 메우기 위해 그 책임을 자신이 떠안았다. 생중계되는 텔레비전 카메라 앞에 선 헤이그는 이제 유명해진 말을 하였다. "이 시점에서 여기 책임자는 저입니다." 그러나 그의 말은 틀렸다. 국무장관은 서열상 대통령 다음이 아니었다.

우주의 책임자가 누구인가와 관련해 동일한 혼란이 오늘날 많은 사람들을 지배하고 있다. 하나님은 인간사를 다스리고 계시는가? 혹은 각 개인이 온갖 인생에 수반되는 사건들과 더불어 인생에서 자기 자신의 운명을 결정짓고 있는가? 사탄이 우주의 통치자가 될 가능성이 있는가? 운명에 대해서는 어떤가? 어떤 맹목적이고 비인격적 힘이 환경의 순서를 고정해놓았는가? 누가 혹은 무엇이 우주의 책임자인가?

알렉산더 헤이그의 잘못된 진술과 매우 비슷하게 오늘날 많은 사람들이 세계에 대한 통치권이 하나님이 아닌 각 사람과 각 사물에 있다고 생각한다. 하지만 사실은 하나님이 이 모든 만물의 통치자다. 그분만이 이 우주를 다스리시며 모든 살아 있는 인간의 현재적 조건과 미래적 운명을 결정하신다. 이것이 성경의 메시지다. 우리의 주님은 자기의 영광과 자기 백성들의 선을 위해 모든 사건과 환경을 다스리고 계신다.

욥기 37장의 이 네 번째이자 마지막인 엘리후의 연설은 욥의 고난 중에서 이 기념비적 진리를 강조하고 있다. 자연의 폭풍우를 다스리는 동일한 하나님이 인생의 폭풍을 다스리신다. 그러므로 욥은 모든 것이 합력하여 선을 이루도록 하시는 하나님(롬 8:28)을 믿고 신뢰해야 한다. 이것은 엘리후가 욥에게 준 원대한 진리와 소망의 원천이다. 그것은 하나님의 백성들의 마음을 강건하게 하는 메시지다.

본문 이해

하나님이 여전히 다스리신다

Main Idea	엘리후는 욥의 인생에 대한 하나님의 신적 주권성을 가르치기 위한 수단으로서 자연 속에 나타난 하나님의 강력한 권능을 선언한다.

A. 하나님은 뇌우를 다스리신다(1-5절)

Supporting Idea	엘리후는 욥의 인생에 일어난 사건들에 대한 하나님의 권세를 보이기 위해 천둥을 통한 하나님의 능력을 묘사한다.

37:1. 엘리후는 자연, 특히 뇌우에 나타난 하나님의 강력한 능력에 대한 깊은 경외감에 사로잡힌다. 그는 '이로 인하여' - 자연에 대한 하나님의 주권적 통치에 대한 생각을 가리킴 - "내 마음이 떨며 자기 처소에서 떠나느니라" 라고 말한다.

37:2-3. 엘리후는 하나님의 음성, 곧 그 입에서 나오는 천둥(4절)의 소리를 들으라 들으라고 말한다. '듣다' 에 해당하는 히브리어는 복수 형태로, 욥뿐 아니라 세 친구들도 여기서 경청의 대상이 된다는 것을 암시한다. 그러나 대부분의 경우, 이 표현은 욥을 향한 것이다. 그는 천둥에 나타난 하나님의 능력을 듣고 깨달으라고 권고한다. 그러한 폭풍을 통해 하나님은, 폭풍이 그분의 명령에 순종해 하늘을 가로지르며 번쩍거리는 것처럼 그 소리를 천하에 퍼뜨리신다. 그는 신적 명령을 내려 번개 빛으로 땅 끝까지 이르게 하신다.

37:4-5. 그리고 나서 번개가 친 후 음성(크고 심히 울리는 천둥)을 발하신다. 귀를 찢는 듯한 이 천둥, 위엄의 울리는 음성을 내시고 아무것도 금치 않으신다. 이 폭풍 속에서 하나님의 음성은 우레 소리처럼 울리고 인간의 귀에 울려퍼진다. 그러한 하나님의 능력은 우리로서는 헤아릴 수 없는 것이다. 하나님의 권능의 모든 수단을 인간은 이해할 수 없다.

B. 하나님은 눈보라를 다스리신다(6-10절)

Supporting Idea	엘리후는 눈보라와 폭우, 진눈깨비에 나타난 하나님의 능력을 선언하며, 욥의 인생에 대한 하나님의 총체적 다스림을 보여준다.

37:6. 초점을 눈보라로 이동한 엘리후는 욥에게 하나님의 경이로운 능력을 증명하지만, 이번에는 다른 실물 교재를 사용한다. 하나님은 눈에게 "땅에 내리라" 말씀하시고 눈은 순종한다. 그분은 비를 향해 "그같이 내리라"고 명령하시고 그 일은 이루어진다. 오직 하나님만이 자신의 피조물에 대해 그러한 무한한 능력을 행사하신다.

37:7-8. 강설이나 폭우는 각 사람이 들판에서 일을 못 하게 할 수 있고, 이로 인해 하나님에 대한 그들의 의존성이 드러난다. 인류는 하나님의 주권적 통치를 받는 날씨에 복종해야 한다. 야외 생활에 적합한 짐승들도 험한 날씨에는 숨는 곳으로 들어가서, 하나님의 능력에 그들의 생활이 일시적으로 중단된다. 이것이 욥에게 함의하는 뜻은 그 역시 숨는 곳으로 들어가야 한다는 것이다.

37:9-10. 하나님의 명령에 따라 북방에서는 매서운 찬 기운이 이를 뿐 아니라, 남방 밀실에서는 광풍이 이르러 하나님의 전능하심을 드러낸다. 날씨의 배후에는 자연을 다스리시는 하나님이 계신다. 자연은 그분의 명령에 복종한다. 하나님의 부시는 기운은 얼음을 얼게 하는 차가운 바람과 넓은 물(물의 넓이, 즉 시내와 강)에 대한 메타포다. 혹한의 이 얼어붙은 날씨는 인생의 고통스러운 계절들이 궁극적으로 인간의 선을 위해, 하나님의 명령에 따라 온 것임을 욥에게 상기시킨다.

C. 하나님은 폭풍우를 다스리신다(11-13절)

Supporting Idea	엘리후는 욥이 경험했던 것처럼, 비구름이 인간의 유익을 위해 하나님이 보내신 것이라고 묘사한다.

37:11-12. 주권적 명령으로 하나님은 습기로 빽빽한 구름 위에 실으신다. 나아가 그는 번개 빛의 구름을 널리 펴시고 이 구름들을 가볍게 하신다. 하나님은 명령으로 이 구름들을 채우시고 비우신다. 구름이 인도하시는 대로 하늘에서 두루 행하나니 이는 무릇 그의 명하시는 것을 이루려 하기 위해서다. 이것이 강조하는 핵심은 하나님은 또한 인생

의 폭풍들도 다스리신다는 것이다. 구름처럼 하나님은 인생을 슬픔으로 채우신 후 인생에서 다시 고통을 비워주신다. 여기에 욥을 위한 소망의 메시지가 있다. 그의 인생에 고난을 주셨던 하나님이 또한 그것을 제거해주실 하나님이시다. 엘리후는 이 시련이 오직 잠시 동안 있을 것이며, 곧 지나갈 것임을 암시하고 있다.

37:13. 이러한 폭풍들에 대한 통제는 의도성이 있으며, 결코 무작위적인 것이 아니다. 하나님은 징벌이나 혹은 좋은 것들을 제공하시기 위해서 인간의 삶에 대한 자신의 목적에 따라 그것들을 이용하신다. 때로는 땅에 홍수를 일으키고 농작물을 망치며 인간의 생명을 빼앗아가는 "징벌을 위하여 … 구름으로 오게 하시느니라" 고 엘리후는 말한다. 혹은 반대로, 그분은 땅을 적셔서 긍휼을 베푸시기 위해, 때로 여름의 더위를 식히고 농작물을 자라게 하며 인간에게 식량을 주시기 위해 구름을 오게 하신다. 폭풍의 두 용도, 즉 꾸짖기 위해서든, 축복하시기 위해서든 모두 하나님의 주관 아래에 있다.

D. 하나님은 모든 폭풍을 다스리신다(14-18절)

Supporting Idea	엘리후는 욥에게 다양한 피조물에서 발견되는 하나님의 경이로운 일들에 대해 설명해보라고 재촉한다.

37:14. 그러한 신적이고 주권적 권능에 비추어볼 때 욥은 이 심오한 진리를 신중하게 들어야 한다. 그는 가만히 서서 하나님의 기묘하신 일을 궁구해야 한다. 욥은 모든 것을 멈추고 인간의 실존에 대한 하나님의 경이로운 능력을 묵상해야 한다. 욥은 하나님이 땅에서 기묘한 일들을 행하시는 하나님이심을 깨달아야 한다.

37:15. 엘리후는 연달아서 수사학적 질문들을 제기하는데(15-18절), 각 질문은 욥이 하나님과 그의 주권성을 바라보게 되도록 의도되었다. 이러한 각 질문들에 내포된 대답은 하나님이 인간 이해를 초월해 역사하신다는 것이다. 하나님이 어떻게 이런 것들에게 명령하셔서 그 구름의 번개 빛으로 번쩍번쩍하게 하시는지 네가 아느냐? 물론 욥은 이러한 심오한 현상들을 다 이해하지 못한다. 그는 하나님의 기이한 행적의 일부를 볼 수 있지만, 그것들을 이해할 수는 없다. 욥의 고난에도 동일한 사실이 적용된다. 그는 하나님이 그의 환경을 주관하신다는 사실을 눈으로 직접 보았지만, 그의 인생을 위한 하나님의 계획 속에서 그것이 어떤 식의 역할을 하는지 파악할 수 없다.

37:16. 엘리후는 계속해서 "구름의 평평하게 뜬 것과 …을 네가 아느냐?"라고 재촉한다. 욥은 마땅히 생각해야 함에도 불구하고 이 사실의 위대함을 생각해보지 않았다. 그는 머리 위에 있는 구름을 볼 수 있었고, 그 구름의 징벌 효과와 혜택을 경험했다(13절). 하지만 그것들을 다 이해했는가? 욥의 유한한 이해력과 제한적이고 불완전한 머리로는 지혜가 온전하신 자의 기묘한 일을 결코 파악할 수 없다. 하나님은 인간의 유한한 이해를 초월해 자신의 주권적 뜻을 행사하신다.

37:17-18. 엘리후는 이 핵심적 사실을 더욱 강조하며 욥에게 말한다. "남풍으로 하여 땅이 고요할 때에 네 의복이 따뜻한 까닭을 네가 아느냐?" 욥은 여름의 태양과 사막에서 불어오는 시로코 열풍에 피부를 태웠다. 엘리후의 탐색을 위한 다음 질문은 네가 능히 그와 함께하여 부은 거울 같은 견고한 궁창을 펼 수 있느냐는 것이었다. 고대의 거울은 청동으로 만들어져서 깨어지지 않았다. 청동 거울 같은 하늘은 사람을 지치게 하는 여름 더위를 묘사한 것이다.

E. 하나님은 인생의 폭풍을 다스리신다(19-24절)

Supporting Idea	엘리후는 하나님의 주권성을 욥의 삶에 적용하고 경외함으로 하나님께 복종하라고 요청하며 긴 연설을 요약한다.

37:19. 엘리후는 인간은 하나님 앞에서 자신의 무죄를 항변할 수 없다고 욥에게 말함으로써 변론의 결론을 내린다. 이것은 인간이 하나님의 길에 대해 무지한 채 살기 때문이다. 욥이 자신을 항변하기 위해 하나님 앞에 나아갈 수 있으려면, 우리가 그에게 할 말을 너는 우리에게 가르쳐야 할 것이라고 엘리후는 도전한다. 욥이 하나님 앞에서 자신의 억울함을 강조할 수 있기 위해서 하나님께 무엇이라고 말할 것인가? 우리는 어두워서 진술하지 못하겠노라. 욥은 하나님과 천국과 이질적인 세계에 살고 있으므로 그것을 이해할 수 없을 것이다.

37:20-21. 인간은 하나님의 섭리의 신비에 대해 무지하다. 인간이 하나님께 말하고 싶은 것을 고한다면 인간은 삼키우고 말 것이다. 하나님께 도전하거나 대항하는 일은 반드시 죽음으로 마무리될 것이다(비교. 출 33:20). 엘리후는 하나님께 할 일을 지시하는 교만함을, 태양을 정면으로 보다가 눈이 멀게 되는 경험과 비교한다. 그 누구도 오랫동

안 궁창의 광명을 볼 수 없고, 분명하게 응시할 수 없다. 욥 역시 하나님을 바라볼 수도 이해할 수도 없을 것이다.

37:22. 금빛 광채에 싸여 영광 가운데 오시는 하나님을 바라보는 것은, 태양을 정면으로 바라보는 것보다 더 심하게 눈 멀게 할 것이다. 하나님께는 창조물에 나타난 그분의 계시를 능가하는 두려운 위엄이 있다.

37:23. 전능자를 우리가 측량할 수 없나니. 우리는 그분을 이해할 수도 없고, 그분과 논쟁하거나 그분을 지배할 수 없다. 그분은 자신이 만든 모든 것을 정하신 목적대로 다스리시며 권능이 지극히 크신 분이다. 그러한 절대적 주권성 때문에 인간이 그의 학대를 받을까 두려워할 필요가 없다. 하지만 하나님은 오직 의로운 일만 행하실 수 있음을 알아야 한다. 심판이나 무한한 공의를 굽히지 아니하시는 하나님을 온전히 신뢰할 수 있다. 그분은 불필요하게 혹은 불공정하게 굽히지 않으시며(압제하지 않으시며), 그분의 영광과 자기 백성들의 선을 위해 모든 것을 이루어가신다.

37:24. 요약하자면, 그러므로 사람들은 그를 경외한다. 그들은 하나님의 신적 위엄에 대한 이 진리들을 이해하는 한도 내에서만 하나님을 예배할 것이다. 엘리후는 "그는 마음에 지혜롭다 하는 자를 돌아보지 아니하시겠느냐?" (개역은 '아니하시느니라' 로 번역-역주)라는 질문으로 변론을 마무리한다. 내포된 대답은 돌아보신다는 것이다. 하나님은 마음으로 지혜롭다고 주장하는 욥(욥 9:4)과 같은 사람을 실제로 돌아보셨다. 지혜로운 사람들은 하나님을 경외하고 두려워하지만, 욥은 헛된 자만심으로 교만해졌다. 그러한 주권적 통치자 앞에서 욥은 자신을 복종시키며 침묵해야 한다.

Main Idea 복습	엘리후는 욥의 인생에 대한 하나님의 신적 주권성을 가르치기 위한 수단으로서 자연 속에 나타난 하나님의 강력한 권능을 선언한다.

결론

조지 뮬러의 비밀

영국 브리스톨(Bristol)의 유명한 고아원 원장인 조지 뮬러(George Muller)가 한번은 그의 봉사의 비결에 대해 질문을 받은 적이 있다. 그가 사람들에게 전혀 사정을 알리지 않은 상태에서 하나님이 직접 고아원의 필요들을 채워주셨다는 소문이 먼 곳까지 퍼져 있었다. 어떻게 이런 삶을 살 수 있었는가? 그의 대답은 그 질문을 한 사람을 깜짝 놀라게 했다. 뮬러는 "내가 죽은 날, 완전히 죽은 날이 있었습니다"라고 대답했다. 그는 말을 하면서 점점 몸을 밑으로 낮추었고, 결국 거의 마루에 닿을 정도로 낮추어 하나님 앞에서 자신의 복종을 표현했다. "나는 조지 뮬러라는 사람과 그의 의견, 선호하는 것, 취미 그리고 의지에 대해서 죽었습니다"라고 그 위대한 믿음의 사람은 설명했다. "나는 세상과 세상의 인정, 혹은 세상의 비난에 대해 죽었습니다. 나는 심지어 내 형제들과 친구들의 인정이나 비난에 대해서도 죽었습니다. 그리고 그 이후로 나는 오직 하나님께 인정받도록 나아가는 법만을 연구해왔습니다."

이것이 바로 하나님과의 관계에서 욥이 이르러야 할 지점이라고 엘리후는 단언했다. 욥은 모든 이기심과 욕망에 대해 죽어야 한다. 그는 모든 만물을 다스리시는 하나님께 무조건적으로 복종하는 결단을 하며 자신에 대해 죽어야 한다. 무엇보다도 욥은 하나님의 형상으로 만들어진 유한한 피조물이며, 하나님의 비천한 종에 지나지 않았다. 욥은 전적인 복종 속에 하나님께 자신의 인생을 새롭게 드려야 한다. 하나님은 주권자시다. 모든 피조물뿐 아니라 욥도 하나님께 복종해야 한다.

삶의 적용

하나님에 대한 지식

A. W. 토저(A. W. Tozer)가 이런 말을 한 적이 있다. "하나님에 대해 생각할 때 우리 머리에 떠오르는 내용이 우리에게 가장 중요한 것이다." 당신에 대해 가장 중요한 것은 당신이 어떤 하나님을 믿고 있느냐는 것이다. 당신의 모든 것은 하나님에 대해 당신이 어떻게 이해하느냐에 따라 결정된다. 하나님에 대한 당신의 이해는 당신의 전 존재가 흘러나오는 가장 중요한 원천이다. 전 구조물을 지탱하는 가옥의 기초처럼, 하나님에 대한 지식은 당신의 삶을 지탱하고 인생의 방향을 제시하며 인생에 목적과 힘을 준다. 하나님에 대한 친밀하고 개인적인 깊은 지식은 당신의 모든 삶의 주된 원인이며, 그 외의 모든 삶은 그것의 결과다. 당신이 어떤 하나님을 믿느냐는 삶의 모든 영역, 당신의 태도, 우선순위, 선택 그리고 심지어 당신의 운명에까지 영향을 미친다. 하나님에 대한 참된 지식은 너무나 광대하고 포괄적이기 때문에, 그것은 하나님 백성들의 모든 삶의 영역들을 규정하고 결정지을 수 있을 정도로 강력하고 유일한 주제다.

엘리후처럼 모든 신자들은 하나님에 대한 지고한 관점을 소유해야 한다. 하나님에 대한 성경적인 관점은 중요하고 고귀하다. 하나님은 우리가 상상할 수 있는 그 무엇보다 위대하시고 광대하신 분이다. 하나님은 어디에나 계신 무소부재하신 분이지만(시 139:7-10), 영이시기 때문에 눈에 보이지 않는다(요 4:24). 하나님은 인격적인 분이다. 그분은 아버지와 친구와 목자가 되시기 때문에, 그분을 비인칭 명사인 '그것(it)'으로 표기하지 않는다. 그가 인격적 존재이시므로 우리는 그분을 친밀하게 알 수 있고, 사랑하며 존경할 수 있다.

또한 하나님은 일어나지 않은 모든 일을 알고 계신다(비교. 사 46:10). 더 나아가 하나님은 시작도 끝도 없으신 무한자로서 영원하신 분이다(창 21:33, 시 90:22). 그분은 또한 자존하는 분이시며, 아무에게도 의존하지 않으신다(출 3:14). 이러한 것들은 하나님의 위대하심을 드러내는 하나님의 속성 가운데 일부에 불과하다. 하나님보다 인생을 변화시키는 주제는 없으며, 하나님에 대한 참된 지식보다 우리의 삶의 방식을 결정하는 중요한 요인은 없다.

기도

하나님, 우리 아버지, 당신은 당신의 말씀을 통해 우리에게 말씀하십니다. 당신은 모든 피조물을 통해 당신의 위대하심을 적극적으로 보여주십니다. 피조물의 모든 기묘한 일들을 신비스럽게 다스리시는 당신 앞에서 인간은 너무나 보잘것없는 존재입니다. 당신은 찬란한 영광으로 옷 입으시며 능력으로 크게 높임을 받으신 분이시므로 우리는 도무지 당신을 측량할 수 없습니다. 당신이 받으셔야 할 영광으로 당신을 공경하도록 우리를 가르치소서. 예수님의 이름으로 기도합니다. 아멘.

심층 연구

A. 세계(12절)

'세계' (히. 테벨, tebel)는 구약에서 세 가지 다른 의미로 사용되고 있다. 첫째, 이 단어는 지구라는 물질적 덩어리(삼상 2:8, 삼하 22:16)를 가리킨다. 둘째, 지상의 사람들을 가리킨다(시 96:13, 사 13:11). 셋째, 이 단어는 사람이 거할 수 있는 육지를 가리킨다(시 90:2, 나 1:5). 엘리후는 첫 번째 용례를 염두에 두고 있다. 땅에 대한 이러한 다른 두 가지 히브리어, 즉 테벨(tebel)과 에레스(eres)는 때로 평행법으로 나타나거나 혹은 상호 대조적인 뜻으로 나타나기도 한다(시 90:2, 사 34:1).

B. 기묘하신 일(14절)

'기묘하신 일' (히. 팔라, pala)은 신비하고 기적적이거나 놀라운 어떤 것을 지칭하는 것이다. 시편 72편 18절에서 솔로몬은 이렇게 기록하고 있다. "홀로 기사(팔라)를 행하시는 여호와 하나님 곧 이스라엘의 하나님을 찬송하며." 엘리후가 말하는 이 기이한 일들은 인간의 행위가 원인이 아니라, 홀로 구원하시며 구출하실 수 있는 주님의 섭리적 간섭에 의해 일어나는 것이다. 하나님의 전능하신 역사를 살펴볼 때 마음에 일으키는 영향력 때문에 이것들이 기묘한 일이라 불린다. 다시 말해서, 우리가 하나님의 개입하심을 살필 때 우리 마음에 놀라움과 경이로움이 일어난다. 이 단어는 욥기와 시편 전반에서 사용되고 있다(시 9:1, 71:17, 145:5).

교안

A. 하나님은 뇌우를 다스리신다(1-5절)

1. 그는 번개로 때리신다(1-3절).
2. 그는 천둥을 치게 하신다(4-5절).

B. 하나님은 눈보라를 다스리신다(6-10절)

1. 그는 눈에게 명령하신다(6절).
2. 그는 눈의 경로를 정하신다(7-8절).
3. 그는 추위를 다스리신다(9절).
4. 그는 얼음을 만드신다(10절).

C. 하나님은 폭풍우를 다스리신다(11-13절)

1. 그는 구름을 빽빽하게 하신다(11절).
2. 그는 구름을 보내신다(12절).
3. 그는 구름을 이용하신다(13절).

D. 하나님은 모든 폭풍을 다스리신다(14-18절)

1. 하나님은 자연 속에서 빛나신다(14절).
2. 하나님은 번개를 보내신다(15절).
3. 하나님은 구름을 공중에 떠 있게 하신다(16절).
4. 하나님은 하늘을 넓게 펴신다(17-18절).

E. 하나님은 인생의 폭풍을 다스리신다(19-24절)

1. 너는 하나님께 나아갈 수 없다(19-20절).
2. 너는 하나님을 이해할 수 없다(21-23절).
3. 너는 하나님을 경외해야 한다(24절).

토의 질문

1. 하나님이 내 인생에 대한 계획을 내게 숨기신다는 것을 이해하는가?

2. 나는 하나님이 나의 이해를 초월해 신비하게 일하신다는 것을 인정하는가?

3. 나는 하나님에 대한 경외감을 가지고 있는가?

욥기 38:1-38

최고 법원 앞에서

"하나님이 하나님 되시게 하라."

- 마틴 루터(Martin Luther)

들어가는 글

재판에 회부된 판사

클래런스 토마스(Clarence Thomas) 판사 임명을 위한 청문회보다 사람들의 관심을 집중적으로 받았던 상원 인준 청문회는 전에 없었다. 이 청문회는 처음에는 매우 단순한 문제로 출발했지만, 아니타 힐(Anita Hill)이라는 여성의 마지막 증언으로 양상이 달라졌다. 그 증언으로 초점은 즉시 토마스 판사의 도덕성으로 옮겨졌다. 그 나라에서 최고 직위에 있는 판사가 갑자기 성희롱으로 고소당하는 처지가 된 것이다. 그 혐의는 심각했다. 그는 대법원 판사 직임에 부적절한 사람이라고 비난받았다.

전 국민이 주시하는 가운데 상원 법사위원회가 심문을 주재했다. 그 땅에서 최고의 법정인 대법원 판사로 지명된 토마스는 입증되지 않은 암시와 혐의로 유례없는 인격적 살인을 당하고 있었다. 막판에 제기된 이 공격은 대법원 판사 임명에 장애가 되었을 뿐 아니라 그의 인생과 경력을 무너뜨리려 위협하고 있었다. 그 문제는 중요했다. 토마스가 다른 사람들을 판단할 자리에 앉기에 꼭 필요한 인격을 소유한 사람인가? 하지만 결국 토마스는 모든 고소에 대한 혐의를 벗었고, 대법원 판사로서 직무를 수행할 능력이 있음을 인정받았다.

욥의 이야기는 차원 높은 드라마다. 욥은 하늘과 땅의 재판관이신 하나님을 불의하다고 고발하고, 하나님에 대해 자신의 억울함을 주장할 날을 요구했다. 하나님을 그의 보좌에 앉기에 부적절하다고 비난한다면 제기되는 중요한 문제는 우주를 다스릴 그 재판관의 역량이었다. 하나님은 과연 모든 피조물을 다스릴 자격이 있으신가? 그것이 문제였다. 창조주가 그의 피조물 가운데 하나에게 잘못했다고 고소를 당하고 그 자신의 영광과 명예를 변호하셔야 하는 것이다.

그러나 소송 절차가 거의 끝날 지점에 그 사건은 예기치 못한 국면을 맞는다. 욥이 바란 대로 하나님이 직접 증언대에 서시기보다, 하나님은 원고인 욥을 재판석에 세우고 심문하기로 작정하셨던 것이다. 다른 증인은 아무도 없었다. 다른 증거도 제시되지 않았다. 더 이상 대질 심문이 필요하지 않았다. 하나님 자신이 이 전체 법정 장면을 주도

하셨다. 욥은 하나님 앞에서 자신을 변론할 수 있도록 하나님과 심리를 요청했다(욥 31:25). 그는 하나님이 구체적인 혐의들을 적시한 기소장을 제시하시기를 원했고, 그 자신은 그 기소장의 고발 내용에 적절하게 대답할 준비가 되어 있다고 믿었다.

그러나 욥이 원하던 것을 이루었을 때, 즉 하나님과 법정에서 대면하는 날을 허락받았을 때 하나님이 갑자기 그 장면에 개입하셔서 폭풍 가운데서 욥에게 말씀하시며 칠십 가지가 넘는 질문을 해오셨다. 이어지는 내용은 성경에서 하나님이 말씀하신 내용이 등장하는 것 중 가장 긴 대화다. 말로 그 사람의 속성을 배울 수 있다면 여기서 우리는 하나님에 대해 많은 것을 배울 수 있다. 욥이 요청했던 하나님의 출현, 즉 신의 현현(theophany)이 드디어 이루어진 것이다.

본문 이해

최고 법원 앞에서

Main Idea	하나님은 욥을 압도하는 자신의 주권적 위엄을 드러내시며, 침묵을 깨고 그에게 말씀하신다.

A. 하나님이 욥을 통치하신다(1-3절)

Supporting Idea	하나님은 하나님을 심문할 수 있는 역량에 대해 욥에게 도전하신다.

38:1. 하나님은 갑자기 긴 침묵을 깨시고 진노하시며 욥에게 말씀하신다. 직접적으로, 확실히 귀에 들리게, 강력하게 말이다. 때에 여호와께서 폭풍 가운데서 욥에게 말씀하여 가라사대. 욥이 서 있는 장면에 강력한 회오리바람이 몰아치고, 이 신적인 조우의 두려운 장면이 극적으로 연출된다. 하나님이 사나운 폭풍 가운데서 모세에게 말씀하신

것과 유사한 방법이었다(출 19:16-17). 그는 또한 그의 선지자들에게도 유사한 방법으로 말씀하셨다(왕상 19:11-13, 겔 1:4). 이 사나운 회오리바람은 하나님과 그분의 말씀의 두려운 능력과 무한한 힘을 알게 해준다.

38:2. 하나님은 "무지한 말로 이치를 어둡게 하는 자가 누구냐?" 고 말씀하신다. 욥의 말은 하나님의 속성에 대한 진리를 혼란스럽게 했을 뿐이었다. 욥이 말을 할수록 그는 하나님의 인격과 사역에 대한 진실을 흐리게 만들 뿐이었다. 욥의 말과 강론은 지식이 없는 생각으로 이루어진 것이었다.

38:3. 갑자기 하나님은 "너는 대장부처럼 허리를 묶으라" 고 경고하신다. 이것은 군인에게 치열한 전투에 임할 준비를 하도록 소집하는 군사적 명령이었다. 욥이 하나님 앞에 설 시간이 왔지만 그가 상상할 수 있는 그 어떤 것보다 열띤 대질 심문이 이루어질 것이다. 내가 네게 묻는 것을 대답할지니라. 그러나 하나님께 대답해야 하는 것은 욥이 아니라 오히려 그 반대가 될 것이다. 하나님은 욥을 심문하시며 공세적인 입장에 서실 것이다. 이것은 하나님을 가르치고자 한 욥에 대한 도전이었다(비교. 욥 40:7). 욥은 수세적인 입장으로 몰려 하나님의 주권적 주도와 통제의 이끌림을 받을 것이다. 여기서 하나님은 모든 인간을 인도하시고 다스리시며 단순한 유한자에게 결코 복종하시지 않는 주권자적 여호와로 나타나고 있다.

B. 하나님이 땅을 다스리신다(4-7절)

Supporting Idea	하나님은 물질적인 세계를 창조하신 자신의 창조 행위와 관련해 욥에게 연속적인 질문을 하심으로 그를 겸손하게 만드신다. 욥은 그 질문 중 어느 것에도 대답할 수 없다.

38:4. 하나님이 욥에게 하신 말씀은 연속적인 질문의 형식으로 이루어져 있으며, 모두 주님의 주권성과 하나님에 대한 욥의 도전의 무모함을 드러낼 목적을 갖고 있다. 하나님은 엄위하심으로 "내가 땅의 기초를 놓을 때에 네가 어디 있었느냐?" 라고 물으신다. 하나님의 질문들은 욥이 자신의 원래 위치로 돌아가도록, 즉 하나님 앞에서 겸손하도록 하기 위한 것이다. 분명히 창조가 이루어질 때 욥은 어디에도 없었다. 욥이 세상을 창조하지 않았다면 그가 세상을 다스릴 수 있다고 생각하게 된 이유는 도대체 무엇

인가? 하나님은 "네가 깨달아 알았거든 말할지니라" 라고 말씀하신다. 그러나 당연히 욥은 만물을 창조하신 하나님의 신비한 능력을 이해할 수 없다. 그렇다면 어떻게 그가 그의 인생에 대한 다스림과 관련해 하나님을 훈계하거나 잘못을 지적하는 일이 가능하다는 것인가?

38:5. 하나님은 건물의 크기를 측정하시는 것처럼 땅에 대해 "누가 그 도량을 정하였는가?" 라고 질문하신다. 그분은 욥에게 도전하시며 "네가 아느냐" 라고 압박을 가하신다. 이것은 피조 세계에 대해 완벽하게 알고 있다고 생각하는 욥을 침묵시키기 위한 것이다. 누가 그 준승을 그 위에 띄웠었는지 네가 아느냐? 다시 말해서 땅의 크기를 잴 수 있는 자가 누가 있는가? 이 질문에 함축된 대답은 하나님 외에는 아무도 없다는 것이다. 욥의 인생에 일어난 일에 대해서도 마찬가지다.

38:6. 하나님은 창조를 건축 사업으로 비유하시며 "그 주초는 무엇 위에 세웠으며 그 모퉁이 돌은 누가 놓았었느냐?" 라고 질문하신다. 하나님이 지구를 공중에 어떻게 떠 있게 하시는지 욥이 설명할 수 있는가? 그럴 수 없다. 그리고 설명할 수 없기 때문에 그는 하나님이 땅의 일, 특히 인간사를 어떻게 다스리시는지도 설명할 수 없다.

38:7. 하나님의 창조 행위는 새벽별들이 함께 노래하는 가운데 이루어졌다. 여기서 새벽별은 지구의 기초를 놓는 일에 함께 기뻐했던 천사들(하나님의 아들들, 욥 1:6)을 가리키는 것이 확실하다. 욥도 그의 인생에 나타난 하나님의 사역들을 마땅히 기뻐해야 하지 않겠는가?

C. 하나님이 바다를 다스리신다(8-11절)

Supporting Idea	하나님은 욥의 무지를 밝히실 목적으로 바다 창조에 대해 욥에게 질문하신다.

38:8. 질문의 내용을 지구의 바다로 이동하신 하나님은 "문으로 그것(바닷물)을 막은 자가 누구냐?" 라고 질문하신다. 이것은 하나님의 명령으로 바닷물이 닫힌 문 뒤에 갇혀서 자기 위치를 유지하고 있는 모습을 묘사한 것이다. 이러한 주권적 배치는 바닷물이 태에서 나옴같이 넘쳐흐를 때에 처음으로 이루어졌다. 여기서 바다 창조는 지구가 출산을 한 것처럼 묘사되어 있다. 이것은 물(홍수)이 흘러나오는 땅 아래의 심연을 언급한

것이다(창 7:11, 비교. 창 49:25).

38:9-10. 그 중요한 시간에 하나님은 신생아를 배내옷으로 감싸듯이 구름으로 그 의복을 만들고 흑암으로 그 강보를 만드셨다. 바다는 아무런 통제도 받지 않는 사나운 세력이 아니라 하나님의 주권적 통치를 받는다. 하나님이 바다의 계한을 정하신 때가 이 창조 때였다. 하나님이 빗장을 쳐서 닫아 감금한 것처럼 문과 빗장을 베푸셨기 때문에 바다는 이 정해진 경계를 넘어갈 수 없었다. 바다는 하나님이 정하신 장소를 넘지 못하도록 억제되어 있다. 하나님은 자신의 모든 피조물을 다스리신다.

38:11. 바다를 가리키며 하나님은 "네가 여기까지 오고 넘어가지 못하리니 네 교만한 물결이 여기 그칠지니라" 고 말씀하셨다(비교. 렘 5:22). 교만한 바다도 자신의 분수와 경계를 알고 있는데 욥은 왜 자신의 한계를 모른다는 것인가?

D. 하나님이 태양을 다스리신다(12-15절)

Supporting Idea	하나님은 악인들을 처리하시는 자신의 방식에 대해 욥이 대답할 수 없는 질문들로 취조하심으로 계속 그를 겸손하게 만드신다.

38:12. 질문 내용을 지구의 회전으로 이동하신 하나님은 욥을 더 강하게 재촉하신다. 네가 나던 날부터 아침을 명하였었느냐? 다시 말해서 욥이 아침에게 나타나라고 명한 적이 있었는가? 혹은 새벽으로 그 처소를 알게 하여 … 있었느냐? 욥이 단 한 번이라도 저녁이 오도록 한 적이 있었는가? 그렇지 않다는 대답이 질문에 함축되어 있다. 오직 하나님만이 이 일을 하신다. 그러므로 오직 하나님만이 욥의 인생사들을 다스리며 명령하실 권한이 있으며, 오직 그분만이 정확하고 엄밀하게 그 일을 이행하실 수 있다.

38:13. 어떤 사람이 담요의 네 귀를 잡고 있는 것처럼, 하나님은 그러한 명령을 내리셔서 바다가 그것으로 땅 끝에 비취게 하였다. 이것은 새벽의 어둠이 걷힐 때 하나님이 어둠을 몰아내시는 모습을 묘사한다. 이것은 악인들이 숨을 곳이 없게 해서 그들을 적발해내는 행동이었다.

38:14. 지구의 회전을 묘사하시면서 하나님은 '땅이 변화하여 진흙에 인친 것 같고' 라고 말씀하신다. 지구는 점토판에 새겨진 문서로 묘사되고 있다. 인장이 찍히면 그 표면에 변화가 생긴다. 태양이 뜨고 낮의 빛으로 지구의 표면이 옷같이 나타나서 다르게

보일 때도 마찬가지다. 이렇게 해서, 지구는 회전을 통해 밤이 낮이 되도록 하는 것으로 그려진다. 지구의 표면이 드러나듯이 새롭게 날이 밝을 때마다 악인들의 정체가 드러난다.

38:15. 악인에게는 그 빛이 금한 바 되고. 악인들은 밤에 활동하고 가증스러운 계획을 실행에 옮긴다. 그러나 어둠이 사라지면 그들의 높이 든 팔이 꺾이기라도 하는 것처럼 그들은 어둠의 행위를 실행할 수 없다. 욥은 악인들에게 아무런 통제력을 행사할 수 없다. 하나님은 자신이 악인들의 악행을 드러내셨다고 지적하시는 것으로 악인들의 형통함에 대한 욥의 질문(욥 9:22-24, 12:5-6, 21:7)에 대답하신다.

E. 하나님이 깊은 곳을 다스리신다(16-18절)

Supporting Idea	하나님은 욥에게 죽음과 깊음을 둘러싼 여러 불가해한 신비들을 알고 있는지 질문하시며 도전하신다.

38:16. 하나님은 계속해서 땅 밑의 지하에 있는 물들에 대해 욥에게 질문하신다. 네가 지구의 표면 아래 있는 바다 근원에 들어갔었느냐? 아니면 깊은 물 밑으로 걸어다녔었느냐? 그러한 행위들은 욥의 능력을 벗어나는 행동이다. 사망의 문이 네게 나타났었느냐? 욥은 죽음 이후에 인간을 기다리고 있는 것이 무엇인지 알지 못했다. 그러므로 죽음에 대한 그의 말은 무지에서 나온 것이다. 욥은 그러한 지식에 결코 접근할 수 없다. 사람들은 죽음의 영역이 바로 이러한 깊은 곳에 존재한다고 생각했다.

38:17. 사망의 그늘진 문을 네가 보았었느냐? 역시 부정적인 대답이 기대되고 있으며, 그러한 것들이 욥이 근접하기에는 너무 깊은 곳에 있음을 암시한다. 신적 섭리의 신비는 인간이 파악하기에는 너무나 심오하다.

38:18. 땅의 넓이를 네가 측량하였었느냐? 여기서 강조된 핵심은 욥이 하나님의 물리적 피조 세계의 깊은 것들을 파악하지 못했다는 것이다. 욥이 알 수 없는 수수께끼와 신비들은 헤아릴 수 없을 정도로 많다. 그러나 하나님은 그렇지 않다. 가벼운 문제에서 무거운 주제로 진행하는 논증 기법이 적용되어, 욥은 또한 하나님의 영적 나라의 심오한 문제들도 이해할 수 없다는 암시가 함축되어 있다. 하나님은 조롱하시듯이 "다 알거든 말할지니라" 라고 욥을 꾸짖으신다. 욥은 하나님의 창조의 섭리에 대한 심오한 사역에

말문이 닫힌 채 계속 침묵하고 있다.

F. 하나님이 빛을 다스리신다(19-21절)

Supporting Idea	하나님은 하나님만이 창조자이시기 때문에 욥보다 우월하시다는 사실을 상기시켜주실 목적으로, 탐색하는 질문으로 계속 심문하신다.

38:19. 이 과학 시험은 광명과 흑암의 과목으로 이어진다. 하나님은 욥에게 "광명의 처소는 어느 길로 가느냐?"라고 심문하신다. 밤에는 태양 빛이 어디에 있는가? 흑암의 처소는 어디냐? 혹은 어둠이 낮에는 어디로 가는가?

38:20. 그리고 욥이 그 장소를 설령 안다 해도 하나님은 "네가 능히 그 지경으로 인도할 수 있느냐?" 고 욥을 다그치신다. 다시 말해서 욥에게 그들의 각 처소로 돌아가라고 명령할 권한이 있느냐는 것이다. 그 집의 길을 아느냐? 역시 하나님은 욥에게 부정적인 대답을 예상하고 계시다.

38:21. 욥이 하나님의 물리적 피조 세계의 단순한 문제들에 대해 무지하다면 하나님의 영적인 왕국에 대해 어떻게 알 수 있겠는가? "네가 아마 알리라"라고 하나님은 도전하신다. 그 창조 때에 '네가 태어났기' 때문이다. 하나님에 대한 욥의 교만한 요구는 자신이 창조보다 선재했다는 생각이 깔려 있었음을 보여준다. 하나님이 강조하시는 핵심은 자신만이 창조보다 선재하셨다는 것이다. 욥이 앞부분에서 한 여러 가지 주장들은 도가 넘은 것이다. 그는 창조에 대해 무지했고, 따라서 창조 세계가 어떻게 기능하는지에 대해서도 무지했기 때문이다.

G. 하나님이 눈을 다스리신다(22-23절)

Supporting Idea	하나님은 눈과 우박에 대해서도 욥의 무지를 일깨우시며 계속 질문하여 욥에게 부담을 지우신다.

38:22. 눈의 신비한 기원이라는 주제로 이동하시며 하나님은 욥에게 "네가 눈 곳간에 들어갔었느냐?"라고 질문하신다. 이것은 눈이 어디서 오는지 그 출처를 알고 있느냐는 질문이다(비교. 신 28:12, 렘 10:13). 가장 높은 곳으로 올라가서 우박 창고를 보았느냐?

욥이 우박 만들기와 같은 그렇게 어려운 주제를 이해할 수 있겠는가? 물론 할 수 없다. 눈과 우박은 오직 하나님만 알고 계시는 신비다.

38:23. 눈과 우박은 환난 때에 이용될 것이다. 하나님은 전쟁과 격투의 날에 이것들을 내리셔서 적들과 맞서 자신을 방어하실 것이다(비교. 사 30:30). 그렇다 하더라도 하나님이 섭리하시는 일들은 인간의 머리로는 이해할 수 없는 높고 심오한 것이다.

H. 하나님이 비와 번개를 다스리신다(24-28절)

Supporting Idea	하나님은 번개와 빛에 대한 질문으로 욥을 취조하신다.

38:24. 나아가 번개에 대해서도 동일하게 그 기원이 신비에 싸여 있다고 말할 수 있다. 광명이 어느 길로 말미암아 뻗치느냐? 다시 말해서 욥, 너는 번개가 만들어지는 장소를 찾아낼 수 있느냐? 그렇게 할 수 없다. 땅에 제한된 인간에게 그러한 일은 너무나 초월적인 것이다. 혹 욥은 동풍이 어느 길로 말미암아 땅에 흩어지는지 아는가? 분명히 알지 못한다. 오직 하나님만이 그러한 신비를 알고 계신다.

38:25. 누가 폭우를 위하여 길을 내었느냐? 그 대답은 욥이 아니라 하나님이시다. 그리고 누가 우레의 번개 길을 내었으며 사람 없는 땅에 비를 내리는가? 오직 하나님의 주권자적 뜻에 따라 비가 이동하며, 이것은 욥과 아무런 상의 없이 이루어진다. 이것은 하나님이 파괴적인 목적으로 물을 사용하신다는 욥의 주장에 대한 반응이다(비교. 욥 12:15).

38:26-27. 하나님은 인간이 보기에 분명한 이유가 없는 일인, 광야에 비를 내리게 할 수도 있다. 그러나 그러한 일은 하나님의 선하심의 표현이다. 사막의 비도 사람들이 거주하는 지역의 수역들로 흘러가기 때문이다. 황무하고 공허한 토지를 축축하게 하고 연한 풀이 나게 할 수 있는 이는 누구인가? 욥이 아니라 오직 하나님만이 이 일을 하실 수 있다. 하나님은 인간이 알지 못하는 자신의 이유를 갖고 계신다.

38:28. 약간 초점을 이동해 자연 질서의 다양한 현상의 기원에 관심이 집중되고 있다. 하나님은 더 심층적으로 탐색하신다. "비가 아비가 있느냐? 이슬 방울은 누가 낳았느냐?" 다시 말해서 그들의 기원이 무엇인가? 그들은 어떻게 시작되었는가?

I. 하나님이 얼음을 다스리신다(29-30절)

Supporting Idea	하나님은 얼음의 기원이 하나님이심을 욥에게 상기시키신다. 하나님은 여러 형태의 물을 다스리신다.

38:29-30. 얼음은 뉘 태에서 났느냐? 공중의 서리는? 그것들은 하나님께로부터 오지만 인간은 그 기원을 이해하지 못한다. 욥도 하늘의 하나님의 보좌 앞에서 시작된 그의 시련의 기원을 이해할 수 없다. 얼어서 진눈깨비로 변하여 돌같이 굳어지게 하는 물에 대해서도 동일한 사실이 적용된다. 따라서 욥은 하나님의 주도로 이루어진 자신의 고통의 기원도 이해할 수 없다.

J. 하나님이 행성들을 다스리신다(31-33절)

Supporting Idea	하나님은 계속해서 질문으로 욥을 취조하시며, 특별히 욥이 여러 천체들과 은하수들을 관리할 수 있느냐고 물으신다.

38:31. 우주의 광활함을 가리키시며 하나님은 또다시 욥을 취조하신다. "네가 묘성을 매어 떨기 되게 하겠느냐?" 혹은 "삼성의 띠를 풀겠느냐?" 이것은 "욥, 너는 하늘에 있는 성운들의 움직임을 통제할 수 있느냐?"라고 물으신 것이다. 물론 당연히 욥은 그렇게 할 능력이 없다. 오직 전능자신 하나님만이 이것을 하실 수 있다.

38:32. 네가 열두 궁성을 때를 따라 이끌어내겠느냐? 이것은 별들의 집단을 가리킨다. 역시 이 질문에 대한 대답은 '아니다' 이다. 혹은 욥이 북두성과 그 속한 별들을 인도하겠느냐? 이것은 아마도 큰곰자리로 알려진 별자리에 대한 언급인 것 같다. 이 역시 대답은 너무 명확하기 때문에 하나님은 대답이 필요치 않으시다. 보잘것없는 인간은 은하계를 다스릴 수 없다. 그러므로 그가 모든 것을 다스리시는 하나님도 통제할 수 없다는 의미가 여기에 함축되어 있다.

38:33. 네가 하늘의 법도를 아느냐? 이것은 행성과 천체들의 경로를 규정하는 법칙들과 힘들을 의미한다. 이 시점에서 욥은 단 하나의 질문에도 대답하지 못했다. 물론 그는 하나님이 운행해오신 통치 과정을 알지 못한다. 하늘로 그 권능을 땅에 베풀게 하겠느냐? 욥은 절대 날씨를 좌우할 수 없다. 그는 또한 하나님도 결코 지배할 수 없다. 오히려

하나님이 모든 만물을 다스리신다.

K. 하나님이 구름을 다스리신다(34-38절)

Supporting Idea	하나님은 욥에게 기상의 변화를 통제하는 것과 관련된 질문들에 대답하도록 재촉하신다.

38:34. 질문들이 점점 더 불합리해지고 있다. 하나님은 욥이 구름에 영향을 미칠 수 있기라도 한 것처럼 "네 소리를 구름에 올려 큰 물로 네게 덮이게 하겠느냐?" 라고 조롱하신다. 지금까지 질문의 대답은 예상 가능하였다. 욥은 그렇게 할 수 없는 것이다. 그렇다면 그가 왜 하나님을 훈계하거나 교훈하려고 하는가?

38:35. 네가 번개를 보내어 가게 할 수 있느냐? 그럴 수 없다. 욥은 자연에 대해 그러한 지배력이 없다. 욥의 명령을 이행하고 그의 인가를 구하는 것처럼 "우리가 여기 있나이다" 라고 말하며 그것으로 네게 보고하게 하겠느냐? 절대로 그런 일은 없다. 그렇다면 욥은 날씨보다 더 위대하신 하나님께 어떻게 지배력을 행사할 수 있다고 생각한단 말인가?

38:36. 창조 행위의 이면에 있는 실제적인 문제의 핵심으로 몰아가며 하나님은 "가슴속의 지혜는 누가 준 것이냐?" 라고 물으신다. 내포된 대답은 하나님 자신이 인간의 마음속에 지혜를 두셔서 인생에 성공적으로 대처하도록 하셨다는 것이다. 그리고 마음속의 총명은 누가 준 것이냐? 확실히 오직 하나님만이 그러한 통찰을 인간에게 주셨다. 세상을 창조하고 유지하시는 하나님의 지혜는 욥의 고난 속에 역사하는 바로 그 신적 정신이었다(비교. 욥 28장).

38:37. 우주를 창조하고 유지하기 위해 필요한 지혜는 인간의 능력과는 비교할 수 없을 정도로 무한하며, 오직 하나님만 소유하신 것이다. 이것이 "누가 지혜로 구름을 계수하겠느냐?" 라고 질문하셨을 때 하나님이 강조하신 강조점이다. 분명히 인간 가운데는 아무도 그러한 지적 능력을 갖춘 자가 없다. 그러므로 유한한 인간 중에는 인간의 고난에 나타난 그분의 섭리적 역사에 대해 하나님께 책임을 물을 권한을 가진 자는 한 명도 없다. 나아가 하나님은 "누가 하늘의 병을 쏟아 … 하겠느냐?" 라고 물으신다. 다시 말해서 누가 비를 내리게 할 수 있느냐는 것이다.

38:38. 이 비는 가장 필요할 때 내리게 될 것이다 - 티끌로 진흙을 이루며 흙덩이로 서로 붙게 될 때(다시 말해서, 가뭄이 올 때). 오직 하나님만이 그러한 방식으로 폭풍우를 통제하실 수 있다. 그러므로 오직 하나님만이 인생의 폭풍, 혹은 시련과 슬픔들을 통제하실 수 있다.

Main Idea 복습	하나님은 욥을 압도하는 자신의 주권적 위엄을 드러내시며, 침묵을 깨고 그에게 말씀하신다.

결론

하나님은 만점을 받고, 넌 빵점을 받았어.

한 대학생이 기말고사를 보기 위해서 수업에 들어갔다. 그런데 놀랍게도 그는 시험지의 질문 가운데 단 하나도 답을 쓸 수 없었다. 단 하나도! 그는 그 시험을 통과할 가능성이 전혀 없음을 알고 우스운 이야기로 담당 교수의 호의를 얻어보려고 시도했다. 그는 시험지 맨 위에 "하나님만이 이 문제들에 대한 대답을 알고 계십니다. 즐거운 성탄절 보내세요!" 라고 썼다. 그는 답안지를 제출하고 성탄절 휴가를 보내기 위해 고향으로 갔다. 휴가 동안 그 학생은 우편으로 그 교수가 채점한 시험 결과를 받았다. 맨 위에는 빨간 글씨로 "그래서 하나님은 100점을 받으셨지만, 자네는 빵점을 받았네. 즐거운 성탄절 보내게!" 라고 쓰여 있었다.

그 학생처럼 욥은 하나님의 시험을 망쳤다. 그는 하나님의 질문에 한 가지도 대답하지 못했다. 단 하나도. 이것은 우리 각자에게도 동일하게 적용될 것이다. 우리 가운데 그보다 잘할 사람은 아무도 없다. 용납하심을 받고 하나님의 보좌 앞에 서기 위해서 우리는 누구나 하나님의 은혜가 필요하다. 그리고 우리에게 필요한 것을 하나님은 자기 아들 예수 그리스도를 통해 준비해주신다. 모든 사람이 죄를 범했고 하나님의 영광에 이르지 못한다 하더라도(롬 3:23), 주 예수님은 우리로 하나님 앞에서 흠 없이 서도록 하실 수 있다.

삶의 적용

창조주와 피조물

욥의 가정은 하나님과 인간의 지위에 대한 잘못된 시각에서 연유한 것이었다. 욥은 하나님이 창조주시며 자신은 피조물이라는(그 반대가 아니라) 진리를 망각하였다. 의인들은 하나님이 가지신 고귀하고 영화로우신 지위를 결코 망각해서는 안 된다. 하늘에 대한 시야를 상실하면 신자의 삶에 무서운 결과가 초래될 수 있다. 느헤미야의 기도는 창조주로서 하나님의 높은 지위를 신자들에게 상기시켜준다. "오직 주는 여호와시라 하늘과 하늘들의 하늘과 일월성신과 땅과 땅 위의 만물과 바다와 그 가운데 모든 것을 지으시고 다 보존하시오니 모든 천군이 주께 경배하나이다"(느 9:6). 오직 하나님만이 존재하는 모든 것을 창조하셨고, 그분만이 생명을 주신다.

창조주라는 지위 때문에 하나님은 자신의 모든 피조물을 다스리시는 주님이 되신다. 그분에게는 기쁘신 뜻대로 무엇이든지 하실 수 있는 신적 권한이 있다. 주님은 토기장이시고 우리는 진흙이다. 그분은 목자시고 우리는 양이다. 그분은 주인이시고 우리는 종이다. 그분은 아버지시고 우리는 그의 자녀다. 신자는 하나님의 신분을 결코 망각해서는 안 된다. 하나님은 자기 기쁘신 뜻대로 모든 것을 행하시며, 하늘에서 다스리고 통치하신다.

당신은 천국에 대한 올바른 시각을 가지고 있는가? 창조주이신 하나님께 복종하고 당신이 그분의 피조물의 일부라는 것을 이해하는가? 당신이 하나님의 높으신 지위를 이해할 때만 하나님 앞에서 당신의 비천한 신분을 이해하게 될 것이다. 그러면 당신은 그분을 올바로 바라보며 하나님과 올바른 관계를 맺게 될 것이다.

기도

하나님, 우리 아버지, 당신의 길을 의심한 우리를 용서해주소서. 우리는 무지한 백성들입니다. 인간이 무엇이기에 감히 당신께 말대답을 하며 도전하는지요? 우리가 이해하지 못할 때 침묵할 수 있게 해주소서. 모든 일에서 당신의 주권적 뜻에 복종하도록 해주소서. 우리를 치는 매를 피하지 않게 해주소서. 예수님의 이름으로 기도합니다. 아멘.

심층 연구

A. 땅의 기초를 놓다(4절)

'기초를 놓다' (히. 야사드, yasad)라는 어근은 단단하게 고정시키다, 짓다, 기초를 놓다, 혹은 세우다라는 의미가 있다. 이 단어의 실제적인 혹은 문자적인 의미는 건축물의 기초를 가리키는 데 사용된다(수 6:26, 에 3:6, 10, 12, 슥 4:9). 야사드는 고정되고 흔들릴 수 없는 것에 대한 비유적인 또는 은유적인 의미로 사용될 수도 있다(시 104:5, 사 54:11). 여기서 하나님이 사용하신 것도 이러한 뜻이다.

B. 알다(21, 33절)

'알다' (히. 야다, yada)라는 단어는 인정하다 혹은 알리다라는 의미가 있다. 이 단어는 친밀하게 알려진 실체인 사실에 대한 명확한 인식과 설득력 있는 선언을 강조한다. 이것은 구약에서 가장 중요한 히브리어 가운데 하나로, 944회 사용되었다. 이것은 가령 남편이 성적인 관계를 통해 아내를 알듯이 어떤 사람이나 물건에 대해 깊고 철저한 지식을 얻는다는 의미가 있다(창 4:1). 여기서 이 단어는 어떤 사람이 친밀하게 알고 있는 것을 완전히 드러낸다는 의미가 있다.

고안

A. 하나님이 욥을 통치하신다(1-3절)

1. 그분이 폭풍 가운데 나타나시다(1절).
2. 그분이 폭풍 속에서 말씀하시다(2-3절).

B. 하나님이 땅을 다스리신다(4-7절)

1. 그분이 땅을 창조하시다(4절).
2. 그분이 땅을 측량하시다(5절).
3. 그분이 땅을 건축하시다(6-7절).

C. 하나님이 바다를 다스리신다(8-11절)

1. 그분이 바다를 만드시다(8-9절).
2. 그분이 바다의 한계를 정하시다(10-11절).

D. 하나님이 태양을 다스리신다(12-15절)

1. 그분이 태양에게 떠오르라고 명하시다(12-13절).
2. 그분이 지구를 회전하게 하시다(14-15절).

E. 하나님이 깊은 곳을 다스리신다(16-18절)

1. 그분이 깊은 곳들을 창조하시다(16-17절).
2. 그분이 깊은 곳들을 알고 계시다(18절).

F. 하나님이 빛을 다스리신다(19-21절)

1. 그분이 빛을 창조하시다(19절).
2. 그분이 빛을 알고 계시다(20-21절).

G. 하나님이 눈을 다스리신다(22-23절)

1. 그분이 눈을 창조하시다(22절).
2. 그분이 눈을 이용하시다(23절).

H. 하나님이 비와 번개를 다스리신다(24-28절)

1. 그분이 바람을 창조하시다(24절).
2. 그분이 비를 보내시다(25-28절).

I. 하나님이 얼음을 다스리신다(29-30절)

1. 그분이 얼음을 창조하시다(29절).
2. 그분이 얼음을 통제하시다(30절).

J. 하나님이 행성들을 다스리신다(31-33절)

1. 그분이 행성들을 통제하시다(31-32절).
2. 그분이 하늘의 법칙을 통제하시다(33절).

K. 하나님이 구름을 다스리신다(34-38절)

1. 그분이 구름을 창조하시다(34-36절).
2. 그분이 구름을 통제하시다(37-38절).

토의 질문

1. 나는 하나님의 길이 나의 길과 다르다는 것을 이해하는가?

2. 나는 내 삶에 대한 하나님의 주권성에 복종하는가?

3. 나는 고난당할 때 겸손한 태도를 유지하는가?

욥기 38:39-39:30

엄중한 주권성

"유한한 인간이 어떻게 무한한 신을 이해하겠는가?
우리는 그를 두려워하겠지만 이해할 수는 없다."

- 리처드 십스(Richard Sibbes)

들어가는 글

그것은 하나님의 생각이었다

영국 작가인 H. G. 웰스(H. G. Wells)가 미국 소설가이며 그의 친구인 헨리 제임스(Henry James)의 집을 방문한 적이 있었다. 공예품으로 가득 찬 제임스의 화실에서 대화를 나누던 중 웰스는 박제된 커다란 새가 있는 것을 보았다. "저건 뭔가?" 라고 웰스가 물었다.

"이것은 황새라네" 라고 제임스가 대답했다.

"흠, 저건 내가 아는 황새와는 다른데" 라고 웰스는 코웃음을 치듯이 말했다.

"아마 그럴지도 모르지, 하지만 분명히 그것은 하나님의 아이디어였다네" 라고 제임스는 대답했다.

이것은 하나님이 욥에게 가르치셔야 할 교훈이었다. 자기 인생 경영에 대한 욥의 생각이 무엇이든 간에 중요한 것은 오직 하나님이 생각하시는 내용이었다. 하나님은 하나님이시지만 욥은 아니었다. 다시 말해서 하나님은 자신이 원하시는 대로 무엇이든 하실 주권을 가진 분이다. 무한히 지혜로우시고 절대적으로 선하신 하나님은 인간이 무엇이라 생각하든 모든 일을 완전하게 행하신다. 욥은 하나님이 자신의 인생을 잘못 경영하셨다고 하나님을 비난해왔지만, 이제 그가 하나님의 주권적 계획 가운데 힘든 과정을 받아들여야 할 시간이었다. 동물의 왕국들을 상기시키시며 하나님은 많은 짐승들의 특이한 부분들에 대해 욥에게 질문하셨다. 하나님은 각 동물들을 그가 창조하신 대로 창조한 것은 자신의 생각이었다는 진리를 강조하고 계신다. 하나님은 모든 일을 완전한 창조성과 뛰어난 지혜로 행하신다. 욥은 이것을 깨닫고 이 진리 안에 안식해야 했다.

핵심을 이해시키기 위해 하나님은 창조 질서와 동물의 왕국의 섭리적 관리에 대해 많은 질문을 욥에게 던지신다. 이러한 짐승들을 다스리시는 하나님의 능력은 모든 만물에 대한 그분의 주권성을 보여준다. 하나님의 질문은 열 마리의 동물 - 여섯 마리의 짐승과 네 마리의 새에 대해 집중되어 있다. 그 질문은 하나님의 위대하심과 욥의 무가치함을 보여주기 위한 것이다. 이것은 욥에게 전환점이 될 것이다. 하나님이 강조하고 계신 핵심은 그가 주권자시며, 욥의 인생과 환경을 다스릴 수 있다는 것이었다. 하나님은 모든 만물을 창조하셨고 유지하시며, 엄밀한 정확성으로 모든 만물을 지배하신다.

본문 이해

엄중한 주권성

Main Idea	주님은 동물의 왕국에 대한 욥의 무지를 드러내심으로 그를 겸손하게 하신다.

A. 하나님은 사자를 다스리신다(38:39-40)

Supporting Idea	하나님은 사자가 먹이에 대해 자신을 의지하는 것처럼 욥이 그를 의지해야 한다는 암시를 주신다.

38:39. 하나님은 사자에게 초점을 맞추심으로 욥에 대한 심문의 두 번째 단계에 접어드신다. 하나님은 욥에게 "네가 암사자를 위하여 식물을 사냥하겠느냐 젊은 사자의 식량을 채우겠느냐?"라고 질문하신다. 다시 말해서 "욥, 너는 가장 뛰어난 이 약탈자들을 먹이는 일을 할 수 있느냐?"라고 물으신 것이다. 내포된 대답은 '아니다' 이다.

38:40. 하나님은 사자들이 먹이를 기다리면서 굴에 엎드리며 혹은 삼림에 누워서 기다리는 때 그들을 돌보신다. 욥은 이 짐승들을 먹이지 않았지만 하나님은 그들을 먹이셨다(비교. 시 147:9). 하나님이 그들의 필요를 돌보신다면, 하물며 욥에게 필요한 것들을 공급해주지 않으시겠는가?(비교. 마 6:25-33)

B. 하나님은 까마귀를 다스리신다(38:41)

Supporting Idea	까마귀가 새끼에게 먹을 것을 공급하기 위해 하나님을 의지하듯이 욥은 하나님을 의지해야 한다.

38:41. 까마귀 새끼가 하나님을 향하여 부르짖으며 먹을 것이 없어서 오락가락할 때에 그것을 위하여 먹을 것을 예비하는 자가 누구냐? 욥은 까마귀와 그 새끼들을 먹일 수 없지만 하나님은 하실 수 있다(비교. 마 6:26). 주님은 이 무력한 새의 필요를 채우실 수 있으므로 우리는 그분을 신뢰해야 한다. 새가 하나님을 의지할 수 있다면 욥은 왜 그렇게 할 수 없다는 것인가? 하나님을 의지하는 새의 모습은 하나님에 대한 욥의 오만한 요구와 강렬한 대조를 이룬다.

C. 하나님은 염소를 다스리신다(39:1a)

Supporting Idea	하나님은 산염소의 출산 과정에 대해 욥에게 질문하시며 모든 만물에 대한 주권성을 보여주신다.

39:1a. 하나님은 "산염소가 새끼 치는 때를 네가 아느냐?"라고 질문하시며 욥을 계속 심문하신다. 예상되는 대답은 '모른다'는 것이다. 욥은 이것을 모른다. 그는 지식이 없으므로 그 자신의 인생에 대해 이해되지 않는 것들에 대해서도 하나님을 신뢰해야 한다.

D. 하나님은 암사슴을 다스리신다(39:1b-4)

Supporting Idea	하나님은 사슴의 출생 과정과 성장에 대해 욥에게 질문하신다. 그것은 그의 인생에 대한 하나님의 섭리만큼 신비로운 것이다.

39:1b-2. 암사슴의 새끼 낳을 기한을 네가 알 수 있느냐? 역시 이 질문에는 욥이 그 대답을 알지 못한다는 것이 전제되어 있다. 그러므로 욥의 인생에 대한 하나님의 섭리적 역사는 그의 이해를 벗어나는 것이다. 그것이 몇 달 만에 만삭되는지 아느냐 사슴의 임신 기간이 어느 정도인지 그는 알지 못하는데 사슴이 새끼를 낳았다. 그 낳을 때를 아느냐?

욥에게는 그러한 지식이 없다. 그러한 짐승들은 사람들의 눈에 띄지 않게 야생에서 생활한다. 창조의 수많은 사건들은 욥의 지식을 벗어나 있고, 특히 그의 인생에 대한 하나님의 신비한 섭리의 역사는 더욱 그러하다.

39:3. 산염소들은 출산을 하기 위해 몸을 구푸리고 새끼를 낳는다. 출산 후 그 괴로움을 지내어버린다. 하지만 욥은 하나님처럼 전지하지 않기 때문에 이 과정을 볼 수 없다.

39:4. 문명의 감시의 눈길이 미치지 않는 상태에서 그 새끼는 강하여져서 빈들에서 길리운다. 그들은 그들의 출생지를 나가고는 다시 돌아오지 아니한다. 욥은 그들이 어디로 가는지 보았는가? 마찬가지로 하나님의 뜻의 신비에 대한 지식도 그를 벗어나 있다. 또한 하나님은 보호가 가장 필요한 위험한 시기에 그 짐승들을 보호하시고 필요를 공급하신다. 마찬가지로 하나님은 욥을 보호하실 것이다.

E. 하나님은 나귀를 다스리신다(5-8절)

Supporting Idea	하나님은 욥의 지식이 실제로 얼마나 미천한지 보이시며 나귀에 대해 질문하신다.

39:5-6. 하나님은 점점 강도를 더해가며 욥에 대한 질문을 계속하신다. 누가 들나귀를 놓아 자유하게 하였느냐? 누가 빠른 나귀의 매인 것을 풀었느냐? 다시 말해서 야생 나귀는 광야에서 생활하고자 하는 자연적인 본능을 누구에게서 받았는가? 하나님은 "내가 들로 그 집을, 짠 땅으로 그 사는 처소를 삼았느니라"라고 말씀하시며 이 일을 자신이 하셨다고 말씀하신다. 이 짐승을 그 서식지에 두신 이는 욥이 아니라 하나님이셨다. 욥의 인생에도 동일한 사실이 적용된다. 하나님은 고난에 대한 이 체험을 비롯해 그의 정하신 장소에 그를 있게 하셨다.

39:7-8. 야생 나귀는 사람들과 함께 살기를 원하지 않고 광야에서 살기를 원하며 성읍의 지껄이는 것을 업신여긴다. 나귀는 등에 탄 사람에게 복종하지 않기 때문에 어거하는 자의 지르는 소리가 그것에게 들리지 아니한다. 야생 나귀는 초장이 된 산으로 두루 찾아다니며 먹이를 구한다. 길들여지기를 거부하며 인간의 어떤 도움도 없이 여러 가지 푸른 것을 찾는다. 하나님은 스스로를 돌볼 수 있도록 야생 나귀를 만드셨다. 생존에 대한

나귀의 본능은 인간이 아니라 하나님이 불어넣어주셨다.

F. 하나님은 들소를 다스리신다(9-12절)

Supporting Idea	하나님은 황소의 완고함과 관련해 욥에게 도전하신다. 그것은 욥 자신이 하나님에 대해 보인 특징이었다.

39:9. 하나님은 욥에게 "들소가 어찌 즐겨 네게 복종하겠느냐?"라고 도전하신다. 너는 이 짐승이 너의 지배를 받아들이도록 겸손하게 하고 제어할 수 있느냐? 그렇지 않다면 황소를 만드신 창조주를 길들일 수 있다고 욥이 생각하게 된 이유는 무엇인가? 네 외양간에 머물겠느냐? 욥이 피조물을 통제할 수 없다면 그것의 창조주를 통제할 수 없는 것은 확실한 사실이다.

39:10. 이 야생 황소는 어떤 인간적 권위에도 복종하지 않는다. 네가 능히 줄로 들소를 메어 … 하게 하겠느냐? 다시 말해서 욥은 이 야생동물을 길들여 자신의 밭을 갈도록 할 능력이 있는가? 이랑을 갈게 하겠느냐? 내포된 답은 '아니다' 이다. 이것이 암시하는 것은 욥이 이 짐승을 길들일 수 없다면, 창조주이신 하나님을 그렇게 할 수 있다고 생각하는 것이 정신나간 짓이라는 것이다.

39:11. 핵심을 더욱 강조하시며 하나님은 "그것의 힘이 많다고 네가 그것을 의지하겠느냐?"라고 질문하신다. 이 질문에 내포된 대답은 '그렇다' 는 것이다. 야생 황소는 인간에게 유익한 일을 줄 것이라고 믿을 수 있다. 네 수고하는 일을 그것에게 맡기겠느냐? 이 질문은 긍정적인 대답인 '그렇다' 를 전제하고 있다. 야생 황소가 길들여지지 않는다 하더라도 이 짐승이 인간에게 도움이 됨을 믿을 수 있다. 함축하는 바는 분명하다. 즉 욥이 하나님을 길들일 수 없지만 그분을 의지해야 한다는 것이다. 인간이 도움을 위해 짐승을 의지할 수 있다면, 확실히 하나님을 의지할 수 있다.

39:12. 그것이 네 곡식을 집으로 실어오며 … 의탁하겠느냐? 역시 그렇다는 대답이 전제되어 있다. 이 짐승이 인간의 필요와 최대의 이익에 부합할 것이라고 믿어도 좋다. 마찬가지로 욥은 타작 마당에 소가 곡식을 모아줄 것이라고 믿을 수 있는가? 그렇다는 대답이 예상된다. 그러므로 욥은 하나님에 대해서도 동일하게 해야 한다. 그는 전능자를 훈계하는 것이 아니라 오히려 절대적으로 하나님을 신뢰해야 한다.

G. 하나님은 타조를 다스리신다(13-18절)

Supporting Idea	하나님은 그분의 놀라운 지혜의 신비에 대한 예시로 타조를 이용하신다.

39:13. 이어서 하나님은 괴상한 특징과 습성을 지닌, 괴상하게 생긴 새인 타조를 묘사하신다. 연속적인 수사학적 질문을 제시하시는 대신, 이 단락은 선언적인 진술문을 담고 있다. 강조의 핵심은 욥이 타조에 대해 설명할 수 없다는 데 있다. 마찬가지로 그는 타조를 창조하신 하나님을 설명할 수 없다. 타조는 즐거이 그 날개를 친다마는 이상하게도 날지 못한다. 날개는 단순히 바람만 일으킬 뿐이다. 이 날개들의 그 깃과 털이 인자를 베푸느냐(깃털이 아니라 솜털로 덮여서 새의 깃털과 황새의 깃털과 비교할 수 없다).

39:14-15. 다른 새들은 나무에 그 둥지를 틀지만 타조는 알을 땅에 버려두어 모래에서 더워지게 한다. 이 이상한 새는 사냥꾼과 약탈자들의 공격을 막기 위해 알을 위장한다. 타조는 알이 발에 깨어질 것이나 들짐승에게 밟힐 것을 생각지 아니하는 것 같은 느낌을 준다. 이 내용이 강조하고자 하는 것은 타조가 알을 품는 모습을 욥이 본 적이 있느냐는 것이다.

39:16-17. 밖으로 드러난 것으로 보면 타조는 그 새끼에게 무정함이 제 새끼가 아닌 것처럼 한다. 알을 버리는 것은 이 새의 특이한 본성의 하나일 뿐이다. 타조는 새끼에게 자신의 새끼가 아닌 것처럼 무정하다. 이것은 그 구로한 것이 헛되게 될지라도 괘념치 아니하고 오직 유기하기 위해 새끼들을 낳은 듯한 인상을 준다. 하나님이 지혜를 품부하지 아니하고 총명을 주지 아니함이라는 결론만 내려볼 수 있을 뿐이다. 타조가 알을 묻은 장소를 잊어버리기 때문에 이 새의 어리석음이 명백하게 보인다.

39:18. 그러나 이렇게 지혜가 없음에도 불구하고 그 몸을 떨쳐 뛰어갈 때에는 말과 그 탄 자를 경히 여기느니라. 이 이상한 새는 지능이 열등함에도 불구하고 속도는 월등히 빠르다. 놀랍게도 이 새는 인간의 이해를 초월하는 하나님의 주권성의 신비를 상징한다. 그러한 어리석은 새를 창조하신 하나님이 또한 인간의 이해 능력을 초월하는 이상한 섭리를 계획하셨다. 하나님은 인간에게는 이해가 되지 않는 사실인, 날 수 없는 새를 창조하셨다. 하나님이 욥의 인생에서 행하고 계신 일의 신비 역시 욥의 이해를 벗어나

있다.

H. 하나님은 말을 다스리신다(19-25절)

Supporting Idea	하나님은 욥이 자신보다 열등한 존재임을 보이시기 위해 말을 이용하며 욥에게 질문하는 방식으로 되돌아가신다.

39:19. 하나님은 대화의 초점을 타조와는 완전히 다른 동물인 말에게로 이동하신다. 말은 거드름 피우는 타조처럼 조롱의 대상이 아니라 힘과 용맹 때문에, 특히 위험에 직면했을 때 발휘하는 그러한 장점 때문에 칭찬을 받는다. 하나님은 수사학적 질문 형식을 다시 사용하셔서 욥에게 "말의 힘을 네가 주었느냐 그 목에 흩날리는 갈기를 네가 입혔느냐?" 라고 질문하신다. 욥은 말을 창조하지 않았고, 또한 힘과 위엄을 말에게 부여할 수도 없었다.

39:20. 네가 그것으로 메뚜기처럼 뛰게 하며 큰 위험에 직면했을 때조차 공격적으로 앞으로 나아가게 하였느냐? 확실히 욥은 말보다 우월하다 해도 말로 이렇게 용맹하도록 할 수 없다. 또한 욥은 말의 그 위엄스러운 콧소리가 두려움을 주도록 할 수도 없었다. 이 짐승이 어려움 속에서도 이토록 용맹하게 만든 이는 욥이 아니라 하나님이셨다. 여기서 하나님은 무서운 시련에 직면했을 때 욥도 용감하도록 만드실 수 있다는 의미가 암시되어 있다.

39:21-22. 전투에 임할 채비를 하며 말은 달릴 준비를 한 채 힘 있음을 기뻐하며 사납게 발길질을 한다. 이 군마는 승리를 기대하며 그 자신의 생명을 돌아보지 않고 앞으로 나아가서 군사들을 맞는다. 사방으로 위험에 에워싸여도 두려움을 비웃고 놀라지 아니한다. 전투가 벌어지면, 굽히지 않는 용기를 갖고 있기 때문에 군인들을 대적하며, 칼을 당할지라도 물러나지 아니한다.

39:23-24. 말이 상대와 격돌하기 위해 맹렬히 앞으로 질주할 때 말 위 기수의 전동(箭筒)은 화살이 가득하며 소리가 쟁쟁하다. 전투에 임하는 군마는 빛난 작은 창과 큰 창도 용감하게 휴대하고 있다. 두려워하며 주저하는 기색이 전혀 없이 말은 땅을 삼킬 듯이 맹렬히 성내며 앞으로 진격한다. 나팔 소리를 들으면 머물러 서지 아니하고 진격해 싸워야 한다.

39:25. 전투를 알리는 나팔 소리 나는 대로(나팔 소리를 듣고) 말은 벌어진 콧구멍으로 소소히 운다. 전투에 임하는 말은 한껏 고무된 채 사기가 충천하다. 마치 전쟁을 바라고 기대한 것처럼 멀리서 싸움 냄새를 맡는다. 전쟁에 대한 꺼지지 않는 갈망을 가지고 장관의 호령과 떠드는 소리에 전장으로 내달린다. 욥은 이 용감한 동물보다 열등하므로, 그 말을 만드신 창조주에 비하면 한없이 열등한 존재다. 그러나 욥은 오만하게 그분께 책임을 추궁했다.

I. 하나님은 매를 다스리신다(26절)

Supporting Idea	하나님은 욥의 무지를 드러내시기 위한 또 다른 시도로 매가 방향과 교훈을 얻기 위해 자신을 의지하느냐고 욥에게 질문하신다.

39:26. 동물에 대한 하나님의 관찰은 두 새, 즉 매와 독수리에 대한 관찰로 마무리된다. 두 새는 모두 믿을 수 없을 정도로 높이 솟구치는 특징을 가진다. 하나님은 "매가 떠올라서 날개를 펼쳐 남방으로 향하는 것이 어찌 네 지혜로 말미암음이냐?" 라고 물으신다. 이 추궁하는 듯한 질문의 의도는 역시 욥이 자신의 위치를 알도록 하기 위한 것이다. 그것은 욥이 아니라 하나님이 우주의 통치자이심을 보여주기 위한 것이었다. 하나님은 이 새에게 이주의 본능을 주셔서 남쪽으로 비행하도록 하셨다. 하나님이 이 새를 인도하시는 경위는 신비에 싸여 있다. 마찬가지로 하나님은 거룩한 계획에 따라 세상의 일과 사람들을 신비스럽게 다스리신다.

J. 하나님은 독수리를 다스리신다(27-30절)

Supporting Idea	하나님은 어떤 일들은 너무 높이 있어서 욥이 발견할 수 없음을 보이시며 독수리에 대한 질문으로 욥에게 도전하신다.

39:27-29. 독수리가 공중에 떠서 높은 곳에 보금자리를 만드는 것이 어찌 네 명령을 의지함이냐? 너무나 분명하지만, 욥은 독수리의 습성을 다스리지 않는다. 그 힘과 능력은 모든 만물의 창조주이시며 지탱자이시고 통치자이신 하나님께만 속한 것이다. 마찬가지로 하나님은 또한 욥의 인생의 일들을 다스리신다. 하나님은 독수리가 높이 있는 낭

떠러지에 집을 지으며 밤에 그곳에 거한다고 지적하신다. 욥의 시야를 완전히 넘어서는 뾰족한 바위 끝이나 험준한 데가 그의 요새다. 높은 고도의 그곳에서 독수리는 움킬 만한 것을 살핀다. 독수리는 인간이 볼 수 없는 것을 본다. 그 눈은 하나님이 주신 비상한 시력으로 멀리 본다.

39:30. 그 새끼들, 즉 아기 독수리들도 죽은 짐승의 피를 빤다. 독수리가 이렇게 행동하는 것은 하나님이 그들을 이렇게 만드셨기 때문이다. 이와 같이 하나님이 자기 피조물들을 그렇게 다스리시므로 모든 것이 그분의 계획대로 행동한다. 욥의 인생 환경도 마찬가지다. 하나님이 그렇게 계획하셨기 때문에 그러한 환경이 전개되는 것이다.

Main Idea 복습	주님은 동물의 왕국에 대한 욥의 무지를 드러내심으로 그를 겸손하게 하신다.

결론

고통스러운 질문

하나님이 이 질문을 하시는 동안 욥은 하나님의 가차없는 공격에 요동하였다. 한때 그는 자신이 모든 대답을 다 알고 있다고 생각했지만, 이제 그러한 교만한 생각이 빠르게 사라지고 있었다. 욥은 그 질문에 대해 단 하나도 대답할 수 없음을 깨닫기 시작하고 있었다. 실제로 그는 하나님께 제시할 적합한 질문조차 알지 못했다. 하나님이 욥에게 이 고통스러운 질문을 계속 제시하신 이유가 무엇인가? 그래서 그는 욥에게 자신의 위대함을 보여주실 수 있었다. 이 신적 심문을 통해 하나님은 자신만이 하늘과 땅과 그 안에 있는 모든 것을 창조하셨음을 욥에게 가르치셨다. 그러나 하나님은 또한 창조하신 모든 것을 홀로 다스리시는 분이다. 신적 주권성이라는 강력한 진리가 이 심문을 통해 명확히 드러난다.

하나님은 자신이 기뻐하시는 뜻대로 자신의 것을 처리할 권한이 있다. 그분은 피조물에게 자신의 행동에 대해 설명할 의무가 전혀 없다. 그분만이 주권자이시므로 인간에게 아무런 해명을 할 필요가 없는 것이다. "이 사람아 네가 뉘기에 감히 하나님을 힐문하느뇨 지음을 받은 물건이 지은 자에게 어찌 나를 이같이 만들었느냐 말하겠느뇨" (롬 9:20). 이것이 여호와께서 욥에게 보여주신 교훈이다. 이유를 알지 못하기 때문에 욥은 잠잠하며 하나님께 복종해야 했다. 오직 하나님을 보고 알 때 그가 찾는 구원을 얻게 될 것이다.

삶의 적용

하나님의 위대하심에 대한 발견

1. 하나님의 위대하심을 보라. 동물의 왕국에 대한 이 시험의 목적은 욥에게 하나님의 위대하심, 주권자적 창조주로서의 그의 위엄, 그의 창조적 능력과 만물에 대한 섭리적 돌보심을 알게 하는 데 있었다. 하나님이 그렇게 모든 동물을 창조하신 것은 그의 완전한 지혜를 보여준다. 마찬가지로, 하나님은 성과 인종, 키, 그리고 지능을 가진 현재의 당신을 만드셨다. 그는 당신에게 고유한 개성과 기질을 주시며 완전한 계획을 갖고 당신을 만드셨다. 당신을 향한 그의 계획의 위대하심이 보이는가?

2. 하나님의 위대하심에 복종하라. 우리는 하나님의 우월성에 우리의 인생을 바쳐야 한다. 하나님의 참된 위엄을 본 후 우리의 '위대함' 에 어떻게 도취되는 일이 있겠는가? 하나님의 무한한 위엄에 대한 유일하고 올바른 반응은 철저히 겸손한 가운데 그분 앞에 엎드리며 우리 삶의 우선순위를 그분께 바치는 것이다. 당신의 뜻을 하나님께 복종시키겠는가? 당신의 꿈과 야망을 그분께 내어드리겠는가? 우리가 하나님 앞에서 더욱 겸손할수록 그는 우리를 더 높여주실 것이다.

기도

하나님, 당신만이 당신을 위해 창조하신 모든 피조물을 다스리십니다. 창조주로서 당신은 모든 만물에 대해 최고의 권위를 행사하십니다. 당신으로부터 당신을 통해 그리고 당신에게로 모든 만물이 돌아가나이다. 당신께 영광이 영원토록 있기를 바라나이다. 예수님의 이름으로 기도합니다. 아멘.

심층 연구

A. 산염소(39:1)

산염소는 엔게디의 높은 절벽에서 아직도 볼 수 있는 염소의 한 종이다(비교. 삼상 24:1-2).

B. 들소(39:9)

들소는 길들여지지 않은 짐승이다(비교. 민 24:8, 신 33:17). 앗시리아 왕들은 스포츠로 야생 소를 사냥했다.

교안

A. 하나님은 사자를 다스리신다(38:39-40)

1. 네가 암사자를 먹이느냐?(39절a)
2. 네가 사자를 먹이느냐?(39b-40절)

B. 하나님은 까마귀를 다스리신다(38:41)

1. 까마귀를 위해 누가 식량을 준비하느냐?(41절a)
2. 누가 까마귀 새끼들을 먹이느냐?(41절b)

C. 하나님은 염소를 다스리신다(39:1a)

1. 누가 염소를 출산하게 하느냐?(1절a)
2. 염소들이 언제 출산하느냐?(1절a)

D. 하나님은 암사슴을 다스리신다(39:1b-4)

1. 네가 암사슴이 출산하는 것을 본 적이 있느냐?(1절b)
2. 암사슴이 출산하는 때를 아느냐?(2절)
3. 암사슴이 그 새끼를 출산한다(3절).
4. 암사슴의 새끼가 자라고 성숙한다(4절).

E. 하나님은 나귀를 다스리신다(5-8절)

1. 누가 들나귀를 만들었느냐?(5절)
2. 하나님이 나귀에게 처소를 주셨다(6-8절).

F. 하나님은 들소를 다스리신다(9-12절)

1. 누가 들소를 만들었느냐?(9-10절)
2. 들소가 너를 섬기겠느냐?(11-12절)

G. 하나님은 타조를 다스리신다(13-18절)

1. 타조는 이상하게 생겼다(13-18절).
2. 타조는 매우 빠르다(18절).

H. 하나님은 말을 다스리신다(19-25절)

1. 네가 말에게 힘을 주느냐?(19절)
2. 네가 말이 빠르게 달리도록 했느냐?(20절)
3. 말은 매우 용맹스럽다(21-25절).

I. 하나님은 매를 다스리신다(26절)

1. 매가 너의 지혜로 높이 솟구치느냐?(26절a)
2. 매가 너의 지혜로 남쪽으로 나느냐?(26절b)

J. 하나님은 독수리를 다스리신다(27-30절)

1. 독수리가 너의 명령에 높이 솟구치느냐?(27절)
2. 독수리는 특이한 습성이 있다(28-30절).

토의 질문

1. 내 고난을 이해하기 위해 하나님을 바라보는가?

2. 하나님 중심적인 세계관을 갖고 있는가?

3. 나의 모든 필요를 채우시는 하나님께 의지하는가?

욥기 40장

두려움과 떨림으로 침묵하다

"나는 하나님의 절대적 주권을 드러내기를 즐거워한다.

하나님의 주권은 그의 영광의 놀라운 부분을 보게 하였다."

- 조나단 에드워즈(Jonathan Edwards)

들어가는 글

높이 들림

일리노이의 시카고에 있는 시어스 타워(Sears Tower)는 시내의 스카이라인 위로 당당하게 솟아오른 웅장한 건축물로 다른 스카이라인들을 왜소하게 만든다. 76,000톤의 강철과 6,000개의 청동색 색조의 유리창으로 지어진 현대의 경이로운 이 건축물은 110층으로 되어 있으며, 높이는 아찔할 정도의 높이인 443미터에 이른다. 연건축면적이 12만 6,500평인 이 건물의 무게는 222,500톤에 이른다. 보도에 서서 위를 직선으로 올려다보면 경이로움이 마음에 가득 찬다. 이 건물은 하늘 끝까지 솟아 있어서 구름 속으로 사라지는 것 같다. 타워 뒤에 떠 있는 구름은 그 건물이 흔들리는 듯한 이상한 착각을 하게 만든다. 머리가 빙글빙글 돌기 시작한다. 압도하는 높이를 쳐다보면 무릎이 후들거린다.

욥이 느끼고 있는 감정이 바로 이런 것이었다. 엄청난 하나님의 위엄 앞에서 욥은 압도되었고, 자신의 왜소함을 고통스럽게 자각하였다. 앞에서 욥은 하나님께 자신을 변호하여 자신의 무죄를 증명할 수 있게 해달라고 강요했다. 그러나 이제 하나님의 위대하심을 우러러보며 그는 자신이 오직 먼지 한 점에 불과한 존재임을 깨달았다. 욥은 하나님의 실체와 정면으로 맞닥뜨리고, 하나님이 자신이 상상했던 것보다 훨씬 더 위대하신 분임을 발견했다. 그는 하나님의 위엄과 위대하심에 완전히 압도되었다.

욥기 40장에서 하나님은 욥에 대한 심문을 계속하시며, 욥이 실제로 어떤 존재인지(즉 유한한 피조물에 불과한 존재) 드러내기 위한 심문을 계속하신다. 행성 지구의 내적이고 외적인 작용들(욥 38장)과 동물의 왕국(욥 39장)에 대해 욥에게 질문하신 하나님은 이제 욥을 더욱더 추궁하실 것이다. 하나님은 욥을 꾸짖으시며, 하나님이 되어 세상을 운영하는 데 자신보다 더 잘할 수 있는지 도전하신다. 이 모든 것을 통해 욥은 전능자 하나님 앞에서 겸손하게 낮아질 것이다.

본문 이해

두려움과 떨림으로 침묵하다

Main Idea	하나님은 창조와 자기 자신과 거대한 짐승에 대해 대답할 수 없는 질문을 하심으로 욥을 공박하신다.

A. 하나님이 욥에게 충격을 주시다(1-5절)

Supporting Idea	하나님은 욥의 열등한 지혜로 그를 겸손하게 하신다.

40:1-2. 하나님은 무서운 엄중하심으로 직접적인 도전을 제기하시며, 욥에 대한 첫 말씀(38-39)을 마무리하신다. 이 도전으로 욥은 결국 겸손해진다. 변박하는 자가 전능자와 다투겠느냐? 이 강한 말씀으로 하나님은 욥이 잘못을 저질렀다고 정죄하신다. 욥은 하나님의 거룩한 성품을 비방했다. 그러므로 전능자는 욥에게 그러한 무분별한 공격에 대해 해명하라고 요구하신다. 그리고 이어서 하나님은 하나님과 변론하는 자는 대답할지니라고 더 강하게 욥을 압박하신다. 하나님은 압도적인 변론을 하셨고(욥 38-39장), 이제 욥에게 자신을 해명해보라고 요구하신다. 욥이 실제로 하나님을 추궁하려 하겠는가? 욥은 이제 자신이 촉구해온 것에 대해 발언권을 얻게 되었다. 하나님과 정식으로 대면한 욥은 하나님을 불공정하다고 고소할 것인가?

40:3. 욥은 주저하며 회개하는 태도로 하나님께 대답한다. 이것은 욥이 새롭게 보인 모습이다. 욥이 법정에서 자신을 변호할 날을 하나님께 줄기차게 요구한 자신의 행동을 회개했다는 것은 의심의 여지가 없다.

40:4. 욥은 "나는 미천하오니 무엇이라 주께 대답하리이까?"라고 대답한다. 창조와 자연과 동물들을 통해 하나님의 권능의 현장으로 도전을 받고(욥 38-39장) 어떻게 그가 하나님과 계속 논쟁을 할 수 있겠는가? 욥은 지식과 힘에 있어서 하나님보다 열등한 존재임을 깨달았다. 그는 하나님의 피조물을 다스릴 능력이 없다. 그렇다면 어떻게 창조주

를 다스릴 수 있다는 것인가? 이 경이로운 하나님 앞에서 자신의 무가치함을 깨달은 그는 자신의 죄를 고백하며 불평을 거두어들인다. 손으로 내 입을 가릴 뿐이로소이다.

이러한 태도는 우월한 존재 앞에서 자신의 비천함을 알리는 강한 몸짓이다. 흠잡는 사람인 욥은 더 이상 하나님과 논쟁하지 않을 것이다. 그는 전능자께 대답할 수 없는 자신의 무능함을 깨달았다. 침묵하며 그는 더 이상 하나님께 할 말이 없다. 그는 이제 하나님에 대한 불만을 다시 제기하고 싶지 않다.

40:5. 욥은 "내가 한두 번 말하였사온즉 다시는 더하지도 아니하겠고 대답지도 아니하겠나이다" 라고 고백한다. 그는 이미 필요 이상으로 많은 말을 했음을 깨달았다. 그는 한 번, 심지어 두 번도 말했지만 이제 더 이상 말하지 않을 것이다.

B. 하나님이 욥에게 경고하시다(6-8절)

Supporting Idea	하나님은 욥의 대단찮은 비난과 관련해 그를 겸손하게 하신다.

40:6. 욥의 교만이 아직 완전히 무너진 것은 아니었기 때문에 하나님은 아직 그에게 하실 말씀이 더 있다. 그래서 여호와께서 폭풍 가운데서 욥에게 말씀하신다. 이것은 욥에게 또 다른 압도적인 경험이었다. 폭풍은 하나님의 말씀의 맹위, 즉 강력하고 반박할 수 없는 말씀을 상징한다.

40:7. 하나님은 또다시 욥에게 "너는 대장부처럼 허리를 묶으라" 고 도전하신다. 다시 말해서 전투에 대비해 행동할 수 있도록 허리를 동이라고 말씀하신다. "내가 네게 묻는 것을 대답할지니라" 고 하나님은 말씀하신다. 이것은 한때 자신에 대해 뻔뻔스러울 정도로 확신하고 기대했던 것과는 완전히 정반대의 상황이었다. 하나님이 검사로 나서신 가운데 이제 그는 자신이 수세적인 입장에 있음을 알아차렸다. 욥은 하나님의 이 직접적인 도전을 받아들일 수밖에 없는 입장에 있었다.

40:8. 위력적인 폭풍의 힘을 가지고 말씀하시며 하나님은 욥을 심문하신다. 네가 내 심판을 폐하려느냐? 다시 말해서 욥은 계속해 하나님이 부당하다고 고소할 것인가? 확실히 그렇지 않다. 그가 자신을 정당화시키기 위해서 하나님을 정죄할 것인가? 자신이 옳음을 보이기 위해 하나님께 잘못이 있다고 계속 고집할 것인가? 그러한 태도는 영적

으로 어리석은 짓이었다.

C. 하나님이 욥을 조롱하시다(9-14절)

Supporting Idea	하나님은 욥이 전능자의 속성을 소유하고 있는지 질문하심으로 그를 놀리신다.

40:9. 욥을 자신의 위치에 두시며 하나님은 "네가 하나님처럼 팔이 있느냐?" 라고 질문하신다. 팔은 힘의 상징이었다(시 89:13, 사 53:1). 이 날카로운 질문은 네가 우주를 통치하시는 하나님과 같은 힘을 갖고 있느냐는 것이었다. 물론 욥은 그런 힘을 갖고 있지 않다. 그리고 이어서 하나님은 "하나님처럼 우렁차게 울리는 소리를 내겠느냐?" 라고 압박하신다. 욥이 전능하신 하나님의 주권적 권세로 말하며 우주를 다스릴 수 있는가? 그는 그럴 힘이 없다.

40:10. 이러한 도전을 더욱 강하게 밀어붙이시며 하나님은 신랄한 빈정거림으로 말씀하시고 하나님으로서 자신의 역할을 해보라고 욥에게 도전하신다. 너는 위엄과 존귀로 스스로 꾸미며 영광과 화미를 스스로 입을지니라. 여기서 도전은 욥에게 하나님이 되어 우주를 다스리는 일을 더 잘 할 수 있는지 알아보라는 것이다. 위엄, 존귀, 영광, 화미(majesty)는 하나님께만 속한 무한한 우월성의 신적 속성이다.

40:11. 하나님은 욥을 더욱 조롱하시며 반역적인 인간들에 대해 너의 넘치는 노를 쏟으라고 말씀하신다. 교만한 자를 발견하여 낱낱이 낮추되. 하나님이 하나님처럼 행동하시기 위해서는(비교 왕하 8:11, 사 13:11) 이 세상의 교만하고 주제넘은 인간들을 꺾어야 한다. 이것은 하나님이 매일 하셔야 하는 일이다. 욥이 신의 모든 역할을 수행할 수 있겠는가? 그렇다면 욥은 자신에게서부터 출발해야 한다는 암시가 여기에 내포되어 있다.

40:12. 하나님은 수위를 누그러뜨리려 하지 않으신다. 그는 욥을 더욱 강하게 압박하신다. 꿰뚫어보는 눈으로 모든 교만한 자를 발견하여 낮추라. 그리고 욥은 자기 의의 겉모습을 꿰뚫어 살펴본 후 격렬한 심판으로 악인을 그 처소에서 밟으라는 도전을 받는다. 앞에서 욥은 하나님이 악인들의 죄악을 살피지 않으시며 심판하지 않으신다고 비난한 적이 있다(비교. 욥 12:6, 24:1-2).

40:13-14. 하나님이 된 것처럼 행동해보라는 도전을 받은 욥은 악인들을 함께 진토에 묻으라는 요청을 받는다. 욥이 그렇게 지혜롭다면 신적인 심판을 행하여 악인들에게 정의를 실행해야 한다. 욥은 하나님처럼 정의를 시행해야 한다. 하나님은 "그 얼굴을 싸서 어둑한 곳에 둘지니라"는 말씀을 덧붙이신다. 욥은 교만한 자들을 멸하고 심판하여 그들이 사람들의 눈에서 사라지게 해야 한다. 그가 그렇게 할 수 있다면 하나님은 그를 자신의 상급자로 칭송하실 것이다. 그리하면 네 오른손이 너를 구원할 수 있다고 내가 인정하리라. 그렇게 할 경우, 즉 그가 완전한 공의를 시행할 수 있을 경우 하나님은 욥에게 복종하실 것이다. 이것(완전한 공의의 시행)은 하나님께 결여된 것이라고 욥이 지적했던 것이다. 그는 우주를 다스리고 하나님보다 더 훌륭하게 일을 처리해야 한다. 그러면 욥은 자신을 구원할 수 있을 것이다.

D. 하나님이 욥을 가르치시다(15-24절)

Supporting Idea	하나님은 하마를 이용해 자신만이 창조주시며 이 강한 피조물을 제어할 능력을 갖고 계심을 증명하신다.

40:15. 하나님은 욥을 더욱더 압박하신다. 이제 소같이 풀을 먹는 하마를 볼지어다. 내가 너를 지은 것같이 그것도 지었느니라. 하나님은 자신과 욥이 하마의 공동 창조주인 양 말씀하신다. 욥은 아직 회개에 이를 정도로 완전히 낮아지지 않았던 것이 분명하다. 그래서 욥의 교만을 겨냥한 심문이 계속된다. '하마'(behemoth)라는 단어는 특이하게 덩치가 큰 것, 아마 하마나 코끼리 심지어 공룡까지 묘사하는 단어다. 욥은 이 거대한 짐승을 생각해보고 자기 자신의 무가치성에 대해 다시 깨달으라는 도전을 받고 있다.

40:16-17. 하마의 중간 허리부분의 힘을 가리키시며 하나님은 '그 힘은 허리에 있고 그 세력은 배의 힘줄에 있고'라고 지적하신다. 이 짐승의 힘은 인간과 비교가 되지 않는다. 다음으로 이 짐승의 힘에 초점을 부각시키시며 하나님은 '그 꼬리치는 것은 백향목이 흔들리는 것 같고'라고 말씀하신다. 이 짐승은 극히 강하고 힘이 세다. 넓적다리 힘줄은 서로 연락되어 단단하다.

40:18-19. 그 뼈는 놋관 같아서 구부러지거나 깨어지지 않으며, 아무리 무거운 짐도 옮기고 지탱할 수 있다. 그 가릿대는 철장 같아서 강인하고 튼튼하다. 이 위압적인 짐승

은 크기와 힘에 있어서 하나님의 창조물 중에 으뜸가는 존재다. 그러므로 그것은 동물들 중에서 가장 강한 짐승이다. 그러나 그 큰 신장에도 불구하고 그것을 지은 자는 칼로 그것에게 다가갈 수 있다. 오직 하나님만이 이 짐승의 근처에 다가가실 수 있다. 어떤 인간도 그것에게 다가갈 수 없다.

40:20-21. 그러므로 산은 그것을 위하여 식물을 내느니라. 초식성 동물(15절)인 하마는 밤에는 들판에서 풀을 뜯지만 낮에는 호수나 강, 늪에 몸을 담근다. 모든 들짐승들이 잡아먹힐까 두려워하지 않고 근처에서 논다. 낮에는 연 줄기 아래에서 누우며 수면 아래로 몸을 담근다. 거기서 그는 쉬며 갈밭 가운데 엎드리며 자연의 서식처에서 휴식한다. 수면 위에는 오직 귀와 눈과 콧구멍만 내놓는다.

40:22-23. 연 그늘이 덮으며 그가 시야에서 보이지 않게 한다. 시내 버들(강가에서 자라는 나무들)이 그를 둘러싸서 그 형체를 가려준다. 하수가 창일한다 할지라도 그것이 놀라지 않고, 그의 크기와 힘 덕분에 세찬 격류에도 버틸 수 있다. 요단강이 불어 그 입에 미칠지라도 그 자리에서 흔들리지 않고 버틸 수 있으며, 세찬 강에서도 자약하다. 이 짐승은 거대한 양의 물을 삼킬 수 있고, 눈으로 보기에 요단강의 양만큼 삼키는 것 같다. 이것은 이 짐승의 거대한 몸짓과 힘을 강조하기 위해 사용된 과장법의 한 형태다.

40:24. 하나님은 이 짐승이 물 밖에서 쏘아보고 있을 때 누가 능히 잡을 수 있겠느냐고 욥에게 물으심으로 이 단원을 마무리하신다. 강 위로 몸을 드러내며 숨을 쉴 때 창으로 그 코를 꿸 수 있을 사람이 누가 있겠는가? 이 질문의 대답은 아무도 그렇게 강한 짐승을 잡거나 꿸 수 없다는 것이다. 그렇게 할 수 없다면 욥은 어떻게 해서 이 짐승의 창조주이신 하나님을 통제할 수 있다고 생각하게 되었는가? 하나님을 고소하며 주장했던 것처럼 세상을 경영할 능력도 욥은 갖고 있지 않았다.

Main Idea 복습	하나님은 창조와 자기 자신과 거대한 짐승에 대해 대답할 수 없는 질문을 하심으로 욥을 공박하신다.

결론

이 모든 것을 누가 만들었는가?

어느 날 저녁 나폴레옹 보나파르트(Napolen Bonaparte)의 장교들이 하나님의 존재에 대해 토론하기 시작했다. 당시의 무신론적 사상에 사로잡힌 그 장교들은 하나님이 없다는 데 만장일치로 동의했다. 마침내 누군가가 신이 있는지 나폴레옹에게 물어보자고 제안했다. 나폴레옹은 손을 들어 별이 무수한 하늘을 가리키며 단순히 "제군들이여, 저 모든 것을 만든 이가 누구인가?" 라고 질문했다.

창조 세계는 모든 만물을 만든 자인 창조주의 존재를 가리킨다. 더욱이 이 동일한 창조주는 자신이 만든 모든 것을 계속 유지하시며 다스리신다. 그러므로 모든 사람들은 그들을 만드신 하나님 앞에 겸손해야 한다. 이것이 이 말씀에서 하나님이 욥에게 가르치신 것의 주제다. 욥은 하마를 다스릴 수 없다. 그렇다면 그가 어떻게 그 하마의 창조주를 다스리고자 생각할 수 있다는 말인가? 욥은 모든 만물을 만드시고 다스리시는 하나님께 복종해야 한다. 이것이 하나님이 욥에게 가르치시고자 하는 핵심이다. 모든 피조물은 창조주 앞에 엎드리며 그들의 삶을 그분께 내어드려야 한다.

삶의 적용

하나님과 겨루기

인생의 어두운 폭풍을 만날 때마다, 혹은 하나님이 자신의 고난 뒤에 계시다고 깨달을 때마다 하나님에 대해 원망하는 마음을 가질 가능성이 있다. 욥은 한동안 그러한 마음에 사로잡혔고, 그로 인해 하나님과 싸우고 싶은 마음이 촉발되었다. 오늘날 신자들은 이와 동일한 유혹에 직면한다. 그러나 하나님의 백성들은 그러한 악한 생각들에 대

향해 마음을 지켜야 한다. 바울은 하나님의 주권성에 대한 중요한 문제들을 다루면서 "누가 주의 마음을 알았느뇨 누가 그의 모사가 되었느뇨"(롬 11:34)라고 질문했다. 그의 질문은 아무도 없다라는 대답을 내포하고 있다. 하나님은 인간과 같지 않으시다. 그는 지혜와 지식에 부족함이 없으시다. 조언자를 필요로 하지 않으신다.

신자가 하나님과 겨룬다는 것은 하나님이 지식과 지혜가 필요한 분이라는 의미가 내포되어 있다. 신자가 하나님께 의문을 가진다는 것은 하나님이 아닌 그 사람이 지식과 지혜가 결핍되어 있음을 증명한다. 나아가 그가 하나님을 신뢰하지 못하고 있으며 불신앙의 죄를 범하고 있음을 보여준다. 당신이 원망하는 마음으로 괴로워하고 있다면 하나님이 중재하셔서 당신의 교만한 태도를 처리해주시도록 간구하고 겸손히 엎드리며 하나님께 나아가야 한다. 하나님 앞에서 당신의 감정과 좌절에 대해 정직하고 솔직한 태도를 보이는 것은 현명한 모습이다. 하나님은 사랑이 많으셔서 자기 백성들에게 모든 지각에 뛰어난 평강을 주신다(빌 4:7). 바울은 이 평강이 그리스도인들의 마음과 생각을 지키고 보호해주실 것이라고 강조했다.

기도

하나님, 우리 아버지, 우리가 누구길래 당신과 겨루려고 하는지요? 당신은 토기장이시고 우리는 진흙입니다. 당신은 목자시고 우리는 당신의 초원의 양입니다. 당신은 주인이시고 우리는 종입니다. 당신은 아버지시고 우리는 당신의 자녀들입니다. 주님, 당신의 아들, 우리 구세주이신 주 예수 그리스도를 통해 우리에게 주신 구원을 영원토록 감사드립니다. 예수님 이름으로 기도합니다. 아멘.

티칭 가이드

심층 연구

하마(15절)

'하마' 는 거대한 짐승을 의미하는 히브리어 단어를 음역한 것이다. 이 문맥에서 이 짐승이 정확히 어떤 것인지는 확인하기가 어렵다. 어떤 학자들은 그것이 공룡이나 코끼리였을 수 있다고 믿지만, 하마였을 것으로 추정한다. 이 짐승에 대한 묘사가 이 해석을 지지한다. 이 짐승이 정확히 무엇을 가리키든 위압적인 짐승이었던 것은 분명하다.

교안

A. 하나님이 욥에게 충격을 주시다(1-5절)

1. 하나님이 위엄 중에 말씀하시다(1-2절).
2. 욥이 겸손하게 복종하다(3-5절).

B. 하나님이 욥에게 경고하시다(6-8절)

1. 전투에 임하도록 대비하라(6-7절).
2. 교훈을 받도록 자신을 준비하라(8절).

C. 하나님이 욥을 조롱하시다(9-14절)

1. 네가 하나님과 동등하냐?(9절)

2. 나처럼 행해보라(10-14절).

D. 하나님이 욥을 가르치시다(15-24절)

1. 하마의 크기를 생각해보라(15-18절).
2. 하마의 우월함을 생각해보라(19-20절).
3. 하마의 영역을 생각해보라(21-23절).
4. 하마의 힘을 생각해보라(24절).

토의 질문

1. 나는 하나님과 겨루지는 않는가?

2. 하나님의 길에 대해 의심하지는 않는가?

3. 하나님 앞에서 나의 무가치성을 항상 올바로 이해하고 있는가?

욥기 41장

무조건적 복종

"하나님께 당신의 인생을 바치라.

그분은 당신의 인생에 당신보다 더 많은 일을 이루실 수 있다."

- D. L. 무디(D. L. Moody)

들어가는 글

너의 검을 먼저

영국 제독인 호레이쇼 넬슨(Horatio Nelson)은 항상 패배한 적을 정중하고 따스하게 대했다. 그에게 패배한 어느 제독은 정중함에 대한 넬슨의 명성을 듣고 동급자와 악수하는 것처럼 팔을 쭉 뻗은 채 갑판 위로 저벅저벅 걸어왔다. 넬슨은 손을 내밀지 않고 그대로 있었다. "자네의 칼부터 내려놓고 손을 내밀게나."

욥은 하나님께로부터 유사한 교훈을 배우고 있었다. 그는 전능하신 하나님께 자신의 삶을 무조건적으로 드린다는 것이 무엇인지 배우고 있었다. 불행히도 욥은 깊어지는 좌절 속에서 점점 하나님께 요구하는 태도를 갖게 되었다. 욥은 교만하고 무례하게도 하나님이 자신을 부당하게 벌주시고 있다고 비난했다. 그는 하나님의 벌이 자신이 지은 죄에 합당하지 않다고 주장했다. 욥은 그 죄가 무엇인지 알 수 없지만, 자신의 생각에 그에게 가해진 가혹한 고난을 받을 정도는 아니었다. 그는 하나님 앞에서 자신을 변론하기 위해 법정에 서기를 원했다. 그러나 그 과정에서 욥은 자기가 의롭다는 태도로 하나님께 도전장을 내밀었다. 그래서 하나님은 결국 욥의 연민의 파티(pity party)에 개입하셔서 겸손과 복종에 대한 교훈을 가르치신다. 하나님이 욥의 인생에 대해 요구하시는 것은 무조건적 복종이었다.

욥기 41장에서 하나님은 욥에게 리워야단을 다스릴 수 있는지 욥에게 물으신다(1절). 리워야단(leviathan)이라는 단어는 기본적으로 '바다 괴물' 이나 '바다 뱀' 에 해당하는 히브리어를 음역한 것이다. 이 짐승의 정확한 정체에 대해서는 의견이 분분하다. 전통적인 관점은 이것이 악어라는 것이다. 리워야단에 대한 묘사는 무시무시한 짐승에 대한 세부적인 묘사로 시작한다. 그러나 묘사가 전개됨에 따라서 리워야단은 불을 내뿜는 용처럼 묘사된다. 이 단어는 구약에서 이 외에도 4번 사용되고 있다(욥 3:8, 시 74:14, 104:26, 사 27:1). 각 본문에서 리워야단은 인간을 압도하는 강력한 생물로 나타난다. 그러나 분명한 것은 그것이 하나님을 대적할 수 없다는 것이다. 이 생물은 바다 가운데 배 사이에서 산다(시 104:26). 그러므로 여기서는 바다 괴물이나 바다 공룡을 가리킬 가능성이 있다.

핵심은 이것이다. 욥이 그러한 괴물을 통제할 수 있는가? 그 대답은 '아니다' 이다. 욥이 리워야단과 대적할 수 없다면 어떻게 하나님과 대적할 수 있다고 생각한다는 것인가? 욥은 하나님과 싸우는 일보다 바다 괴물이나 공룡과 싸우는 일을 훨씬 더 잘해야 할 것이다. 하나님은 앞 장의 하마(욥 40장)와 더불어 어떤 인간도 다스릴 수 없는 이 무서운 생물을 창조하셨다. 욥이 피조물을 다스릴 수 없다면 창조주와 대적할 근거가 어디 있다는 것인가?

욥은 리워야단을 다스릴 수 없음에도 불구하고 그 괴물의 창조주께 무엇을 할 것인지 지시하고 싶어했다. 전혀 현명한 결정이 아니었다! 리워야단은 강하다. 하지만 하나님은 그것과 비교할 수 없을 정도로 강하시다. 욥이 리워야단을 제어할 수 없다면 하나님과 겨뤄야 할 이유도 없다. 이제 하나님은 욥에게 무조건적 복종을 요구하시며 직접적으로 그에게 도전하실 것이다.

본문 이해

무조건적 복종

Main Idea	하나님은 리워야단으로 알려진 강한 바다 생물을 통제하거나 제압할 수 없는 욥의 무능력을 지적하신다.

A. 리워야단의 자율성(1-11절)

Supporting Idea	하나님은 거대한 리워야단을 제어할 수 있는지 물어보심으로 욥에 대한 자신의 위대함을 설명하신다.

41:1. 하나님은 이 신적 심문에서 잠시라도 쉬는 시간을 주지 않으시고 리워야단이

라는 또 다른 실물 교재로 계속해서 길게 정면 도전을 하신다. 하나님은 추상 같은 추궁을 하시며 "네가 능히 낚시로 악어를 낚을 수 있겠느냐?" 고 욥에게 질문하신다. 어떤 이들은 리워야단을 신화적인 바다 괴물이라고 주장하지만, 이 기사에 주어진 세부적인 내용들은 그것을 지지하지 않는다. 분명히 이것은 욥이 알고 있는 실제 생물, 아마 악어나 고래 혹은 거대한 흰 상어나 바다 공룡이었을 것이다. 욥에게 이 질문은 그가 그렇게 거대한 생물을 생포하거나 통제할 수 있느냐는 반문이었다. 그는 노끈으로 그 혀를 맬 수 있는가? 이어지는 묘사는 리워야단이 하마(욥 40)보다 훨씬 더 무서운 생물임을 암시한다.

41:2-3. 욥은 그 생물을 잡기 위해 줄로 그 코를 꿸 수 있겠느냐? 혹은 물고기처럼 그를 포획하기 위해 갈고리로 그 아가미를 꿸 수 있겠는가? 어떤 인간도 이렇게 할 수 없다는 대답이 내포되어 있다. 리워야단이 만약 잡힌다면 계속 자비를 간구하겠는가? 역시 대답은 '아니다' 이다. 이 강력한 짐승은 인간에게 복종하지 않을 것이다. 하나님은 "유순한 말로 네게 이야기하겠느냐?" 고 질문하셨다. 확실히 그렇지 않다. 이 강한 생물은 인간과 친절히 대화를 하며 호소하지 않을 것이다.

41:4-5. 하나님은 "어찌 너와 계약하고 영영히 네 종이 되겠느냐?" 고 질문하신다. 다시 말해서 욥이 이 짐승을 길들여서 부릴 수 있겠는가? 그는 자신의 오락과 즐거움을 위해 새를 놀리는 것같이 그것을 놀릴 수 있겠는가? 혹은 그의 딸이 갖고 놀 수 있도록 그것을 매어 둘 수 있겠는가? 물론 그럴 수 없다. 그러한 생각은 어리석은 것이다. 오히려 리워야단이 욥을 끈에 매어 속박하게 될 가능성이 훨씬 더 높다.

41:6. 쉽게 사고 팔 수 있는 일상용품처럼 상인들이 그것으로 상품을 삼아 상고들 가운데 나눌 수 있겠는가? 그들이 리워야단을 사람들의 재량으로 팔리는 상품처럼 상고들 가운데 나눌 수 있겠는가? 역시 그럴 수 없다. 이 생물은 너무나 거대하고 강해서 인간의 힘으로 감당할 도리가 없다.

41:7-8. 욥이 성능이 우수한 대형 낚시 도구를 갖고 있다 하더라도 그가 능히 창으로 그 가죽을 찌르거나 작살로 그 머리를 찌를 수 있겠는가? 작살과 창이 아무리 날카로워도 이 생물이 단순한 물고기처럼 인간에게 잡힐 일은 없을 것이다. 사실, 욥이 손을 그것에게 대어본다면 싸울 일이 생각나서 다시는 아니할 것이다. 이 짐승과의 이 극적인 대면은 위험천만하고 성공적이지 않아서, 혹시 첫 대면에서 살아남는다면 두 번 다시 그것을 시도하는 인간은 없을 것이다.

41:9. 장비가 아무리 좋아도 리워야단을 잡으려는 모든 희망은 헛것이다. 다시 말해 리워야단을 잡아 가두겠다는 희망은 결코 성취될 수 없는 기대다. 그것을 보기만 하여도 낙담한다면 하물며 그것을 생포할 실제적인 시도를 어떻게 할 수 있을 것인가?

41:10. 자신이 원하는 곳에 있겠다고 작정하는 한 그것을 격동시켜 그 자리를 벗어나게 할 사람은 없다. 이것은 이 짐승을 격동시키고자 하는 욥의 바람에 대한 대답이다(욥 3:8). 핵심은 이 파충류가 이토록 무소불위의 힘이 있다면, 그것을 만드신 자는 당연히 모든 만물보다 더 크신 자가 아니겠느냐는 것이다. 욥이나 혹은 어떤 인간도 리워야단을 다스릴 자가 없다면, 이 짐승의 창조주이신 하나님을 다스릴 수 있는 자는 확실히 아무도 없다. 이렇게 해서 하나님은 "그렇다면 능히 나를 당할 자가 누구냐?" 고 질문하심으로 핵심을 강조하시고 있다. 물론 이 질문의 대답은 '아무도 없다' 이다. 하늘과 땅의 주권자 되신 하나님은 자신의 기쁘신 뜻대로 하실 것이다(시 115:3). 아무도 그의 뜻을 거스릴 자는 없다.

41:11. 누가 먼저 내게 주고 나로 갚게 하였느냐? 또다시 대답은 '아무도 없다' 다. 하나님은 어떤 인간에게도 빚을 지시지 않았다. 심판을 제외하면 어떤 인간도 하나님께 빚지지 않은 자는 없다. 그러나 욥은 자신의 의에 대한 보상을 받을 것이라고 믿었다(비교. 욥 34:5-8). 온 천하에 있는 것이 다 내 것이니라. 이처럼 모든 것이 하나님의 것이기 때문에 하나님께 어떤 것도 드릴 능력이 없다.

B. 리워야단의 해부학적 특징(12-30절)

Supporting Idea	하나님은 리워야단의 해부학적 특징들을 지적함으로써 자신의 위대함과 인간의 약함을 계속 증명하고 있다.

41:12-13. 다음으로 하나님은 이 파충류의 강한 신체에 대해 세부적으로 묘사하신다. 내가 악어의 지체와 큰 힘과 훌륭한 구조에 대하여 잠잠치 아니하리라. 이 동물은 힘과 아름다움과 민첩성을 겸비했다. 누가 그 가죽을 벗기겠는가? 물론 대답은 단순한 인간이 그렇게 할 수 없다는 것이다. 분명히 그의 가죽은 인간에게 가치가 있으므로 탐나는 것이다. 그 아가미 사이로 들어가서 그를 제어하고 위에 올라타려고 할 자가 누구겠는가?

41:14-16. 그것의 입을 비집어 열기 위해서 누가 그 얼굴의 문을 열 수 있을까? 제정

신을 가진 사람이라면 두려운 이빨을 가진 그 짐승의 입을 열려고 시도하는 자가 없을 것이다. 이 무시무시한 생물에게 의도적으로 가까이 다가갈 사람은 없을 것이다. 도무지 뚫을 수 없는 보호벽인 가죽에 대해 하나님은 "견고한 비늘은 그의 자랑이라 서로 연함이 봉한 것 같구나"라고 말씀하신다. 그 짐승의 비늘은 견고하게 서로 밀착되어 있어서 단단하고 뚫기가 거의 불가능한 가죽을 형성하고 있다. 이것저것이 한데 붙었으니 바람도 그 사이로 들어가지 못하겠고. 창조주께서 이 정도로 그의 방패가 단단히 하나로 연결되도록 하셨던 것이다.

41:17-18. 서로 연하여 붙었으니 능히 나눌 수도 없구나. 이 짐승의 비늘은 튼튼하게 서로 붙어 있어서 절대 뚫리지 않는다. 그러므로 이 짐승을 사냥해서 죽이고자 아무리 시도해도 소용이 없다. 리워야단의 코와 눈, 입은 사람들을 공포에 떨게 한다. 그것이 재채기를 한즉 광채가 발하고. 이것은 재채기를 할 때 콧구멍에서 분출하는 물을 묘사한 것으로, 밝은 햇빛 속에서 빛을 반사할 때 마치 광채가 발하는 듯한 느낌을 준 것을 가리킨다. 그 눈은 새벽 눈꺼풀이 열린 것 같다. 이 짐승이 물 속에서 모습을 드러낼 때 가장 먼저 보이는 부위는 가느다랗게 뜬 눈으로, 마치 수평선 위에 비치는 태양 광선 같은 인상을 준다.

41:19-20. 그 입에서는 횃불이 나오고 불똥이 뛰어나며. 매우 비유적이고 과장된 이 시적 언어는 입에서 침을 내뿜을 때 마치 불길이 솟구치는 듯한 느낌을 주는 이 짐승의 숨을 표현한 것이다. 용이 입으로 불과 연기를 내뿜는 것처럼 그 콧구멍에서는 연기가 나오니 마치 솥이 끓는 것과 갈대의 타는 것 같구나라고 하나님은 말씀하신다. 이 연기는 아마 그의 콧구멍에서 내뿜는 물방울로 햇빛이 반사된 모습을 가리키는 것 같다.

41:21. 그 숨이 능히 숯불을 피우니 불꽃이 그 입에서 나오며. 이것은 물과 뜨거운 숨을 공기 중으로 내뿜는 모습에 대한 묘사다. 이것이 리워야단의 입에서 나오는 모습은 불꽃과 비슷하다.

41:22. 하나님은 그의 어깨 윗부분을 묘사하시며 힘이 그 목에서 뭉키었다고 지적하신다. 그것은 심히 강하고 그를 잡으려고 시도하는 자들을 제압하고 압도할 수 있으므로 두려움이 그 앞에서 뛴다. 두려움에 사로잡힌 사람들은 목숨을 유지하기 위해 공포에 떨며 이 짐승을 피해 달아난다.

41:23-24. 그 살의 조각들이 서로 연하고 그 몸에 견고하여 움직이지 아니하며. 다시 말

해서 리워야단의 턱 주변의 약한 부분은 도무지 뚫리지 않는 가죽으로 만들어져 있다. 이 짐승의 몸은 공격을 받아 죽을 수 있을 만한 연약한 부분이 전혀 없다. 그 마음이 돌같이 단단하니 그 단단함이 맷돌 아래짝 같구나. 이것은 리워야단의 배 아래가 바위처럼 단단하고 딱딱하다는 것을 가리킨다. 리워야단은 사냥꾼의 무기에 끄덕도 하지 않는다.

41:25. 이렇게 크고 강한 짐승은 움직이는 모습도 매우 인상적이다. 그가 물에서 일어나면 용사도 두려워한다. 아무리 강한 인간들도 두려워하며 물을 가르는 모습 앞에 도망친다.

41:26. 이 짐승의 가죽이 얼마나 무쇠처럼 단단한지에 대해 하나님은 "칼로 칠지라도 쓸데없고 창이나 살이나 작살도 소용이 없구나" 라고 말씀하신다. 이 짐승과 맞서려 하는 사냥꾼이나 전사가 아무리 치명적인 무기를 사용한다 해도 이 짐승을 이길 수 없을 것이다.

41:27-28. 그는 이 무기에 사용된 철을 초개같이, 놋을 썩은 나무같이 다룬다. 다시 말해서 그 무기들은 그에게 아무런 상처도 입힐 수 없고, 그는 쉽게 이 무기들을 부숴버릴 수 있다. 그는 아무런 약점도 없는 난공불락의 요새 같다. 그에게 살을 쏘아도 그는 자신을 지키려고 도망가지 않는다. 물맷돌은 그것에게는 겨 같아서 그를 바닥에 넘어뜨릴 수 없다.

41:29. 몽둥이도 검불같이 보므로 아무런 소용이 없다. 두 날 가진 예리한 창을 던지는 것을 우습게 여긴다. 그러한 도구로 이 짐승을 제압하겠다는 발상은 너무나 어리석은 것이기 때문에 리워야단이 코웃음을 친다.

41:30. 리워야단의 단단한 가죽을 더 묘사하시며 하나님은 '그 배 아래는 날카로운 와륵 같으니' 라고 말씀하신다. 이 파충류의 가죽은 도자기의 깨어진 조각들처럼 날카롭고 모양이 들쭉날쭉하다. 이 짐승은 강 유역의 늪지 같은 서식처에서 어슬렁거리며 다닐 때 진흙 위에 타작 기계같이 자취를 남긴다.

C. 리워야단의 민첩성(31-34절)

Supporting Idea	하나님은 계속해서 강한 리워야단이 거만한 자보다 더 위대하다고 지적하심으로 욥을 위협하신다.

41:31-32. 리워야단이 깊은 물속을 헤엄칠 때 깊은 물은 솥의 물이 끓음 같게 출렁거린다. 그는 바다를 젓는 향기름 같게 휘저어 바다 밑의 진흙과 퇴적물이 거품을 일으키며 표면으로 떠오르게 한다. 그는 거대한 몸의 움직임으로 생긴 긴 자국을 따라 소용돌이치며 올라온 물에 광채 나는 길을 자기 뒤에 남긴다. 물의 흐름이 너무나 선명해서 사람의 보기에 백발 같다. 다시 말해서 이 짐승이 물을 헤쳐나가면서 생긴 지나온 자국에 흰 파도가 일어나서 마치 백발의 모습처럼 보이게 한다는 것이다. 이 거대한 생물은 움직이더라도 거대한 흔적을 남겨서 사람들의 눈길을 끈다.

41:33. 리워야단에 대해 묘사한 모든 것을 마무리하시며 하나님은 "땅 위에는 그것 같은 것이 없나니 두려움 없게 지음을 받았음이라" 고 결론지으신다. 지구상의 동물 가운데 그와 비길 생물이 없다. 그는 너무나 강하고 단단하기 때문에 인간이나 다른 짐승들에 대한 두려움이 전혀 없이 살아간다. 동시에 모든 사람들은 그에 대한 공포감을 갖고 산다.

41:34. 리워야단은 교만한 모든 자들을 경멸하며 다른 모든 피조물보다 더 우월한 지위를 가진다. 그는 교만한 것의 왕이며, 심지어 하나님 앞에서 자신을 변호하며 우월감에 한껏 도취된 욥의 왕이다.

Main Idea 복습	하나님은 리워야단으로 알려진 강한 바다 생물을 통제하거나 제압할 수 없는 욥의 무능력을 지적하신다.

결론

나는 보잘것없는 종입니다

오래전 한 교회의 사회자가 J. 허드슨 테일러(J. Hudson Taylor)를 한껏 높여 청중들에게 소개했다. 그때 중국 내지 선교회 창립자인 테일러는 강단으로 나와 조용한 어조로, "사랑하는 친구들이여, 우리는 모두 걸출한 주인의 보잘것없는 종일뿐입니다" 라고 말했다. 이것이 모든 그리스도인들의 간증이 아닌가? 우리는 모두 위대한 주인의 하찮은 종일뿐이다.

하나님이 이 마지막 말씀을 통해 욥에게 도전하실 때 그가 배운 교훈이 이것이었다. 실제로 욥은 리워야단을 다스릴 능력이 없다. 하물며 그 리워야단을 지은 창조주이신 하나님께 어떻게 그가 대적할 수 있다는 것인가? 욥은 자신이 생각하는 것처럼 대단한 존재가 아니라는 것을 깨달아야 했다. 그는 하나님이 자신에게 해명하시기를 기대했다. 하지만 오히려 욥이 하나님께 해명해야 했다. 허드슨 테일러처럼 욥은 자신이 위대하고 경이로우신 하나님의 보잘것없는 종에 지나지 않음을 깨달았다.

삶의 적용

인간의 연약함

욥처럼 모든 신자들은 연약하고 비참한 존재다. "나를 떠나서는 너희가 아무것도 할 수 없음이라"(요 15:5)고 말씀하신 예수 그리스도는 인간의 연약함과 무기력함을 알고 계셨다. 타락한 인간은 참으로 무능해서 하나님이 능력을 주시지 않으면 아무것도 할 수 없다. 사람들은 자신들의 생존 자체를 위해 하나님을 의지한다. 하나님이 아니면 우리는 생명을 지속할 수 없을 것이다.

요한은 복음서에서 "만일 하늘에서 주신 바 아니면 사람이 아무것도 받을 수 없느니라"(요 3:27)라고 말했다. 인간에게 주어진 모든 것이 하나님으로부터 온 것이며, 인간이 받은 것 중에 하나님이 주시지 않은 것은 아무것도 없다(비교. 약 1:17). 바울은 "우리가 무슨 일이든지 우리에게서 난 것같이 생각하여 스스로 만족할 것이 아니니 우리의 만족은 오직 하나님께로서 났느니라"(고후 3:5)라고 지적했다. 인생을 사는 비결은 우리의 연약함과 무기력함을 깨닫는 것이다. 하나님의 위대하심과 능력은 "약한 데서 온전하여진다"(고후 12:9). 신자들이 하나님께 사용되기 위해서는 자신들의 무력함을 깨달아야 한다.

기도

하나님, 우리 아버지, 우리는 본성적으로 교만하고 반역하는 자들입니다. 우리는 우리의 연약함과 나약함을 기억해야 합니다. 우리가 먼지이며 당신을 떠나서는 아무것도 할 수 없는 존재임을 기억하도록 도와주소서. 오직 당신만이 위대하십니다. 오직 당신만이 주권자가 되십니다. 우리가 당신의 위대함과 우리의 무가치함을 깨닫도록 가르쳐 주소서. 예수님의 이름으로 기도합니다. 아멘.

티칭 가이드

심층 연구

리워야단(1절)

'리워야단' 은 바다 괴물이나 바다 생물을 의미하는 히브리어 단어를 음역한 것이다. 이 단어는 아마 지중해에 서식한다고 추정되는 심해에 사는 바다 괴물을 묘사하는 데 사용되었다. 이 단어는 이스라엘의 원수들(사 27:1), 특히 애굽(시 74:13-14)을 가리켜 사용되었다. 고대 신화에서 리워야단은 머리가 많이 달린 괴물로, 물을 다스리고 인간에 대한 두려움이 전혀 없는 생물이었다. 어떤 학자들은 이 신비한 생물이 바다 공룡이었을 수 있다고 믿는다. 어떤 학자들은 그것이 악어였을 수도 있다고 믿는다.

교안

A. 리워야단의 자율성(1-11절)

1. 그를 포획할 수 없다(1-10절a).
2. 하나님을 다스릴 수 없다(10b-11절).

B. 리워야단의 해부학적 특징(12-30절)

1. 그의 몸은 강하다(12-17절).
2. 그의 숨의 위력이 대단하다(18-21절).
3. 그의 가죽이 단단하다(22-30절).

C. 리워야단의 민첩성(31-34절)

1. 그는 물 속을 미끄러지듯 헤엄친다(31-32절).
2. 그는 지상을 통치한다(33-34절).

토의 질문

1. 나는 하나님을 통제하려고 시도하지 않는가?

2. 나는 하늘 아래 있는 모든 것이 하나님의 것임을 인정하고 이해하는가?

3. 내가 고백하지 않은 교만함에는 어떤 것들이 있는가?

욥기 42장

위가 아니고는 바라볼 데가 없다

"나는 천국의 문에 이를 때까지 회개할 것이다."

- 필립 헨리(Philip Henry)

들어가는 글

벼는 익을수록 고개를 숙인다

두 형제가 농장에서 자랐다. 한 형제는 자신의 힘으로 출세하기 위해 집을 떠나 대학에 입학했다. 그는 법학을 전공하고, 그 나라의 수도에 있는 저명한 법률 회사에 취직했다. 다른 형제는 가족의 농장에 머물며 아버지의 가업을 이었다. 어느 날 야심이 강한 형제가 농장의 형제를 방문했다. 그는 "너도 세상에 나가서 이름을 날리며 사는 게 어때? 이 세상에서 출세해서 나처럼 머리를 당당하게 들고 살지 그래"라고 질문했다.

집에 남은 형제는 이렇게 말했다. "저 밖의 밀밭이 보이지?"

변호사가 된 형제는 "그래, 밀밭이 어때서?"라고 대답했다.

"가장 잘 익고 알찬 밀들은 땅으로 고개를 숙이고 있어"라고 농부 형제가 대답했다. "속이 텅 빈 밀만 키를 꼿꼿이 한 채 서 있어."

머리가 빈 인간들은 고개를 꼿꼿이 들고 있지만 머리가 꽉 찬 사람들은 깊이 고개를 숙인다. 욥은 이 영적 교훈을 어렵게 배웠다. 이 고통스러운 심문과정 내내 그는 하나님으로 인해 완전히 겸손하게 낮아졌다. 하나님 앞에서 그의 마음은 교만을 버렸다. 그러나 욥의 믿음이 새로운 태도로 하나님을 향해 비상하게 된 것은 바로 이 낮아짐의 과정을 통해서였다. 하나님으로 가득한 마음은 항상 겸손함으로 그 앞에 엎드린다. 하나님 앞에서 자신이 겸손히 엎드릴 때 인간은 그 어느 때보다 더 은혜 가운데 성장한다.

욥이 마침내 도달한 지점이 정확히 바로 여기다. 그는 마침내 겸손한 사람이 되었고, 위 말고는 눈을 돌릴 데가 전혀 없는 상태에서 하나님의 보좌 앞에서 꿇어 엎드렸다. 이것은 욥이 배우기에 고통스러운 교훈이었다. 그의 친구들이 그의 잘못을 정죄하기 시작한 이후로 그는 공황상태였다. 그러나 하나님은 욥이 완전히 땅에 등을 대고 눕도록 하셔서 오직 하나님의 얼굴만 올려다볼 수 있도록 만드셨다. 그 순간 욥은 그의 영혼과 더불어 모든 것이 형통하게 될 것임을 알았다. 욥은 하나님을 하늘과 땅의 주권자적 창조주로 보았다. 이전의 이해를 뛰어넘는 새로운 깨달음으로 그는 하나님이 자신의 모든 시련보다 더 크신 분임을 알았다. 하나님은 자신의 이해 능력이나 지식을 초월하는 분이셨다.

하나님은 욥에게 그가 고난을 당하는 이유를 아직 말씀해주지 않으셨다. 욥이 아는 것은 오직 하나님이 자신과 함께 계시다는 것뿐이었다. 그리고 그는 하나님만으로 충분하다는 것을 알았다. 욥은 고난의 이유를 알 필요가 없었다. 그가 알아야 하는 것은 오직 하나님의 성품일 뿐이었다. 당신은 이에 대해 말해줄 수 있는가? 현재 시련을 당하고 있고 시련의 이면에 있는 것을 보려고 씨름하고 있지는 않은가? 하나님은 우리의 시련의 배후에 있는 그분의 역사하심에 대해 우리에게 모두 설명해주실 수 있다. 그러나 우리는 그것을 이해할 수 없을 것이다. 그분의 무한한 지혜를 우리의 유한한 머리에 어떻게 담을 수 있겠는가? 우리가 알아야 할 필요가 있는 것은 하나님이 우리의 삶을 주관하신다는 것과 그분이 우리를 너무나 사랑하신다는 것뿐이다.

당신은 당신의 인생에서 이곳으로 나아가야만 할지도 모른다. 그렇다면 그곳으로 가려는 부단한 노력을 중지하고 단순히 위를 바라볼 것을 권한다. 위로 고개를 들어 하나님의 얼굴을 보라. 아무런 대답이 없을 때 당신의 고통스러운 마음을 위로할 위로가 여전히 그곳에 있다. 평강은 실재하시고 주권자로 통치하시는 하나님을 아는 데서 얻게 된다. 힘은 우주를 통치하시는 하나님을 알 때 소유하게 된다. 이 책의 마지막에 이르러 욥은 위로 고개를 들어 새롭게 더 풍성한 방식으로 하나님을 보게 된다. 그는 하나님이 그의 인생의 모든 사건들을 완전하게 지휘하고 계심을 깨닫는다. 그는 하나님께 그의 삶을 맡길 수 있다. 욥은 마침내 자신의 한계, 즉 끝에 도달했다. 우리 자신의 끝은 하나님의 시작이다. 욥의 믿음의 반응을 살펴보라.

본문 이해

위가 아니고는 바라볼 데가 없다

Main Idea	애통하고 겸손해진 욥은 하나님에 대한 자신의 피상적인 시각을 회개하고, 세 친구들을 하나님께 다시 회복시키며, 큰 비극이 닥치기 전에 그가 가졌던 것보다 더 풍성한 것으로 하나님의 큰 축복을 받는다.

A. 욥의 회개(1-6절)

Supporting Idea	욥은 자신의 교만을 회개하고 하나님의 주권성과 권능을 인정하며, 또한 하나님에 대한 자신의 무지와 새롭게 회복된 하나님에 대한 시야를 고백한다.

42:1. 하나님이 직접 창조 세계에 나타난 신적인 권능과 위엄을 보여주신 후(욥 38:-41) 완전히 낮아진 욥은 여호와께 대답한다. 그는 자기 자신의 철저한 무가치함을 깨닫고 상한 심령으로 전능자 하나님 앞에서 회개하며 겸손히 엎드렸다. 그는 하나님의 주권성에 대한 새로운 깨달음과 지각을 가지고 하나님께 반응했다.

42:2. 욥은 '주께서는 무소불능하시오며' 라고 고백한다. 그는 드디어 하나님의 목적의 지고함을 깨닫게 되었다. 하나님은 자신이 원하실 때, 원하시는 방법으로, 자신이 기뻐하시는 사람에 대해, 자신의 기쁘신 뜻대로 행하실 것이다. 또한 그의 계획은 못 이루실 것이 없다. 욥은 그의 모든 주권적 뜻이 온전히 성취된다는 것을 깨달았다. 그는 가장 근본적이고 단일한 신학적 진리, 즉 하나님이 모든 만물을 통치하신다는 진리를 회복했다. 욥의 이 강렬한 선언에는 뜻을 변경하거나 저항할 자가 없는 하나님에 대한 욥의 새로운 복종이 암시되어 있다. 그러므로 욥이 하나님의 평결에 의문을 제기하거나 그의 명령을 반대하는 것은 비정상적인 반응이다. 욥이 아니라 하나님이 지고하신 것이다.

42:3. 앞에서 하나님이 자신에게 하신 말씀을 가리키며(욥 38:2) 욥은 "무지한 말로

이치를 가리우는 자가 누구니이까?"라고 말한다. 하나님의 이 말씀을 인용함으로써 욥은 자기 자신의 죄를 고백하고 있다. 욥은 하나님에 대해 잘못된 말을 했고, 그렇게 해서 자신의 어리석은 말로 하나님의 훈계를 덮어 가려버렸다. 내가 스스로 깨달을 수 없는 일을 말하였고. 다시 말해서 욥은 하나님과 하나님의 뜻에 대해 평가할 때 자신의 처리 능력과 이해 능력을 넘어선 내용들을 말했다. 이러한 것들은 너무나 신비해서 그가 알 수 없는 것들이었다. 이전에는 하나님의 길들이 그를 혼란스럽게 했지만, 그의 주권적 방식들에 대한 지식이 이제 그의 영혼에 신비하게 다가온다.

42:4. 욥은 하나님이 자신에게 하셨던 말씀(욥 38:3, 40:7)을 인용하며, "내가 말하겠사오니 주여 들으시고 내가 주께 묻겠사오니 주여 내게 알게 하옵소서"라고 자신이 말했음을 인정한다. 하나님이 이전에 하신 말씀들을 인용함으로써 욥은 하나님의 이러한 말씀들을 자신이 듣고 유의했음을 인정한다. 그는 자신에게 대답을 요구할 수 있는 최고의 주권자로서 하나님의 사법적 권위를 이해한다. 그래서 욥은 하나님이 말씀하시는 것을 경청했다. 승복당하고 침묵하게 된 그는 하나님의 엄중한 심문을 받았고, 이제 반박이 아니라 대답할 준비가 되어 있다. 하나님의 말씀을 그대로 인용함으로써 욥은 자신이 하나님의 책망을 신중하게 수용하였음을 보인다.

42:5. 욥은 더욱 깊이 회개하며 "내가 주께 대하여 귀로 듣기만 하였삽더니 이제는 눈으로 주를 뵈옵나이다"라고 고백한다. 시련을 통해 욥은 하나님의 지혜와 권능, 섭리적 돌보심에 대한 깊은 깨달음에 직면하게 되었다. 하나님에 대한 욥의 지식이 참으로 형편없었지만 이제 하나님의 신적 속성에 대한 깊은 이해로 충만하다. 그의 눈이 하나님을 본다는 것은 신의 현현(theophany)과 같은 실제적인 환상이 아니라 영적 통찰력을 가리킨다. 욥은 이제 고난당하기 전보다 하나님의 속성에 대해 놀라운 이해를 갖게 되었다. 이러한 의미에서 그의 고통스러운 시련은 그럴 만한 가치가 있었다. 그의 영원하고 영적인 이득은 일시적이고 물질적인 상실을 훨씬 능가한다.

42:6. 하나님에 대한 지식이 더 깊어지자 욥은 "그러므로 내가 스스로 한하고 티끌과 재 가운데서 회개하나이다"라고 고백한다. 자기 부정과 깊은 슬픔이 욥의 삶에 가득하게 되었다. 그는 자신을 경멸하고 그의 마음에 가득 찼던 자기 의의 태도를 미워한다. 그는 하나님의 무오한 속성에 대해 제기했던 무모한 비판을 버린다. 자신의 오만한 죄에 대해 깊이 슬퍼한다. 거룩하신 하나님을 본 후(욥 38-40, 42:5), 욥은 마침내 더러운

자신의 모습을 보게 되었다. 하나님의 주권성이 그의 마음의 죄악됨을 드러내주었다. 욥은 슬픔에 가득 차서 완전히 엎드려져 겸손하게 하나님께 항복한다.

B. 욥의 중재(7-9절)

Supporting Idea	하나님은 진노하시며 욥의 세 친구들을 꾸짖으시고, 그들에게 번제를 드리도록 명령하시며, 욥에게 그들을 위해 기도하도록 지시하신다.

42:7. 여호와께서 욥에게 이 말씀을 하신 후에 욥과 마찬가지로 책망이 필요한 세 친구들에게 관심을 돌리신다. 그분은 데만 사람 엘리바스에게 '내가 너와 네 두 친구에게 노하나니' 라고 말씀하신다. 의분 때문에 하나님은 그들에게 진노하셨다. 이 말씀은 엘리바스에게 향해 있다. 아마 그가 가장 연장자로 대표적인 변론자였기 때문일 것이다. 엘리바스는 세 주기의 변론에서 각기 가장 먼저 변론에 나섰다(욥 4-5장, 15장, 22장).

하나님이 진노하신 것은 너희가 나를 가리켜 말한 것이 내 종 욥의 말같이 정당하지 못하기 때문이었다. 그들은 하나님에 대해 부정확하게 말했다. 하나님의 공의를 옹호하기 위해 그들은 그분의 주권성을 제한하였다. 그들은 모든 고난이 직접적인 죄의 결과라고 가르쳤다. 그러나 그러한 신학은 진실이 아니다. 그들이 하나님에 대해 말한 내용의 상당 부분이 진실이었지만, 그들의 말이 전부 정확한 것은 아니었다. 하나님이 욥의 세 친구들에 대해 화를 내신 것은 그들이 그분의 속성을 제대로 전하지 못했기 때문이다. 욥만이 자신의 고난이 하나님의 형벌로 인한 것이 아니라고 주장함으로써 하나님에 대해 진리를 이야기했다.

42:8. 욥의 친구들이 저지른 죄를 덮어주시기 위해 하나님은 친구들에게 수송아지 일곱과 수양 일곱을 취하여 내 종 욥에게 가서 너희를 위하여 번제를 드리라고 명령하셨다. 이것은 민수기 23장 1절에서 발람이 명시한 희생 제물의 숫자와 정확히 일치하는 것으로, 이것이 죄를 속죄하기 위한 표준적인 번제였음을 암시한다. 하나님은 계속해서 "내 종 욥이 너희를 위하여 기도할 것인즉 내가 그를 기쁘게 받으리니 너희의 우매한 대로 너희에게 갚지 아니하리라" 고 말씀하신다. 하나님의 종 욥이 그의 친구들을 대신해 기도하는 중재자 욥이 되었다.

신적 용서가 필요한 그들의 죄를 다시 반복하시며 하나님은 "너희가 나를 가리켜 말한 것이 내 종 욥의 말같이 정당하지 못함이니라" 라고 지적하신다. 이것은 하나님에 대해 그들이 말한 모든 내용이 부정확하다는 뜻으로 하신 말씀이 아니다. 이것은 그들이 욥에게 하나님을 잘못 대변했다는 의미다. 이로 인해 그들은 욥을 부당하게 비난하고 하나님이 그의 죄 때문에 그를 심판하시고 있다는 잘못된 주장을 하게 되었다.

42:9. 이에 데만 사람 엘리바스와 수아 사람 빌닷과 나아마 사람 소발이 가서 여호와께서 자기들에게 명하신 대로 행하니라. 그들은 욥에게 번제를 가져와 자신들을 대신해 기도해주도록 구했다. 그들은 온전히 순종하여 하나님이 명령하신 대로 행했다. 그 결과 여호와께서 욥을 기쁘게 받으시고 이 세 친구들을 다시 회복해주시며 욥과 화해하도록 하셨다.

C. 욥의 복권(10-17절)

Supporting Idea	하나님은 건강과 자녀들과 고난을 당하기 전에 가졌던 재물을 욥에게 돌려주신다.

42:10. 욥은 그의 친구들을 위해 중보한다. 욥이 그 벗들을 위하여 빌매 여호와께서 욥의 곤경을 돌이키시고 욥에게 그전 소유보다 갑절이나 주신지라. 이것은 욥에게 전환점이 되었다. 그가 세 친구들을 위해 기도한 후 하나님은 욥의 재산과 가족을 다시 회복시켜 주셨다.

42:11. 이에 그의 모든 형제와 자매와 및 전에 알던 자들이 다 와서 그 집에서 그와 함께 식물을 먹고. 전에는 욥을 본 모든 사람들이 그를 멸시했다(비교. 욥 16:2, 19:13). 하지만 이제 그의 가족들이 그의 곁으로 모여들었고, 그와 교제를 나눈다. 여호와께서 그에게 내리신 모든 재앙에 대하여 그를 위하여 슬퍼하며 위로하고. 이를 통해 욥의 형제들과 친구들이 그를 격려했다. 나아가 그들은 그에 대한 사랑의 표현으로 각각 금 한 조각과 금 고리 하나씩 주었다.

42:12. 여호와께서 욥의 노년에 복을 주사 처음 복보다 더하게 하시므로 놀라운 하나님의 은혜를 증명해주셨다. 비극이 있기 전 그에게 놀라운 은혜를 베푸셨던 것처럼(욥 1:2-3), 하나님은 그에게서 박탈해가신 것보다 더 많은 것을 그에게 주셨다. 그가 양 일만 사천과 약대 육천과 소 일천 겨리와 암나귀 일천을 두었고. 이 재물들은 그가 이전에

소유했던 것보다 두 배나 많은 것이다. 하나님의 선하심은 그렇게 무한하다.

42:13. 또 아들 일곱과 딸 셋을 낳았으며. 이것은 욥이 잃은 자녀들을 대신한 것이므로(욥 1:3) 이로 인해 그의 자녀들의 수도 두 배가 된 셈이다. 이렇게 하면 그의 자녀는 땅에 열 명, 하나님의 면전에 있는 열 명을 합해서 총 스무 명이 된다.

42:14. 자녀들의 이름과 관련해 그가 첫째 딸은 여미마라 이름하였고 둘째 딸은 긋시아라 이름하였고 셋째 딸은 게렌합북이라 이름하였다. '여미마'는 비둘기 혹은 일광이라는 뜻이며 '긋시아'는 계피나무나 달콤한 향이라는 의미가 있고 '게렌합북'은 안티몬-여자들의 눈 화장과 같이 여성들의 미용에 자주 사용되는 아름다운 색깔-을 갖고 있다는 의미다. 이 이름들은 욥이 이 자녀들 외에 얻은 행복한 새로운 시작을 상징한다.

42:15. 전국 중에 욥의 딸들처럼 아리따운 여자가 없었더라. 그들은 내면적으로나 외면적으로 심히 아름다웠다. 욥은 축복받은 사람이었고, 그는 그들에게 그 오라비처럼 산업을 주었다. 이것은 아들이 없을 경우에만 딸들에게 유산을 주도록 요구한 민수기 27장 8절과 대조를 이룬다. 욥의 경우 그는 아들뿐 아니라 딸들에게까지 유산을 주었다. 이러한 친절의 행위는 그의 마음의 관용을 표현한 것이다.

42:16. 회개하고 회복된 후 욥이 일백사십 년을 살았다. 그래서 그는 총 약 200년이나 210년을 살았다. 이것은 비극이 닥친 후 140년과 그러한 비극이 일어나기 전 60 내지 70년을 더한 숫자다. 이 긴 수명은 이 당시 족장들에게 특별하게 있던 일이 아니었다(비교. 출 6:16). 그는 아들과 손자 사대를 보았고. 이것은 하나님의 축복이었다. 땅에서 욥의 유산은 대단했다.

42:17. 그렇게 해서 하나님과 사람들의 큰 호의를 누리며 살던 욥은, 나이 늙고 기한이 차서 사망했다. 이 길고 풍성한 삶은 욥에 대한 하나님의 선하심의 표현이었다. 그는 새로운 가족과 재물의 축복과 함께 장수를 누리는 축복을 받았다. 하나님이 이 모든 비극이 일어난 이유가 무엇인지 설명하셨을까? 그 자신이 이 영감에 의해 쓰인 책의 저자라면 그렇게 하셨을 것이다.

Main Idea 복습	애통하고 겸손해진 욥은 하나님에 대한 자신의 피상적인 시각을 회개하고, 세 친구들을 하나님께 다시 회복시키며, 큰 비극이 닥치기 전에 그가 가졌던 것보다 더 풍성한 것으로 하나님의 큰 축복을 받는다.

결론

마지막을 위해 가장 좋은 것을 미룬다

티모시 드와이트(Timothy Dwight)는 학습 능력이 뛰어난 사람이었다. 1752년에 출생한 그는 빠른 속도로 학업 과정을 마쳐서 열한 살에 라틴어와 헬라어를 배웠다. 그는 열세 살에 예일대학에 입학해 4년 만에 졸업하였다. 대학원 공부를 계속하던 중 그는 그 대학의 조교로 고용되었다. 그러나 이러한 빠른 학업의 성취는 이 젊은이에게 큰 희생을 치르게 했다. 혹독한 공부 습관 때문에 그는 먹고 공부하느라 운동을 할 시간이 거의 없었다. 건강에 해로운 이러한 공부 습관 때문에 그는 생명의 위협을 받을 정도의 질병에 시달렸고, 결코 온전히 회복되지 못했다. 몇 개월 동안 극심한 고통에 시달린 그의 육신은 쇠약해질 대로 쇠약해졌다. 질병의 심각한 후유증으로 거의 실명하게 된 그는 책을 읽을 때마다 두통에 시달렸다.

드와이트의 오랜 개인적인 고통은 하나님이 그를 위해 준비하신 미래를 대비하게 만들었다. 미국 독립 전쟁이 발발하자 그는 대륙군의 군종이 되어 하나님의 말씀으로 병사들의 영혼을 위해 수고했다. 그러고 나서 1783년 그는 코네티컷의 그린필드(Greenfield)에 있는 교회의 목사가 되었다. 그곳에서 목회하며 그는 전문학교에서 성경을 가르치며 미국의 이신론의 영향에 맞서 싸우기 시작했다. 1795년 모교인 예일대학은 그를 신임 총장으로 지명했다. 드와이트에게 이것은 그의 생애를 결정짓는 도가니가 될 것이다. 미국의 새로 생긴 대학들에서는 프랑스의 이신론적 사상이 엄청난 속도로 전파되고 있었고 예일대학도 예외는 아니었다.

부임한 직후부터 드와이트는 하나님의 말씀을 신실하게 전하였다. 7년 후 하나님의 영이 크게 역사하셨고, 교만한 심령들이 녹아지기 시작했다. 부흥이 일어나자 대학 학생들의 3분의 1이 그리스도에 대한 지식을 갖게 되었다. 이 학생들 가운데 많은 이들이 뉴잉글랜드에서 번지기 시작한 부흥운동에 동참했다. 개혁과 부흥에 대한 티모시 드와이트의 열정은 이른바 '제2차 대각성 운동'을 낳았다. 하나님이 그의 인생의 가장 좋은 것을 가장 마지막을 위해 미루어놓으신 것이다.

삶의 무서운 비극들은 미래의 축복을 준비하기 위해 계획된 것이다. 하나님은 연약한 세상의 그릇들을 통해 놀라운 능력을 보여주기를 기뻐하신다. 이것은 욥이 배운 교훈이었고, 또한 우리도 배워야 할 교훈이다. 우리가 하늘 말고는 바라볼 데가 없을 때 하나님은 가장 준비된 모습으로 서 계신다.

삶의 적용

고난을 대하는 태도

비극이 닥칠 때 신자들은 하나님과 그들의 관계에 대한 몇 가지 진리를 붙들어야 한다. 그를 신뢰하면 우리는 깊은 물속을 승리하며 헤쳐나갈 수 있다.

1. 하나님의 주권을 인식하라. 당신의 삶에 대한 하나님의 주권을 깨달았는가? 당신의 가정에 당신을 태어나도록 정하신 분은 하나님이셨다. 그분은 자신의 뜻을 따라 부모를 당신에게 주셨다. 자신이 원하시는 곳에 당신이 태어나게 하셨다. 당신이 현재의 성, 키, 건강, 외모를 갖도록 하셨다. 우리 삶의 환경도 마찬가지다. 자신이 원하시는 대로 우리를 만드시고 빚으시는 것은 그분의 신적 권리다. 이것이 성공적으로 시련을 견디게 해주는 첫 번째 비결이다.

2. 하나님의 불가해성을 깨달으라. 우리는 그리스도인의 삶에 존재하는 하나님의 신비를 받아들여야 한다. 우리의 삶에서 일어나는 많은 일들이 우리의 이해를 벗어나 있다. 신적인 섭리의 선들이 우리의 머리보다 훨씬 더 높은 곳에서 교차하고 있다. 사도 바울은 "깊도다 하나님의 지혜와 지식의 부요함이여, 그의 판단은 측량치 못할 것이며 그의 길은 찾지 못할 것이로다 누가 주의 마음을 알았느뇨 누가 그의 모사가 되었느뇨"(롬 11:33-34)라고 기록했을 때 이러한 결론에 도달했다. 우리는 세상에서 일어나고 있는 모든 일에 대해 이유와 원인에 대한 해설자로 자처하는 사람들을 경계해야 한다. "너희들이 이러이러한 교훈을 배우도록 하시기 위해 하나님이 이 일이 일어나게 하셨

다"고 말하는 사람들을 조심하라. 특정한 환경이나 사건들을 통해 하나님이 무엇을 하고 계시는지 우리는 완전히 다 알 수 없기 때문이다.

3. 하나님의 우월성을 묵상하라. 고난은 모든 신자들을 학생으로 만든다. 찰스 스펄전(Charles Spurgeon)은 "우리의 무지에 대한 깨달음은 지혜의 성전으로 들어가는 계단이다"라고 말한 적이 있다. 욥은 지금 바로 그 문 앞에 서 있으며, 인생의 가장 중요한 교훈들을 배울 준비가 되어 있다.

4. 하나님의 친밀성에 초점을 맞추라. 기독교는 하나님과 예수 그리스도와 인격적이고 지속적인 관계를 향유하는 것이며(요 17:3), 우리는 그 교제를 통해 그분과 더욱 가까워지고 더욱 친밀하게 그를 알아가게 된다. 당신은 하나님에 대한 지식에서 자라가고 있는가?

5. 모든 죄를 회개하라. 위대한 사람들의 특징은 그들이 결코 죄를 짓지 않는다는 것이 아니다. 그러나 그들은 죄를 지으면 그 죄에 대해 깊이 슬퍼하며 애통해한다. 다윗 왕은 하나님의 마음에 합한 사람이었지만, 그것은 그가 결코 범죄하지 않아서가 아니었다. 그는 죄를 지었을 때 그 죄에 대해 깊이 애통하며 하나님께 돌아가는 길을 선택했기 때문에 경건한 사람이었다. 욥의 경우도 그러했다. 욥은 교만과 반항으로 하나님께 죄를 지었다. 그러나 하나님이 그에게 죄를 밝혀 보여주시자 그는 즉시 회개했다.

당신은 어떤가? 하나님이 당신의 죄를 지적해주시면 언제라도 회개할 자세가 되어 있는가? 그 죄를 고백함으로써 당신의 죄에 대해 온전하게 책임을 지고 있는가? 너무나 많은 신자들이 소매로 죄를 짓고 도매금으로 뭉뚱그려 죄를 회개한다. 하나님의 백성들은 스스로 겸손하며 아무것도 감추지 않고 그들의 죄를 고백해야 한다.

기도

하나님, 당신 앞에 꿇어 엎드리며, 당신이 모든 일을 하실 수 있고 당신의 어떤 계획도 좌절될 수 없음을 인정합니다. 주님, 우리의 귀로 당신에 대해 들어왔듯이 당신의 말씀으로 우리의 눈을 밝혀주셔서 당신을 더욱 뚜렷이 볼 수 있도록 해주소서. 당신의 성품과 속성을 더 깊이 알도록 하셔서 당신께 영광을 돌리도록 해주소서. 예수님의 이름으로 기도합니다. 아멘.

심층 연구

A. 보다(5절)

'보다' (히. 라아, raa)는 이전에는 이해하지 못했던 것을 보기라도 하는 것처럼 지적으로 이해한다는 의미가 있다. 다른 의미로는 보다, 인지하다, 혹은 올바른 이해를 갖고 바라보다라는 뜻을 지닌다. 여기서는 오직 하나님만이 주실 수 있는 신적인 깨달음으로 보고 이해하게 되다라는 뜻으로 사용되고 있다(민 8:4, 왕하 8:10, 13, 렘 24:1, 암 8:1).

B. 한하다(6절)

'한하다' (히. 마아스, maas)는 경멸하거나 배척한다는 의미가 있다. 이 단어는 종종 사람들이 하나님의 말씀(삼상 15:23, 26, 렘 8:9)과 율법(암 2:4)을 멸시할 때 하나님과 관련해 사용되고 있다. 이 단어는 또한 이스라엘이 하나님을 왕으로 받아들이기를 거부한 것을 묘사할 때 사용되었다(삼상 10:19).

C. 산업(15절)

'산업' (히. 나할라, nahala)은 정당하게 물려받은 어떤 것을 가리키는 표현이다. 이 단어는 종종 여기서처럼 영구적인 소유로 물려받은 몫이나 부동산을 가리켜 사용되었다(비교. 창 31:14).

교안

A. 욥의 회개(1-6절)

1. 그는 하나님의 주권성을 인정한다(1-2절).
2. 그는 하나님의 측량할 수 없는 신비를 깨닫는다(3절).
3. 그는 하나님의 우월성을 재확인한다(4절).
4. 그는 하나님의 친밀성에 다시 초점을 맞춘다(5절).
5. 그는 그 자신의 죄를 회개한다(6절).

B. 욥의 중재(7-9절)

1. 하나님은 세 친구들에게 진노하신다(7절).
2. 하나님이 세 친구들을 훈계하신다(8절).
3. 하나님이 세 친구들을 받아들이신다(9절).

C. 욥의 복권(10-17절)

1. 하나님이 그의 재산을 회복시켜주신다(10-12절).
2. 하나님은 그의 가족을 회복하여주신다(13-15절).
3. 하나님이 그의 미래를 회복해주신다(16-17절).

토의 질문

1. 완전히 등을 땅에 대고 넘어져서 하나님의 얼굴 외에는 올려다볼 수 없는 지점에 이른 적이 있었는가?

2. 당신의 모든 환경을 다스리시는 주권자 되신 하나님을 만나고 있는가?

■ 용어 해설

1. **환난**(affliction) - 무거운 무게에 눌려 당하는 자가 엎드러질 수밖에 없는 심각한 시련.
2. **흠이 없는**(blameless) - 영적으로나 도덕적으로 정직하며 죄가 없고 도덕적으로 온전하고 완벽하며 인격적인 고결성을 지킴.
3. **죄 고백**(confession of sin) - 하나님께 자신의 죄에 대해 동의하고 인정하는 것.
4. **신성**(deity) - 하나님과 그에게 속하는 모든 신적 속성을 가리킴.
5. **귀신들**(demons) - 사탄의 지도력 아래 현재 악한 일을 저지르는 타락한 천사들.
6. **절망**(despair) - 깊은 고통을 낳는 무기력한 느낌.
7. **신적 속성**(divine attributes) - 하나님의 신적 존재를 묘사하는 하나님의 특징.
8. **신적 영광**(divine glory) - 모든 신적 위대함, 위엄 그리고 인간에게 계시된 찬란함의 총체.
9. **신적 거룩함**(divine holiness) - 하나님과 피조물을 구분짓는 하나님의 도덕적 완벽성과 무한한 초월성.
10. **신적 심판**(divine judgment) - 하나님에 의한 한 개인의 삶에 대한 완벽한 평가로서 보상이나 응징으로 이어짐.
11. **신적 공의**(divine justice) - 더하지도 빼지도 않을 정도로 그 사람이 받아야 할 정확한 대가를 치르게 하시는 하나님의 완전한 공평성.
12. **신적 위엄**(divine majesty) - 하나님의 위대하심과 영광.
13. **신적 전능성**(divine omnipotence) - 자신이 이루고자 원하시는 모든 것을 행하실 수 있는 하나님의 권능.
14. **신적 전지성**(divine omniscience) - 완벽하게, 즉각적으로, 본능적으로 알려질 수 있는 모든 것을 알고 계시는 하나님의 속성.
15. **신적 주권성**(divine sovereignty) - 자신의 기쁘신 뜻대로 말하고 행동하실 수 있는 하나님의 무제한적 자유와 절대적 권리. 하나님의 의지와 모든 만물에 대한 권위의 자유로운 행사.
16. **신적 진노**(divine wrath) - 모든 죄에 대한 하나님의 거룩한 증오와 심판.
17. **신적 지혜**(divine wisdom) - 모든 피조물을 위해 가장 지고한 목적을 이룰 최선의 수단

을 선택하시는 하나님의 측량할 수 없는 천재성.

18. **악**(evil) - 하나님과 그분의 거룩한 성품과 반대되며 도덕적으로 악한 것.

19. **믿음**(faith) - 혼란스러운 상황에서도 하나님을 절대적으로 믿는 하나님에 대한 신뢰와 확신.

20. **하나님과의 교제**(fellowship with God) - 신자와 하나님 간의 인격적 관계로서 일상적 생활과 근심과 관심사를 공유하는 것이 포함된다.

21. **천국**(heaven) - 하나님이 그분의 천사들과 모든 구속받은 자들과 더불어 사시는 완벽한 장소.

22. **지옥**(hell) - 사탄과 그의 타락한 천사들과 모든 불신자들을 위해 예비된 영원한 고통의 실제 장소.

23. **소망**(hope) - 현재의 어려움 속에서도 신자에게 힘을 주는 영광스러운 미래에 대한 긍정적 기대

24. **겸손**(humility) - 하나님과 다른 사람들 앞에서 자신을 낮추는 태도.

25. **중재자**(mediator) - 화해를 이루도록 하기 위해 양자 간의 중간에서 역할을 하는 사람.

26. **인내**(perseverance) - 심각한 시련 가운데에서도 견디며 앞으로 나아갈 수 있도록 하나님이 주신 능력.

27. **섭리**(providence) - 선하든 악하든, 하나님이 정하신 목적이 이루어지도록 모든 사람들과 사건과 환경들을 인도하시는 하나님의 적극적이고 지속적인 개입.

28. **형벌**(punishment) - 잘못에 대한 보응으로서 어떤 사람에게 하나님이 가하시는 고난과 고통과 상실.

29. **하나님에 대한 경외감**(reverence for God) - 하나님의 성품과 사역에 대해 하나님께 돌려드리는 존경과 경이로움과 영광.

30. **구원**(salvation) - 하나님의 아들 예수 그리스도를 통해 그분을 믿는 사람을 신적 진노와 소외에서 구원하시는 신적 행위.

31. **성화**(sanctification) - 신자를 거룩하게 하시는 신적 행위.

32. **사탄**(Satan) - 문자적으로는 적이나 고소자. 원래 천사들 가운데 가장 높은 자로 창조된 이 대천사는 하나님께 반역하여 천국에서 지상으로 추방되었고, 이제 그는 이 지상에서 귀신들의 우두머리와 어둠의 왕과 하나님에 대한 모든 반역의 지도자로 활동하고 있다.

33. **구세주**(Savior) - 대속적 죽음으로 그를 믿는 모든 자들을 죄와 지옥에서 구원해내시는 구원자가 되신 예수 그리스도.

34. **죄**(sin) - 하나님의 거룩함에 미치지 못하거나 그분의 말씀을 위반하는 모든 행위나 태도.

35. **유혹**(temptation) - 사탄과 그의 귀신들에 의해 기만과 거짓, 꼬드김으로 죄에 홀리게 되는 인간의 행위.

36. **신정론**(theodicy) - 하나님이 악에 대해 책임이 없으심을 보임으로써 인간의 재앙에 대한 하나님의 관련성을 방어하고자 하는 시도.

37. **예배**(worship) - 하나님의 이름에 걸맞게 찬양과 영광을 돌려드리는 신자의 행위.

■ 참고 도서

Commentaries

Anderson, Francis I. *Job: An introduction and Commentary*. The Tyndale Old Testament Commentaries. Downers Grove: InterVarsity Press, 1976.

Barnes, Albert. *Barnes' Notes*. Vol. 3. Grand Rapids: Baker Books, 1983.

Calvin, John. Sermons on Job. Edinburgh: Banner of Truth Trust, 1993.

Clines, David J. A. *Job 1-20*. Word Biblical Commentary. Vol. 17. Dallas: Word Publishing, 2002.

Delitzsch, Franz. *Keil-Delitzsch Commentary on the Old Testament*. Vol. 4. Peabody, MA: Hendrickson Publishers, 2001.

Dyer, Charles, and Eugene Merrill. *The Old Testament Explorer*. Dallas: Word Publishing, 2001.

Hartley, John E. *The Book of Job*. The New International Commentary on the Old Testament. Grand Rapids: Eerdmans Publishing Co., 1988.

Henry, Matthew. *Matthew Henry Commentary*. Vol. 3. Peabody, MA: Hendrickson Publishers, 1991.

Lawson, Steven J. *When All Hell Breaks Loose*. Colorado Springs: NavPress 1993.

Smick, Elmer B. *Job*. The Bible Expositor' s Commentary. Vol. 4. Grand Papids: Zondervan Publishing House, 1988.

Spurgeon, Charles. *The Suffering of Man and the Sovereignty of God: 25 Selected Sermons on the Book of Job*. Oswego, IL: Fox River Press, 2001.

Swindoll, Charles. *Job: A Man of Heroic Endurance*. Nashville: Thomas Nelson Publishing, 2004.

Thomas, Derek. *The Storm Breaks: Job Simply Explained*. Darlington, UK:

Evangelical Press, 1996.

Unger, Merrill. *Unger' s Commentary on the Old Testament.* Vol. 1. Chattanooga: Amy Publishers, 2002.

Wiersbie, Warren W. *Old Testament Wisdom and Poetry.* Old Testament Commentary. Vol. 3. Ontario: Cook Communications, 2004.

Williams, Peter. *From Despair to Hope: Insights into the Book of Job.* Leominster, UK: DayOne Publications, 2003.

Zuck, Roy. *Job.* The Bible Knowledge Commentary of the Old Testament. Ontario: Cook Communications, 1985.

______ *Job.* Everyman' s Bible Commentary. Chicago: Moody Publishers, 1995.

Zuck, Roy, ed. *Sitting with Job.* Eugene, OR: Wipf & Stoch Publishers, 2003.

Hebrew Tools

Armstrong, Terry A., Douglas L. Busby, and Cyril F. Carr. *A Reader' s Hebrew and English Lexicon of the Old Testament.* Grand Rapids: Zondervan Publishing House, 1989.

Brown, Francis, Samuel R. Driver, and Charles A. Briggs. *A Hebrew and English Lexicon of the Old Testament.* Peabody, MA: Hendrickson Publishers, 1996.

Even-Shoshan, Abraham. *A New Concordance of the Old Testament.* Jerusalem: Kiriyat sefur, 1985.

Harris, R. Laird, Gleason L. Archer Jr., and Bruce K. Waltke. *Theological Wordbook of the Old Testament.* 2 vols. Chicago: Moody Publishers, 1980.

Owens, John Joseph. *Analytical Key to the Old Testament.* 4 vols. Grand Rapids: Baker Books, 1989.

Ringgaren, Butterweck, ed. *Theological Dictionary of the Old Testament.* 13 vols.

Grand Rapids: Eerdman's Publishing Co., 1977.

The Englishman' s Hebrew and Chaldee Concordance of the Old Testament. Peabody, MA: Hendrickson Publishers, 1996.

Torrey, R. A. *Treasury of Scripture Knowledge*. Peabody, MA: Hendrickson Publishers, 1983.

VanGameren, William A., ed. *New International Dictonary of Old Testament Theology and Exegesis*. 5 vols. Grand Rapids: Zondervan Corp., 1997.

Weingreen, Jacob. *Practical Grammar for Classical Hebrew*. London: Oxford University Press, 1959.

Main Idea로 푸는

욥기

1쇄 인쇄 | 2006년 9월 25일
2쇄 발행 | 2015년 11월 11일

책임 편집 | 맥스 앤더스(Max Anders)
지은이 | 스티븐 J. 로슨(Steven J. Lawson)
옮긴이 | 김진선
펴낸이 | 고종율

펴낸곳 | 주)도서출판 디모데〈파이디온 선교회 출판 사역 기관〉
등록 | 2005년 6월 16일 제319-2005-24호
주소 | 서울특별시 서초구 서초대로 141-25(방배동, 세일빌딩)
전화 | 마케팅실 070) 4018-4141
팩스 | 마케팅실 031) 902-7795
홈페이지 | www.timothybook.com

값 27,000원
ISBN 978-89-388-1258-2 03230
Copyright © 주)도서출판 디모데 2006 Printed in Korea